国际经济学

International Economics

霍伟东◎主编

西南财经大学出版社
中国·成都

图书在版编目(CIP)数据

国际经济学/霍伟东主编.—成都:西南财经大学出版社,2021.12
ISBN 978-7-5504-4806-3

Ⅰ.①国…　Ⅱ.①霍…　Ⅲ.①国际经济学—教材
Ⅳ.①F11-0

中国版本图书馆 CIP 数据核字(2021)第 030437 号

国际经济学

GUOJI JINGJIXUE

霍伟东　主编

策划编辑:金欣蕾

责任编辑:高小田

责任校对:雷静

封面设计:墨创文化

责任印制:朱曼丽

出版发行	西南财经大学出版社(四川省成都市光华村街 55 号)
网　　址	http://cbs. swufe. edu. cn
电子邮件	bookcj@ swufe. edu. cn
邮政编码	610074
电　　话	028-87353785
照　　排	四川胜翔数码印务设计有限公司
印　　刷	郫县犀浦印刷厂
成品尺寸	185mm×260mm
印　　张	17. 25
字　　数	387 千字
版　　次	2021 年 12 月第 1 版
印　　次	2021 年 12 月第 1 次印刷
印　　数	1—2000 册
书　　号	ISBN 978-7-5504-4806-3
定　　价	39. 80 元

参编人员

主　编： 霍伟东

编　委：（排名不分先后）

白　晶　陈若愚　邓富华　丁慧玲

焦　阳　焦　雨　李思颖　聂　芳

石戈一　史叶航　宋易珈　夏宇慧

肖玉瑶　杨　涵　杨　杰　叶诗琴

杨文静　袁　塬　张志婕　周亚成

前 言

世界潮流浩浩荡荡!

自1978年开启改革开放、1992年邓小平发表南方谈话、2001年加入世界贸易组织以来，中国与世界的融合日益增强。在美国次贷危机引爆全球金融危机之后的2009年，中国取代德国成为世界第一大货物出口国；2010年，中国国内生产总值（GDP）超过日本成为世界第二大经济体；2013年中国超过美国成为世界第一大货物贸易国；中国长期位居全球外资流入前三国；中国对外直接投资存量位列全球前列；随着“一带一路”建设高质量推进，构建人类命运共同体亦被写入联合国决议。中国不仅是世界经济增长的强力引擎，也是世界新秩序的倡导者和引领者。面对百年未有之大变局，如何科学、理性、专业地观察和思考世界与中国的问题，对于我们新时代大学生而言尤为重要。

为帮助同学们更深刻地思考国际贸易、国际投资、国际金融和国际经济协调等有关理论政策与实践问题，更深入地探讨全球资源配置、国际经济活动的规律和国际经济关系等问题，我们编写了这本《国际经济学》教材。

一、国际经济学为什么流行

二战结束后，在相关国际组织（机构）的协调下，国际金融环境的稳定和贸易的发展促进了经济增长并进一步推动了国际贸易和国际投资的繁荣。国家间经济往来日益频繁，迫切需要对国际经济关系以及国际经济活动规律进行科学探讨，国际经济学应运而生。作为经济学的分支，国际经济学既是对资源配置一般理论的国际化拓展，也是整个经济学体系中不可或缺的重要部分。

经济全球化、区域经济一体化、科技进步以及跨国公司的全球扩张促进了国际贸易与投资的进一步发展，国际分工不断深化，国际组织（机构）与跨国公司协调或参与全球资源配置的作用和影响显著提升，国内外政、产、学、研各界均加强了对国际经济学理论、政策与实践的研究，并力图有所突破与创新，使得国际经济学日益流行。

二、本教材的结构安排

本教材主要内容包含国际贸易、国际投资、国际金融和国际经济协调四个部分。第一篇国际贸易主要介绍贸易理论与贸易政策。传统的国际贸易理论在市场完全竞争、生产要素不能自由流动等假设下讨论国际贸易发生的原因、贸易模式及贸易利得的分配等问题；当代国际贸易理论以技术差距、产业内贸易等现实为基础探讨二战后国际贸易的新特点，对传统贸易理论做出了新的扩展和补充。第二篇国际投资主要介绍传统国际直接投资理论以及发展中国家的国际直接投资理论，跨国公司进行国际直接投资的模式、动机和中国进行国际投资的概况。第三篇国际金融主要包括国际收支、外汇与汇率市场、国际货币体系的演变以及人民币国际化等内容。第四篇国际经济协调则分析了国际经济政策协调在理论与实践方面的问题，包括国际经济组织、区域经济一体化、中国参与区域经济一体化等内容。

三、本教材的编写特点

(1) 系统全面。教材系统全面地介绍了国际经济学所涵盖的相关内容，基本上反映了当前国际经济学界的研究现状。在重点介绍西方发达国家学者研究成果的同时，也反映了发展中国家学者在国际经济学领域的研究进展，并用国际经济学基本理论分析了世界与中国的经济发展状况。

(2) 深入浅出。教材部分内容具有很强的理论性，在解释相关国际经济学理论与政策时，较多地使用了经济学分析工具。为便于学生自学和复习，全书文字阐述力求通俗易懂，深入浅出。

(3) 专栏案例。教材中穿插了大量的专栏和案例，力求理论与实践相结合。专栏和案例在帮助学生理解国际经济学相关理论与政策的同时，亦有助于启发学生运用所学知识，观察和分析现实经济世界。

(4) 数字资源。根据出版社建议，篇幅较长的引言和相关资料单独整理呈现，以二维码的形式链接数字资源，帮助同学们进行知识拓展。同时为巩固和检验学习效果，课后习题答案也通过数字资源的方式提供。

四、本教材的教学建议

(1) 注重启发式教学。从“学生是学习的主体”的角度出发确定“教什么”

和“如何教”，着力培养学生学习兴趣，促进教学相长。例如，在教学中设置问题情景、引导学生参加课堂讨论、采用引疑释疑的方法、制造学生内心的认知冲突、开展学习竞赛、引导学生参与科研活动等，使学生“乐而好学”，在教学活动中成为主动积极的参与者。

（2）大力开展案例教学。在讲解理论与政策过程中，把相关案例穿插其中，学生可以通过案例加深对重点和难点的理解与把握。

（3）采取多元化考核形式。除了以考试形式对学习情况进行考核外，辅之以课堂表现、课后作业、竞赛参与、科研活动等形式进行考核，可以培养学生运用国际经济学理论发现问题、分析问题和解决问题的能力及创新思考能力。

五、本教材的编写分工

本教材由霍伟东教授主持编撰，霍伟东、邓富华、宋易珈、陈若愚讨论完善全书的框架及写作大纲。白晶、石戈一、史叶航、邓富华、周亚成、丁慧玲参与第一篇撰写；肖玉瑶、袁塬、张志婕、陈若愚、叶诗琴参与第二篇撰写；宋易珈、杨杰、焦阳、杨文静、聂芳参与第三篇撰写；李思颖、夏宇慧、杨涵、焦雨参与第四篇撰写，最后由霍伟东教授总撰定稿。

闽南师范大学杨碧琴博士，北京第二外国语学院李萍博士，重庆工商大学刘飞宇博士，上海立信会计金融学院舒杏博士，广西大学李杰锋博士，南京财经大学李行云博士，上海证券交易所王佳博士，中国华贸工经有限公司巫才林博士，四川省商务厅林帆博士，辽宁大学研究生王明智、崔鑫晖、杨晴、郭冰鑫、薛宇峰、闫鹏杰、院帅超、白超宇、曾归艳、周禹希等对教材的编写提出了宝贵的意见和建议，西南财经大学、辽宁大学和辽宁省“兴辽英才计划”项目（XLYC2002116）对本教材的出版提供了支持，本教材责任编辑高小田老师、项目负责人金欣蕾老师为教材顺利出版付出大量心血，在此一并致谢。

在编写过程中，编者参考了国内外专家学者的大量著作、教材、论文等文献资料，在此对他们在国际经济学领域的探索和贡献表示真挚的感谢。由于编者水平有限，书中难免存在疏漏和不足，诚望使用教材的广大师生以及各位专家学者提出宝贵意见和建议，以便本教材再版时完善。

霍伟东

2021 年 12 月

[illegible]

（2）[illegible]

（3）[illegible]

五、教材的编写分工

[illegible]

[illegible]（XLCY2002110）[illegible]

[illegible]

2021 年 12 月

目 录

第一篇 国际贸易

第二篇 国际投资

第三篇　国际金融

第四篇　国际经济协调

第一篇　国际贸易

第一章
传统国际贸易理论

■　**本章知识结构图**

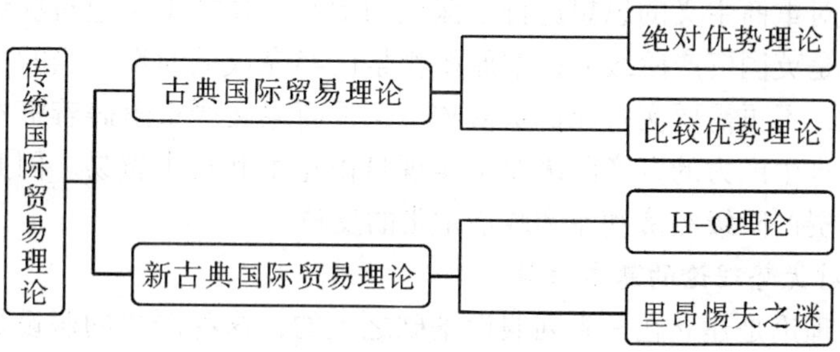

学习目标

掌握绝对优势理论、比较优势理论的基本内容及其评价；

了解古典贸易理论与新古典贸易理论的演变，理解其共同理论基础及联系和区别；

重点掌握 H-O 理论、里昂惕夫之谜；

了解斯托尔帕·萨缪尔森定理、要素价格均等化定理、罗勃津斯基定理。

引例　国际贸易与全球化大流通快速发展有密切关系

为了更好地了解当今世界国际经济变化多端的形势，理解经典的传统贸易理论是最基本的要求。所谓传统贸易理论，是指由英国古典学派经济学家在劳动价值学说基础上，从生产成本方面提出的关于国际贸易的发生和影响的学说，包括绝对优势学说（absolute advantage）与比较优势学说（comparative advantage）等。15 世纪末 16 世纪初，随着资本主义生产关系的发展以及地理大发现，对外贸易得以迅速发展，产生于资本主义原始积累时期的重商主义开始研究对外贸易如何为一国带来财富，这便是国际贸易理论的萌芽。资本主义生产方式的产生和发展时期建立的理论称作古典国际贸易理论，其中大卫·李嘉图（David Ricardo，1772—1823）的“比较优势学说”奠定了国际贸易理论的基础，对当今国际贸易的研究仍具有深远的影响。

第一节 古典贸易理论

一、绝对优势理论

亚当·斯密（Adam Smith，1723—1790）在1776年发表的著名的《国民财富的性质和原因的研究》（简称《国富论》）一书中提出了解释国际贸易成因的绝对利益学说。书中对重商主义的思想进行了深刻的批判，并提出了绝对优势理论。斯密所处的时代正是英国资产阶级的资本原始积累已经完成的时期。当时，英国的经济力量得以壮大，不再需要实行保护贸易政策，重商主义严重阻碍着资本主义的自由发展，代表先进生产力的资产阶级要求实现自由竞争和自由贸易。因此，斯密的学说是当时英国资产阶级经济利益和政治主张的反映。

（一）绝对优势理论的基本假设

绝对优势理论是建立在一系列假设基础之上的，这些严格的假设是为了在不影响结论的前提下，使分析更加严谨。在后面的章节中，会逐步放松这些假设，以使理论更加接近现实。

绝对优势理论的假设主要有：

（1）世界上只有两个国家，这两个国家都能生产两种商品，只有劳动力一种生产要素；

（2）劳动力在一国之内是完全同质的，且劳动力市场始终处于充分就业状态；

（3）劳动力在一国之内可以自由流动，但在国与国之间不能流动；

（4）劳动的规模收益不变；

（5）商品和劳动力市场都是完全竞争的；

（6）国家间实行自由贸易，不存在政府对贸易的干预或管制；

（7）不考虑运输费用和其他交易费用。

（二）绝对优势理论的基本内容

亚当·斯密认为，两国间的贸易基于绝对优势而存在。绝对优势是指如果一国相对于另一国在某种商品的生产上有更高的效率，则称该国在这一产品上有绝对优势。绝对优势以劳动生产率来度量，如果一国生产某单位产品所需投入的劳动更少，或者投入单位劳动所获得的产出更多，则表明该国在生产这一产品上具有绝对优势。因此，绝对优势产生于国家间的劳动生产率的差异，而国际贸易产生于各国之间生产商品的劳动生产率的绝对差别。每个国家由于先天或后天的条件不同，都会在某一种商品的生产上拥有绝对优势，如果每一个国家都把自己拥有的全部生产要素集中到自己拥有绝对优势的产品的生产上来，然后通过国际贸易，用自己产品的一部分去交换自己所需要的其他商品，则各国资源就能被最为有效地利用，每一个国家都能从中获利。最终，国际贸易的利益是“非零和”的。

因此，亚当·斯密主张实行自由贸易政策，反对国家对外贸进行干预，认为自由贸易能有效地促进生产的发展和产量的提高，一切限制贸易自由化的措施都会影响国际分工的发展，并降低社会劳动生产率和国民福利。亚当·斯密认为，国家为了保护某一产业，限制某种外国产品的进口，这说明该产业没有国际竞争力，生产效率较低。这种保护表面上看保护了本国的产业，但实质上是使本国的资源从效率高的部门转移至效率低的部门，从而造成了资源的不合理配置和使用。

下面是一个关于绝对优势的例子。根据前面的假定，世界上只有两个国家——英国和美国，两个国家都只生产两种产品——小麦和布。在没有国际贸易的情况下，两国的劳动力投入和产出情况如表 1.1 所示。

表 1.1　国际分工前两国劳动投入和产出

国家	小麦		布	
	劳动投入量	产出量	劳动投入量	产出量
英国	15	120	5	100
美国	10	120	10	100

从表 1.1 可以看出英国生产小麦的劳动生产率（单位劳动投入的产出量）为 8，生产布的劳动生产率为 20；美国生产小麦和布的劳动生产率分别为 12 和 10，英国在布的生产上具有绝对优势，美国在小麦的生产上具有绝对优势。根据绝对优势理论，英国应把全部生产要素都用于生产布，而美国应把全部生产要素都用于生产小麦。这种国际分工将导致两国的产出发生变化，其变化情况如表 1.2 所示。

表 1.2　国际分工之后两国的劳动投入和产出

国家	小麦		布	
	劳动投入量	产出量	劳动投入量	产出量
英国	0	0	20	400
美国	20	240	0	0

从表 1.2 可以看出，进行国际分工之后，整个世界小麦的产出量仍是 240，没有变化，但是布的产量增加到 400，比分工前增加了 200 个单位。这说明，国际分工使两国的资源得到了更有效的利用。假定英国用 200 单位布与美国 120 单位小麦进行交换，交换的结果如表 1.3 所示，与没有国际分工和贸易的情况相比，进行国际分工和贸易之后，英国和美国的消费量各增加了 100 单位布。这说明贸易双方开展国际贸易后，两国都从中得到了利益。开展国际贸易后两国的消费量如表 1.3 所示。

表 1.3 国际贸易后两国的消费量

国家	小麦消费量	布消费量
英国	120	200
美国	120	200

上述的贸易利益也可以通过图形（见图 1.1）直观地表示出来：通过国际分工和国际交换，两国均能获得明显的经济利益。

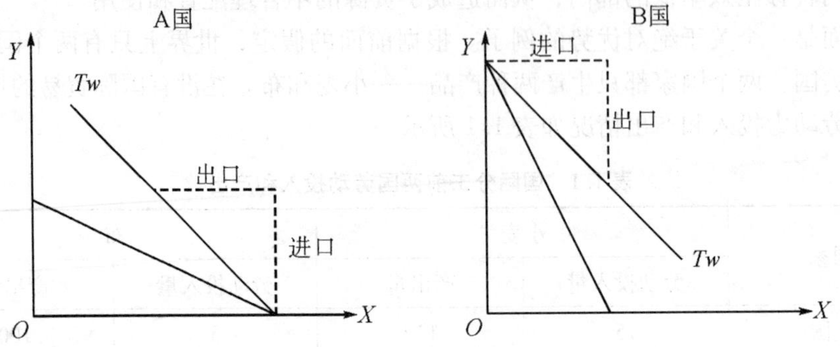

图 1.1 绝对利益的图形表述

在没有国际分工和国际贸易的条件下，两国的生产可能性曲线就是消费可能性曲线。经过专业化分工后，A 国只生产具有绝对优势的 X 产品，并按世界价格线 Tw 同 B 国交换 Y 产品；同样，B 国只生产具有绝对优势的 Y 产品，并按照世界价格线 Tw 同 A 国交换 X 产品。由于存在贸易，两国的消费者可能性曲线为 Tw，显然，两国通过分工交换均受益，世界福利水平也因此得到提高。

其实，再举一个极端的例子，就能够清楚地表明国际分工和国际贸易的利益以及世界福利水平的提高。假定 A 国放弃 X 产品的生产而只生产 Y 产品，也就是将所有的劳动都投入 Y 产品的生产，即便这样，其 Y 产品的产量也不如参与国际分工条件下进口的 Y 产品多；同样，假定 B 国放弃 Y 产品的生产而只是生产 X 产品，其 X 产品的产量也不如参与国际分工后所进口的 X 产品的数量多。之所以如此，是因为两国都将其劳动配置在劳动生产率绝对高的产品生产上，劳动的使用效率大大提高，产品数量大大增加。

（三）对绝对优势理论的评价

绝对优势理论具有开创意义，它第一次从生产领域阐述了国际贸易的基本原因，揭示了国际分工和专业化生产能使资源得到更有效的利用，从而提高劳动生产率的规律。各国利用自己的优势进行专业化生产，然后进行国际贸易，都能从中获利。

然而，绝对优势理论也存在明显的局限，它只能解释经济发展水平相近国家之间的贸易。亚当·斯密的绝对优势理论存在着一个必要的假设：一国要参加国际贸易，就必然要有至少一种产品在生产上处于绝对优势。那么如果美国在小麦和布的生产上都具有绝对优势，而英国在小麦和布的生产上都只有绝对劣势，英、美之间还会不会发生贸易呢？如果两国发生贸易，英国能不能从贸易中获利呢？贸易利益从何而来呢？

二、比较优势理论

根据绝对优势理论，如果一个国家在两种产品的生产上均处于绝对优势地位，另一个国家均处于绝对劣势地位，则这两个国家之间不会进行贸易。根据这一理论，国际贸易可能只会发生在发达国家之间，发达国家与发展中国家之间就不会发生任何贸易。这显然与国际贸易的现实不符。1871年，大卫·李嘉图发表了《政治经济学及赋税原理》一书，第一次提出了比较优势理论。

（一）比较优势理论的基本内容

1. 假设条件

比较优势理论的假设与绝对优势理论的假设基本相同，差别是两国在相同产品上的生产技术不同，并存在着劳动生产率的相对差异，同时还假定国内等价交换规律不适用国际交换。

2. 主要内容

根据李嘉图的观点，在两国都能生产同样两种产品的条件下，如果其中一国在两种产品的生产上劳动生产率均高于另一国，该国可以专门生产优势较大的产品，处于劣势地位的另一国可以专门生产劣势较小的产品。通过国际分工和贸易，双方仍然可以从贸易中获利。这也就是中国古训所云："两利相权取其重，两弊相权取其轻。"

下面用一个具体的例子来证明比较优势理论。例子中两个国家一个是美国，另一个是中国。两国的劳动投入和产出情况如表1.4所示。

表1.4　国际分工前两国的产出和劳动生产率

国家	小麦			布		
	劳动投入量	产出量	劳动生产率	劳动投入量	产出量	劳动生产率
美国	10	120	12	10	100	10
中国	40	120	3	20	100	5

从表1.4可以看出，中国在小麦和布上的劳动生产率与美国相比均处于绝对劣势地位，但中国在小麦上的劳动生产率是美国的1/4，而布的劳动生产率是美国的1/2，相比之下，中国布的绝对劣势要小一些，即具有比较优势；另一方面，美国在小麦和布的生产上都具有绝对优势，但由于小麦的绝对优势比布的绝对优势要大，因此，美国在小麦的生产上具有比较优势。在这种情况下，国际分工和国际贸易的模式就是中国专门生产布，美国专门生产小麦。

按照比较优势进行分工之后，两国的总产出都会有所增加，增加情况如表1.5所示。进行国际分工后，世界布的产量由200增加到300，增加了100单位。如果假定美国以120单位小麦与中国150单位布进行交换，交换后两国布的消费水平比国际分工前都增加了50单位，小麦的产出水平和消费水平没有变化（见表1.6）。

表 1.5　国际分工后两国的劳动投入和产出

国家	小麦		布	
	劳动投入量	产出量	劳动投入量	产出量
美国	20	240	0	0
中国	0	0	60	300

表 1.6　国际贸易后两国的产量分配

国家	小麦	布
美国	120	150
中国	120	150

由此可见，即使在没有绝对优势的情况下，双方仍然可以通过开展国际贸易获得利益。因此，不仅美、英等发达国家之间可以开展自由贸易，发达国家和发展中国家之间也可以开展自由贸易。

3. 比较利益的图形表述

首先必须说明，由于存在着机会成本，国际生产专业化不会是完全的专业化，国际分工不会是完全的国际分工。因此，在图示中，任何一国的生产可能性曲线都不会是一条直线。

如图 1.2 所示，B 国在 X 产品的生产上具有比较优势：B 国选择 X 产品进行较为专业化的生产，即更多地生产 X 产品，同时压缩 Y 产品的生产，将生产组合点从 B 移至 B′；在世界市场上按照世界市场的交换比例，用 X_1X_2的 X 产品交换 A 国 Y_1Y_2的 Y 产品。相对于原来的即国际分工之前的消费组合点 B 来说，在现在的消费组合点 X_1Y_2上，B 国不仅消费的 Y 产品可以比以前多，而且消费的 X 产品也可以比以前多；社会无差异曲线也从 1 移动到了 2。所有这些都表明了通过参与国际分工和国际贸易，B 国福利水平有所提高，当然 A 国也会如此。

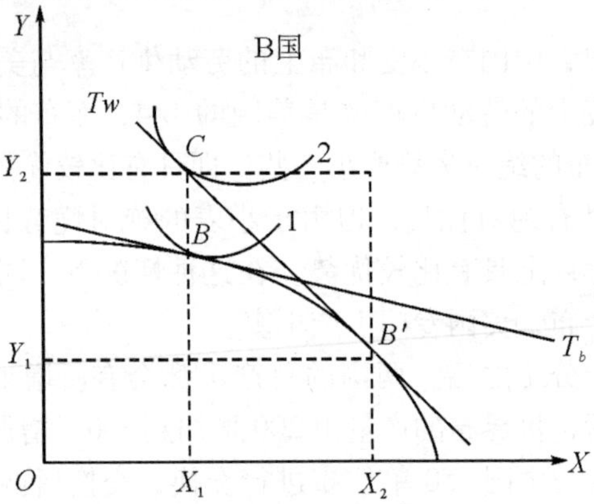

图 1.2　比较优势的图形表述（一）

另外，也可以看到，B 国现在所消费的 Y 产品，甚至比自己专业化生产的 Y 产品还要多。这说明，国际分工和国际贸易的确能够促进劳动生产率和社会福利水平的提高。还需要注意的是，社会无差异曲线 1 到 2 这段距离所显示的利益，既是国际分工的结果，也是国际交换的结果；也就是说，这部分增加的利益，实际上包含着两个部分，一部分是国际分工带来的，另一部分是国际贸易带来的。这一点，可用图 1.3 表明。

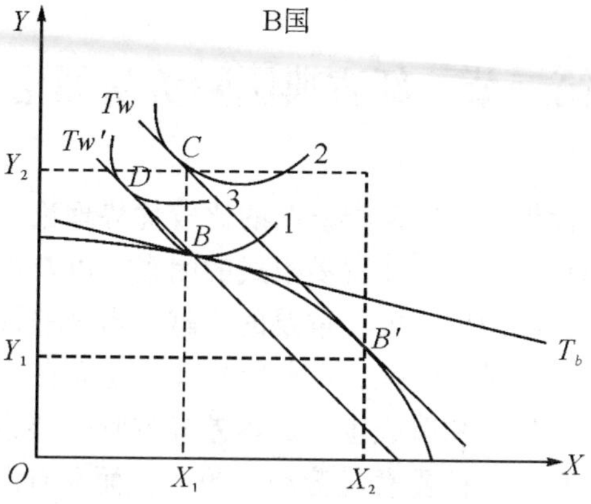

图 1.3　比较优势的图形表述（二）

参与国际分工和国际贸易增加的利益为 BC，其中，BD 为国际贸易带来的利益，CD 为国际分工带来的利益。

相关资料　中国落入“比较优势陷阱”了吗？

（二）比较优势理论的评价

大卫·李嘉图的比较优势理论利用精确的逻辑和简单的例子证明了一国无论生产水平高还是低，均可根据“比较优势”原则参与国际分工和贸易，都可以得到实际利益。大卫·李嘉图的比较优势理论将亚当·斯密的基于绝对优势的自由贸易理论向前推进了一大步，可以解释世界经济技术发展水平和发展层次不同的国家之间进行贸易的基础。这一学说被当时大部分经济学家接受，并为后来的经济学家所推崇，至今仍被作为决定国际贸易格局的基本理论。

但是李嘉图的比较优势理论存在许多苛刻的假定前提，如假定成本不变，假定要素完全不能在国家间自由移动等。这些假定都不符合客观现实，因此可以进一步放松这些假定前提，以使理论更符合贸易实际。

相关资料 政策管理角度的文化产业概念——各国核心比较优势的现实体现

第二节 新古典国际贸易理论

无论是斯密的绝对优势理论还是李嘉图的比较优势理论，古典学派在解释国际贸易的基础上，都对揭示决定生产和贸易模式的因素，以及衡量国际贸易对本国经济的影响和贸易所得等方面做出了极其重要的贡献。当今的许多重要理论与政策仍然得益于古典贸易理论的启示。但是，古典贸易理论建立在“劳动价值论”的基础之上，即认为劳动是创造价值和造成生产成本差异的唯一要素。因此，在他们的分析中，生产技术不变，只有一种要素（劳动）投入。而在有两种或两种以上要素投入的情况下，许多分析过程和结论不再有效。因此，19 世纪末 20 世纪初，以瓦尔拉斯（Léon Walras，1834—1910）、马歇尔（Alfred Marshall，1842—1924）为代表的新古典经济学逐渐形成，在新古典经济学框架下对国际贸易进行分析的新古典贸易理论也随之产生。

与古典经济学不同，新古典经济学家认为生产中有两种或两种以上的要素投入，若有两种或两种以上的要素投入，每一种要素投入与产出的关系要受到其他要素投入量的影响，这一新的理论发展也为国际贸易研究开辟了新的领域，提供了新的分析工具。在新古典经济学框架下，许多微观经济学理论被运用于对国际商品贸易和要素流动的分析，并建立起了比较完整的国际贸易理论体系。

一、H-O 理论

在新古典国际贸易理论中，贡献最大的应当是瑞典经济学家埃利·赫克歇尔（Eli F. Heckscher，1879—1959）和伯尔蒂尔·俄林（Bertil Ohlin，1899—1979）。赫克歇尔和俄林理论的产生始于对斯密和李嘉图贸易理论的质疑。在斯密和李嘉图的模型中，技术不同是各国在生产成本上产生差异的主要原因。可是，到了 20 世纪初，各国尤其是欧美之间的交往日趋频繁，技术的国际传播已经越来越容易。许多产品在不同国家的生产技术已非常接近甚至相同，但为什么成本差异仍然很大？赫克歇尔认为，除了技术差异以外，一定有其他原因决定各国在不同产品上的比较优势，而其中最重要的是各国生产要素的禀赋不同和产品生产中使用的要素比例不同。

（一）H-O 理论的主要内容

H-O 理论又称要素禀赋理论，要素禀赋是指一国具有的一些资源，如土地、劳动力和资本的丰裕程度。不同国家具有不同的要素禀赋，而不同的要素禀赋产生了不同的要素成本。

李嘉图认为两国之间劳动生产率的差异是构成比较优势的理论基础。与比较优势不同的是，H-O 理论认为国际贸易模式是由要素禀赋而非生产率差异决定的。根据赫克歇尔-俄林的理论，各国应该集中生产并出口那些利用本国充裕要素生产的产品，以换取那些需要密集使用本国稀缺要素的产品。

1. 赫克歇尔的理论贡献

赫克歇尔的贡献主要反映在他于 1919 年发表的题为《国际贸易对收入分配的影响》一文中。[①] 在这篇被萨缪尔森称为"天才之作"的文章中，赫克歇尔提出了建立在相对资源禀赋情况和生产要素比例基础上的比较优势理论。他写道，产生国际贸易的前提条件可以概括为相互进行交换的国家之间生产要素的相对稀缺程度（生产要素的相对价格）不同和产品中所用生产要素的比例不同，并且为了分析要素价格的不同所产生的国际贸易的原因，赫克歇尔假设在不同的国家里，任何一种给定产品的生产技术都是相同的。

从这一点出发，赫克歇尔又进一步推断出贸易对要素价格的可能影响：如果所有国家的生产技术都相同，贸易就必然继续发展直至各国相对稀缺的生产要素的价格出现均等化。下一步，必须考虑这种均等化是否既是相对的又是绝对的，虽然迄今为止这一命题远未被证明，但这是贸易中不可避免的结果。由此可见，赫克歇尔不仅从生产要素的禀赋和使用比例阐述了贸易的基础，也揭示了贸易对要素价格的影响。

2. 俄林的理论贡献

作为赫克歇尔的学生，俄林在赫克歇尔的基础上进一步发展了这一学说。他在 1933 年出版的著作《地区间贸易和国际贸易》[②] 中更周密地论证了资源禀赋差异所产生的贸易和国际贸易对收入分配的影响，从而更全面地阐述了新古典国际贸易理论的基本框架，具体表现为以下两方面：

（1）揭示了地区间贸易与国际贸易形成的原因。他认为，地区间贸易产生的一个直接原因是两地商品相对价格的不同，而后者又是由生产要素的供给及其价格决定的，故两地区生产要素相对价格的差异（或其稀缺性的差异）是贸易关系成立的必要条件。所以，通常大量使用本地丰富而廉价的生产要素所生产的商品成为该地区的出口品，而需要大量使用本地稀缺而昂贵的生产要素才能生产出来的商品则应从其他地区进口。另外，贸易将使生产要素价格均等化。在某种情况下，生产要素与商品流动可以相互代替，因此要素价格将因商品和生产要素的进一步移动而趋于均等化。

（2）指出了国际贸易中的生产要素禀赋的差异。国际贸易只是地区间贸易理论的扩展运用，与其不同的是国际贸易中生产要素流动面临更多阻碍，因此更应注意生产要素禀赋差异的问题。在国际分工和国际贸易体系内，各国应该从事生产和出

① HECKSCHER E F. The effect of foreign trade on the distribution of income [M] //HARRY FLAM, M JUNE FLANDERS. Heckscher-Ohlin trade theory. New York: MIT Press, 1991.

② 伯尔蒂尔·俄林. 地区间贸易和国际贸易 [M]. 王继祖，等译. 北京：商务印书馆，1986.

口那些需较多耗用其供给相对充裕的生产要素的产品，而进口那些在本国生产需较多耗用其供给相对不足的生产要素的商品。

赫克歇尔和俄林克服了斯密和李嘉图贸易模型中的某些局限性，认为生产商品需要多种生产要素而不仅仅是劳动。资本、土地以及其他生产要素也在生产中起到了重要作用并影响到劳动生产率和生产成本。而且，他们注意到不同的商品生产需要不同的生产要素配置。生产有些产品需要大量的机器设备和资本投入，而有些产品生产则主要是手工操作，需要投入大量的劳动力，这种在生产中所需的劳动投入比例较高的产品称为劳动密集型产品。这里的“密集型”是一个相对概念，如果汽车生产中所需要的资本/劳动的比率高于衣服生产中的资本/劳动比率，那么汽车就是资本密集型产品，衣服就是劳动密集型产品。反之，汽车是劳动密集型产品，衣服是资本密集型产品。

（二）H-O 理论的模型框架

1. 基本假设

（1）两种生产要素：假定为劳动和资本。两种可贸易产品：假定为衣服和汽车，衣服是劳动密集型产品，汽车为资本密集型产品。两个国家：假定为中国和美国，且中国是劳动充裕的国家，美国是资本充裕的国家。

（2）每个国家的生产要素都是给定的。各国的资源禀赋不变，且劳动和资本可以在国内各部门自由流动，但不能在国家之间流动。

（3）生产技术假定相同。

（4）生产规模报酬不变。

（5）两国的消费偏好相同。

（6）完全竞争的商品市场和要素市场。

（7）无运输成本，无关税，或其他阻碍国际自由贸易的障碍。

2. 生产与贸易模式

根据以上基本假设，两国的生产和贸易模式简述如下：劳动充裕的国家拥有生产劳动密集型产品的比较优势，资本充裕的国家拥有生产资本密集型产品的比较优势。如果两国发生贸易，劳动充裕的国家应该多生产并出口劳动密集型产品，少生产并进口资本密集型产品；资本充裕的国家应该多生产并出口资本密集型产品，少生产并进口劳动密集型产品。

假设世界上只有中国和美国两个国家。中国劳动力充裕，衣服是劳动密集型产品，则中国生产衣服的相对成本和相对价格较低，具有生产衣服的比较优势；美国是一个资本充裕的国家，汽车是资本密集型产品，则美国生产汽车的相对成本和相对价格低，因此美国具有生产汽车的比较优势。如果两国发生贸易，中国会增加衣服生产、减少汽车生产，并向美国出口衣服、进口汽车。美国会减少衣服生产、增加汽车生产，并从中国进口衣服，向中国出口汽车。决定两国生产与贸易模式的基础仍然是生产成本方面的比较优势，而这一比较优势是由要素禀赋而不是生产技术的差异决定的。

相关资料 新常态要素禀赋结构下中国经济增长潜力开发的动力转换

3. 要素价格均等化理论

（1）理论提出的背景

俄林在他 1933 年出版的《地区间贸易和国际贸易》中就明确提出“区域贸易的后果是生产要素价格趋于均等化”这一论点，同时，俄林也认为，要素价格要实现完全的均等是不可能的，原因在于：第一，产品对要素的需求常常是对几种要素的“联合需求”；第二，生产要素不能充分移动；第三，现实经济生活存在运输成本和其他贸易障碍因素①。

关于生产要素价格均等化定理的最初证明出现在萨缪尔森（Paul A. Samuelson，1915—2009）1948 年 6 月发表在《经济杂志》的《国际贸易和要素价格均等化》一文中。② 在赫克歇尔-俄林模型的基本假设下，萨缪尔森证明了并得出以下结论：自由贸易不仅使两国的商品价格相等，而且使两国生产要素的价格相等，以致两国的所有工人都能获得同样的工资率，所有的资本（或土地）都能获得同样的利率（或租金）报酬，而不管两国生产要素的供给与需求模式如何。

（2）要素价格均等化的定义与评价

要素价格均等化定理可以表述为：即便生产要素不具备国际流动的条件，只要商品自由贸易得到充分发展，那么各国同种生产要素的相对价格会趋于相等，同时绝对价格也会趋于相等。也就是说，国际自由贸易会使各国的工资和利率趋于相等。由于这一定理建立在赫克歇尔-俄林模型的基础上，由萨缪尔森进行发展，因此，生产要素价格均等化的定理又被称为“赫克歇尔-俄林-萨缪尔森定理”。

从动态的角度看，各国要素收益的差距由于发达国家科技的发展而一次又一次扩大，但又通过贸易不断缩小。如果没有国际贸易，各国要素之间的差距可能更大。生产要素价格均等化的“化”字本身要阐明的是一种趋势而并不是描述一种结果。

相关资料 中国对外贸易开放过程中是否显现斯托尔帕-萨缪尔森效应？

经济全球化的纵深发展和贸易开放深刻改变了要素收入在世界各国（地区）的分配格局。根据国际贸易经典理论斯托尔帕-萨缪尔森定理，各国以要素禀赋确定的竞争优势参与国际贸易，其相对丰裕要素的报酬会上升，经由贸易品价格趋于一致，要素价格也会逐渐均等化。实证研究表明，发达国家的对外开放符合 SS 定理预期，而发展中国家的劳动收入并未相应上升。以劳动、资源密集型产品为主的出口

① 伯尔蒂尔·俄林. 地区间贸易和国际贸易［M］. 王继祖，等译，北京：商务印书馆，1986：29-32.

② P A SAMUELSON. International trade and the equalization of factor prices［J］. Economic journal，1948（6）：165-184.

结构，理应使劳动报酬特别是非熟练工人报酬上升，其与熟练工人的收入差距（技术溢价）缩小，劳动整体收入提升，同时劳资分配差距缩小。然而实证研究发现，近三十年全球化和国际贸易压低了发展中国家整体的劳动收入水平。

中国在参与全球分工的过程中尽管经历了出口结构的动态变化，但从价值链的增值环节来看，比较优势仍体现在廉价劳动力上。出口品中加工贸易占了一半以上，外资企业及出口加工贸易构成贸易顺差的主要来源，我国在国际贸易中仍旧承担劳动密集型环节。改革开放后，我国劳动收入和工资水平也曾经历上升和稳定阶段，然而20世纪90年代以来，中国经济总量增长创造的国民收入并没有成比例地落入居民口袋，工资涨幅远不及经济增长速度，劳动要素在初次分配中地位下降是其主要原因。同时资本所得和政府税收收入占比逐渐上升，一定程度上呈现“资强劳弱”局面。劳动收入停滞不前最终会抑制消费，拖累经济增长。

资料来源：李卓，李智娟. 中国贸易开放战略为何不利于劳动增收？——兼论“Stolper-Samuelson”效应未在中国显现的原因［J］. 经济评论，2014（6）：14-26.

4. 罗勃津斯基定理

罗勃津斯基（Tadeusz Rybozynski，1923—1998）在其1955年发表的论文《要素禀赋与相对商品价格》中提出：在商品相对价格不变的情况下，某种生产要素的增长会使密集使用该要素的商品生产扩大，使密集使用其他要素的商品生产缩小。换句话说，中国资本的增加会使资本密集型产品（汽车、生物科技、高新技术产品）的生产增加，使劳动密集型产品（纺织等）的生产减少。在这里，商品价格不变是一个重要条件，因此，这一理论只适用于国际贸易中的“小国”。

如果中国是汽车出口大国，罗勃津斯基定理可能就不再有效。一方面，由于资本增加，中国汽车生产成本相对降低会扩大汽车生产；另一方面，由于中国是汽车出口大国，汽车成本的下降会导致汽车价格下降，衣服的相对价格上升会增加衣服产量。整个社会生产的最终选择取决于国际市场汽车与衣服新的相对价格变化程度。如果衣服的相对价格涨幅不大，罗勃津斯基定理仍有可能成立，与增长前相比，汽车生产增加但衣服生产仍然减少。但如果衣服相对价格上升很多，有可能两种商品的生产都会扩大，罗勃津斯基定理就不再有效。因此，资本增长对大国各种商品生产的影响不会像小国那样确定。

（三）对H-O理论的评价

要素禀赋理论依据的一系列假设条件都是静态的，忽略了国际国内经济因素的动态变化，使得理论难免存在局限性。

（1）理论模型的条件限制不符合实际情况。在实际中，各国的生产技术不完全相同，生产技术对生产效率的影响是巨大的，会对产品的成本产生很大的影响。此外，现实技术不断进步，而进步既能使老产品的成本降低，也能产生新产品。因而会改变一国的比较利益格局，使比较优势产品升级换代，扩大贸易的基础。国际贸易中，运输成本和贸易壁垒的阻碍真实存在，且运输成本和贸易壁垒是不可避免的；许多国家的市场结构不是完全竞争的。

（2）要素禀赋理论的模型中投入产品的是两种生产要素，在实际生产中，一种产品往往要投入两种以上的生产要素。该理论无法解释投入多种生产要素的产品进行国际贸易的原因。而且，要素禀赋理论不能解释要素密集程度相同的国家之间的国际贸易问题。此外，人力资本即劳动力在不同的国家和地区是不同质的。劳动力要素的不同质会影响产品的成本，也即成本差异并不完全是由于该国各种生产要素的相对丰裕程度决定的。

（3）要素禀赋理论是从产品供给的角度去分析国际贸易的原因的。该理论假设“消费者偏好一致”，实际中如果两国的需求偏好差异超过了要素禀赋上的差异，两国的进口方向就会发生逆转，与模型解释相反。

相关资料　中国资源型城市的“荷兰病”及可持续发展问题

二、里昂惕夫之谜

自从20世纪初赫克歇尔与俄林提出了资源禀赋贸易模型后，很快被西方经济学者广泛接受，在很长一段时间，H-O模型成为解释工业革命后贸易产生原因的主要理论。人们普遍认为，各国资源禀赋和生产中要素使用比例的不同是产生国际贸易的主要原因，但是，这一理论在实证检验中遇到了挑战。

对H-O理论的第一次实证检验是在20世纪50年代初。美籍爱沙尼亚经济学家瓦西里·里昂惕夫（Wassily W. Leontief）在1953年发表的论文《国内生产和对外贸易：美国资本地位再审查》① 中，用他所创立的投入产出分析方法对美国1947年每生产100万美元的、超过200种的进出口商品所使用的资本—劳动投入比例数据来检验赫克歇尔-俄林理论，其结果引发了持续一代人时间的富有成效的争论，史称“里昂惕夫之谜”。

（一）里昂惕夫之谜的定义

一般认为，美国是一个资本充足但劳动力相对不足（高工资率）的国家。因此，美国在生产、出口机器设备等资本密集型产品方面具有相对优势，进口的则应是劳动密集型产品。根据传统的要素禀赋理论，战后美国出口资本密集型产品，进口劳动密集型产品。

里昂惕夫采用投入-产出法对战后美国对外贸易发展状况进行分析，对H-O定理进行验证。他把生产要素分为资本和劳动力两种，对200种商品进行分析，计算出每百万美元的出口商品和进口替代品所使用的资本和劳动量。他发现：美国进口的是资本密集型产品，出口的是劳动密集型产品。这显然与赫克歇尔-俄林模型刚好相反。由于H-O模型已经被西方经济学界广泛接受，因此，里昂惕夫的结论被称

---

① WASSILY LEONTIEF. Domestic production and foreign trade：The American capital position re. examined［J］. Proceedings of the American philosophical society，(1953)，97：331，349.

为“里昂惕夫之谜”或“里昂惕夫反论”。

(二)对里昂惕夫之谜的解释

1. 人力资本学说

里昂惕夫本人提出了劳动力非同质的结论,即复杂劳动是简单劳动的倍加,从而指出了H-O模型前提中的缺陷。里昂惕夫认为,美国工人的劳动生产率比其他国家高3倍,因此,美国的劳动存量应是劳动人数乘以3,这样美国出口的就是劳动密集型产品了。在此基础上,美国经济学家基辛对这个问题进一步加以研究。他将美国企业职工区分为熟练劳动和非熟练劳动。他根据这两大分类对14个国家的进出口商品结构进行了分析,得出了以下结论:资本较丰裕的国家倾向于出口熟练劳动密集型商品,资本较缺乏的国家倾向于出口非熟练劳动密集型商品。美国经济学家凯恩(Edward J. Kane)发现美国的出口以物质资本加人力资本密集型商品为主,该发现也支持了H-O定理。

2. 自然资源学说

该解释认为,一些自然资源密集型的产品,如能源,往往也是资本密集型的。考虑到美国的某些自然资源如石油是相对稀缺的,从自然资源角度看,如果剔除美国进口的稀缺的自然资源,就可以解释美国为什么进口的是资本密集型产品。

3. 贸易保护政策

由于种种原因,如美国对劳动密集型产品进口进行限制,以维持国内高工资,因此美国的贸易政策偏向限制和减少进口劳动密集型产品以保护本国的同类产业。这些政策扭曲了美国的贸易结构,减少了进口产品的劳动密集度。贸易保护政策的影响可以部分解释里昂惕夫之谜。

4. 需求逆转

在要素禀赋理论中,假设两国消费者偏好完全相同。事实上,两国消费者的偏好是不可能完全相同的,存在一定的需求差异。基于需求逆转,里昂惕夫之谜可以被这样解释:虽然美国的资本比较充裕,但如果美国消费者的消费结构中资本密集型商品(以制成品为主)占据绝大部分比重,那么美国则有可能出口劳动密集型产品,进口资本密集型产品。

5. 要素密集度逆转

要素密集度逆转是指同一种产品中要素的比例在不同的国家会有重大不同,如某些产品在劳动力相对丰裕的国家中属于劳动密集型产品,但在资本相对丰裕的国家中则属于资本密集型产品。要素密集度逆转是由于各国的生产要素禀赋和要素价格不同,它们在生产同一种商品时可能会采用不同的方法,因而投入的要素比例也就不同。

相关资料　H-O 理论在中国的实证检验

核心知识小结

重商主义的基本观点是一种国际贸易的“零和”思维，即各国在国际贸易中的利弊得失是完全相反的，你之所得就是我之所失。该理论认为一国积累的金银越多，就越富强。重商主义主张国家干预经济生活，禁止金银输出，增加金银输入。重商主义者认为，要得到这种财富，最好是由政府管制农业、商业和制造业；发展对外贸易垄断；通过高关税率及其他贸易限制来保护国内市场；并利用殖民地为母国的制造业提供原料和市场。

绝对优势理论是亚当·斯密提出的，他指出当两个国家生产两种商品，使用一种劳动时，如果刚好 A 国在一种商品上劳动生产率高，B 国在这种商品上劳动生产率低，则 A 国在该商品生产上具有绝对优势。两国按各自的绝对优势进行专业生产分工并参与贸易，则两国都能从贸易中得到利益。这种贸易利益来自专业化分工促进了劳动生产率的提高。

比较优势理论是李嘉图提出的，在两国都能生产同样两种产品的条件下，如果其中一国在两种产品的生产上劳动生产率均高于另一国，则该国可以专门生产优势较大的产品，处于劣势地位的另一国可以专门生产劣势较小的产品。通过国际分工和贸易，双方仍然可以从贸易中获利，即“两利相权取其重，两弊相权取其轻。”

赫克歇尔-俄林理论（H-O 理论）又称要素禀赋理论，要素禀赋是指一国具有的一些资源，如土地、劳动力和资本的丰裕程度。不同国家具有不同的要素禀赋，而不同的要素禀赋产生了不同的要素成本。

H-O 理论认为国际贸易模式是由要素禀赋而非生产率差异决定的。根据 H-O 理论，各国应该集中生产并出口那些利用本国充裕要素生产的产品，以换取那些需要密集使用本国稀缺要素的产品。

在赫克歇尔-俄林模型的基本假设下，自由贸易不仅使两国的商品价格相等，而且使两国生产要素的价格相等，以致两国的所有工人都能获得同样的工资率，所有的资本（或土地）都能获得同样的利润（或租金）报酬。这是“生产要素价格均等化定理”。

经济学家里昂惕夫在 20 世纪 50 年代用美国的数据对 H-O 模型进行实证检验发现其结果并不符合 H-O 模型理论，这被称为“里昂惕夫之谜”。对“里昂惕夫之谜”的解释包括产品要素密集型逆转、人力资本、需求逆转、贸易保护政策以及自然资源等。赫克歇尔-俄林理论仍然成立，但对现实世界贸易的解释范围越来越小。

备考准备

一、名词解释

重商主义　绝对优势理论　比较优势理论　H-O 理论

斯托尔帕—萨缪尔森定理　要素价格均等化定理　罗勃津斯基定理

二、选择题

1. 新古典自由贸易理论的主要代表人物是（　　）。（单选）
   A. 凯恩斯　　B. 亚当·斯密
   C. 俄林　　D. 李斯特
2. 绝对优势理论认为两国之间的绝对优势产生于国家间（　　）的差异。（单选）
   A. 要素禀赋　　B. 劳动生产率
   C. 劳动总量　　D. 综合实力
3. 如果甲国生产一只手表需要 8 个劳动日，生产一辆自行车需要 9 个劳动日，乙国生产手表和自行车分别需要 13 个和 11 个劳动日，根据比较优势理论，（　　）。（多选）
   A. 甲国应集中生产和出口手表　　B. 甲国应集中生产和出口自行车
   C. 乙国应集中生产和出口手表　　D. 乙国应集中生产和出口自行车
4. H-O 模型的基本假定包括（　　）。（多选）
   A. 生产要素可以在部门间自由流动　　B. 两个国家的要素丰裕度不同
   C. 两种商品的要素密集度不同　　D. 两个国家的消费偏好不同
5. 下列选项（　　）是对里昂惕夫之谜的解释。（多选）
   A. 人力资本学说　　B. 贸易保护政策
   C. 自然资源学说　　D. 要素密集度逆转

三、简答题

1. 简述比较优势理论与要素禀赋理论的联系与区别。
2. 论述里昂惕夫之谜以及学术界对里昂惕夫之谜的不同解释。
3. 在要素价格均等化理论中，俄林认为，现实中要素价格要实现完全的均等是不可能的。试解释原因。

第二章
当代国际贸易理论

■ 本章知识结构图

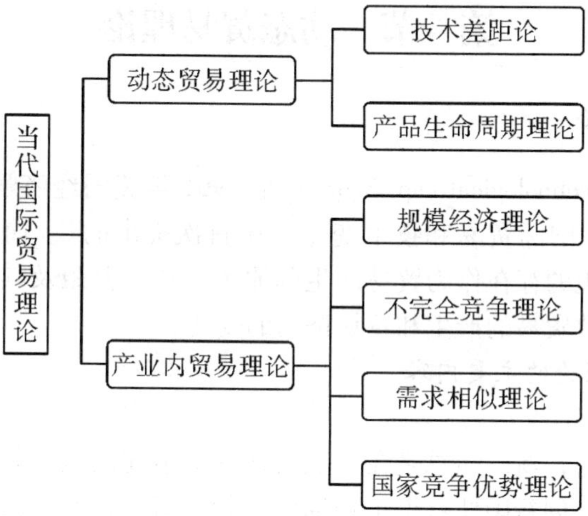

学习目标

本章重点掌握技术差距论、产品生命周期理论以及产业内贸易理论，包括规模经济理论、不完全竞争理论、需求相似理论以及国家竞争优势理论的主要内容及评价；

掌握完全竞争市场的含义并注意其与不完全竞争市场的不同；

了解当代国际贸易理论与新古典贸易理论的不同并体会其蕴含的国际贸易思想。

引例　中国对外贸易模式的动态演化

二战之后，国际贸易领域出现了一些新变化，如规模经济、不完全竞争、产品差异化及消费者偏好多样化、产业内贸易等概念，形成了对传统贸易理论，尤其是对赫克歇尔-俄林要素禀赋理论的挑战，于是形成了新的贸易理论。这些新的贸易倾向显然不能用“资源禀赋”来解释，因为发达国家的资源比例是相似的，都属于资本相对充裕的国家，而同类工业产品的生产技术更具有相似的要素密集性。国际贸易为什么会在相似的要素密集型产品和相似的要素充裕国家间进行呢？尽管许多发展中国家（如中国）的人均资本在不断增加，但与发达国家（如美国、日本）相比，仍是资本相对稀缺的国家，为什么资源禀赋的模式基本没有变化，而某些制造品的比较优势会从发达国家逐渐转移到发展中国家？

国际贸易实践中发生的这些现象，传统贸易理论已无法给予合理解释。20 世纪 60 年代以来，围绕战后国际贸易的新特点，经济学家们提出一些新的学说，并逐渐形成了与古典和新古典贸易理论不同的当代国际贸易理论。

第一节　动态贸易理论

一、技术差距论

技术差距论（technological gap theory）是 1961 年美国经济学家波斯纳（M. V. Posner）在其论文《国际贸易和技术变化》中首次提出的①。简单来说，它是以不同国家之间技术差距的存在作为贸易产生的原因。技术差距及其变化会影响产品的可获得性，进而导致贸易的产生和贸易格局的变化。

（一）技术差距论的主要内容

1. 基本观点

技术差距论认为，新产品总是在工业发达国家最先问世，新产品在国内销售之后再进入国际市场，创新国便获得了初期的比较优势。这时，其他国家虽然想对新产品进行模仿生产但由于与先进工业国家之间存在着技术差距，需要经过一段时间的努力之后才可能做到。在这段时间内，创新国仍拥有在该产品上的技术领先地位，其他国家对该产品的消费仍需通过进口得到满足，因而由技术差距所引起的国际贸易仍然需要。当其他国家可以模仿生产之后，随着模仿规模的扩大，创新国的比较优势逐渐丧失，出口下降，最后甚至可能从其他国家廉价进口该产品。

2. 四种时滞与国际贸易

波斯纳在运用技术时滞（the lapse of time）解释具有类似经济条件的发达国家之间进行制造品贸易的原因时，运用了几个时滞，即需求时滞、反应时滞、掌握时滞和模仿时滞。其中，模仿时滞是需求时滞、反应时滞和掌握时滞的加总，如图 2. 1 所示。

（1）需求时滞

创新国出现新产品时，后进国并没有意识到它是国内产品的替代品，要经过一段时间才会产生需求，这段时间就是需求时滞。需求时滞的主要影响因素是两个国家的收入水平差异，因为收入水平影响需求结构。另外，信息传递的速度以及创新

① M V POSNER. International trade and technical change [J]. Oxford economic papers, 1961, 13 (3): 323, 341.

国与模仿国的市场开放情况亦会影响到需求时滞的长短。在这一时期，由于后进国对创新性产品没有需求，创新国的生产只为满足国内消费，因而没有国际贸易。

（2）反应时滞

创新国出口新产品，经过一段时间，进口国意识到进口产品对国内进口竞争品行业的威胁，开始模仿生产该产品。但什么时候才能模仿生产，有一段时间的滞后，这段时间就是反应时滞。反应时滞取决于模仿国企业家的投资意识、风险意识以及规模效益、贸易壁垒、后进国收入水平和市场大小等。在这一时期，后进国出现对创新性产品的需求。由于后进国不能生产，所以只能从创新国进口。随着后进国需求的增加和创新国生产的增加，创新国出口不断增加，后进国进口不断增加。

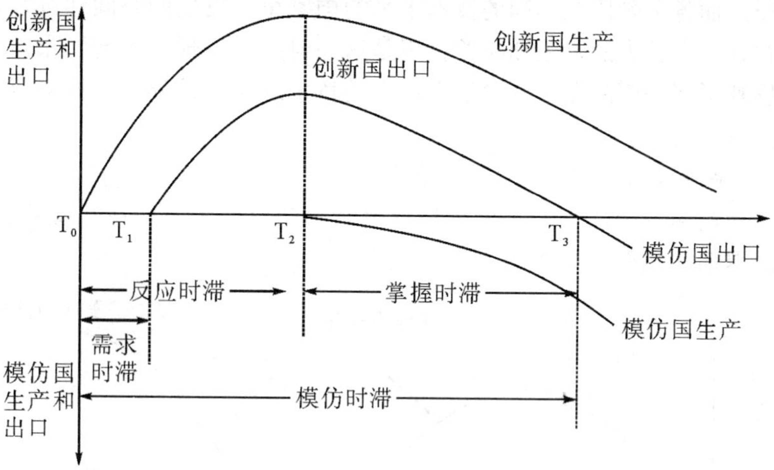

图 2.1　技术差距论图示

（3）掌握时滞

模仿国从开始模仿生产到完全掌握相关技术，达到与创新国同一技术水平的时间，就是掌握时滞。掌握时滞取决于创新国的技术转移意愿、后进国的国内需求强度、研发经费、技术基础和生产条件。在这一时期，后进国企业认识到进口的压力和创新性产品市场需求中蕴藏的利润空间，开始模仿生产。后进国用一定量的模仿产品替代进口，对创新国的进口开始下降，创新国的出口规模下降。

（4）掌握时滞之后

掌握时滞过去以后，技术差距消失，后进国国内生产完全满足国内需求，停止进口并开始出口，创新国停止出口，国内生产降低。在后进国完全掌握生产技术以后，创新国和后进国之间不存在技术差距。在此之后是否会存在国际贸易就要看两个国家在资源禀赋、生产规模以及市场结构方面的对比状况，分析逻辑又可以回到新古典贸易理论和基于规模经济的贸易理论中。

（二）技术差距论的评价

在技术差距论中，贸易的基础是因为创新速度差异所导致的国际技术差距；贸易模式是创新国出口、模仿国进口；贸易规模随技术差距的变化而变化；技术差距消失以后，国际贸易的基础重新回归比较优势或规模经济。技术差距论从技术动态变迁这一视角为国际贸易动态演化的过程和原因提供解释，但该理论并没有深入解释技术差距产生和随着时间推移而消失的原因。从而使得理论本身具有缺陷。

二、产品生命周期理论

1966年，美国哈佛大学教授雷蒙德·弗农（Raymand Vernon）在技术差距论的基础上，发表了《产品周期中的国际投资与国际贸易》一文，首次分析了产品技术的变化对贸易格局的影响，提出了“产品生命周期”（product life cycle）学说。[①] 弗农认为：产品生命是指市场上的营销生命，产品和人一样，要经历形成、成长、成熟、衰退这样的周期。就产品而言，也就是要经历一个开发、引进、成长、成熟、衰退的阶段。而各个阶段在不同的技术水平的国家里，发生的时间和过程是不一样的，其间存在一个较大的差距和时差，正是这一时差，表现为不同国家在技术上的差距，它反映了同一产品在不同国家市场上的竞争地位的差异，从而决定了国际贸易和国际投资的变化。

（一）产品生命周期理论的主要内容

产品生命周期理论认为，一个产品的生命周期有四个阶段：开发期、成长期、成熟期和衰退期（见图2.2）。

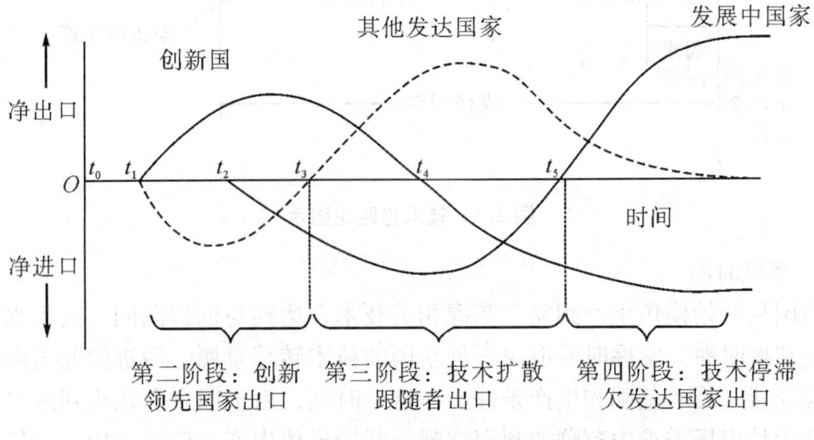

图2.2　一种新商品在产品生命周期中的技术传播和贸易演进的变化

第一阶段，开发期是指产品从设计投产到投入市场进入测试的阶段。在此阶段，产品仍属新颖，技术上是新发明。除了开发国之外，其他国家对产品的新技术知之甚少。而且生产者对于新产品生产技术和市场反应还在不断摸索和改进。在此阶段，开发国垄断该产品的生产，满足国内外消费者的需求。该阶段由于生产技术方面的限制，产品生产批量小，制造成本高，广告费用大，销售价格偏高，销售量极为有限，企业通常不能获利，反而可能亏损，企业对新产品的销售也局限在本国消费者，还未走向国际化。

第二阶段，成长期是指产品通过试销取得了良好的效果，购买者逐渐接受该产

① R VERNON. International investment and international trade in the product cycle [J]. Quarterly journal of economics, 1966, 80 (2): 190-207.

品，产品在市场上站住脚并打开了销路。这是需求增长阶段，需求量和销售额迅速上升。生产成本大幅度下降，利润迅速增长。与此同时，竞争者看到有利可图，纷纷进入市场参与竞争，使同类产品供给量增加，价格随之下降，企业利润增长速度逐步减慢，最后达到生命周期利润的最高点。在这个阶段，开发国是这个产品的净出口国，销售对象先是发展程度相当的其他发达国家，再逐渐向发展中国家渗透。

第三阶段，成熟期是指产品大批量生产并稳定地进入市场销售，经过成长期之后，随着购买产品的人数增多，市场需求趋于饱和，技术已经成熟，生产过程已经比较标准化，成熟的生产技术也随着产品的出口而转移。与此同时，国外的生产也已增加，开发国的出口开始下降，一些产品进口国能够迅速地模仿掌握技术进而开始在本国生产该产品并出口到其他国家。

第四阶段，衰退期是指产品进入了淘汰阶段。随着科技的发展以及消费习惯的改变，产品的销售量和利润持续下降，产品在市场上已经老化，不能适应市场需求，市场上已经有其他性能更好、价格更低的新产品，足以满足消费者的需求。此时成本较高的企业就会由于无利可图而陆续停止生产，该类产品的生命周期也就陆续结束，以致最后完全撤出市场。至此，一个产品也完成了其生命的周期。

（二）对产品生命周期理论的评价

不同的产品在生命周期各个阶段的延续时间是不一样的，这将影响各国在国际贸易格局中特定地位的持续时间和获益程度。随着产业结构的变化和调整，高新技术产业在经济中所占的比重越来越大。但高新技术产品的一个特征就是升级换代的速度非常快，这也意味着标准化阶段的时间非常短。

在此背景下，发展中国家在利用国际产业转移来发展高新技术产业的过程中，将面临极大的挑战。因此，对发展中国家来说：①随着产品被模仿，产品生产优势从创新国逐渐转移到模仿国，这样发展中国家可以把从发达国家转移出来的产业承接过来，并发挥后发优势；②由于产品生命周期的不同阶段对生产要素的要求不同，因此可根据本国的实际情况，选择加入产品生命周期的哪一个阶段；③弗农所说的大多数新产品是从美国、欧洲或日本开发和引进的，随着世界经济的全球化和一体化，全球化生产的引入可能伴随着全球性分散生产的出现，新产品的部件将主要在要素成本和技术两方面结合最具优势的地区生产。总之，需要注意的是弗农理论在美国占有全球优势时可用于解释国际贸易模式，但是和现代世界的关联是有限的。

相关资料　电动汽车的生命周期

电动汽车的发展从理论上也分为开发期、引入期、成长期、成熟期和衰退期，不少机构如美国君迪公司（J. D. Power）、国际能源署（IEA）、瑞士信贷集团（Credit Suisse）和德意志银行（Deutsche Bank）也对电动汽车在全球市场的快速发展进行了预测，其中美国君迪公司的预测最消极，认为2020年全球电动汽车的销量为519.5万台，而德意志银行的预测最乐观，认为2020年全球电动汽车的销量可达到1 980万台。

电动汽车的生命周期特点可以表述为：在新产品开发期间该产品的销售额较少，

制造商不断进行固定投资，虽然政府对其进行补贴，但此时未获得利润，处于亏损状态；进入引入期后，产品销售增长缓慢，电动汽车推广力度较大，但消费者对电动汽车逐步加深认识，需求较少，制造商在引入期通常利润较低或为负数；在成长期，电动汽车获得消费者认可，需求增大，此时产品的销售量快速增长，利润也显著增加；进入成熟期以后电动汽车的销量和利润都逐渐达到顶点；而到了衰退期以后，电动汽车的销售量不断减少，利润也在达到最大后大幅下滑。

资料来源：靳起浩. 基于产品生命周期的电动汽车动力电池回收模式研究 [D]. 武汉：华中科技大学，2016.

第二节　产业内贸易理论

无论是古典还是新古典经济理论，在分析国际贸易时都假定商品市场是完全竞争的。完全竞争的商品市场有两个重要特征：一个是商品的同质性，即各个厂商生产的商品完全相同；二是单个厂商在市场中的微弱地位。由于市场上有很多厂商都生产同样的产品，每个厂商的市场占有率都微乎其微。因此，单个厂商面对的都是一条水平的需求曲线，都只是市场价格的接受者。单个厂商生产量的多少和生产量的变化都不会对市场价格产生任何影响。但是，纵观二战后的经济发展状况，不难发现，国际贸易的现实离完全竞争的假设越来越远。由此微观经济学理论引出一个观点，即初级产品之间的贸易通常是产业内贸易。

产业内贸易理论又称差异化产品理论，以不完全竞争市场和规模经济为前提，从动态角度出发，考虑需求情况以求更符合实际。由于产业内贸易规模的不断扩大，20 世纪 80 年代以来许多经济学家陆续对这一问题从不同角度进行了探讨。

一、规模经济理论

（一）规模经济理论概述

传统贸易理论都假设产品的规模报酬不变，即假设产出与要素投入同方向同比例变动，如果所有的投入增加一倍，那么产出也会增加一倍。在以初级产品生产为主的前工业化时代，这个假设基本是接近现实的。但是，在现代社会的工业生产中，许多产品的生产具有规模报酬递增的特点，即扩大生产规模，每单位生产要素的投入会有更多的产出，大规模的生产反而会降低单位产品成本，这便存在着“规模经济”。

规模经济可分为“内部的”与“外部的”两种：内部规模经济主要来源于企业本身生产规模的扩大。由于生产规模扩大和产量的增加，分摊到每个产品上的固定成本（管理成本、信息成本、设计成本、科研与开发成本等）会越来越少，从而使产品的平均成本下降。具有内部规模经济的一般都为大企业、大公司，多集中于设计、管理、销售成本较高的制造业和信息产业，如汽车、飞机、钢铁、机械制造、电脑软件等。而外部规模经济主要来源于行业内企业数量的增加所引起的产业规模的扩大。由于同行业内企业的增加和相对集中，在信息收集、产品销售等方面的成本会降低。外部的规模经济一般出现在竞争性很强的同质产品行业中。例如，北京的“中关村电脑城”，浙江的“纽扣城”“电器城”“小商品市场”，每家都不是很大，但集中在一起，就形成了外部规模经济。图 2.3 反映了具有规模经济的企业长期平均成本与产量之间的关系。

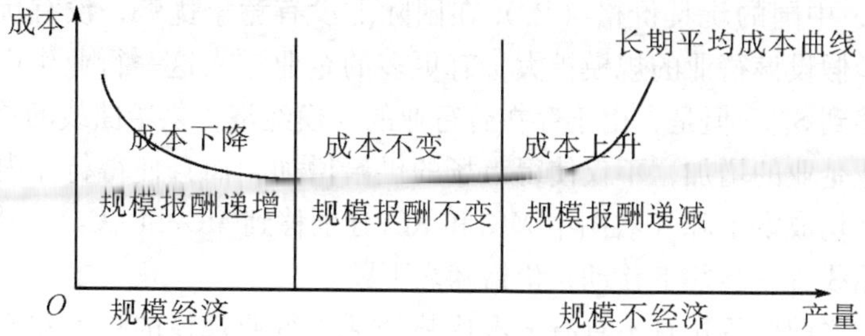

图 2.3　企业的长期平均成本与产量的关系

（二）外部规模经济与国际贸易

外部规模经济模型最早由埃塞尔（W. J. Ethier）提出，他分析了外部规模经济在国际贸易中的重要性，同时分析了国际分工格局对各贸易方经济发展的影响。①外部规模经济是如何导致国际贸易的呢？或者从另一个角度说，国际贸易如何使得企业获得外部规模经济呢？这可以通过一个例子来说明：假设图 2.4 所示的是中国玩具行业的市场供求和一个典型玩具生产企业的成本收益曲线。每个玩具生产厂商的规模都很小，生产的是同质产品，该行业是完全竞争的。在图（a）中，D_1是本国的需求曲线，S_1是没有贸易时或行业扩大前本国玩具行业的短期供给曲线，它们都具有通常的形状（需求曲线向下倾斜，供给曲线向上倾斜）。但是，由于存在外部规模经济，该行业的长期平均成本曲线 LAC 是向下倾斜的。也就是说，随着行业规模的扩大，行业内各企业平均成本会下降。

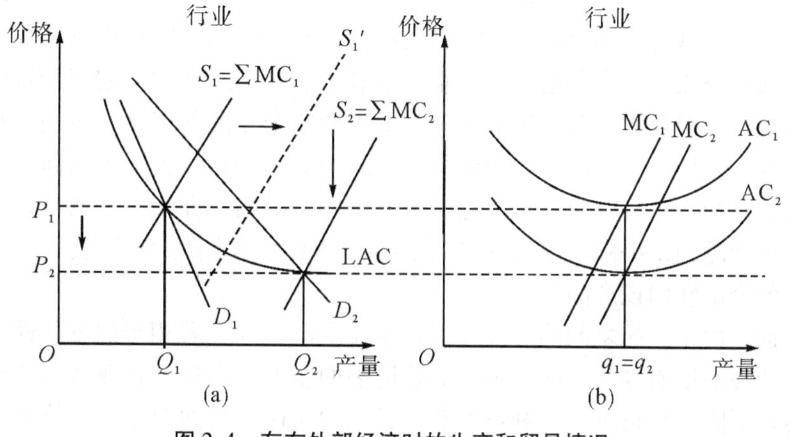

图 2.4　存在外部经济时的生产和贸易情况

① ETHIER W J. National and international returns to scale in the modern theory of international trade [J]. The American economic review, 1982, 72 (3): 389, 405.

在图（b）中，MC_1和AC_1分别是一个玩具生产企业在没有贸易时或行业扩大前的边际成本和平均成本曲线。在均衡时，竞争企业没有经济利润，平均成本AC_1等于价格P_1，企业最优生产量是q_1。

现在来说明外部规模经济为什么会导致国际贸易。先假设在最初的市场均衡点（$S_1=D_1$）上，中国的玩具价格（P_1）在国际上没有竞争优势，没有玩具贸易。接下来，进一步假设该行业的规模扩大，有更多的企业进入这一行业生产玩具。行业的供给曲线移到S_1'。但是，由于存在着行业的规模经济，供给曲线的移动并非到此为止。该行业企业的增加，不仅使得市场的供给增加，而且使得行业内每个企业的边际成本和平均成本下降（右图中MC_1和AC_1分别移到MC_2和AC_2），从而使得整个行业的供给曲线进一步往下移动，价格随之下跌。

如果在此之前中国玩具不具有成本优势的话，行业规模的扩大和产品平均成本的下跌使得中国玩具在国际市场上拥有竞争力，企业就有动力出口玩具，从而产生国际贸易。由于开放贸易，玩具市场上包括了来自国外的需求，需求曲线移至D_2，玩具市场的最终价格为P_2，在长期均衡点上（$AC_2=P_2$），每个企业的生产量q_2仍然等于q_1。

对于外部规模经济与国际贸易的关系还可以从另一个角度来说明。假设贸易前的市场均衡价格为P_1，由于开放贸易，需求从D_1增加到D_2，相应地，更多企业进入玩具行业，使供给从S_1增加到S_1'。企业数增加后产生了外部规模效应，使每个企业的成本下降，供给曲线进一步下移，新的行业和企业的均衡价格下降到P_2。

从贸易所得来看，各个企业在短期内可能会由于成本下降先于价格下降而出现利润，但长期又回到经济利润等于零的状况。对企业来说，短期可能有所得，长期则无所失。对于国内消费者来说，长期价格下降，消费量上升，消费者剩余增长。因此，整个社会会因贸易的发生而获得净收益。

（三）内部规模经济和国际贸易

前面分析了具有外部规模经济的完全竞争行业，但拥有内部规模经济的更多的是处于垄断竞争或寡头竞争地位的企业。在垄断竞争下，行业内虽然仍有许多企业，但企业的规模一般要大得多。每个企业并不生产完全相同的产品，而是相互之间有一定替代性的差异产品。由于每个企业生产的产品不一样，各个企业都对自己的产品有一定的垄断力量。企业面临的是一条向下倾斜的需求曲线。也就是说，消费者不会因一个产品稍微提高一点点价格而全部转向另外的产品，也不会因为一个产品稍微降价就全部转向该产品。

一方面，由于产品之间的可替代性，企业之间也存在着相当的竞争性。如果垄断竞争企业在短期有经济利润，则会引起更多的企业进入这一行业从而造成对原有产品的需求下降，价格下跌，利润减少直至为0，这时新的企业就会停止进入。另一方面，如果垄断竞争企业在短期内亏损，一些企业就会逐渐退出从而造成对剩下产品的需求增加，价格上升，亏损减少直至没有，这时就不再会有企业愿意退出。总之，垄断竞争企业的长期竞争会造成该行业企业的平均经济利润为零。

那么，垄断竞争企业是怎样参与国际贸易的呢？国际贸易又会带来什么影响呢？

在参与国际贸易以前，企业所面临的只是国内需求曲线 D_1 。在利润最大化的目标下，垄断厂商会选择生产 Q_1，即边际成本 MC 等于边际收益 MR_1时的产量。企业参与国际贸易之后，外国需求增加，从而总需求增加，企业面对的市场需求由 D_1增加到 D_2；边际收益也从 MR_1移到了 MR_2。企业追求利润最大化，生产扩张（从 Q_1增加到 Q_2），平均成本下降（由原来的 AC_1下降到 AC_2）。在短期内，需求的突然扩张使得企业的平均成本比产品价格下降得更快，图 2.5 中的阴影部分就是企业的超额利润。

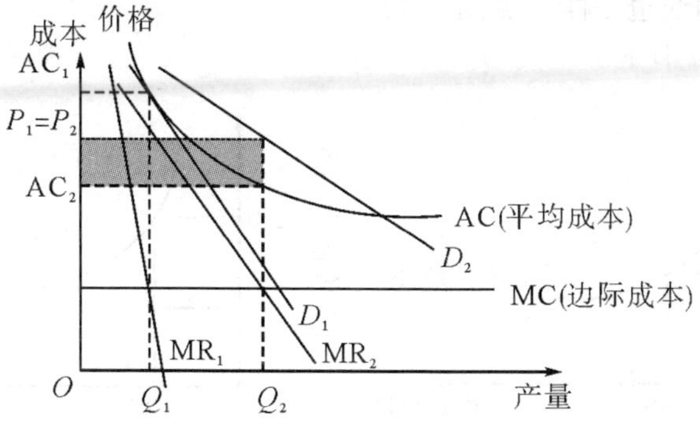

图 2.5 垄断竞争企业参与国际贸易的短期影响

垄断竞争企业的短期超额利润会引起更多国内企业的进入。新进入的企业虽然不会生产相同的产品，但其生产的产品有很大的替代性。这样一部分消费者就会转向购买新产品，原有企业的需求下降（向下平移），长期竞争的结果使得企业的利润消失，企业面对的需求由 D_2变到 D_3。然而，由于参与国际贸易之后的需求 D_3比不参与国际贸易的需求 D_1更有弹性，企业的生产依然扩张（从 Q_1增加到 Q_3），获得了更低的长期平均成本（由原来的 LAC_1下降到 LAC_3）。同时产品的定价也由原来的 P_1下降到 P_3（价格等于平均成本：$P_3 = LAC_3$），如图 2.6 所示。

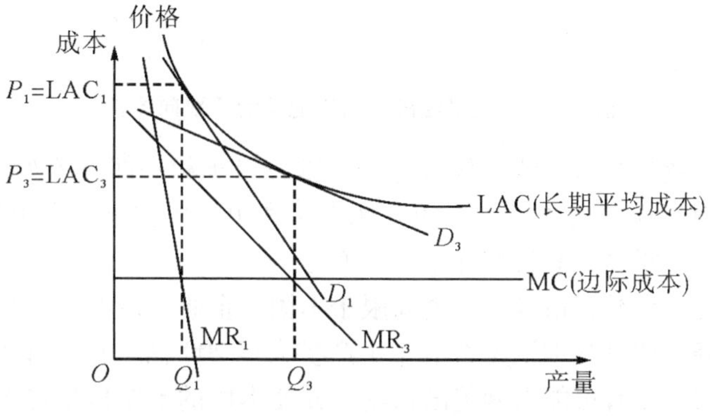

图 2.6 垄断竞争企业参与国际贸易的长期影响

所以，对于垄断竞争企业来说，开放贸易的短期结果是企业产量增加，平均成本下降，出现短期超额利润。产品价格可能下降，从而使得本国消费者也受益，消费者剩余增加。但短期内价格也有可能上升，造成国内消费量下降，消费者受损。

开放贸易的长期影响是：企业产量增加（比没有贸易时增加但不一定比短期内

的产量多)，平均成本和产品价格都下降且两者相等，企业经济利润回到零。本国消费者消费量增加，消费者剩余增加。从社会福利角度看，无论短期长期，整个社会的福利都比没有贸易时有所增加。

为了进一步用不完全竞争和规模经济理论来解释发达国家之间的产业内贸易，假设日本和美国都是资本充裕的国家，都生产资本密集型的工业品，如汽车，但汽车的种类很多，至少有卡车和轿车两种。由于两国的生产技术和资源配置都相同，生产汽车的成本曲线也一样（见图 2.7）。

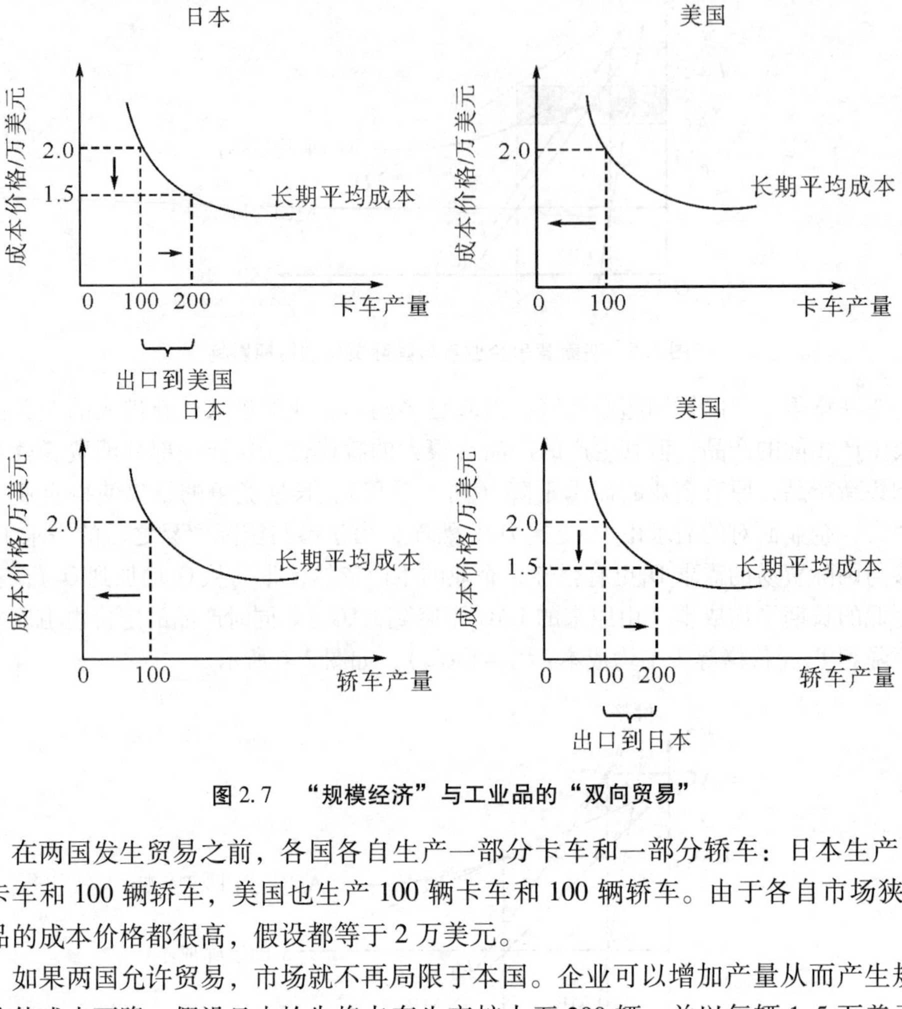

图 2.7　“规模经济”与工业品的“双向贸易”

在两国发生贸易之前，各国各自生产一部分卡车和一部分轿车：日本生产 100 辆卡车和 100 辆轿车，美国也生产 100 辆卡车和 100 辆轿车。由于各自市场狭小，产品的成本价格都很高，假设都等于 2 万美元。

如果两国允许贸易，市场就不再局限于本国。企业可以增加产量从而产生规模经济使成本下降。假设日本抢先将卡车生产扩大至 200 辆，并以每辆 1.5 万美元的价格向美国出口，就有可能占领美国市场，并使本国的卡车价格也下降。由于汽车的种类很多，在这种情况下，美国没有必要再继续生产卡车去与日本竞争，因为竞争的结果最多只是把日本卡车赶出美国市场，回到原来没有贸易时的状态。美国自己也不会因此获得利益。在这种情况下，美国可以将资源转移到轿车上，将轿车的生产扩大至 200 辆，并以较低的价格（每辆 1.5 万美元）向日本出口。这种分工和贸易的结果使两国生产成本和产品价格都降低，资源利用都更加有效，而各国的消费量都没有减少。事实上，由于产品价格的降低，各国的消费量都会增加。

由此可以看出，由于工业产品的多样性，任何一国都不可能囊括一个行业的全部产品，从而使工业制造品生产上的国际分工和贸易成为必然。但具体哪一国集中生产哪一种产品，则没有固定的模式，既可以自然（竞争）产生，也可以协议分工。但这种发达国家之间工业产品“双向贸易”的基础是规模经济，而不是技术不同或资源配置不同所产生的比较优势。

相关资料　义乌小商品城模式充分发挥对外贸易规模经济效应

中国目前共有14个较为知名的以“小商品城”为商业推广模式的批发市场，其中最为著名的就是浙江义乌小商品城。2005年义乌小商品城被联合国、世界银行与摩根士丹利等权威机构称为“全球最大的小商品批发市场”“世界第一大市场”，其与世界142个国家和地区开展贸易合作，商品流通于六大洲，其中亚洲、中东是主要的商品流通地区。

义乌的发展大致经历了四个阶段：兴商建县阶段（1982—1993年），这一阶段以市场化为主要推力，形成了全国最大的小商品市场；工业强市阶段（1993—1998年），这一阶段以商促工、贸工联动、以市场化带动工业化，形成了与专业市场紧密联动的产业体系；城市化阶段（1998—2003年），这一阶段实施城市化战略，以工贸联动催生城市化进程，形成了现代化商贸名城；迈向国际化阶段（2003年至今），随着市场规模的扩大、城市功能的完善和业态提升，义乌形成全球最大的小商品批发市场，并演进为国际性商贸城市。

义乌小商品城现拥有营业面积400余万平方米，由国际商贸城、篁园市场、宾王市场三个市场和其他小规模的家电、家具市场组成，同时市场还开设了韩国、日本、巴西、西班牙、非洲等进口商品馆。市场上共有商位6.2万个，从业人员20余万人，日客流量20多万人次，经营的商品包括工艺品、饰品、玩具、箱包、五金、电子电器、文体、化妆品、钟表眼镜、辅料、日用百货、袜业、线带、针棉等16大类、4 202个种类、33 217个细类、170万个单品，同时市场云集了来自30多个国家和地区的近万种商品。因此，义乌小商品城素有“小商品海洋，购物者天堂”的美誉。义乌小商品城是一站式全球采购的贸易平台，市场配套有海关办事处、国际物流中心，全球20强海运企业中的前12家企业在义乌设立办事机构。

参考文献：陆立军.“义乌模式”的成因及其与“浙江模式”的关系［J］.财经论丛，2008（4）：1-7.

二、不完全竞争理论

（一）不完全竞争理论概述

不完全竞争是由美国经济学家J. M. 克拉克（J. M. Clark）针对完全竞争概念的非现实性而提出来的。克拉克指出，虽然完全竞争被经济学家进行了准确的定义和精心阐述，但它在现实世界中不可能且从来没有存在过，其应用的最大意义在于可以作为人们分析问题的出发点或判别是非的标准。在克拉克看来，只要完全竞争的一个条件不具备，则合乎情理地会出现另外的条件也不具备的情形，这就叫不完全竞争。

（二）不完全竞争模型

新国际贸易理论在不完全竞争（包括完全垄断、垄断竞争和寡头垄断）的基础上研究国际贸易。新国际贸易理论以布兰德（James Brander）和斯宾塞（Barbara Spencer）为代表，他们在寡头垄断模型基础上不仅阐述了规模经济在国际贸易中的决定作用，还指出即便是在同质商品市场中，因厂商的非合作行为也会产生产业内贸易，布兰德和克鲁格曼证明“相互倾销”则为此情形的一个特例。① 如果一个厂商在国内拥有较大的市场份额，在国内市场上就有更大的垄断力量。与国外市场相比，厂商能在国内出售较高的价格。那么，为什么厂商还要以低价出口到国外呢？厂商为什么不能将出口到国外的这部分产品在国内以较高的价格出售呢？这里的主要原因是国内的这家厂商不是一个完全竞争企业。

与完全竞争企业不同，垄断企业或垄断竞争企业面对的不是一条水平的需求曲线，而是一条向下倾斜、价格随数量增加而下降的需求曲线。在完全竞争的情况下，每个厂商规模之小以至于无论它生产多少都可以按照市场价格出售。因此，只有当外国市场上的价格超过本国市场价格时，企业才有出口的动机。垄断竞争市场的情况就不同了，企业并不能在国内无限制地生产和销售，垄断或垄断竞争企业每增加一个单位的产品销售，所有单位产品的价格就一齐下跌，企业的边际收益则下降得更快。垄断或垄断竞争企业为了保证利润的最大化，就不得不将在国内市场出售的产品数量控制在一定的范围内。这时，这些企业就有了在国外市场上增加产品销售的动力。只要在国外市场上的价格超过产品生产的平均成本，企业出口就有利可图，而不论其价格是否高于本国市场。

图 2.8 可以用来帮助理解企业为什么通过倾销向国外出口。假设这是一个垄断厂商面对的本国和外国市场的情况。为了分析方便，假设厂商的边际成本（MC）是个常数，且没有运输成本，所以无论在本国市场还是在外国市场上销售，产品的边际成本都一样。在本国市场上，该厂商拥有垄断地位。一方面，在利润最大化的目标下，企业只生产和销售 Q_d，即将产量控制在边际收益（MR_d）等于边际成本（MC）时的水平上。将这些产品销售到国内市场上，产品的价格可达到 P_d。为了保证利润不下降，企业不会再在国内市场上增加销售量。另一方面，企业看到外国市场上也对这一产品有需求并且存在着高于边际成本的一段边际收益（MR>MC）。只要是边际收益大于产品生产的边际成本，企业就会生产并出口到外国市场。但由于企业在外国市场上的份额比较小，需求（D_f）的价格弹性较大，所以企业无法收取像本国市场那样高的价格。根据利润最大化原则，企业会向外国出口 Q_F，最高价格为 P_F（低于 P_d）。

① BRANDER J, KRUGMAN P R. A “reciprocal dumping” model of international trade [J]. Journal of international economics, 1983, 15: 313, 321.

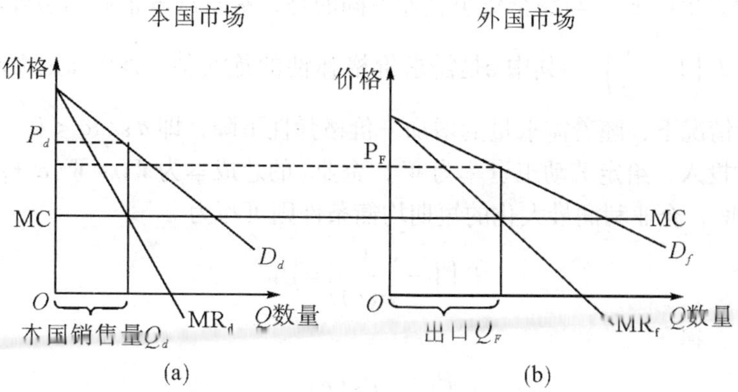

图 2.8　倾销

可以用不完全竞争下的倾销行为来解释产业内贸易：只要一个产品的国内外市场满足价格歧视的条件，即使外国市场价格低于本国市场价格，企业为了追求利润的最大化，仍有出口的动力，因为出口倾销的结果比将这些产品在国内市场销售要好。外国的同类企业如果也在其他产品上采取类似的行为，就会出现相互倾销，从而形成产业内贸易。

（三）克鲁格曼模型

在产业内贸易理论的发展过程中，克鲁格曼（Paul R. Krugman）的模型仍具有开创性作用。在他 1978 年所写的《规模经济递增、垄断竞争和国际贸易》一文中,[①] 克鲁格曼建立了一个非常简单但又能明确说明问题的规模经济和垄断竞争贸易模型。该模型证明了当市场结构从完全竞争变为不完全竞争，达到规模报酬递增阶段的时候，即使两国间没有技术和要素禀赋差异，产品水平差异性和规模经济也可推动国际贸易，增加两国的福利。

1. 基本假设

在克鲁格曼的模型里，有两个与传统贸易理论不同的假设：第一，企业具有内部规模经济。为了简化分析，克鲁格曼也假设劳动是唯一要素投入，但与古典理论不同的是，他设定的成本函数中包含了固定投入成本，这使得产品的平均成本不再是一个常数，而是随着产量增加而递减的函数；第二，克鲁格曼模型中的市场结构不再是完全竞争，而是垄断竞争。同行业各个企业之间的产品不是同质的而是具有替代性的差异产品。也就是说，各个厂商虽都同在一个行业中，但实际生产的不是同一种产品。

2. 模型下的利润最大化均衡

根据克鲁格曼的假设，这些企业都是垄断竞争企业。因此，每个企业面对的需求曲线不是一条水平直线，而是一条斜率为负的曲线。换句话说，企业的价格不是给定的，而是企业产量的函数：$P_i(x_i)$ 。和所有其他类型的企业一样，垄断竞争企业的目标是利润最大化，其生产决策的原则也是在边际收益（MR）等于边际成本

---

① PAUL R KRUGMAN. Increasing returns, monopolistic competition, and international trade [J]. Journal of international economics, 1979, 9: 469-479.

(MC)的地方生产 x_i 。与完全竞争企业不同的是，垄断竞争企业的边际收益不等于价格，而是 $P_i\left(1-\frac{1}{\varepsilon}\right)$ ，其中 ε是需求价格弹性的绝对值，ε>0。ε是需求量 c 的函数。在一般情况下，随着需求量的增加，价格弹性下降，即 $d\varepsilon/dc<0$。由于劳动是企业的唯一投入，给定劳动工资率为 W ，企业 i 的总成本为 $Wl_i=W(\alpha+\beta x_i)$ ，边际成本则是 βW ，企业利润最大化的短期均衡条件则可写为

$$P_i\left(1-\frac{1}{\varepsilon(c)}\right)=\beta W \tag{2.1}$$

整理后，得

$$\frac{P_i}{W}=\frac{\beta\varepsilon(c)}{\varepsilon(c)-1} \tag{2.2}$$

3. 垄断竞争企业的长期均衡

垄断竞争企业的另一个特点是长期经济利润为零，即总收益 TR 等于总支出 TC。总收益等于价格乘以产量：P_ix_i ；总支出等于工资率乘以劳动投入：Wl_i ，而 $l_i=\alpha+\beta x_i$ 。至此，克鲁格曼根据垄断竞争企业的特征，创立了一个 PP-ZZ 模型。在 PP-ZZ 模型图中（见图 2.9），纵轴为 P/W，横轴为 c。

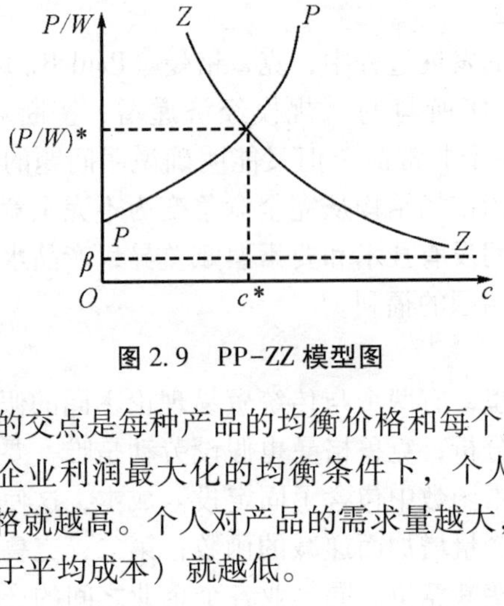

图 2.9 PP-ZZ 模型图

PP 曲线和 ZZ 曲线的交点是每种产品的均衡价格和每个人对该产品的消费（需求）量。也就是说，在企业利润最大化的均衡条件下，个人对产品的需求量越大，企业所能出售的产品价格就越高。个人对产品的需求量越大，企业的生产规模越大，产品的价格（在长期等于平均成本）就越低。

4. 国际贸易的影响

可以从两个模型的分析中得出一些重要的结论：首先，垄断竞争企业可以通过扩大国际贸易市场增加消费人口来扩大生产以获得规模经济，降低平均成本和产品价格。其次，每个消费者对某种产品的消费量会有所减少，但消费品的种类则大大增加，消费者通过产品种类多样化提高了福利水平。最后，在以往的模型中，人们主要用社会无差异曲线和消费者/生产者剩余衡量贸易所得和社会福利水平，而在克鲁格曼模型中，他强调了“产品多样性”所带来的消费者福利，为衡量贸易所得提供了更多的工具。

克鲁格曼通过这一模型的分析指出了贸易的基础不一定是两国之间技术或要素禀赋上的差异而造成的成本价格差异，扩大市场获得规模经济也是企业愿意出口的

重要原因之一。因此，企业可以通过出口来降低成本获得短期利润。当然，贸易前两国市场规模不同造成的企业生产规模不同也会导致产品出现价格差异而成为贸易的原因。不过，造成这种价格差异的原因不是各国技术和资源上的不同，而仅仅是规模上的区别。总而言之，不完全竞争这一理论令人信服地解释了发达工业国家之间的贸易和产业内贸易的重要原因，补充和发展了国际贸易理论。

三、需求相似理论

（一）需求相似理论概述

需求相似理论（preference similarity theory）又称偏好相似理论（theory of preference similarity）或重叠需求理论（overlapping demand theory），是瑞典经济学家斯戴芬·伯伦斯坦·林德（Staffan B. Linder）① 于1961年在其论文《论贸易和转变》中提出的。

代表性需求理论的基本观点是，重叠需求是国际贸易产生的一个独立条件。两国之间的需求结构越接近，则两国之间进行贸易的基础就越牢固。当两国的人均收入水平越接近时，则重叠需求的范围也就越大，两国重复需要的商品都有可能成为贸易品。如果各国的国民收入不断提高，则由于收入水平的提高，新的重复需要的商品便不断地出现，贸易也相应地不断扩大，贸易中的新品种就会不断地出现。所以，收入水平相似的国家，互相间的贸易关系就可能越密切；反之，如果收入水平相差悬殊，则两国之间重复需要的商品就可能很少，贸易的密切程度也就很低。

（二）决定需求的因素

在以往的分析中，都假定需求是给定的，而没有探讨过各国的需求有什么差别，以及这种差别是怎样决定的。事实上，各国对各种商品的需求各不相同，例如东亚人就餐时习惯用筷子，欧美人则习惯用刀叉；亚洲人喜欢吃大米，欧美人主要吃面包等。即在同样的价格下，各国消费者愿意并且有能力购买的数量会很不相同。那么，造成各国对同一商品的不同需求的原因是什么呢？决定需求的因素主要包括：

1. 实际需求

所谓实际需求指的是地理气候等环境的差别造成的需求不同。越南人当然不会有对皮衣皮帽的需求，因为他们那里一年四季不冷；蒙古人大概不会需要很多船，因为他们那里基本上没有江河湖海；而皮毛衣服对于位于寒冷地区的国家来说，船对于沿海或有江河的国家来说，则是必不可少的商品。

2. 喜爱偏好

对商品的不同喜爱偏好主要是由不同的历史文化、宗教信仰和风俗习惯造成的。中东大部分国家信奉伊斯兰教，当然没有对猪肉的需求，而猪肉是多数中国人的主要肉食之一。日本人爱吃生鱼片，别的国家大概不会太习惯那个味道。可见，各国消费者喜爱偏好的差异会造成对同一商品需求的不同。不过与实际需要不同，偏好改变的可能性比较大。随着各国经济文化的交流，喜爱偏好也会互相影响。现实中，

---

① STAFFAN B LINDER. An essay on trade and transformation [D]. Stockholm: Almqvist & Wicksell, 1961.

美国人喜欢吃中餐的越来越多，中国人穿西装的越来越普遍，日本、中国台湾地区的欧美化倾向则更加浓厚。随着喜爱偏好的转移，对商品的需求也会改变。

3. 收入水平

实际上，各国对同一商品的需求不同，很大程度上是因为收入水平不同。比如，对耐用消费品、医疗保健、旅游度假、高档住宅等商品的需求，发达国家都远远高于发展中国家，而对粮食尤其是基本谷物的需求，发展中国家则相对比较高。这种需求上的差别是由收入水平不同造成的。

需求不同会如何引起国际贸易？首先分析由于偏好不同而引起的贸易。为了集中说明偏好方面的原因，假定各国在生产方面的能力完全一致，即同样的生产技术、同样的资源比例、同样的生产规模等。因此，各国的生产可能性曲线假设是相同的。在图 2.10 中，假设中国和美国在小麦和大米上有相同的生产能力（用同一条生产可能性曲线表示），但有不同的需求偏好。中国人喜欢大米，美国人喜欢小麦。在双方没有贸易的情况下，中国人根据需求不得不多种大米，甚至不惜在不适合做水田的土地上种大米，生产和消费都在点 A^C 上（70 吨小麦和 280 吨大米）。美国人不得不多种小麦，也可能把本来应该用来种大米的土地改种小麦，其生产和消费点在点 A^A（270 吨小麦和 80 吨大米）。中国的大米机会成本和相对价格（用 P^C 表示）比较高，小麦的相对价格低；而美国正好相反，大米相对便宜（用 P^A 表示），而小麦的成本价格高。

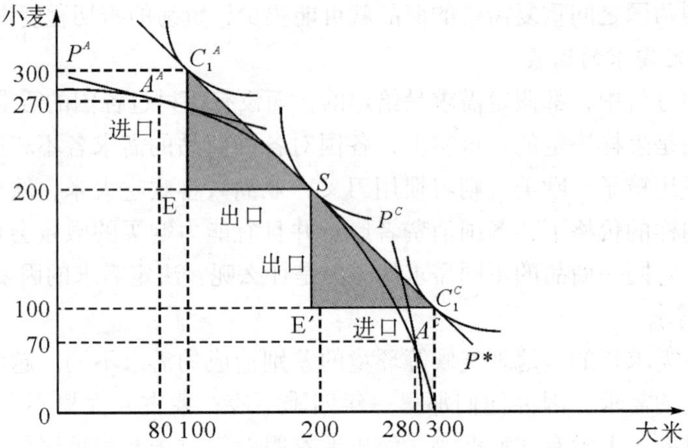

图 2.10　需求偏好不同所产生的贸易

两国大米和小麦市场价格的差异会立即引起商人对利润的兴趣，从而产生贸易的可能性。如果贸易发生的话，美国会增加成本较低的大米的生产并向中国出口以换取小麦；中国也不必人为地将旱地改种水稻，而将这些土地有效地用来多生产小麦然后跟美国换大米。贸易和分工的结果使两国的生产都移向 S 点，各自生产 200 吨大米和 200 吨小麦。在新的国际市场价格（ P^* ）下，中国向美国出口 100 吨小麦，换回 100 吨大米；美国则进口 100 吨小麦，出口 100 吨大米。$C_1^C E'S$ 和 $C_1^A ES$ 分别是两国的贸易三角。在贸易平衡的情况下，两国的贸易三角全等。两国新的消费

点分别为 C_1^C 和 C_1^A ，通过分工和贸易，中美两国的小麦和大米的消费量都增加了，达到了超出自己生产能力的新水平。

（三）需求变动下的贸易影响

林德认为，赫克歇尔-俄林的要素禀赋理论只适用于工业品和初级产品之间的贸易而不适用于工业制成品本身的贸易。这是因为前者的贸易形态与方向，主要是由供给面决定的，而要素禀赋理论和比较优势理论都属于供给面分析的理论，因而能对其做出解释；后者的贸易形态和方向，除了受供给面因素的影响之外，国家之间的需求相似格局也起着非常重要的作用，而要素禀赋理论恰好欠缺需求面的分析。

林德假设一国的需求由其“代表性消费者”的需求倾向决定。这一倾向会随着该国人均收入的提高逐渐转向奢侈品并造成社会需求的转移。当人们收入提高，对工业消费品特别是奢侈品的需求增加时，本国的工业品和奢侈品生产也会增加。为了满足市场需求，生产者不断地扩大生产，改进技术。结果是，产量增加的速度超过了需求增长的速度，从而使该国有能力向别国出口。对于该国出口的工业产品，只有与之收入相近的国家才会有需求。因此，进口工业产品的主要国家也是收入较高的国家。根据林德的理论，工业制成品在发达国家之间的贸易会随着收入的不断提高占有越来越重要的地位。

如图 2.11 所示，图中横轴表示人均收入水平 y ，纵轴表示消费者所需的某产业商品的质量等级 q ，α 线和 β 线分别表示最高和最低收入人群随收入的变化对商品质量等级需求的变化，在某国某一特定收入水平上，α 线和 β 线之间的纵向距离所对应的商品质量等级就是该国在该人均收入水平上对这类商品的质量等级范围。如果甲、乙、丙三国的人均收入分别为 $y_{甲}$，$y_{乙}$，$y_{丙}$，那在它们国内不同收入水平消费者对某商品的质量等级范围就分别是 AB，CD 和 EF。因此，甲国可以同时就这类商品和乙国、丙国发生贸易，因为甲国和乙国、丙国所需求的商品质量等级存在重叠部分，即 AD 和 EB。乙国和丙国之间则不会发生贸易，因为乙国最低收入消费人群所需求的商品质量等级都高于丙国最高收入消费人群所需求的商品质量等级。

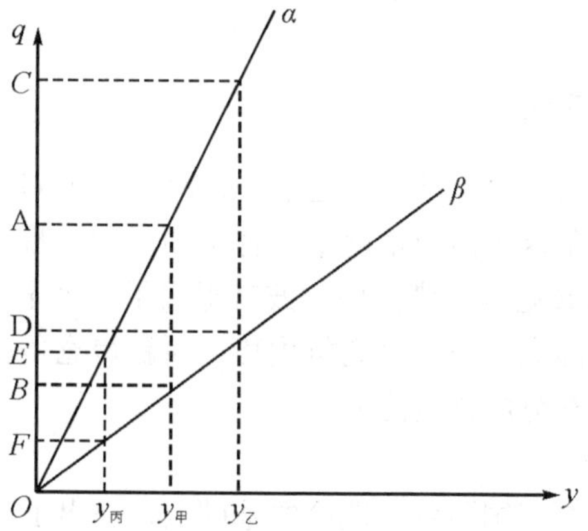

图 2.11　重叠需求与可贸易区间

与克鲁格曼不同，林德实际上是从需求的角度来分析说明当代工业国家之间的贸易和同一工业行业的双向贸易。根据林德的理论，需求是引起生产变动和产生贸易的基础，收入变动又是引起需求变动的主要因素。收入增加的结果是工业制成品贸易在人均收入较高的国家之间得到较大发展。

（四）对需求相似理论的评价

林德将需求引入国际贸易理论，分析需求在国际贸易中极其重要的地位，可谓独树一帜。同时，林德还认为，H-O 理论只适用于初级产品的贸易，而不适用于工业制成品贸易。这一理论的意义在于它部分地解释了产业内贸易发展的原因。传统比较优势理论认为，各国经济发展水平越接近，其开展国际贸易的可能性越小。需求相似理论则相反，其认为，各国经济发展水平越相近，越有扩大相互贸易的可能性，这可能更贴近国际贸易实际。因此，它是对比较优势理论的重要补充。

相关资料　中国创意产品与服务的重叠需求分析

创意产业作为一门新兴产业，具有排放污染物少、能耗低、产业关联度大、附加值高的特点，被公认为“21 世纪全球经济一体化时代的朝阳产业”或“黄金产业”。随着高新技术向文化领域的逐步拓展，创意产业在诸多国家中作为新的经济增长点迅速崛起，占经济总量的比重越来越大。

根据林德理论，重叠需求的形成只有一个影响因子，即收入水平。每个国家内都存在不同层次的消费者结构，通常收入越高、受教育程度越高的消费者，对具有科技创新知识密集型的创意产品和服务的支出越大。从工艺品中的地毯、纱制品、藤制品以及玩具等劳动密集型产品到图书、电影、建筑设计等蕴含科技创新的创意产品，创意服务从个人、文化和休闲服务到广告、市场调研与民意调查服务，一个国家内的不同消费群体具有不同梯度的创意产品和服务的需求。一个国家的生产和供给难以满足全部消费需求，因此，需要通过进口贸易实现需求与供给的平衡，使贸易参与国都能获利。

资料来源：张浩．中国创意产品与服务进入国际市场的影响因素研究［D］．上海：东华大学，2015.

四、国家竞争优势理论

国家竞争优势理论是由美国学者迈克尔·波特（Michael E. Porter）提出的。该理论从企业参与国际竞争这个微观角度来解释了国际贸易现象，正好弥补了比较优势理论的不足。在《国家竞争优势》中，波特提出了一个十分重要的观点：一国兴衰的根本在于能否在国际竞争中赢得竞争优势，而赢得竞争优势的关键则在于是否具有适宜的创新机制和充分的创造能力。

（一）钻石理论模型

波特在批判和继承原有国际贸易理论的基础上，提出了“国家竞争优势理论”，也被称为“国家钻石模型”（state diamond model）。该理论认为，国家是企业或者产业参与国际竞争的基础，企业或产业的国际竞争优势是国家竞争优势的体现，或者说，国家竞争优势最终以特定产业为载体表现出来。国家竞争优势理论取决于四个基本因素：生产因素，需求因素，相关和支持产业因素，企业组织、战略和竞争状态因素；以及两个辅助因素：机遇和政府。其具体如图 2.12 所示。波特认为这六个因素共同构成一个动态的、激励创新的竞争环境，这形成了一个类似钻石分子结构的菱形结构。由于钻石结构是一个互相增强的系统，许多因素的相互作用产生互相加强的利益，从而构成一国国际竞争力的来源。

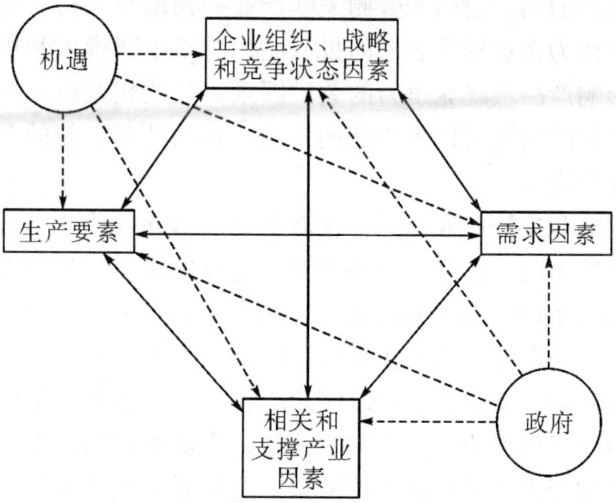

图 2.12　钻石理论模型

1. 生产要素

生产要素包括初级要素和高级要素。初级要素是一国先天拥有的或者只需要简单的投资就能得到的要素，如自然资源、气候条件、地理位置、非熟练劳动力等；高级要素是通过长期投资或发展而创造出来的要素，如实物资本、人力资本、基础设施和知识等。波特认为要素条件对一国竞争优势的影响是多方面的。初级要素的重要性因生产条件等的变化而变化，其作用也在下降。先天拥有丰富的初级要素，可能会抑制一国竞争优势的培育和提高。而在初级要素匮乏的国家中，人们更有动力创造和培育高级要素。一国想要提升其竞争优势，就必须大力发展高级要素，这将决定竞争优势的质量和持续性。

2. 需求因素

国内需求是影响产业国际竞争力的另一个重要因素。企业的投资、生产和销售活动总是首先着眼于本国市场的需求，所以国内市场需求的状况和特征将影响企业的国际竞争力。国内需求对竞争优势的影响主要通过以下渠道发生：①市场的全球性。如果本国市场是国际市场的一个细分市场，那么国内企业就会更加关注国际需求状况，并且具有更强的满足国际需求的能力。②本国市场需求的层次。如果本国消费者的需求层次较高，并且本国消费者比较挑剔，国内企业就将面临较大的改进产品质量、性能和服务的压力，这有助于提高企业的竞争力。③本国需求的超前性或者国内消费结构的升级速度。如果本国需求具有较大的超前性，那么本国厂商也就走在了世界其他厂商的前面。④国内市场的规模和成长速度。国内市场规模是一把“双刃剑”，一方面具有激励厂商投资、再投资的动力，成为产业国际竞争力的一大优势；另一方面，庞大的国内市场所带来的丰富机会也可能导致厂商丧失向国外拓展的动力，这就不利于国际竞争。

3. 相关和支撑产业

相关和支持产业即国内是否存在有国际竞争力的供货商和相关支持产业。任何一个企业，必然会在生产经营过程中与众多相关企业或行业保持密切联系，其创新与升级有赖于企业的前向、后向和旁侧关联产业的辅助与支持，并从中获得和保持竞争力。供货商直接为企业提供必需的投入品，所以中间投入和机器设备供货商的效率和竞争力是影响产品最终竞争力的关键因素。其他相关或支撑行业的竞争力也非常重要，关联产业的发展可以带来新的资源、新的技术、新的竞争方法，从而能促进产业的创新和升级。

波特认为，相关和支持产业之间存在着密切的协同效应。一方面，当本国的支持产业具备国际竞争力时，它会为下游产业创造竞争优势。另一方面，竞争力强的产业也会通过"传导效应"带动相关产业发展。所以，波特认为竞争优势在很大程度上来自产业集聚。一群在地理上相互靠近的、在技术上和人才上互相支持并具有国际竞争力的相关产业和支持产业所形成的产业聚集，是国家竞争优势的重要来源。一个有国际竞争力的优势产业群体中的企业最好全部由国内企业组成，特别是由本地企业组成上下游配套齐全的产业发展链条，这样所形成的国际竞争优势才是稳定的、可靠的。

4. 企业组织、战略和竞争状态

该因素是指企业的组织结构、发展战略和竞争状况。波特认为能够形成国际竞争优势的是企业的发展战略，因为在经营管理层次上，由于企业之间的激烈竞争和优秀企业之间在竞争中的相互学习，已经使得竞争性企业之间的差别不大，而企业之间真正不容易被学习或模仿的是企业的竞争战略或发展战略。企业可以通过战略的变化来适应环境的变化，以获得持久的竞争优势。激烈的国内竞争是创造和保持国际竞争优势最有力的刺激因素。国内竞争会迫使企业不断更新产品、改进技术、提高生产效率，以获得持久、独特的优势地位。此外，激烈的国内竞争还会迫使企业参与国际市场的竞争，而经过国内激烈竞争锤炼的企业往往更加成熟，更具有竞争力，更容易在国际竞争中取胜。在激烈竞争的国内市场环境中，企业必须不断优化组织结构、调整发展战略，在提高企业竞争力的同时，使国内市场竞争走向更高层次。

5. 政府

波特认为政府的首要任务是尽力创造一个有利于生产率提升的良好环境。第一，通过补贴、教育投资、信贷安排和税收政策，发挥政府在提供高级生产要素方面的作用。第二，通过制定严格的规章制度，刺激和提升国内市场需要、促进竞争优势的增强。第三，通过运用金融市场规范、税收政策、反垄断法等手段影响企业的战略结构和竞争状态。在波特的理论中，他极力赋予政府和企业在追求竞争力提高和经济繁荣的进程中以新的、建设性的和可行的作用。

6. 机遇

机遇无疑也很重要，它具有历史性和偶然性的特点。在一般情况下，机遇包括重要发明、技术突破、生产要素供求状况的重大变动以及其他突发事件。这些偶然性事件或机会能够对一国的产业竞争优势产生重要影响，因为这些机遇会打破原有的均衡状态，带来新的竞争态势，使得原来的竞争者优势丧失，为能够适应新形势的企业获得竞争优势提供了机会。

总而言之，四个基本变量加上政府和机遇构成了一个动态系统。表示国家优势“钻石”系统的四个变量是相互增强、相互影响的。一个因素的结果总是取决于其他因素的状态。每个因素视其他因素的状态而定。“钻石”系统性质的效果是国家及竞争优势影响的四个方面相互作用，使群体变成大于其他部分的总和（即1+1大于2的效果），它放大和加速了要素创造的过程。

（二）理论的简要评价

波特的国家竞争优势理论突破以往国际贸易理论对单一因素的考察，强调生产要素，需求因素，相关和支撑产业因素，企业组织、战略和竞争状态因素，以及机遇和政府等因素的综合作用。该理论对现实问题具有一定的解释能力，在现实中，各国在国际分工体系中的竞争策略并不是基于单一要素上的优势而构建的，而是基于国内要素条件、市场状况、产业结构以及政策战略等因素的综合权衡而构建的。波特提出的竞争优势理论，是对传统国际贸易理论的一个超越，是对当代国际贸易现实的进一步接近。波特第一次明确阐述了竞争优势的内涵。他关于竞争优势来源的论述，关于取得或保持竞争优势途径的探讨，对任何一个国家、行业和企业来说都具有重大的借鉴意义。

虽然波特的国家竞争优势理论在解释世界各国参与国际竞争方面有一定的说服力，但他的理论也存在一些局限。这表现在竞争优势理论中对产业的选择是基于已经存在的产业而言的，是对已结构化或未完全结构化产业进行的选择，这样使企业在所选择的产业中取得领先地位是相当困难的。在一个已经结构化的产业中，企业生存发展的空间十分有限。因为产业结构化程度越高，产业内的竞争强度就越大，企业选择的余地也越小，并且边际产出递减。此外，波特的竞争优势理论过多地强调了企业和市场的作用，而对政府在当代国际贸易中扮演的角色的重要性认识不足，仅把政府的作用作为一个辅助性的因素来对待。

核心知识小结

技术差距论认为，新产品总是在工业发达国家先出现，创新国便获得了初期的比较优势。这时，其他国家需要经过一段时间的努力才可能做到的技术程度，形成了技术差距。在这段时间内，创新国仍拥有在该产品上的技术领先地位，其他国家对该产品的消费仍需通过进口得到满足，因而技术差距所引起的国际贸易仍然需要。技术差距论的分析包括四个阶段，分别是：需求时滞、反应时滞、掌握时滞和模仿时滞。

产品生命是指在市场上的营销生命，产品和人的生命一样，要经历形成、成长、成熟、衰退这样的周期。就产品而言，需要经历一个开发、引进、成长、成熟、衰退的阶段。而这个阶段在不同技术水平的国家里，发生的时间和过程是不一样的，其间存在一个较大的差距和时差，正是这一时差，表现为不同国家在技术上的差距，它反映了同一产品在不同国家市场上的竞争地位的差异，从而决定了国际贸易和国际投资的变化。

不完全竞争是由美国经济学家 J. M. 克拉克针对完全竞争概念的非现实性而提出来的。克拉克指出只要完全竞争的一个条件不具备，则合乎情理地会出现另外的条件也不具备的情形，这就叫不完全竞争。

需求相似理论是指两国之间的需求结构若是越接近，则两国之间进行贸易的基础就越雄厚。当两国的人均收入水平越接近时，则重叠需求的范围也就越大，两国重复需要的商品都有可能成为贸易品。

国家竞争优势是以特定产业作为载体而表现出来。国家竞争优势理论取决于四个基本因素：生产要素，需求因素，相关和支持产业因素，企业组织、战略和竞争状态因素；以及两个辅助因素：机遇和政府。

备考准备

一、名词解释

技术差距论　完全竞争市场　需求相似理论　规模经济理论

二、选择题

1. 二战后，国际贸易出现的一些新现象不包括（　　）。（单选）
   A. 规模经济　　B. 产品差异化
   C. 产业内贸易　　D. 完全竞争
2. 下述例子中，显示出的是内部规模经济的选项是（　　）。（单选）
   A. 香港作为亚洲的金融中心　　B. 天津的食街
   C. 浙江义乌小商品批发市场　　D. 美国的大型家庭农场
3. 发达国家之间工业产品“双向贸易”的基础是（　　）。（单选）
   A. 技术差异　　B. 资源配置不同
   C. 规模经济　　D. 要素禀赋不同
4. 在技术差距理论中，影响反应时滞长短的因素主要有（　　）。（多选）
   A. 模仿国企业家的投资和风险意识　　B. 贸易壁垒
   C. 规模效益　　D. 后进国的收入水平
5. 在克鲁格曼模型中，与传统的贸易理论不同的假设是（　　）。（多选）
   A. 企业具有内部规模经济　　B. 企业具有外部规模经济
   C. 市场结构是垄断竞争　　D. 市场结构是完全竞争

三、简答题

1. 简述产品生命周期的主要发展历程。
2. 钻石模型理论认为形成产业竞争优势的主要因素有哪些？
3. 完全竞争市场与不完全竞争市场的区别。
4. 造成各国对同一商品的不同需求的原因有哪些？

第三章 新新贸易理论与国际贸易理论前沿

■ 本章知识结构图

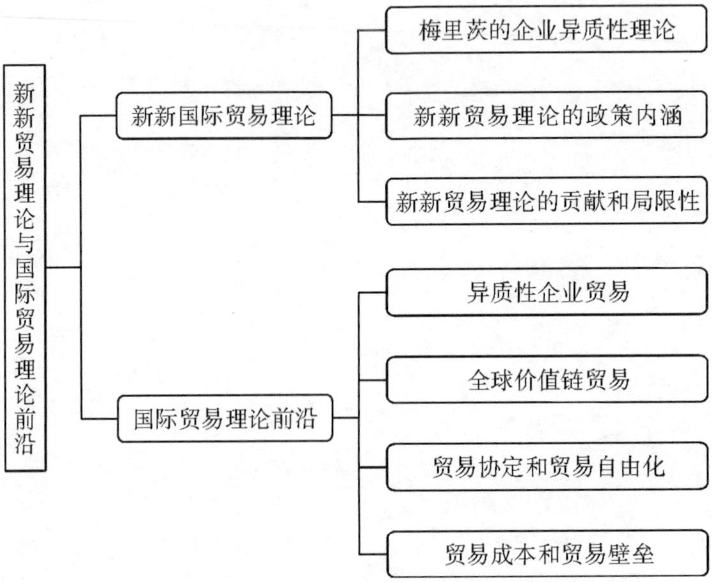

学习目标

本章重点掌握新新国际贸易理论的内容、贡献和局限性，国际贸易前沿思想、政策含义以及所探讨解决的问题；

掌握企业异质性理论主要内容与评价、新新贸易理论的政策内涵；

了解当前国际贸易的理论发展前沿方向及其发展动态，如异质性企业贸易、全球价值链贸易等。

到了20世纪90年代，国际贸易理论不断切合现实经济生活。欧美发达国家之间的生产率其实也慢慢拉开差距，经济学家们发现一些特殊的经济现象，主要表现为：从数量上来看，从事外贸的企业在所有企业中处于少数派的位置；从企业的综合水平（主要涉及企业的总规模、生产率水平、工资水平等）来看，从事外贸的企业高于非外贸企业。此前的贸易理论主要从宏观方面来解释国际贸易，而这里则涉及微观层面。

新新贸易理论最大的创新之处在于对贸易世界观察角度的变化，即从宏观、中观层面转向了微观层面。换言之，其观察角度从国与国之间或行业与行业之间转向个体企业。此前，几乎所有贸易理论都围绕这样一个基本问题展开：一国或者一个地区究竟应该出口什么，进口什么？而新新贸易理论探讨的基本问题则是：企业为什么要出口？其引申的问题包括：哪些企业应该出口？由此会对行业资源配置及生产率产生怎样的影响？一般认为，哈佛大学马尔科·梅里兹（Marc Melitz）2003 年在《计量经济学》杂志上发表的《贸易对产业内资源配置及总产业生产率的影响》一文，[①] 拉开了这次国际贸易理论创新的序幕。

第一节　新新国际贸易理论

随着国际分工的进一步深化，企业作为国际贸易的主要载体，其在全球配置资源的形式也更加多样化，国际贸易的新格局开始更多地聚焦于企业。在传统国际贸易理论和新贸易理论中，研究者都假设企业是同质的。这一简化的假设虽然有利于理论和实证研究的开展，但近来受到了越来越多的实证数据的挑战：与出口企业相比，非出口企业在企业生产率、企业规模等重要方面都存在显著差异，也就是说，企业是异质的而不是同质的，而企业异质性对于理解企业为什么会出口、如何出口等国际贸易的动因至关重要。

一、梅里茨的企业异质性理论

（一）基本假设

1. 消费者设定：代表性消费者，CES 效用函数。

2. 生产者设定：企业建立之时需要投入成本 f_e；生产每种产品都有生产固定成本 f_d；每个行业内的产品都是水平差异化的；每个厂商只生产一种产品，生产没有中间过程也不存在生产组织结构的选择问题；每个企业面临概率为 δ 的负面冲击，任何受到冲击的企业都会直接退出市场；每个企业在支付了进入成本之后，可以从连续分布中抽到自己的外生生产率，$\varphi>0$。企业根据自己的生产率水平决定生产策略。

3. 要素市场假定：生产要素市场为完全市场；只有劳动一种生产要素投入且劳动力是同质的。

4. 产品市场设定：垄断竞争。

5. 外部环境设定：劳动要素不能跨国流动；所有国家是对称的；无政府。

上述设定框架奠定了新新贸易理论的基础。模型中多数假设是在新贸易理论中已经得到广泛应用的假设，这也使得其与之前的新贸易理论建立了密切的联系，保

① MARC MELITZ. The impact of trade on intra industry real locations and aggregate industry productivity [J]. Econometrica, 2003, 71 (6): 1695, 1725.

证了可扩展性。

（二）理论推导

梅里茨（2003）的理论推导可以简单概括如下：

假设企业在了解生产率状况之后才会决定是否出口（假设Ⅰ），假设出口存在一个大于 0 的固定成本（假设Ⅱ），假设市场竞争条件为 D-S 垄断竞争条件（假设Ⅲ）。基于以上前提假设，设定所有企业的固定成本用 f 表示，$0<f<1$，fx 表示进入出口市场的成本，$\varphi>0$ 表示企业的生产率水平，$\sigma=1/(1-\rho)>1$ 表示不同商品间的替代弹性。如果企业不出口，其收益为 $r(\varphi)=r_d(\varphi)$；如果企业出口，其收益为 $r(\varphi)=r_d(\varphi)+nr_x(\varphi)=(1+n\tau^{1-6})r_d(\varphi)$。其中，$r_d(\varphi)$ 表示来自国内市场的收益，$r_x(\varphi)$ 表示来自国际市场的收益。同时考虑国际运输成本的存在，为了有一单位产品到达目的地，企业必须出口 $\tau>1$ 单位的产品。n 表示一个国家的贸易伙伴数目，意味着该国企业能将产品出口到 n 个国家，$n>=1$。因此，企业总利润函数为 $\pi(\varphi)=\pi_{\mathrm{d}}(\varphi)+\max\{0,\ \pi_x(\varphi)\}$。

由此可知，存在一个企业进入市场的生产率临界水平 φ^* 和进入出口市场的生产率临界水平 φ_x^*。由于进入出口市场的固定成本大于 0，所以可以推出 $\varphi_x^*>\varphi^*$。这意味着拥有较高生产率水平的企业才会选择出口。

（三）异质性企业的进入和退出机制

根据自由进入条件（free entry，FE）和零利润条件（zero cutoff profit，ZCP），可得平均利润水平 $\bar{\pi}$ 与临界生产率水平 φ^* 的关系。梅里茨（2003）通过数学证明发现，ZCP 中平均利润是生产率的减函数，FE 中平均利润是生产率的增函数，即在 $(\varphi,\ \pi)$ 空间中，FE 曲线向上倾斜，ZCP 曲线向下倾斜，两条曲线相交于唯一点，该点即为均衡点（φ^*，$\bar{\pi}$），如图 3.1 所示。

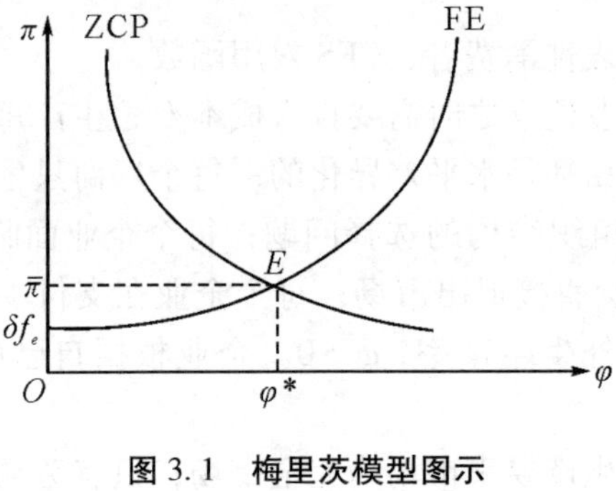

图 3.1　梅里茨模型图示

从以上模型分析中，梅里茨认为，对于一个行业，开放经济下被分为国内市场和国际市场两部分，由于贸易成本和进入国际市场沉没成本的影响，临界生产率也表现为三种状态，即封闭经济临界生产率、开放经济临界生产率和国际市场临界生产率，三种状态的临界生产率呈递增序列。那些生产率低于封闭经济临界生产率的企业会退出所在行业，生产率高于封闭经济临界生产率但低于开放经济临界生产率的企业，在封闭经济中可以在市场中生存，但在开放经济中则会被迫退出市场。生产率高于开放经济临界生产率但低于国际临界生产率的企业只能从事国内业务。对于那些生产率高于国际临界生产率的企业来说，它们将获得国际市场份额，从而大大提高利润水平。这就解释了为什么一部分企业只能从事国内业务，而另一部分企业可以从事出口业务，从而产生了市场份额在行业内的重新配置效应。

与此同时，贸易提高了行业生产率，使得那些在封闭经济中本可继续生产的企业被迫退出市场，市场份额向更高生产率企业转移，从而提高行业总体的生产率水平。自由贸易拓宽了提高行业生产率的途径，从而提高社会福利。但是自由贸易会引起国内企业的减少，不过这并不会降低国内消费者福利，因为国外企业可以提供价格更低、种类更丰富的产品。

（四）对梅里茨模型的评价

梅里茨模型已成为国际贸易与对外直接投资研究领域的一块基石，模型将贸易理论的传统方法和新方法相结合，将企业生产率差异和出口固定成本有机结合起来，有力解释了出口企业和跨国公司生产率差异产生的原因，丰富了贸易和 FDI 的研究类型。在梅里茨之后，大量经济学者又在梅里茨研究基础上，进一步扩展理论模型，并进行大量的实证研究，极大丰富了企业异质性理论。企业异质性贸易理论兴起的核心是由于刻画了企业层面的非对称性、差异性。经济活动的核心是市场竞争传统理论，该理论对同一行业中企业生产率差异的研究很不充分，无法充分描述行业内市场竞争的特征与经济后果。异质性企业假设的提出不仅为行业内资源重新优化配置提供了理论依据，还进一步为企业内通过产品选择、企业层级、市场进入方式的选择优化企业层面的生产率提供了理论依据。可以说，异质性企业假设增强了“看不见的手”的威力。

企业异质性贸易理论中一个不太理想的结论是，企业规模、企业生产率、企业利润率往往都是正相关的。现实中有各种原因打破这种正相关。实际上，往往看到很多竞争力强的中小企业活跃在国际市场，有的企业还能迅速地成长为大企业。然而，要充分理解不同规模企业在市场竞争中的各种可能，还需要对企业异质性贸易理论进行深化与拓展。虽然梅里茨的企业异质性模型通过严谨的数理推导有力地回答了“为什么有些企业不出口，有些企业出口?”这个问题，但由于他的模型只考虑了劳动力的单一要素投入，所以他的模型和克鲁格曼的模型一样，都不能解释要素收入分配问题。为了解决这个问题，伯纳德（Bernard）、詹森（Jensen）、雷丁（Redding）等在 2007 年发表的论文《国际贸易中的企业》中成功地把梅里茨模型加入传统的 H-O 模型中，不但推导得到了 H-O 定理及其三个扩展推论，而且也推导得到了梅里茨模型的结论。①

二、新新贸易理论的政策内涵

新新贸易理论诞生及其研究成果蕴含了丰富的政策内涵：

首先，对于落后国家和地区来讲，应积极参与国际国内分工，提高对外开放水平，这有利于提高行业生产率水平，充分发挥优胜劣汰效应。因此，无论是作为中

① BERNARD A B, JENSEN, REDDING S J, et al. Firms in international trade [J]. Journal of economic perspectives, 2007, 21 (3): 105, 130.

央政府，还是地方政府，推动出口导向型对外开放政策都非常重要，均有利于本地的经济发展。新新贸易理论找到了一条提高生产率的新路径，在不提高单个企业生产率水平的情况下，一国仍然可以通过贸易和开放来提高一个产业甚至全国的生产率水平。

其次，企业的出口决策也同样会受到企业所处环境的影响，贸易政策的变化会影响企业的出口决策，贸易政策可以通过激励企业有意识地自我选择，并促进生产率提高而发挥积极作用。如果存在“出口中学”（learning by exporting）效应，效果会更好。如果存在出口溢出效应，非出口企业也会向出口企业学习如何出口。除了出口补贴、税收优惠等一般常用的出口促进措施外，改善基础设施、提高信息沟通、促进企业集群等也都是很好的贸易政策选择。这些贸易政策的决策对企业层面的微观数据提出了更高的要求，对所谓的幼稚产业进行出口扶植并不一定是发展中国家的最佳选择。

最后，除一般均衡贸易模型外，研究国际外包政策的局部均衡贸易模型也同样意义重大。一国如何采取相应的政策来提高本国企业采纳与国际外包的能力，即属于局部均衡贸易模型研究的范畴。跨国公司的内部贸易与跨国公司和其他公司之间的贸易有何不同？跨国公司的结构如何适应政府政策变化？那些在国外设立分支机构的企业的本土就业和工资如何对企业的国际化做出调整？这些新新贸易理论的假设需要更详细的企业层面的数据来进行检验。

新新贸易理论表明自由贸易可能给落后地区带来负面的冲击和影响：第一，市场开放可能对落后地区某些产业的发展带来不利影响，例如，一些技术含量高但对地区未来经济发展却颇为关键的产业，可能由于外部高效率企业的进入而衰退，所以在引进外部企业的同时，还应考虑这些企业对本地区相关产业的带动效应。第二，自由贸易导致了资源的重新配置，使利润和市场份额向高生产率企业转移，这可能导致资源过度垄断从而造成整体市场效率的损失。第三，如果贸易仅发生在部分地区，这可能会拉大地区内部的差距，固化地区分工。如我国的沿海和内地，由于受区位等因素的影响，沿海企业更易获得贸易带来的好处，而内地企业则更倾向于满足国内市场，这也是地区差距形成的重要原因。

三、新新贸易理论的贡献和局限性

（一）新新贸易理论的贡献

以梅里兹模型为核心的新新贸易理论开启了国际贸易研究的新领域，其贡献主要表现在三个方面：第一，新新贸易理论是对传统贸易理论的补充，尤其是对新贸易理论的补充。新新贸易理论在垄断竞争模型的基础上放松了企业同质的假定，从异质企业角度提出了贸易的新观点，从而在方法上取得了突破。第二，新新贸易理论确立了新的研究视角。传统贸易理论从国家和产业层面研究贸易的产生及其影响，而新新贸易理论是从企业这个微观层面来研究贸易中出现的基本问题，使得国际贸易理论获得了新的微观基础和新的视角。第三，新新贸易理论有可能为其他的经济学科，特别是空间经济学带来新的影响。空间经济学的基础来自国际贸易理论，赫尔普曼（Elhanan Helpman）和克鲁格曼（Paul Krugman）的新贸易理论通过引入区位因素，产生了新经济地理理论。所以，可以大胆预测，如果将新新贸易理论引入空间因素，将会产生新新经济地理理论。

（二）新新贸易理论的局限性

尽管新新贸易理论的体系正在逐渐完善，但其较为严格的假设前提仍然导致了解释力的局限性：第一，理论中具有异质性生产率的企业的“生产率”的异质性究竟是由经济中的哪些因素决定的？主要决定因素是什么？对于这一点异质性理论并未给出合理的解释。异质性理论认为企业具有“自我选择性”，即企业会努力发展并为了能够出口而提高自己的生产率，现实的状况却与这一情况不太符合。第二，该理论没有充分考虑产品差异性，产品的差异不仅体现在产品的功用上，还体现在技术含量、功能多样性、质量、档次等方面，新新贸易理论还不能解释如技术含量等差异带来的产业内贸易现象。第三，新新贸易理论还有待引入企业异质性的其他内涵，企业异质性不仅体现在生产率、企业规模、组织结构等方面，还体现在跨国经营方式、企业战略、市场定位等方面。第四，没有考虑家庭和企业的动态最优化决策，新新贸易理论的均衡是在一般均衡分析法下得到的结果，没有考虑家庭和厂商的动态最优化均衡。

（三）新新贸易理论的中国经验与挑战

中国基于新新贸易理论视角的研究基本上是在2008年以后展开的，最早的研究主要是对国外研究进展的介绍，很快有学者进行了基于中国数据的实证检验。总的来讲，中国研究一方面再次验证了新新贸易理论这一新的理论视角的重要意义，另一方面也发现了基于发达国家出口企业背景建立的生产率异质性模型与中国国情存在一定的不适应。

有学者认为，我国的企业异质性与出口竞争力的关系有自己的特点，不可以完全照抄照搬欧美的发展模式。譬如，刘志彪和张杰通过研究发现本土制造企业的出口情况除了与企业规模有关，还取决于企业的人力资本、资本密集度以及技术创新程度，我国的基本国情决定了本土制造企业的出口模式与发达国家有本质区别。而西方文献普遍认为出口企业生产率高于非出口企业，这一理论被国内学者尹翔硕和李春顶基于中国工业企业数据所进行的实证研究彻底推翻，认为西方学说存在“出口—生产率悖论”。因此，从实证研究的角度来讲，中国经验本身就提出了对新新贸易理论的挑战。

相关资料　中国出口企业生产率之谜

出口企业比非出口企业生产率高，这一结论已成为近十年来企业层面国际贸易研究的中心命题。理论方面，出口企业的高生产率已成为新新贸易理论中几个经典模型的主要特征；实证方面，出口企业的高生产率在对许多国家的研究中得到了普遍支持。有趣的是，这一结论在世界最大的出口国——中国，受到了挑战。最近的一些关于中国出口企业表现的研究发现中国的出口企业的生产率可能比非出口企业更低。那么一个自然的问题就是：为什么中国如此特殊？是什么导致了中国出口企业的生产率之谜？

余淼杰（2013）认为，中国出口企业生产率之谜是由中国大量加工贸易企业导致的。他发现：①加工贸易企业的生产率显著低于一般贸易企业与非出口企业，比非出口企业低4%~29%。②将加工贸易企业从样本中分离开后，其他出口企业的生产率高于非出口企业，满足标准的异质性企业贸易模型。③之前研究中所发现的异常现象完全可以被加工贸易企业的低生产率所解释。剔除加工贸易企业的影响就可以回到出口企业生产率更高的传统结论当中。④加工贸易企业在其他方面的表现也与一般贸易企业有着巨大的区别。与一般贸易企业以及非出口企业相比，加工贸易企业利润率较低、支付的工资较低、有较低的资本劳动比，并且进行的研发较少。此外，研究还发现加工贸易主要集中于外资企业与劳动密集型产业中。

资料来源：余淼杰. 加工贸易与中国企业生产率：企业异质性理论和实证研究［M］. 北京：北京大学出版社，2013：160-161.

第二节　国际贸易理论前沿

上一节讲述了新新贸易理论，从微观企业异质性视角分析了贸易问题，也带来全新的理论创新和发展，国际贸易的研究由此进入了异质性企业层面，并成为国际贸易学科的主要研究方向。近年来，国际贸易学术研究的前沿主要集中在异质性企业贸易、全球价值链、贸易谈判与协定等领域。其中，异质性企业贸易是研究的最前沿，处于主体位置，全球价值链也是研究的重要方面。本节将对此做一些简单介绍。

一、异质性企业贸易

从异质性企业的微观视角研究国际贸易问题已经成为前沿文献的主体，研究的主题基本覆盖了所有贸易领域。这导致单独将异质性企业贸易归为一类似乎已经不够细致，现将异质性企业贸易问题大致进行归类：①对异质性企业贸易行为的选择；②在异质性企业模型框架下分析贸易自由化的经济效应；③在异质性企业模型框架下分析贸易政策变动对企业贸易行为和其他行为决策的影响。

2016年国外国际贸易前沿研究文献的主要议题有六个：异质性企业贸易、贸易协定和贸易自由化效应、贸易成本和贸易壁垒、全球价值链与生产分割、贸易与劳动力市场以及贸易新现象及其解释。这些主题中，异质性企业贸易文献占主体地位，贸易协定和贸易自由化的效应、贸易成本和贸易壁垒、全球价值链是另外三个重要的研究主题。从细分的具体领域看，异质性企业贸易、全球价值链和生产分割、贸易协定和贸易自由化的效应、贸易成本和贸易壁垒是主要集中的主题，其中异质性企业贸易占比最高。

（一）异质性企业贸易行为选择

1. 对企业出口行为选择的分析

传统异质性企业理论认为生产率相对高的企业才选择出口，而生产率低的企业只供应国内市场。经埃格和克里克梅尔（Egger & Kreickemeier）的理论与实证研究发现，企业劳动者的管理能力会影响企业的生产率水平，进而影响出口行为，故而管理人员比例大的企业更倾向于出口。随后，伊姆普利帝等的论文从理论模型分析了异质性企业退出和进入出口市场的行为选择，发现沉没出口进入成本和企业生产率的不确定性影响企业出口行为的选择，当企业的规模和生产率达到一定水平之后就会进入出口市场，并且一直保持出口状态，直至其生产率下降到最初进入出口市场的水平时才会退出。

2. 出口产品质量的选择

质量和价格是紧密相连的，不同质量的产品定价不同，所以对于价格决策的分析一般也都属于质量研究范围。对出口产品质量的选择研究是近年异质性企业贸易领域分析的主要方向，基本的结论是：大的企业、高生产率的企业以及更加成功的企业会更多生产和出口高质量的产品。马诺瓦（Manova）和张（Zhi Wei Zhang）研究发现，更成功的出口企业会使用高质量的投入生产高质量的产品；另外，企业会根据出口目的地的不同选择不同质量的产品。

3. 出口目的地选择

关于出口目的地选择的主要研究结论是：高生产率和规模较大的企业会更多地出口到发达国家市场、更远距离的市场，而对发达国家市场的出口能够获取更多的利润。对出口目的地选择的研究文献并不多，主要有：舒梅兹（Schmeise）的研究发现，新进入的出口企业会选择规模大的国家、与本国相似的国家，而已经进入其他国家市场的企业会进一步出口到较远、与本国差异大且不发达的国家。

4. 出口产品种类和范围选择

该类文献的主要结论是，多数企业会不断地改变出口产品种类，而产品的转变会重新配置资源到最有效率的企业。诺克（Nocke）和耶普尔（Yeaple）从理论上分析了多产品企业的产品种类选择，设定企业存在两种不同类型能力的异质性，解释了为什么大企业具有更高的生产率和更多种类的产品，全球化对于不同类型企业的影响是不同的。后来，罗兹（Lodz）又关注了多产品企业的定价行为选择，发现企业的产品种类越多则越会定低价，在某一种产品上定低价会引起其他产品同样定低价。

（二）异质性企业贸易和贸易自由化效应

贸易自由化效应通常是贸易理论的重要组成部分，主要分析国际贸易和贸易开放带来的影响，包括福利效应、对工资的影响、对企业贸易行为的影响等。

1. 贸易自由化的福利影响

比哈尔（Behar）和尼尔森（Nelson）在异质性企业贸易模型中引入多边阻力因素分析贸易成本下降对贸易的影响，发现双边的成本下降对贸易的促进作用有限，而多边贸易成本的下降具有更加明显的贸易促进作用。随后，布莱因利希

(Breinlich）使用美国和加拿大1989年关税同盟前后的上市公司企业数据实证分析了贸易自由化的效应，发现加拿大企业对于美国出口关税下降的反应与理论预期一致，但对于加拿大进口关税下降的反应与理论结果尚存在差异。

2. 贸易自由化对于企业工资的影响

阿米蒂和戴维斯（Amiti & Davis）发现最终产品关税下降会降低进口竞争企业的工资而提高出口企业的工资，投入品关税下降会增加进口企业的工资而降低使用本地投入品企业的工资。不仅如此，伊拉拉·萨巴尔（Irala Sabar）还认为出口贸易会使出口企业具有更高的生产率和工资。

3. 投资品贸易开放对企业贸易行为的影响

劳扎（Lauza）分析了投资品贸易开放对企业贸易行为的影响，结果发现投入品关税的下降会增加高生产率企业的出口，但低生产率企业的出口会下降且出口概率也会下降。

(三）其他政策和冲击的影响效应

该领域涉及的主题较多，例如信贷约束、汇率变动、原产地原则、反倾销等政策对异质性企业行为选择的影响。

1. 汇率变动对企业的影响

伯曼·马特林（Berman Matrin）和迈尔（Mayer）在异质性企业贸易模型框架下分析汇率变动对企业的影响，发现好的企业在本国货币贬值时会较多地提高利润而较少增加出口量。阿米蒂分析了异质性企业的汇率传递效应，发现出口份额高和市场份额大的企业具有更小的汇率传递效应，即较少受到汇率变动的影响。

2. 信贷约束对出口的影响

芬斯特拉（Feenstra）等人检验了不完全信息下信贷约束对出口的影响，指出银行在不清楚企业生产率的情形下，企业会受到更强的信贷约束。曼努瓦（Manuva）等分析了信贷约束下的企业出口和跨国生产活动选择，经实证发现外资子公司和中外合资企业比有信贷约束的国内私营企业在出口方面表现得更好。

3. 反倾销对企业的影响

分析中国出口企业对美国反倾销调查的反应发现，反倾销调查引起了总出口下降，并且这个大幅下降是出口企业的数量大幅减少导致的。

综上所述，异质性企业贸易领域的研究日趋深入，在未来相当长的一段时间里将仍然是发展的方向和前沿。可以预测的是，异质性企业贸易的研究将更加细致，将探讨企业对外贸易中的更多问题和更多现象，同时也会有更多领域的研究使用异质性企业贸易的框架。

二、全球价值链贸易

全球价值链贸易是近年来国际贸易理论和政策领域关注的重点。这方面的研究主要包括从行业和国家层面对垂直专业化及附加值贸易的分解和核算；对全球价值链及其所涉及的生产分割、垂直专业化贸易、中间品贸易的形成原因，模式选择及效应的研究；对引入附加值贸易后与贸易有关问题政策含义的分析，如贸易保护的效应、贸易不平衡、贸易与环境、比较优势测算的调整等，以及反映全球价值链贸易的统计数据库的构建。

（一）垂直专业化贸易

1. 垂直专业化

垂直专业化分工是指各国中间品贸易不断增加，跨越多个国家的垂直贸易链不断延长，每个国家只在商品生产的某个或某几个生产环节进行专业化生产的分工与贸易现象。其主要特点是一国向他国进口中间品作为本国产品的投入品，并利用进口的中间品生产加工后出口至第三国，第三国再将进口品当做中间品投入，这样的过程一直持续到最终产品出口至最终目的地为止。

2. 贸易和外包对工资水平的影响

胡梅尔斯（Hummels）曾采用工人层面的详细微观数据实证分析了外包的工资效应。其分析数据包括丹麦工人—企业数据与厂商产品层面的进出口数据，这些数据有助于研究外包对特定工作岗位上特定工人的工资影响程度。研究结果发现外包会增加高技能劳动工人的收入，对不同工作工序的工资影响也不同。之后，埃本斯坦（Ebenstein）实证估计了贸易和离岸外包对美国工人工资的影响，他们将产业水平的贸易和外部数据与产业水平的工人数据结合，突破传统研究制造业内就业变动，并扩展到对不同职业选择的影响研究。他们发现全球化促使美国工人工资水平总体下降，贸易和外包促使工人从高工资的制造业部门转向其他部门和其他行业，从而平滑了行业工资差异。

（二）附加值贸易

随着产品生产周期的逐渐缩短，国际竞争的日趋激烈，由发达国家开始，各国以跨国公司为主体在全球范围进行资源整合、组织生产，形成了全球生产网络，进而全球价值链在此基础之上发展，链接了分布于各国（地区）的技术环节、生产环节和营销环节。国际分工的主要形式由此演化为“价值链分工”，并且对参与价值链分工的投入要素范畴进一步拓展，不单是指传统范式中的劳动、资本等要素，而是包括技术、现代通信、知识和信息等新型要素的广义集合。

在 WTO 和 OECD 联合发布的名为 Trade in value-added：concepts，methodologies and challenges 的工作报告中，贸易附加值作为测度一国贸易福利水平的新指标被提出。贸易附加值被定义为在产品生产过程中，对本地投入的劳务、资本、非金融资产和自然资源的补偿，是直接或间接包含在另一国最终消费中的一国价值增值，而以价值增值为口径的贸易统计数据则被称为附加值统计方法。不同于传统贸易统计方式从需求层面统计一经济体进出口贸易总值，附加值贸易测度的是生产要素创造的价值，从供给层面考察一国贸易利益和竞争力来源。作为贸易利益测度新指标的贸易附加值，更加真实客观地反映了一国贸易的福利水平。

三、贸易协定和贸易自由化

贸易协定和贸易自由化的效应包含两个部分：一是贸易协定和区域一体化，二是贸易开放或者贸易自由化的影响。贸易协定和区域一体化的研究主要包括区域经济一体化、贸易谈判博弈以及贸易战和贸易摩擦、WTO 多边贸易体系等。贸易自由化的效应主要分析贸易开放对企业、行业和国家层面的收入、福利、要素配置、就业、制度变迁、要素价格、生产率等的影响。异质性企业贸易也包含贸易自由化的效应，主要是在古典、新古典和新贸易理论框架下分析贸易自由化的影响。贸易协定和贸易自由化的效应仍将是未来国际贸易研究的主要方向之一。区域贸易协定近年来的发展速度很快，多边贸易体系的格局也在发生变化，这些都决定了贸易协定的研究具有现实价值。贸易自由化的效应是国际贸易理论和现实中的重要研究主题，在不同条件下分析贸易自由化的影响一直是国际贸易主要的研究内容之一。

四、贸易成本和贸易壁垒

贸易成本和贸易壁垒的研究内容主要包括贸易成本和贸易壁垒的影响、贸易成本的测度、贸易保护和贸易壁垒等。贸易成本测度包含引力模型等理论和实证分析，贸易成本和壁垒的影响包含就业、贸易、收入分配和增长等的作用，贸易保护包含保护的影响、保护的理论等。研究主要集中在贸易成本的估计核算、贸易壁垒对贸易品相对价格的影响、贸易成本和冲突防御上。贸易成本和贸易壁垒不仅是国际贸易中的理论问题，也是重要的现实问题，降低贸易成本和削减贸易壁垒是贸易自由化的主要目标，因此对贸易成本和贸易壁垒以及贸易保护的研究十分重要。

核心知识小结

第二次世界大战以后，特别是 20 世纪 60 年代以来，国际贸易出现了许多新的倾向，主要表现在：同类产品之间的贸易量大大增加，发达工业国之间的贸易量大大增加，以及产业领先地位不断转移。这些现象用传统的赫克歇尔–俄林模型无法解释。

当代贸易理论用“规模经济”和“不完全竞争”来解释资源储备相似国家之间和同类工业产品之间的双向贸易。这种双向贸易的基础是由企业生产规模不同而产生的成本差异。

“新新贸易理论”（new-new trade theory）将研究视角从此前的国家或区域宏观层面，拓展到企业微观层面。“新新”之说，主要是为了与 20 世纪 70~90 年代形成的“新贸易理论”相区分。

根据梅里茨模型，那些生产率低于封闭经济临界生产率的企业会退出所在行业，生产率高于封闭经济临界生产率但低于开放经济临界生产率的企业，在封闭经济中可以在市场中生存，但在开放经济中则会被迫退出市场；生产率高于开放经济临界生产率但低于国际临界生产率的企业只能从事国内业务；对于那些生产率高于国际临界生产率的企业来说，它们将获得国际市场份额，从而大大提高利润水平。这就解释了为什么一部分企业只能从事国内业务，而另一部分企业可以从事出口业务，从而产生了市场份额在行业内的重新配置的效应。

备考准备

一、名词解释

企业异质性理论　垂直专业化分工　贸易附加值

二、选择题

1. 新新贸易理论的主要创新之处是从（　　）层面来解释世界贸易。（单选）

A. 国家　　B. 行业

C. 个体企业　　D. 个人

2. 下列哪一项不是梅里茨企业异质性理论的基本假设（　　）。（单选）

A. 代表性消费者　　B. 企业是非同质的

C. 生产要素市场是不完全市场　　D. 产品市场是垄断竞争市场

3. 在梅里茨模型中，对于一个行业而言，开放经济下的临界生产率表现为哪几种状态？（　　）。（多选）

A. 封闭经济临界生产率　　B. 开放经济临界生产率

C. 国内市场临界生产率　　D. 国际市场临界生产率

4. 下述例子中，决定贸易模式的主要是规模经济而不是比较优势的是（　　）。（多选）

A. 加拿大是主要的新闻纸出口国　　B. Intel 生产了世界上半数以上的 CPU

C. 美国和日本相互出口小轿车　　D. 中国是主要的电视机出口国

5. 前沿国际贸易理论中，对异质性企业出口行为选择的影响因素主要包括（　　）。（多选）

A. 企业的扩张速度　　B. 企业劳动者的管理能力

C. 沉没出口进入成本　　D. 企业生产效率的不确定性

三、简答题

1. 梅里茨模型是如何解释一国的某些企业从事出口，而另一些企业只能从事国内业务的？

2. 试用新新贸易理论解释：自由贸易可能给落后地区带来负面的影响。

3. 简述新贸易理论和企业异质贸易理论的联系和区别。

4. 论述新新贸易理论的政策内涵。

第四章
国际贸易政策与措施

■ 本章知识结构图

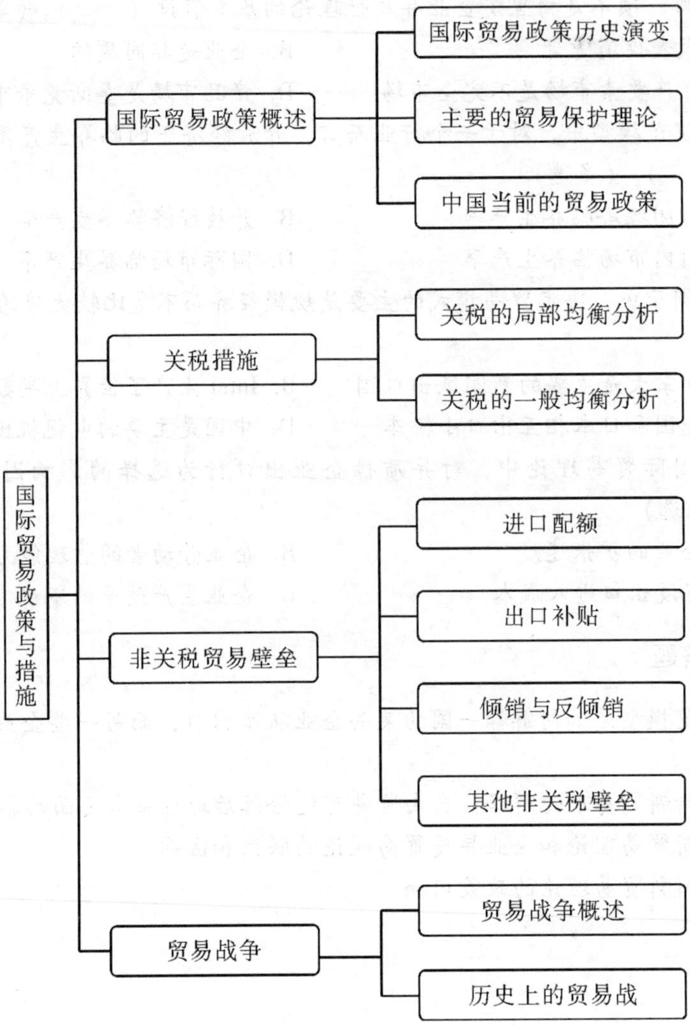

学习目标

本章重点掌握贸易保护理论中的幼稚产业保护理论、超保护贸易理论、“中心-外围”贸易理论、战略性贸易政策的主要内容及评价；

掌握相应的关税措施的概念和非关税壁垒的类型与不同作用；

了解国际贸易政策的历史演变，包括自由贸易政策与贸易保护政策；

了解中国当前贸易政策状况和我国对全球贸易政策的态度及提供的中国方案；

了解贸易战争以及历史上著名的贸易战争。

引例　中美贸易战打响，驻美大使霸气回击

前面学习了国际贸易理论，本章将进入对国际贸易政策与措施的探讨。一国在不同时期对待国际贸易的态度和做法往往不同，甚至截然相反。即使在同一时期，不同国家采取的贸易政策与措施也有很大差别。通常认为，一个国家采取怎样的贸易政策与措施是与该国的经济发展水平和所面临的国际经济环境密切相关的。

第一节　国际贸易政策概述

前几章所学的贸易理论已经很好地证明，自由贸易可以避免保护政策所带来的效率损失。经济学界普遍存在支持自由贸易和开放市场的倾向，但贸易保护从未消失，能真正做到自由贸易的国家数量极少。尽管有许多国家想要利用外国市场，但是维护本国利益才是核心。换句话说，自由或保护只是手段，最终的目的只有一个——国家和民族利益。为了让本国产业免受外国竞争对手压力的排挤而受到损害，他们又通常不愿意开放自己的经济。即使支持自由贸易的论据充分，贸易保护主义仍不断以新的面貌出现。2008 年国际金融危机爆发后，国际经济合作和竞争格局发生了深刻改变，全球经济治理体系和规则面临重大调整。贸易保护主义重新抬头，经济全球化进入了一个深度调整期。这对全球的国际贸易政策产生了深远的影响。

一、国际贸易政策历史演变

（一）对外贸易政策的概述

1. 对外贸易政策概念

所谓对外贸易政策，即指一国政府基于某种目的而制定的对进出口贸易活动进行管理的有关方针和法规。对外贸易政策一般可分为自由贸易政策和保护贸易政策两种。一般情况下，各国制定对外贸易政策的目的在于：保护本国市场；发展民族工业；扩大商品或劳务出口，占领国际市场；推进本国产业结构的改善与升级；积累资本或资金，缩小和弥补经济发展过程中的资金缺口；维护本国或地区的对外政治关系。

一项完整的贸易政策，其要素应包括政策主体、政策客体、政策目标、政策内容和政策手段五个方面。其中，政策主体是指政策的制定者和实施者，一般来说就是各国或地区的政府；政策客体是指贸易政策所规划和指导的贸易活动以及从事贸易活动的企业、机构或个人；政策目标是指贸易政策所要达到的目的；政策内容是指贸易政策的具体指向，它反映了贸易政策的倾向、性质、种类和结构等；政策手段则是为了实现政策目标而采取的具体管理措施。

从内部结构来说，一国的对外贸易政策一般应包括以下三个层次的内容：

（1）对外贸易总政策。对外贸易总政策是指一国从整体经济出发，在一个较长时期内实行的政策，它通常与本国的经济发展战略相联系，因而对外贸易活动具有方向性的指导意义。

（2）进出口商品政策。进出口商品政策是指在对外贸易总政策的指导下，根据本国的经济结构及市场状况等而分别制定的进口与出口政策。

（3）国别贸易政策。国别贸易政策是指一国根据有关国际经济格局及政治社会关系等情况，对不同的国家或地区所采取的不同贸易政策。

在现实经济生活中，这三个层次的内容并不是截然分开或完全独立的，反而是相互交融、相辅相成的。

2. 对外贸易政策制定的主要依据

自由贸易与保护贸易并不是完全对立的。事实上，一国实行自由贸易政策，并不意味着完全的自由；同样，实行保护贸易政策，也并不是完全闭关自守。二者的主要区别在于在贸易政策中自由的成分更多，还是保护的成分更多。既要积极参与国际贸易分工，又要使在这个过程中获取的贸易分工利益最大化，或者说，把获取贸易分工利益的代价降低到最低限度，是各国制定对外贸易政策的基本出发点。因此，一个国家在一定时期内是采取自由贸易政策还是推行保护贸易政策，一般要取决于对下列因素的综合考量：

（1）经济发展水平和产品竞争力

一般来说，如果一个国家的经济发展水平较高，技术较为先进，资金较为充裕，产品竞争力较强，就会倾向于推行自由贸易政策，以期在国际市场的自由竞争中获得更大的经济利益；反之，如果一个国家的经济发展水平较低，资金和技术等生产要素处于劣势，其产品在国际市场上缺乏竞争力，就会倾向于实行保护贸易政策，以避免在国际市场上遭受较大损失。

（2）经济结构与产业结构

在传统产业占主导地位，现代工业尚未得以成长的国家，为保护传统产业免遭国外竞争的冲击，同时促进幼稚工业的发展，往往会推行保护贸易政策；相反，经济结构和产业结构已高度现代化的国家则一般通过推行自由贸易政策来获得更大的外部市场。

（3）经济发展战略

一般而论，采取外向型经济发展战略的国家，会制定较开放和自由的外贸政策。相反，采取内向型经济发展战略的国家则对世界范围内的贸易竞争和合作缺乏紧迫感，不仅如此，为了保护本国产业的成长，它们往往还会采取较为强硬的贸易保护政策。

（4）各种利益集团力量的对比及本国与他国的政治经济关系

不同的对外贸易政策对本国不同的利益集团会产生不同的利益影响。一般情况下一国往往对那些政治外交关系友好、经济上不与自身构成威胁的国家开放国内市场，扩大商品和技术的出口，而对那些政治上或经济上的敌对国家，则倾向于采取保护贸易政策。

（二）自由贸易政策的历史发展

与保护贸易政策的实践相比，自由贸易政策的推行历史要短得多。在资本主义生产方式处于准备阶段的大部分时间里，贸易保护主义的思潮始终占据着主导地位。直到 19 世纪 20 年代，最先完成产业革命的英国才开始转向自由贸易政策。在英国的推动下各国纷纷降低关税，荷兰、比利时开始执行自由贸易政策，美国、德国等国家虽然没有推行自由贸易政策，但也不同程度地降低了保护关税，从而使自由贸易政策成为 19 世纪中后期占主导地位的政策倾向。

随着西方国家由自由竞争向垄断阶段的转变以及危机和战争的频繁爆发，各国的政策倾向又滑向了贸易保护主义。直到第二次世界大战结束之后，自由贸易政策又再度被提倡，出现了一股新的贸易自由化浪潮。值得注意的是，由于二战后的贸易自由化主要是由西方发达国家带头推行的，因此，它表现出了一系列有利于西方国家的特点，比如：发达国家间的贸易自由化程度超过了它们与发展中国家和社会主义国家的贸易自由化程度，区域性经济集团内部的贸易自由化程度超过了集团对外的贸易自由化程度等。20 世纪 70 年代以来，西方国家普遍出现了经济“滞胀”的局面，因此贸易保护主义又有所抬头，二战后的贸易自由化进程受到一定抑制。但是总体来看，随着世界贸易组织职能的日趋完善和作用的不断发挥，以及世界经济区域集团化趋势的日益加强，自由贸易政策将成为越来越多国家的贸易政策取向。

（三）保护贸易政策的历史演变

保护贸易政策推行的历史要比自由贸易政策更为久远。16～18 世纪，重商主义最早提出贸易保护的观点，其理论的基本点“鼓励输出、限制输入，发展经济，实现国家财富积累”已经被当时的各国政府所采纳。一些贸易保护的手段诸如行政管制、高额关税、退还税款、发放奖金和补助金、特许证等被政府广泛使用。

18 世纪中期到 19 世纪后期这个阶段在英国的推动下，自由贸易政策基本处于主导地位。然而，19 世纪 70 年代前后，美国和西欧的一些国家纷纷从自由贸易转向保护贸易，逐步实施了一系列限制进口和鼓励出口的保护性措施。其主要原因是这些国家的工业发展水平与英国相比还存在很大差距，经济实力和商品竞争力都难以与英国抗衡，需要采取强有力的贸易保护政策来保护本国的新兴工业即幼稚产业，使之免受英国商品的竞争。而 1929—1933 年发生的空前的世界性经济危机，使原来实行自由贸易政策的国家纷纷改旗易帜，推行贸易保护主义，转而全面实行保护贸易政策。

第二次世界大战结束至20世纪70年代初，在第三次科技革命及国家垄断资本主义等多种因素的推动下，西方国家的经济很快得到了恢复，并进入了高速发展的时期。与此相应，贸易自由化思潮复兴，贸易保护主义则得到一定程度的抑制。但进入20世纪70年代以后，西方国家普遍的经济“滞胀”局面使得通货膨胀率和失业率居高不下。在此情形下，为了增加国内需求，刺激经济增长，西方各国又普遍推行了保护贸易的政策。由于二战后的贸易保护主义出现了一系列新的特点，故被称为“新贸易保护主义”。20世纪90年代以来，信息技术的迅猛发展在加快经济全球化和一体化的进程、促进贸易全球自由化发展的同时，也加剧了各国经济发展的不平衡，由此诞生了新的贸易保护主义。这一新的贸易保护主义又被称为“超贸易保护主义”或“新重商主义”，是20世纪80年代初才兴起的，以绿色壁垒、技术壁垒、反倾销和知识产权保护等非关税壁垒措施为主要表现形式。

二、主要的贸易保护理论

（一）幼稚产业保护理论

1. 汉密尔顿的制造业保护论

亚历山大·汉密尔顿（A. Hamilton，1755—1804）是美国独立后的首任财政部部长。1790年12月，汉密尔顿向国会提交的《关于制造业的报告》中，汉密尔顿指出：“一个国家如果没有工业的发展，就很难保持其独立地位。美国工业起步晚，技术落后，生产成本高，其产品根本无法同英、法等国家的廉价商品进行自由竞争。因此，美国应实行保护关税制度，帮助新建立起来的美国工业生存、发展和壮大。”汉密尔顿还较为详细地论述了发展制造业的直接和间接利益。他认为，制造业的发展有利于机器的推广使用，提高整个国家的机械水平，促进社会分工的发展；有利于扩大就业，促进移民流入，加速美国国土开发；有利于提供更多的开创各种事业的机会，使个人才能得到发挥；有利于消费农业原料，保证农产品的销路和价格的稳定，刺激农业发展等。因此，汉密尔顿认为政府必须干预对外贸易，而干预的手段主要是通过关税壁垒加以保护。

2. 李斯特的幼稚产业保护理论

弗里德里希·李斯特（Friedrich List，1789—1846）是德国资产阶级经济学家，历史学派的先驱者，德国保护关税政策的首倡者。1817年，李斯特任图宾根大学（Tubingen）教授，积极倡导组建关税同盟，为推动德国统一市场的形成而奔走，并提倡自由主义。后期在美国，李斯特受汉密尔顿的影响，并亲眼看到了美国实施保护贸易政策的成效，转而积极提倡贸易保护主义。

（1）主要理论观点

李斯特指责古典自由贸易理论忽视了经济发展的民族性特点。李斯特认为，古典自由贸易理论完全忽视了国家的存在，不考虑如何满足国家利益，而以所谓推进全人类利益为出发点，是世界主义经济学。然而现实中，由于国家之间的利益、分歧和冲突的存在，使得贸易保护政策具有存在的合理性。他强调经济落后的国家实行贸易保护政策是抵御外国竞争、促进国内生产力发展的必要手段。

李斯特认为贸易政策要与国家经济发展所处阶段相适应。李斯特将各国经济成长分为五个阶段：原始未开化时期、畜牧业时期、农业时期、农工业时期和农工商业时期。在不同的时期应当采取不同的贸易政策。处于农业时期的国家，应实行自由贸易政策，引入工业品，刺激国内工业的建立；处于农工业时期的国家，工业刚刚建立，缺乏竞争力，应该实行保护贸易政策；处于农工商业时期的国家，工商业十分发达，具备对外自由竞争的能力，应实行自由贸易政策。

（2）政策主张

保护对象：只是那些处于发展初期而又面临外国强大竞争的有发展前途的工业。

保护手段：关税是保护国内工业的主要手段，但关税的征收应因时间、产业而异，并主张逐步提高关税税率。

保护程度：对不同行业要采取不同程度的保护。对奢侈消费品征收很低的保护关税，而生活必需品需要通过高关税给予充分保护，国内不能生产的各种复杂机器的进口应当免税或征收很低的关税。

保护期限：保护只能在一定期限内进行，当产业在经过一段时间的保护后能够与外国竞争时，就不再需要保护。他认为，对工业部门的保护最长不能超过 30 年。在此期限内仍不能成长起来的产业，政府不应继续对其给予保护。

需要特别指出的是，幼稚产业保护理论认为，保护是为了不保护，保护本身不是目的，而只是手段。一旦时机成熟，幼稚产业成长起来以后就撤销这种保护。即使在保护期间，也不绝对排斥国外的竞争，只是要把这种竞争限制在本国工业可以承受的范围之内。

（3）幼稚产业的判定标准

幼稚产业是指处于成长阶段尚未成熟、但具有潜在优势的产业。幼稚产业保护理论形成于资本主义自由竞争时期，直到今天依然是一些国家保护本国新兴产业的理论基础。关于幼稚产业的判定，归纳起来，主要的判定标准有以下几种：

①穆勒标准。19 世纪英国经济学家穆勒认为，受保护的国内产业在保护结束后必须具有成本优势，成为本国的比较优势产业。只有这样的产业才可作为幼稚产业加以保护，否则该项产业就不能作为幼稚产业给予保护。根据穆勒标准，当某一产业规模较小、其生产成本高于国际市场价格的时候，如果政府给予一段时间的保护，使该产业能够发展壮大，以充分实现规模经济，降低成本，那么该产业就可以作为幼稚产业来加以扶持。

②巴斯塔布尔标准。巴斯塔布尔补充了穆勒关于确定幼稚产业的标准。他认为，判断一种产业是否属于幼稚产业，不光要看它将来能否具有成本优势，还要在将保护成本与该产业未来所能获得的预期利润的贴现值加以比较之后才能确定。如果未来预期利润的贴现值小于目前的保护成本，那么对该产业进行保护是得不偿失的。巴斯塔布尔标准比穆勒标准的要求更高，即它要求被保护的幼稚产业在经过一段时期的保护之后，不仅能够自立，而且还必须能够补偿保护期间的损失。

③肯普标准。经济学家肯普在综合了穆勒标准和巴斯塔布尔标准的基础上，又补充了一个更严格的标准，即只有先行企业获得的经验具有外部经济时，保护才是正当的。在一国建立新型产业，本身是一个学习的过程，面临许多风险。如果先行企业获得经验可以保留在企业内部，其他企业不能从中受益，那么先行企业的投资和风险可以从新兴产业建立后的市场领先地位中获得补偿，无须政府给予特殊保护；如果先行企业取得的经验具有外部经济，其他企业可以无偿受益，市场竞争将使先行企业的投资和风险不能获得应有的补偿，企业将失去投资新兴产业的积极性，因而需要政府给予保护。

④小岛清标准。日本经济学家小岛清认为，穆勒、巴斯塔布尔、肯普等人只是根据个别企业或产业的利弊得失来寻求确定幼稚产业的标准，这种方法是不正确的。要根据要素禀赋和比较优势的动态变化选择一国经济发展中应予以保护的幼稚产业。

（4）理论评价

幼稚产业保护理论现在对广大发展中国家仍具有积极的借鉴意义。一方面，李斯特关于经济发展的不同阶段应采取不同的对外贸易政策的观点是科学的，为落后国家实行贸易保护政策提供了理论依据。因此，幼稚产业保护理论在现实中有着广泛的影响力，WTO 也以该理论为依据，设计了幼稚产业保护条款，这为广大发展中国家合理保护自己的幼稚产业提供了法律依据。但另一方面，幼稚产业保护理论在实践中遇到很多问题，其中最主要的是无法准确界定幼稚产业。发展中国家都很注重对幼稚产业的保护，但多数都未达到预期效果，有些甚至付出了惨痛代价。

（二）超保护贸易理论

保护贸易主义在第一次世界大战与第二次世界大战之间盛行。在这个阶段，垄断代替了自由竞争，1929—1933 年资本主义世界发生空前严重的经济危机，使市场问题进一步尖锐化，超保护贸易政策发展到空前的规模。在大危机以后，许多资本主义国家都提高了关税，实行外汇、数量限制；同时，国家积极干预外贸，鼓励出口，新重商主义盛行。

1. 凯恩斯保护贸易理论的提出背景

1929—1933 年爆发了空前严重的世界性经济危机，国际市场的竞争和斗争日趋尖锐化、白热化。在这种条件下，许多原实行自由贸易政策的国家开始改弦易辙，推行超保护贸易政策。有许多国家的经济学者，提倡支持超保护贸易政策，他们的理论观点大同小异，其中影响最大、最有代表性的是凯恩斯的贸易理论。超保护贸易政策的理论基础主要源于凯恩斯的国际贸易理论，其观点反映了 20 世纪 30 年代大萧条以后西方国家经济的要求。

2. 凯恩斯保护贸易理论的基本内容

凯恩斯（John Maynard Keynes，1883—1946）是当代最著名的英国经济学家，凯恩斯主义的创始人，其代表著作是 1936 年出版的《就业、利息和货币通论》。在该著中凯恩斯提出了投资乘数理论，后来其追随者美国经济学家马克卢普（F. Machlup）和英国著名经济学家哈罗德（R. F. Harrod，1900—1978）等人将其应用于对外贸易方面，形成了轰动一时的对外贸易乘数理论，其观点为国际贸易政策，尤其是超保护贸易政策提供了重要的理论依据。

（1）投资乘数理论

凯恩斯认为投资的增加对国民收入的增长有倍数的作用，即增加投资所引致的国民收入的增加是投资增加的若干倍。因为新增投资引起对生产资料的需求增加，从而引起从事生产资料生产的人们的收入增加，其收入增加又引起对消费品的需求的增加，从而导致从事消费品生产的人们的收入增加，如此推演下去，结果国民收入总量的增加会等于原增加投资量的若干倍。如果用 ΔY 表示国民收入的增加，K 表示乘数，ΔI 表示投资的增加，ΔC 表示消费的增加，则 $\Delta Y=K\cdot\Delta I$。

凯恩斯认为乘数 K 的大小取决于"边际消费倾向"，即增加的收入中用于消费的比例（$\Delta C/\Delta Y$），边际消费倾向越大，乘数越大，国民收入增加的倍数越多。如果"边际消费倾向"介于0到1，则投资的增加引起的国民收入增加的倍数将在1与无限大之间，即 $K=1/$（1-边际消费倾向）。

（2）对外贸易乘数理论

对外贸易乘数理论是凯恩斯的追随者们在国内投资乘数理论的基础上引申出来的。他们认为，一国的出口与国内投资一样，对就业和国民收入有倍增作用。而一国的进口与国内储蓄一样，对就业和国民收入有倍减的作用。当一国的商品和劳务输出从国外获得货币收入，会使出口产业部门收入增加，消费也随之增加，从而引起其他产业部门生产增加、就业增多、收入增加……如此反复下去，收入增加将为出口增加的若干倍；反之，当商品和劳务输入时，则要向国外支付货币，使收入减少，消费随之下降……与储蓄一样，成为国民收入中的漏出。因此，他们得出结论，只有当对外贸易为顺差时，才能增加一国就业，提高国民收入。

凯恩斯的追随者们还提出了许多公式来计算贸易顺差对国内就业和收入影响的倍数，本书用其中一个加以说明。用 ΔY 表示国民收入的增加额，ΔI 表示投资的增加额，ΔX 表示出口的增加额，ΔM 表示进口的增加额，K 表示乘数，则计算公式为：

$$\Delta Y=[\Delta I+(\Delta X-\Delta M)]\cdot K \tag{4.1}$$

当 ΔI 和 K 一定时，贸易顺差（$\Delta X-\Delta M$）越大，ΔY 越大；反之，若出现贸易逆差，则 ΔY 将缩减，即因投资增加所带来的国民收入的倍增将被贸易逆差所致的倍减所抵消。

（3）理论评价

凯恩斯主义的对外贸易乘数理论在一定程度上揭示了对外贸易与国民经济发展之间的内在规律性，因而具有重要的现实意义。这一理论对于认清国民经济体系的运行规律，制定切实有效的宏观经济政策也有一定的理论指导意义。

但是，对外贸易乘数理论存在很大的局限性，主要表现在：①该理论把出口增加新引起的需求增加和投资增加新引起的需求增加等同起来，认为它们都能对国民收入产生乘数效应。但这两者是不同的。假设国内已经处于充分就业状态，出口增加新带来的需求增加将导致过度需求，因此将在国内引起通货膨胀。当然，此时增加投资也会引起通货膨胀，但过一段时间将会形成新的生产能力，供给将增加，从而在一定程度上抵消过度需求。②该理论在实践上很模糊，它常会受一国闲置资源和其他因素的影响，资源稀缺会限制该国国民收入的下一轮增长。③这一理论忽视了对外贸易发挥乘数作用的条件。对外贸易的乘数并非在任何情况下都能发挥，只有在世界总进口值增加的条件下，一国才能继续扩大出口，从而增加国民收入和就业。如果世界的总进口值不变或减少，一国将无法增加出口，除非降低出口商品价格，但降低出口商品价格，企业会因利润下降而不愿扩大生产、增加产量，因此，增加出口也无从谈起。④该理论给保护贸易提供了理论依据。如果各国为了追求出口增加而不加节制地实行保护贸易政策，势必导致关税、非关税壁垒盛行，阻碍整个国际贸易的发展。

（三）“中心—外围”理论

第二次世界大战造成国际经济关系严重混乱并使世界经济受到极大破坏，整个帝国主义阵线遭到严重削弱，在一些殖民地附属国，民族经济有了一定的发展，工人和广大劳动人民的革命运动进一步加强，这就为一系列国家摆脱帝国主义、殖民主义和奴役创造了新的极其有利的形势，并使得帝国主义殖民体系的危机越来越深刻。发展中国家的前身主要是帝国主义时期的殖民地，发展中国家的经济一般都是在殖民地经济的基础上发展起来的。为了实现民族经济的独立，发展中国家渴望脱离旧的国际经济秩序尤其是旧的国际分工和贸易体系。在这一历史背景下，代表落后国家民族经济利益的经济学家从不同角度提出并论证了“中心—外围”结构的存在，批判传统自由贸易理论会使发展中国家通过自由贸易表现的相对优势和加速经济发展之间存在冲突，并会使发展中国家的贸易条件恶化。在这些理论流派中，最具有代表性的是阿根廷经济学家普雷维什提出的“中心—外围”论。

1. “中心—外围”理论的主要内容

普雷维什将世界经济体系划分为中心和外围两大类。他认为，在战后建立的旧的国际经济秩序中，由发达国家组成的中心国家处于主宰地位，由发展中国家组成的外围国家处于依附地位。传统的国际贸易、国际分工理论只能适用于中心国家之间，不能适用于中心国家与外围国家之间。他认为，外围国家贸易条件在不断恶化，主要观点承述如下：

（1）国际经济体系分为中心和外围两个部分

中心国家和外围国家在经济上不平等的表现主要有：①经济发展的自主性差别。中心国家不仅可以自主发展本国经济，而且可以主宰外围国家的经济发展。②经济发展的结构性差别。中心国家主要生产和出口制成品，外围国家则主要从事初级品生产和出口。③技术进步及其利益分割的差别。中心国家是新技术的发明者和传播者，因而差不多获得了技术进步的全部利益；外围国家则是新技术的模仿者和接收者，难以获得技术进步利益的分享。

（2）外围国家贸易条件不断恶化

外围国家贸易条件恶化的原因主要有：①技术进步的利益分配不均，随着中心国家技术进步和工业发展，企业家利润和工人收入不断提高，而且提高幅度大于劳动生产率的提高幅度，加之工业品的垄断性，工业品价格非但不下降反而上涨。而外围国家的收入增长低于劳动生产率的提高幅度，且初级产品垄断性较弱，价格上涨缓慢，在价格下降时又比工业品降得更快。所以，外围国家的初级产品贸易条件必然恶化。②工业制成品需求收入弹性比初级产品需求收入弹性大。随着人们收入的增加，对工业品的需求会有较大的增加，因而工业品的价格就会有较大程度的上涨。相反，随着人们收入的增加，对初级产品的需求增加较小，因而对初级产品价格不会有很大的刺激作用，初级产品价格上涨很小，甚至下降。所以，以出口初级产品为主的外围国家的贸易条件存在长期恶化趋势。

（3）中心和外围工会的作用不同

中心国家的工人有强大的工会组织，在经济高涨时，可以迫使雇主增加工资，经济萧条时，可以迫使雇主不降或者少降工资，因而使工业品价格维持在较高水平。而外围国家工会组织不健全，力量薄弱，没有能力控制或影响工资，经济繁荣时期工资上涨不大，萧条时期工资大幅度下降，因而外围国家初级产品价格较低。

（4）外围国家必须实行工业化，独立自主地发展民族经济

发展民族经济的战略政策：①进口替代工业化战略：通过采用关税、配额等贸易政策来鼓励本国工业品在国内市场替代进口品，从而实现本国工业化。②出口导向发展战略：通过鼓励出口来提高本国工业产品的国际竞争力，实现工业化。

2. 理论评价

“中心—外围”理论的提出以发展中国家的利益为基础，对当代国际分工体系和国际贸易体系中存在的发达国家控制和剥削发展中国家的实质进行了深刻的剖析，从理论和实践上揭示了发达国家与发展中国家之间的不平等交换关系，指责了发达国家自由贸易政策的虚伪性。该理论认为：外围资本主义是这个世界体系的组成部分，但是，它又具有自身的特点。由于这种特殊性，从外围的观点来看，在中心提出的理论就具有一种想获得普遍意义的虚伪企图。新古典理论没有给自己提出探索外围现实的任务。

然而，“中心—外围”理论从发达国家工会组织对产品价格的影响、技术进步利益分配不均及需求收入弹性对收入转移的分析等方面出发来解释发展中国家贸易条件日趋恶化，这就使它具有理论上的局限性。实际上，发达国家长期以来对本国初级产品实行贸易保护政策也是发展中国家初级产品贸易条件逐渐恶化的主要原因之一。此外，虽然他们不赞成传统的贸易利益分配观点，认为这是在为旧的国际经济秩序下发达国家攫取发展中国家的财富进行辩护，但是并未对以“比较优势”理论为核心的传统自由贸易理论造成发达国家与发展中国家贸易利益分配不均的原因做出根本性的解释，从而其在理论分析上就存在一定的片面性。

（四）战略性贸易政策

1. 战略性贸易政策概述

战略性贸易政策理论是20世纪80年代开始出现的一种新的贸易政策理论。其含义是指一国政府在不完全竞争和规模经济条件下，可以凭借生产补贴、出口补贴或保护国内市场等政策手段，扶持本国战略性工业的成长，增强其在国际市场上的竞争能力，从而谋取规模经济之类的额外收益，并借机劫掠他人的市场份额和工业利润。即在不完全竞争环境下，实施这一贸易政策的国家不但无损于其经济福利，

反而有可能提高自身的福利水平。战略性贸易政策是与产业政策紧密结合在一起实施的，它的有效推行不仅要在不完全竞争和规模经济的前提下，而且应具备以下条件：①接受补贴的产业确实能在一个相对较长的时期内保持自己的垄断优势；②被保护的目标市场存在新厂商进入障碍；③产品市场需求旺盛，能够保证企业的规模收益递增；④政府掌握齐全可靠的信息并对实行补贴所可能带来的利润做到心中有数；⑤不会招致别国政府采取相应的报复措施。

2. 战略性贸易政策的基本内容

(1) 利润转移论

利润转移论是战略性贸易政策的主体内容，指的是在寡头竞争的国际市场上，存在着因产品价格高于边际成本而形成的租金或超额垄断利润。一国政府可以通过对出口或进口贸易的干预，影响本国企业及其国外竞争者的行为，改变国际竞争格局，从国外寡头厂商抽取租金或向本国企业转移利润，增加本国净福利，并达到促进本国企业和产业发展的目的。利润转移论包括战略性出口政策、进口政策和以进口保护促进出口的政策。

战略性出口政策的核心内容，是以出口补贴支持本国寡头厂商扩大国际市场份额。在与国外寡头厂商进行竞争的国际市场上，政府通过对国内厂商提供出口补贴，可使其降低边际成本，提高在国际市场的销售份额和利润，同时减少国外厂商的市场份额和利润；由此带来的本国厂商的利润增加可以超过政府的补贴支出，从而使本国的国民净福利上升。战略性进口政策的核心内容，是用关税抽取外国寡头厂商的垄断利润。对于不完全竞争产品来说，由于产品价格高于边际成本，进口国等于向出口国支付了租金或垄断利润，而关税可以用于向国外垄断厂商抽取租金；当存在着本国厂商进入的潜在可能性时，这将使国外厂商的行为受到一定约束；如果本国和国外厂商都属于寡头厂商，对国外出口厂商征收关税就更容易被其部分吸收，这将导致垄断利润的部分转移，从而增加本国的净福利。

以进口保护促进出口的政策，则主要是指通过国内市场保护使本国厂商获得规模优势，进而扩大其在国内外市场（主要是没有保护的国外市场）的份额。这种理论以寡头垄断、市场分割和规模收益递增为前提，从国际竞争和竞争战略的角度来分析政府干预的理由与作用：对于规模经济效应很强的产业来说，对本国市场的保护可以使本国厂商在国内市场的地位相对稳定，使国内厂商获得一种相对于外国厂商的规模优势，由此降低生产的边际成本，同时使外国厂商在保护市场上的销售量下降而边际成本上升。国内外厂商边际成本的反向变化将导致它们分别调整保护国以外市场的销量，本国厂商的产量将进一步扩张，外国厂商的产量将进一步减少，从而再次对两国厂商的边际成本产生相反的影响。这种从产量到边际成本的不断循环和调整过程，将使进口保护成为促进出口的重要机制。

(2) 外部经济理论

外部经济理论是战略性贸易政策的另一项内容。外部经济包括技术性外部经济和收益性外部经济。技术性外部经济是指厂商通过同一产业或相关产业中其他厂商的技术外溢获得技术和知识，收益性外部经济是指厂商从同一产业或相关产业厂商的集聚中获得市场规模效应（包括获得便利而低价的原材料、中间产品、技术工人、专业化服务等），两者都能使厂商提高生产率和降低成本。

技术性外部经济与政策干预的内容是，在研发投入强度大的产业（一般为技术密集型产业，特别是高技术产业）中，由此导致的私人投资不足使这些产业不能发展到社会最佳状态，因而需要贸易政策的扶持。如果政府采取保护或补贴的政策，将能够促进这些产业的发展并增加国民福利。而外国政府对这些部门的支持和保护，可能使本国丧失或减少这些有益的技术外溢，因此本国必须采取对应行动。由于这些包括高技术产业在内的技术密集型产业对国家利益来说具有战略性意义，因此政府的积极干预政策对于本国产业的国际竞争具有战略性作用。

收益性外部经济与政策干预的内容是，一个国家产业规模的大小反映了厂商所获得的市场规模效应（相当于产业集聚效应）的大小，产业规模大的国家的厂商将具有较高的收益性外部经济，因而产业规模小的国家的厂商在国际竞争中处于不利地位。一个国家处于发展初期，规模小的产业属于战略性产业，政府可以通过保护和扶持的贸易政策，支持这些产业的厂商扩张，提高产业的市场规模效应和厂商的收益性外部经济，从而提高这些产业的国际竞争力。

（3）战略性贸易政策理论评价

战略性贸易政策理论并不是对传统自由贸易理论的全盘否定，而是在继承的基础上有所突破和发展。战略性贸易政策理论认为资源禀赋的相对差异是比较优势的来源之一，但更重要的是规模经济优势带来的比较优势，而规模经济优势在很大程度上取决于政府的干预。因此，传统贸易理论与战略性贸易政策理论争论的实质就是自由主义与干预主义的争论。自由主义认为政府的干预只会产生经济扭曲，经济问题只能靠市场解决；而干预主义认为扭曲来自市场失灵，必须通过政府干预进行纠正。

现实国际贸易中有许多战略性贸易政策在发挥作用，包括在WTO框架内的多边贸易谈判和对出口国征收反倾销税的过度运用以及美国“301条款”的使用等。但需要指出的是，战略性贸易政策理论还缺少完整的政策结论，所达到的实用性还不能够作为现实政策的基础，而且实证研究工作尚不足以确认在什么情况下可以运用战略性贸易政策来显著地提高一国的国民福利水平。由于战略性贸易政策理论建立在不同的假设基础上，政策的实施要求对市场结构、厂商行为和厂商预期利润等有比较准确的掌握，这样就面临着一个信息不对称问题。因为信息不完全，对于政策制定者来说，确定一些具体地产业并进行干预以真正地提高其国民福利是非常困难的，甚至是不可能的。

三、中国当前的贸易政策

20世纪90年代以后，中国在世界经济中贸易大国的地位逐渐形成，无论在出口贸易还是在进口贸易中都占有一个相对较大的份额。而伴随着中国对外贸易和对外开放的逐步深入，中国的对外贸易政策也在不断地进行调整。从多边贸易协定框架下关税壁垒和非关税贸易壁垒的逐步消除到双边贸易协定下深度贸易一体化的展开；从早期对出口创汇的单一关注到当前对贸易平衡的全面考量，这一系列的措施都是新的经济发展阶段下中国对外贸易政策就贸易规模和贸易结构变化的反应。中国当前国际贸易政策的选择主要是：

1. 在世界贸易组织（WTO）体制下推进国际贸易自由化

中国是 WTO 成员，中国贸易政策的制定必须依据 WTO 这个开放型的自由贸易体制，必须在 WTO 所确定的原则、规则下推进国际贸易的自由化。一般说来，WTO 中针对贸易政策及贸易行为而制定的准则、规范提倡的是使贸易自由化逐渐进行。其表现在以下几个方面：①在市场经济的基础上开放贸易制度。②建立并维护贸易环境的公平性。③采取规范的、透明的贸易调节政策。④允许 WTO 贸易政策规则以外的经济事项发生在 WTO 贸易政策规则下，中国的贸易政策选择主要体现在推进国际贸易自由化以及利用 WTO 的相关保护措施对国内市场、产业、企业进行适当的必要的保护。

2. 立足于本国的发展现状，制定符合本国利益的贸易法律体系

不同国家的经济实力不尽相同，因而采取的贸易政策也不相同。所以每个国家在制定国际贸易政策时，必须结合本国的经济发展水平以及本国的具体法律制度。中国已成为世界上遭受贸易保护主义打击最大的国家之一，因此，中国应适时采取相关应对措施来应对贸易保护主义。如：利用争端解决机构（DSB）保障自身的权益、建立反倾销应对机制等。

3. 构筑中国非关税壁垒保护体系

WTO 在倡导贸易自由化的过程中，对非关税壁垒的使用做了诸多禁止性规定。可是它的思维模式是用规则、规范来消除贸易中存在的障碍，但同时它的规则、规范还允许在贸易中进行合理的保护。这些保护的手段主要就是非关税性壁垒的措施，比如反倾销、检疫措施、技术标准、环境标准等。许多国家特别是西方发达国家非常注重这些非关税措施的应用，并以此为由多次对我国产品进行打击。因此，中国也应该在 WTO 框架范围内，巧妙地利用这些国际贸易中的保护措施，构筑起有效的非关税壁垒保护体系。

4. “一带一路”与自由贸易区战略融合发展

“一带一路”建设跨越不同地域、不同发展阶段、不同文明，是一个开放包容的合作平台，是各方共同打造的全球公共产品。在“一带一路”建设国际合作框架内，各方秉持共商共建原则，携手应对世界经济面临的挑战，开创发展新机遇，谋求发展新动力，扩展发展新空间，实现优势互补、互利共赢，朝着人类命运共同体的方向不断迈进。

“一带一路”倡议涉及经贸合作、交通、物流、信息设施互联互通等多个领域。“一带一路”主张打通陆海战略通道，通过实体项目的实施，推进区域基础设施、基础产业和基础市场的形成，促进广泛的互联互通，推进贸易投资自由化和便利化，形成有利于共同发展的贸易投资乃至人员、信息和资金移动的新规则，从根本上缩小经济发展差距，纠正世界经济发展不平衡，形成全新的国际经济合作新思维，确立符合世界经济发展多样性的合作新范式。截至 2016 年年底，已有 100 多个国家表

达了对“一带一路”倡议的支持和参与意愿，中国与39个国家和国际组织签署了46份共建“一带一路”合作协议，协议涵盖互联互通、产能、投资、经贸、金融、科技、社会、人文、民生、海洋等合作领域。在全球贸易持续低迷的背景下，2016年中国与“一带一路”沿线国家货物贸易总额达9 478亿美元，占同期中国货物进出口总额的25.7%。在产业转型升级、内需持续增长和消费需求升级的多重驱动下，中国巨大的国内市场也为“一带一路”沿线各国提供了广阔的经贸合作机遇。

“一带一路”倡议和自由贸易区战略是我国新时期构建全方位对外开放新格局的两项重要内容。2015年12月6日，国务院印发《关于加快实施自由贸易区战略的若干意见》（以下简称《意见》），这是我国自由贸易区战略的首个战略性、综合性文件，文件中把我国实施的自由贸易试验区作为自由贸易区战略的保障因素，国内将自由贸易试验区作为创新的政策试验田是为自由贸易协定谈判进行压力测试。该《意见》对我国自由贸易区建设布局做出了规划：一是加快构建周边自由贸易区，构建合作共赢的周边大市场；二是积极推进“一带一路”自由贸易区，形成“一带一路”大市场；三是逐步形成全球自由贸易区网络，争取同大部分新兴经济体、发展中大国、主要区域经济集团和部分发达国家建立自由贸易区，构建金砖国家大市场、新兴经济体大市场和发展中国家大市场。中国倡导“一带一路”建设更具有包容性的自由贸易，近年来中国与“一带一路”沿线国家或区域正在积极开展贸易协定谈判。中国—东盟自贸区升级、中国—格鲁吉亚自贸谈判已经完成，区域全面经济伙伴关系协定（RECP）谈判取得积极进展，中国—马尔代夫自贸区等协定谈判取得重要突破。同时继续推进中国—海合会、中国—以色列、中国—斯里兰卡以及中国—巴基斯坦自贸区第二阶段谈判，以及推动中国—尼泊尔、中国—孟加拉国自贸区和中国—摩尔多瓦自贸协定联合可行性研究。

以“一带一路”倡议统领自由贸易区战略和中国自贸试验区发展，以自贸区战略丰富“一带一路”建设内容，两者的融合发展不仅构成了我国新一轮扩大开放的重要平台和载体，也成为我国积极引领国际经济新秩序建设的主要抓手。2008年国际金融危机爆发后，贸易保护主义重新抬头，经济全球化进入了一个深度调整期。在此背景下，我国坚持推进经济全球化发展，积极发挥自身在国际舞台上的作用，全面推进“一带一路”建设，并以中国自由贸易试验区为先导展开新一轮改革开放，充分体现了我国在重塑国际经济秩序中的大国担当与战略作为。

第二节 关税措施

关税曾是历史上最重要的贸易壁垒，是一国对通过其关境的进出口商品所征收的一种税收。政府对进口商品征收关税可以达到削弱进口商品的竞争力、保护国内市场、限制甚至是禁止进口的目的。另外，也可以通过关税来调整贸易差额，当贸易逆差过大时，可以通过提高关税或者征收进口附加税的办法限制进口，缩小贸易逆差；当贸易顺差过大时，则减免关税，缩小贸易顺差。

按照征收标准的不同可以将关税分为从量关税、从价关税、混合关税以及选择关税四种。从量关税是指按进口商品的重量、数量、容量、长度和面积等计量单位为标准计征的关税。从价关税是指按进口商品的价格为标准计征的关税。而混合关税是指对进口商品采取从量税和从价税同时计征的一种办法。选择关税是指对商品同时采用从量税和从价税，但是在征收时只选择其税额较高的一种进行。

相关资料　欧盟农产品进出口政策

一、关税的局部均衡分析

一般而言，对进口商品征收关税将会提高商品在进口国的价格，进口国的消费者将会受到损失，生产者将会获益，政府在其中获得关税收入。以下用局部均衡法对小国（小国指的是贸易不影响商品价格的国家）征收关税的经济效应进行分析。

（一）小国的关税效应

关税的局部均衡分析适用于小国以及与本国小企业产品相竞争的进口贸易征收关税的情况。由于国家以及国家的工业规模比较小，所以这种关税既不影响世界价格，同时也不会影响经济的其他部门。关税的实施对消费者剩余和生产者剩余的影响如图 4. 1 所示。

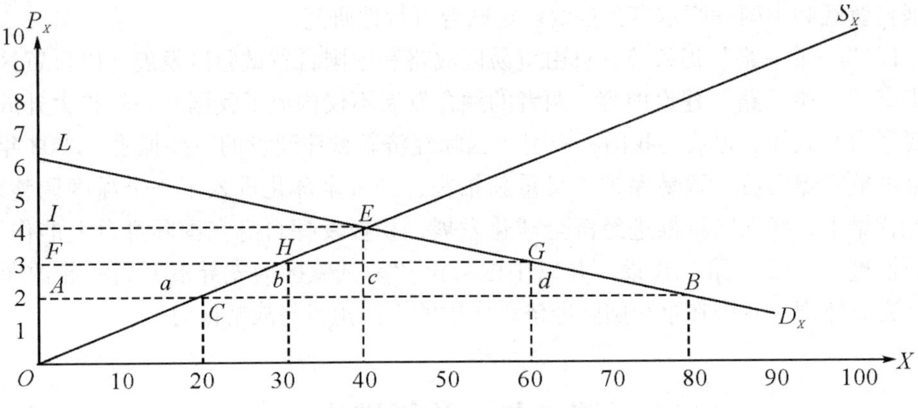

图 4. 1　关税的实施对消费者剩余和生产者剩余的影响

利用图 4. 1 来进行关税的局部均衡分析，图中 S_X 是商品的供给曲线，D_X 是 A 国商品的需求曲线。假设 A 国很小，同时 X 行业规模也很小，当不存在自由贸易时，A 国的需求曲线 D_X 和供给曲线 S_X 相交于均衡点 E，可以看出在均衡点 E，A 国需要 40 单位的产品，供应价格为 $P_X = 4$ 美元。当存在自由贸易时，商品 X 的世界价格为 $P_X = 2$ 美元，图 4. 1 中可知，A 国将消费 80 单位的产品，即 X（AB），其中 20 单位 X（AC）商品由本国提供，剩余 60 单位 X（CB）由外国提供，即通过进口。现对进口商品 X 征 50%的从价税，即 A 国的 X 商品价格 P_X 上升至 3 美元。当商品的价格为 $P_X = 3$ 时，A 国将消费 60 单位的商品，即 X（FG），其中 30 单位 X（FH）是由本国国内生产，剩余的 30 单位 X（HG）来自国外进口。进一步可以分析由关税带来的经济效应，关税消费效应（consumption effect of a tariff）是指由关税导致的国内消费的减少；关税生产效应（production effect of a tariff）是指由关税带来的国内产量的增加；关税贸易效应是指关税带来的进口的减少；关税收入效应是指政府从关税中获得的收入。

（二）消费者剩余和生产者剩余

消费者剩余是指消费者对每一单位商品所愿意支付的价格与其实际支付价格之间的差额，即需求曲线之下、价格曲线之上那部分面积。在图 4.1 中，当在均衡点 E 时，价格为 $P_X = 4$，此时消费者剩余为 ΔLIE 的面积。生产者剩余描述的是供给曲线之上、价格曲线之下那部分的面积，当价格为 $P_X = 4$，生产者剩余为 ΔOIE 的面积。

进一步分析关税的实施对消费者剩余和生产者剩余的影响。如图 4.1 所示，当价格是 2 美元时，消费者愿意购买的量为 80 单位，此时 A 国的消费者剩余为 ΔLAB 的面积，即 $4\times80\times1/2=160$ 美元。当 A 国对进口商品征收 50%的关税时，商品 X 的价格由 2 美元上升至 3 美元，A 国国内 X 需求量由 80 个单位减少至 60 个单位，此时消费者剩余为 ΔLFG 的面积，即 $3\times60\times1/2=90$ 美元。消费者剩余由开始的 160 美元减至 90 美元（减少了 70 美元）。故得出结论，实施关税会导致消费者剩余减少。同理，对生产者剩余而言，如图 4.1 所示，在自由贸易下，当价格为 2 美元时，国内生产者生产 20 单位商品 X，此时生产者剩余为 ΔOAC 的面积，即 $2\times20\times1/2=20$ 美元。当征收关税后，商品的价格为 3 美元，国内生产者愿意生产 30 单位的商品 X，此时生产者剩余为 ΔOFH 的面积，即 $3\times30\times1/2=45$ 美元。生产者剩余由开始的 20 美元升至 45 美元（上升了 25 美元）。故得出结论，实施关税会导致生产者剩余的增加，这也是关税的附属效应。

（三）关税的成本和收益

从上面的分析可以看出关税的实施导致了生产者剩余增加，消费者剩余减少，政府获利，那么对于整个国家而言，征收关税是获利还是受损，这需要对关税的成本和收益进行比较。

关税的成本是指消费者剩余减少的部分，关税的收益是指生产者剩余增加的部分和政府的关税收入之和。在图 4.1 中，可知关税的成本是 $a+b+c+d$，关税的收益是 $a+c$，关税的净成本是 $b+d$。故可以得出结论，A 国这种小国家实施关税对整个国家的经济带来的是净损失，表示的是经济的保护成本。其中 b 是生产效率的净损失，关税使本国的生产资源从效率较高的部门转移到效率较低的部门，即一国的生产资源向没有比较优势的进口竞争部门集中，从而引起国内进口替代品生产的边际机会成本提高而造成损失。d 表示消费的净损失，由于关税造成的消费扭曲，不仅进口商品的价格被人为地提高了，而且也打乱了该国的消费模式。这两种损失之和表示的是关税的福利损失效应。

二、关税的一般均衡分析

（一）小国关税的一般均衡效应

小国指的是国家太小而不能通过其贸易来影响世界价格的国家。小国即使在征收关税时，也不会影响世界市场的价格。但是它的进口商品的国内价格却会增加一个与关税相同的数额。对于单个生产者或者消费者而言，进口商品的国内价格会增加一个与关税相同的金额，但是对于整个国家而言，价格是不变的，因为增加的商品的价格转化为税收收入。例如，假设进口商品的国际价格是 1 美元，现在对其征收 100%的从价税，只要国内生产者以不高于 2 美元的价格生产或出售该商品，国内生产者就可以与进口商品竞争，消费者始终对每单位商品支付 2 美元。但是对于整个国家而言，由于之前收取了 100%的从价税，即每单位商品收取了 1 美元的费用，故商品的价格仍旧可以认为是 1 美元。小国关税的一般均衡效应如图 4.2 所示。

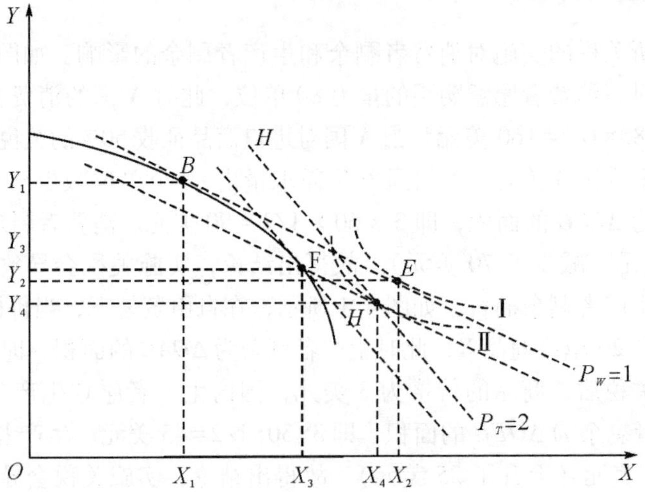

图 4.2　小国关税的一般均衡效应图

在图 4.2 中，假设世界上只有 A、B 两个国家，生产两种产品 X（X 是劳动密集型产品）和 Y（Y 是资本密集型产品），同时，假设 A 国是劳动丰裕国，B 国是资本丰裕国。图 4.2 中横轴表示的是商品 X 的数量，纵轴表示的是商品 Y 的数量，从图 4.2 可以看出：如果世界市场上 $P_X/P_Y=1$，由于 B 国很小，故不能影响世界价格，将在 B 点生产，生产 OX_1 数量的 X 和 OY_1 数量的 Y，用 Y_1Y_2 数量的 Y 交换 X_1X_2 数量的 X，在自由贸易下的无差异曲线 I 的 E 点消费。

如果 B 国对进口商品 X 征收 100%的从价税，那就会导致 B 国国内市场上商品 X 的价格上涨一倍，即此时有 $P_X/P_Y=2$。这时会有很多人放弃生产 Y 而增加对 X 的生产。价格线 $P_T=2$，与生产可能性曲线相切于点 F，国内生产者将在 F 点生产，及生产 OX_3 数量的 X 和 OY_3 数量的 Y。因此，B 国在征收关税之后，要比自由贸易下多生产进口商品 X，少生产出口商品 Y。

但是需要注意的是，对世界市场和整个国家作为一个整体而言，依然有 $P_X/P_Y=1$，即国际市场上进行商品交换的相对价格。于是有：在征税后的消费点应同时满足两个条件，先过F点做一条与 $P_W=1$（BE）平行的价格线 FH'，FH' 与无差异曲线Ⅱ相切于点 H'，再过点 H' 做一条与 $P_T=2$ 平行的价格线 HH'，HH' 既与无差异曲线Ⅱ相切于点 H'，又与 FH' 相交。这样，B国国内生产者和消费者面临的是 $P_T=2$ 的价格；B国作为一个整体在世界市场上面临 $P_W=1$ 的价格。在点 H' 上，消费者消费商品X的数量是 OX_4，商品Y的数量是 OY_4，而在征税后的生产点在F点，故，B国需要出口 Y_3Y_4 数量的商品Y以换取 X_3X_4 数量的商品X。

对上述的分析可以得出：征税后，该国的整体福利水平有所下降，由于征收关税，更多的人转向生产X，造成生产专业化水平下降，贸易收入下降。

另外，根据斯托尔帕-萨缪尔森定理：当商品相对价格上升时（例如由于关税造成价格上升）会增加在商品生产中密集使用的要素的回报率或收益率。因此，该国生产所用的稀缺要素的真实回报率会随关税而上升。因为B国对商品X征收关税，B国国内市场商品X价格上涨，将会导致在X商品中密集使用的要素—劳动的报酬上升，工资上升。B国是资本丰裕国，劳动力是稀缺要素，所以关税最终会使该国生产所用稀缺要素的报酬上升。不过它是以丰富资源——资本受损为代价的，因为很多人放弃生产商品Y转而生产商品X，而且资本所有者收入的减少大于劳动力工资的增加，造成了该国整体的福利水平的损失。

（二）大国关税的一般均衡效应

上述分析了小国（其贸易不影响国际市场的价格）征收关税对其生产、消费、贸易和福利的影响。在这一部分，将用一般均衡法探讨大国（其贸易影响国际市场的价格）征收关税对其生产、消费、贸易和福利的影响。

大国进出口量的变动会影响世界市场同类商品价格的变化，改善了贸易条件，从而引起国际需求的改变。为了分析大国关税的一般均衡效应，使用提供曲线比较方便，当大国征收关税时，其提供曲线沿着衡量其进口商品的轴的方向转变或旋转一个大小等于进口关税的量。大国征收关税导致其贸易量减少，但是改善了其贸易条件，贸易量的减少使其国家财富减少，但是贸易条件的改善却使国家的财富增加，国家实际财富的增减就依赖于这两种相反作用的净效应。相对大国，小国在征收关税时贸易量减少，但是贸易条件没有发生变化，因此小国的财富总是减少的。

在图4.3中，假设B国是一大国，A国是与B国进行贸易的其他国家。B国对其进口商品X征收100%的从价税反映在图上就是B国的提供曲线2旋转至提供曲线2′。征收关税之前，提供曲线2和提供曲线1相交于点E，在这均衡点E上，B国以 $P_X/P_Y=P_W=1$ 的比例用60Y换取60X。当征收从价税后，提供曲线变为2′，此时提供曲线2′与提供曲线1相交于点E′，在新的均衡点E′上，B国以新的国际市场价格 $P_X/P_Y=P_W=0.8$ 用40Y来换取50X，这样，A国的贸易条件由 $P_W=1$ 恶化为 $P_W=0.8$，而B国的贸易条件由 $P_W=1$ 改善为 $1/P_W=1.25$。注意，对于任何关税率，A国的提供曲线越陡或是说弹性越小，其贸易条件恶化得越厉害，相应地，B国的改善程度就越大。

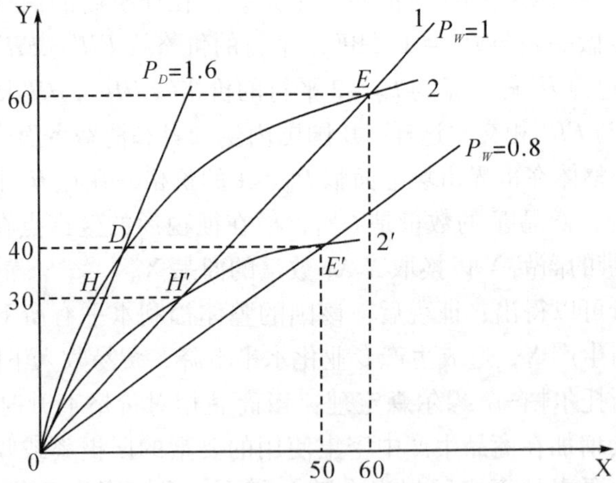

图 4.3 大国关税的一般均衡效应图

（三）有效保护

一国实施关税政策常常是为了保护国内的一些产业。如政府对进口的自行车征收 10%的从价税，由于这 10%表示的是名义关税率，所以政府对本国自行车提供的保护幅度并不是 10%，它是按进口商品的最终价值计算的。所以衡量商品被保护程度的最好指标是有效保护率。

有效保护率，又称有效关税率，指的是关税使保护对象的单位产出增加值征税后提高的百分比，它是与名义保护率（进口税率）相对的概念。它是以产品的国内增加值或发生在国内的生产加工值来计算的保护程度。用公式表示为：

$$g = \frac{V' - V}{V} \tag{4.2}$$

其中，g 表示的是有效保护率；V' 表示的是最终商品征收关税条件下商品的国内增加值；V 表示的是自由贸易条件下商品的国内需求值，即为商品的最终价格减去为生产这种商品的成本。例如，假定一国进口 60 美元的服装原材料（假定对进口的原材料实施免税），同时假定服装的自由贸易价格为 100 美元，现对进口的服装征收 10%的名义关税，此时国内服装消费者面临的价格将是 110 美元，（其中 60 美元是进口原材料，40 美元是国内增加值，10 美元是关税）。可以得出，10%是名义关税率，因为名义关税率是根据最终商品价格计算的（10 美元/100 美元=10%）；有效关税率是根据国内服装增加值来计算的（10 美元/40 美元=25%）。

通过上面的例子可知，名义关税率和有效保护率是不同的。有效保护率的高低不仅和最终产品的名义税率相关，同时也和进口原材料的名义税率有关。最终产品的名义关税税率越高，在其他条件不变的情况下，有效保护率也越高；进口原材料的名义关税税率越高，在其他条件不变的情况下，最终有效保护率越低。

（四）最优关税

正如在大国关税的一般均衡效应部分分析的那样：在大国征收关税后，会导致它的贸易量减少，但是贸易条件却会得到改善。实施关税一方面会导致贸易量减少，从而减少该国的福利；另一方面，又会因贸易条件的改善而增加该国的福利。

最优关税（optimum tariff）是指使一国因贸易条件改善带来的收益减去因贸易量减少带来损失的净收益达到最大化的关税。此时的关税是最佳关税水平，当税率低于这个水平时，该国将会失去一部分可获得的利益；当税率高于这一水平时，该国将会因贸易量的减少而开始增加损失。

然而，由于一国所得即是他国所失，对于受损国来说极有可能施以报复。对于一国来说，征收关税会改善本国的贸易条件，但是其他贸易伙伴的贸易条件将会恶化。这导致的结果是，其贸易伙伴极有可能采取报复行动，对自己的进口商品也征收最优关税，由于贸易条件的改善会挽回大部分损失，同时也会减少其贸易量，因此，第一个国家也会采取报复行动，这样循环下去，最终的结果将会是所有国家损失全部或者大部分贸易所得。注意，若是一国征收最优关税，其贸易伙伴并不采取报复行动，征收关税国家的所得也要小于贸易伙伴国所受的损失，对于整个世界而言，征收关税比自由贸易的情况更糟糕，基于此，自由贸易将使世界福利最大化。

第三节 非关税贸易壁垒

尽管关税是历史上最重要的贸易限制形式，但仍然存在许多其他类型的贸易壁垒，比如进口配额、自动出口限制、反倾销行动等。这类被称为非关税贸易壁垒的措施出现于20世纪60年代。实际上，第二次世界大战后随着关税水平的降低，非关税贸易壁垒的重要性更加突出了。

相关资料 技术性贸易壁垒对我国茶叶企业的影响

本节将分析进口配额、出口补贴、自愿出口限制等贸易政策对生产者、消费者、政府以及整个社会福利的影响。同时，本节还将介绍倾销、绿色壁垒等概念的基本内涵。

一、进口配额

配额是最重要的非关税贸易壁垒，是对允许进口或出口的商品的数量限制，可分为进口配额和出口配额。

（一）进口配额的含义

进口配额，又称为进口限额，是指一定时期内，一国政府对某些商品的进口数量或金额加以直接限制。在规定的配额之内，商品可以进口，超过的则不准进口，或者征收较高关税，甚至罚款。进口配额分为绝对配额和关税配额两种形式。

绝对配额是指一定时期内，一国政府对某些商品的进口数量或金额规定一个最高配额。当达到这个数额后，即不准再进口。关税配额，是指对商品进口的绝对数额不加以限制，而对在一定时期内规定的关税配额内的进口商品给予低税、减税或者免税待遇，对超过配额的进口商品则征收较高关税或者附加税。

（二）进口配额的效应分析

与关税一样，进口配额会影响一国的经济福利。进口配额既可以用来保护国内的工农业，也可用来调节国际收支平衡。二战以后，进口配额制很快便盛行于西欧国家。而如今，它被工业国实际运用以保护农业，被发展中国家用以刺激制成品的进口替代或国际收支平衡。进口配额的效应分析如图 4.4 所示。

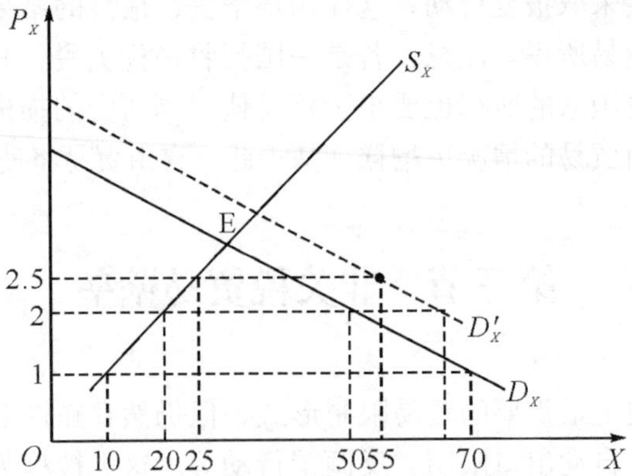

图 4.4 进口配额的效应分析图

为了说明进口配额对国家福利所产生的影响，现在使用局部均衡方法对其进行分析。如图 4.4 所示，D_X 表示的是 B 国对商品 X 的需求曲线，S_X 表示的是供给曲线。在自由贸易下，国际上均衡价格是 $P_X = 1$ 美元，B 国消费 70 单位 X，其中 10 单位 X 是国内生产，剩下的 60 单位 X 来自国外进口。现假设 B 国进行进口配额，配额数量是 30 单位 X，此时会将国内价格提升至 $P_X = 2$ 美元，相当于对商品 X 征收了 100%的从价税（图 4.4），因为当价格 2 美元时，需求数量为 50 单位 X，国内供给 20 单位 X，剩下的 30 单位 X 来自进口，也就是配额。这样，消费减少了 20 单位 X，国内生产增加了 10 单位 X，这是进口配额 30 单位 X 导致的，相当于对商品 X 征收了 100%的进口从价税。如果政府在一个竞争市场上将进口许可卖给最高出价者，收入效应是 30 美元。相当于进口 100%的关税。D_X 将上移到 D'_X，由于进口配额是 30 单位，消费会从 50 单位上升到 55 单位，其中 25 单位由国内生产。随着需求曲线的上移，给定的进口配额 30 单位 X 将会导致国内商品 X 的价格上升到 $P_X = 2.5$ 美元，如图 4.4 所示，国内生产增加到 25 单位，国内消费上升到 50 单位。另外，如果对商品 X 征收 100%的进口关税，商品 X 的价格保持 $P_X = 2.5$ 美元不变，国内生产为 20 单位 X，但是国内消费上升到 65 单位，进口量为 45 单位 X。

（三）进口配额的发放

1. 进口配额的发放方式

进口配额的发放一般有三种方式，具体如下：

（1）竞争性拍卖法

竞争性拍卖法是由政府公开宣布在一定的时间、地点，拍卖进口一定量的商品许可证，并把进口许可证卖给出价最高的进口商（或者国外出口商）的做法。这样得到的收入可称为拍卖收入，由政府获得。这种发放方式效率最高。

（2）按固定比例优惠发放

按固定比例优惠发放是由政府按照实行配额前各个进口商的进口额在总进口额中所占比例免费发放进口配额的做法。

（3）按申请程序发放

按申请程序发放是指在一定时期内，政府根据进口商品申请书递交的时间顺序来分配最终产品的进口数量；若是进口原材料或者中间产品，则根据等待着加工的闲置生产能力大小来发放进口配额。这种发放方式效率最低。

2. 进口配额与关税的比较

进口关税和进口配额都是贸易保护的重要手段，对国民福利的影响大体相同，进口配额是以拍卖的方式拍卖给进口商，但从经济运行的角度进行分析，二者是不同的。第一，对供求变化的反应不同。如图 4.4 所示，当国内商品 X 的需求增加时，需求曲线会向上移动到 D'_X，进口配额是 30 单位，由于此时是供小于求，导致国内商品 X 的价格上升到 2.5 美元；如果不是采取进口配额而是采取征收等额进口关税，价格仍然是 2 美元，此时消费会增加，进口量会增加。所以，进口配额可以调节国内市场价格，国内产量增加，消费量会增加；关税只能调节进口量，国内产量不变，消费量增加幅度会更大；第二，进口配额可以明确限定进口商品的数量，相对而言，进口关税对进口商品的限制就较难。从进口商的角度来看，进口关税可以使进口商通过降低成本、提高生产率或者是接受低利润的方式，来全部或者部分消化吸收关税的限制作用，从而扩大进口。而进口配额不论进口商怎么降低成本，其进口量都是受到限制的。因此，进口配额不利于进口商提高效率。从国内消费者的角度来看，进口配额容易导致国内进口部门垄断市场价格，使国内消费者遭受比实施关税时更大的福利损失，因而倾向于使用关税来扩大消费总量。对生产者而言，更倾向于使用进口配额。对政府而言，实施配额的成本比实施关税的成本要高，更倾向于实施关税。

上面的分析表明进口配额与进口关税有所不同。下面的例子将说明在需求增长时期，进口配额会比相应的进口关税更大程度的限制进口商品的数量。如图 4.5 所示，S 和 D 表示的 A 国商品 1 的供给曲线和需求曲线，假定为保护本国产品免受国外竞争的冲击，A 国政府面临两种选择：对进口产品征收关税或者实行进口配额。

图 4.5（a）表示的是征收关税的情况，在征收关税之后，进口由原来的 6 单位减少为 2 单位，商品价格从 $P_X=5$ 上升到 $P_X=7$。图 4.5（b）表示的是 A 国对商品 1 进口配额的情况，2 单位的进口配额使 A 国处在与关税同等的贸易状况：配额引起商品 1 稀缺，导致价格从 $P_X=5$ 上升到 $P_X=7$。由此可见，在对贸易的限制力度上，关税与进口配额似乎是相等的。

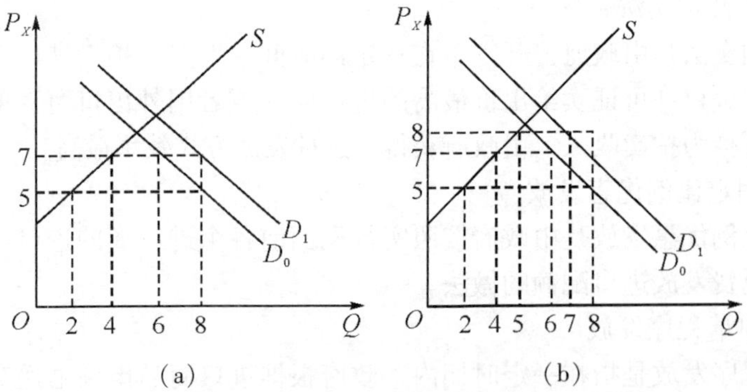

图 4.5　进口配额与关税的效应比较

现在假定 A 国商品 1 的需求曲线从 D_0 上升到 D_1，如图 4.5（a）所示，尽管需求增加了，进口商品的价格仍然保持在 $P_X = 7$，这是因为两国商品 1 的价格差不能超过关税，商品 1 的进口数量由原来的 2 单位增加到 4 单位。因此，在进口关税制度下，国内调整采取的结果是增加进口数量而不是提高商品价格。

在图 4.5（b）中，相同幅度的需求增加导致国内商品价格上升。在配额下，A 国商品的价格高出国外是没有限制。当国内商品的价格上升时，国内企业会扩大生产，当扩大了的国内产量加上固定的进口数量与国内需求相等的时候，价格就不再上涨了，由图 4.5 可知，需求曲线从 D_0 上升到 D_1 导致商品价格从 $P_X = 7$ 上升到 $P_X = 8$，A 国国内的商品 1 的产量是 5 单位，消费数量是 7 单位，进口数量与国内需求增加前相同，为 2 单位。因此，在配额制度下，进行调整的是国内价格，而不是进口商品的数量。

二、出口补贴

补贴作为保护贸易的手段，被各国广泛采用。但是，如果补贴措施使用不当，将会导致不公平竞争，对进口方或第三方的相关产业或其他合法利益造成损害。

（一）出口补贴的含义

出口补贴，是指政府为了降低出口商品的价格，增强出口商品在国外市场上的竞争力，在出口某种商品时给予出口厂商的补贴。因而，出口补贴可以看作倾销的一种形式。尽管根据国际协定出口补贴不合法，但许多国家仍以隐蔽或者不是很隐蔽的形式提供这种补贴。

（二）出口补贴的效应分析

图 4.6 中 D_X 和 S_X 分别表示 B 国对商品 X 的需求曲线和供给曲线。一开始，B 国的需求曲线和供给曲线相交于点 E，在 E 点时，国内价格是 3 美元，现假设自由贸易下国际价格是 3.5 美元，在这种情况下，B 国将生产 35 单位的 X，国内需求量是 20 单位，所以 B 国将会是商品 X 的出口国。

如果 B 国政府对出口商品 X 进行补贴，对每单位商品 X 将给予 0.5 美元的补贴，对国内的生产者和消费者而言，价格上升到 4 美元，如图 4.6 所示。此时，B 国生产者将生产 40 单位的商品 X，国内需求是 10 单位，剩余 30 单位的商品 X 将进行出口。商品X的高价使得生产者获益，消费者剩余减少。同时，对于政府而言还要承受补贴的成本。由于实施补贴，国内消费者损失了$a+b$部分，生产者获利是$a+b+c$部分，B国政府补贴了$b+c+d$部分，所以整个国民经济福利的损失为$(a+b)+(b+c+d)-(a+b+c)=b+d$。

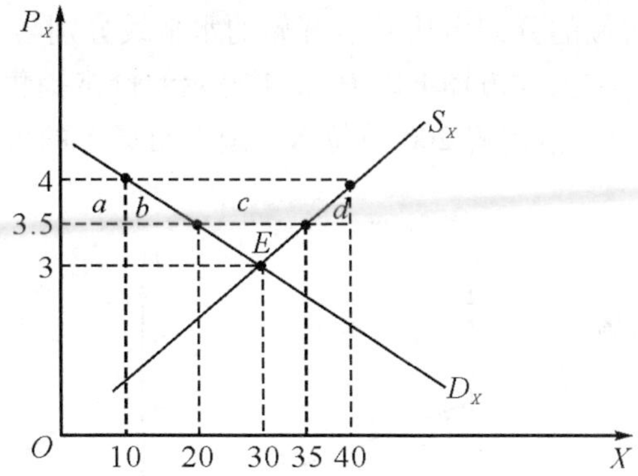

图4.6　出口补贴的效应分析图

从以上的分析可知：一国为扩大出口采取的出口补贴措施，既不利于本国经济福利水平的提高，也不利于世界资源的合理配置。但是，在现实中，还是有许多国家对本国出口产品进行补贴。其主要目的是为了占领国外市场，压倒竞争对手。同时，也有国内商品销售不振、通过扩大出口增加就业和税收等方面的原因。

三、倾销与反倾销

（一）倾销

倾销是国际差别定价的一种，在考虑运输成本及关税后，如果同一种商品在国外市场上的价格低于国内市场，就认为发生了倾销。在国外市场上以低于生产成本的价格销售产品也认为是一种倾销。一般倾销可以分为偶发性倾销、掠夺性倾销和持续性倾销三种。偶发性倾销是指偶尔以低于成本或低于国内的价格销售某种商品，是避免降低国内价格而卖掉预期会暂时剩余的商品的一种倾销。这种类型的倾销是国内生产者运气不佳或者计划失误导致的。虽然偶发性倾销对进口国的消费者有利，但是对于进口国生产同类产品的生产者来说，具有相当大的破坏性。短期来看，生产者的销售量下降并发生亏损。当存在偶然性倾销时，政府可以通过征收暂时性关税来保护国内生产者，但是这种倾销一般对国际贸易的影响不是很大，所以政府往往不会采取关税保护措施。掠夺性倾销是指某种商品以低于成本的价格或低于国内价格进行销售以将国外生产者赶出市场，一旦自己获得垄断地位之后，该生产商又会利用自己的市场支配地位来提高价格，从而获利。这种掠夺性倾销要想获得成功，必须在低价上有足够数量的产品供消费者购买，本国政府一般关注的是掠夺性定价的垄断能力。虽然掠夺性倾销在理论上是可行的，但是目前为止，经济学家还没有发现支持其存在的经验性证据。持续性倾销，又叫国际价格歧视，是指某一商品的生产商一方面为了实现规模经济效益而大规模地进行生产，另一方面为了维持国内价格结构而将其中一部分商品长期地低价向海外市场销售。

图 4.7 描述了持续性倾销的情况。在图中，国内市场上的边际收益曲线 MR_d 和国外市场上的边际收益曲线 MR_f 的水平总和构成了 $\sum MR$ 。$\sum MR$ 与 MC 曲线相交于点 E ，为了使自己的总利润达到最大，国内垄断者应该销售 300 单位的 X，国内市场和国外市场的销售额的分配由从 E 点开始的水平线分别与 MR_d 和 MR_f 的交点给出。这样，国内垄断者在国内市场上以 $P_X = 4$ 美元的价格销售 100 单位 X，在国外市场上以 $P_X = 3$ 美元的价格销售 200 单位 X。国内市场上的价格比国外市场上的价格要高。

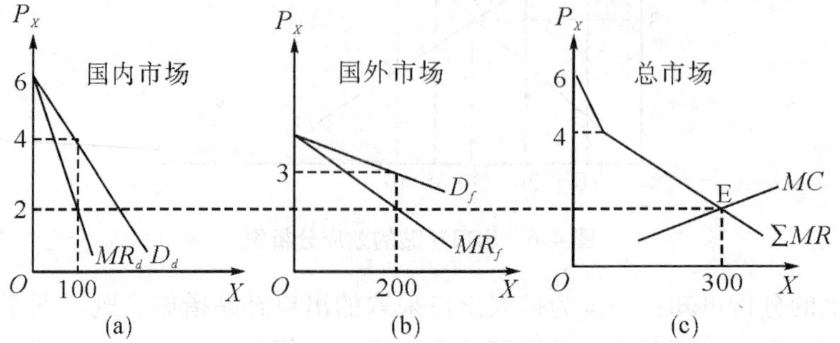

图 4.7 持续性倾销

（二）反倾销

从上面的分析我们知道倾销会给进口国的消费者带来好处，但是政府却往往会对它们认定的在本国市场上构成倾销的外国商品征收严格的惩罚性关税。这种惩罚性关税就是反倾销关税，在正常关税之外征收的反倾销税是为了抵消差别定价或低于成本的销售带来的影响。

倾销幅度以国外市场价值超过本国市场价格的数量来计算。确定国外市场价值有两种方法。一是根据价格定义，外国公司在本国市场上出售商品的价格低于同一种商品在国内市场的价格，即认为是倾销。二是采用成本定义确定商品的外国价值。

（三）中国遭受反倾销反补贴现状

当前全球经济复苏乏力，贸易保护主义盛行。根据世界贸易组织 2016 年的统计数据，我国已连续 21 年成为遭遇反倾销调查最多的国家，连续 10 年成为遭遇反补贴调查最多的国家，近期，全球有三分之一的调查是针对中国的。2016 年，我国遭遇来自 27 个国家（地区）发起的 119 起贸易救济调查案件，其中反倾销 91 起，反补贴 19 起，保障措施 9 起；涉案金额 143.4 亿美元。增加的贸易摩擦主要集中在钢铁领域：2016 年我国遭遇 21 个国家和地区发起的钢铁贸易救济调查案件 49 起，其中反倾销案件 32 起，反补贴案件 10 起，保障措施案件 7 起，涉案金额 78.95 亿美元，占今年同期全部贸易救济案件数量和金额的 41.2%和 55.1%。

2016 年同期，我国遭遇贸易救济调查案件的数量达到历史高点，总计 65 起，涉案金额达 85 亿美元。2017 年上半年，我国遭遇贸易救济调查案件数量和金额均有明显下降，但与过去 5 年同期相比，总体波动不大，仍然处于高位。从国别来看，印度立案12起，美国立案11起，位列前两位；从行业来看，轻工产品被立案10起，是立案数量最多的行业，机电产品被立案3起，涉案金额23亿美元，是涉案金额最高的行业。

虽然相比以往同期我国遭遇贸易救济调查的数量和金额有所下降，但仍处在全球金融危机以来的较高水平。根据世贸组织和经济合作与发展组织（OECD）、联合国贸发会议共同发布的《二十国集团贸易和投资措施报告》，中国目前仍然是贸易救济调查的最大目标国。

对此，中华人民共和国商务部明确表态：我们反对贸易救济措施的滥用，国际贸易是互惠互利的，贸易救济措施应当符合世贸组织的规则，应当限制在补偿公平贸易的合理限度之内。希望各国通过磋商交流、业界合作等方式化解摩擦，共同为世界经济复苏和持续健康发展营造良好环境，共同构建人类命运共同体。

四、其他非关税壁垒

（一）进口许可证

进口许可证是指商品的进口，事先要由进口商向国家有关机关提出申请，经过审查批准并发给进口许可证后，才可以进口，没有进口许可证则不能进口。

进口许可证与进口配额的关系，可区分为进口配额是确定了保护的方向，而进口许可证则是控制了保护的具体内容和程度。进口许可证可以分为定额的进口许可证和无定额的进口许可证。定额的进口许可证是指国家有关机关事先规定进口商品的进口配额，在配额的限度内，应进口商的申请，对每一笔进口货发给进口商一定数量的进口许可证。当进口配额用完时，则不再发放许可证。无定额的进口许可证是指国家预先不公布配额，而是根据进口商的申请，决定对某种商品的进口是否发放许可证，由于没有公开的标准，因此会起到更大的限制进口的作用。

从进口商品的许可程度来看，进口许可证一般分为公开进口许可证和特种进口许可证。公开进口许可证通常是指控制较宽，没有进口国别和地区的限制，进口商只要填写一般许可证后，即可获得进口的许可。特种进口许可证一般控制较严，申请时必须经过严格的审查批准后才可以发放进口的许可。

（二）自愿出口限制

由于WTO不允许进口配额，同时为了避免关税，各国经常采取自愿出口限制。自愿出口限制是指进口国的政府或一个工业出口国的政府或相竞争的工业安排的、对后者所出口的一种或一种以上产品的数量加以限制的措施。根据这个定义，自愿出口限制是对所有限制出口的双方协议措施的通称。严格说来，自愿出口限制是由出口国单方面采取和执行的行动，称它为“自愿”，是指出口国具有取消或修改限制措施的正式权利。基于此，自愿出口限制已经成为限制贸易的一种广泛手段。

实行自愿出口限制通常是由于进口国施加了压力，因此，人们可以认为出口限制属于“自愿”性质，这是因为出口国可能觉得这种限制比进口国可能建立的替代性贸易壁垒较为可取而已。一般是出口国的商品出口威胁到进口国有关部门的利益时，进口国以造成“市场混乱”为由，要求出口国“自动”限制商品的出口，迫于对方的压力，出口国“自愿”限制商品的出口。其经济效应与进口配额相同。

（三）歧视性政府采购

歧视性政府采购是指国家通过法令和政策明文规定政府机构在采购商品时必须优先购买本国产品。这种政策实际上是歧视外国产品，达到了限制进口的作用。歧视性政府采购政策针对的是外国商品。目前，一些国家歧视性政府采购政策限定的货物主要是军火、办公设备、电子计算机以及汽车等。

最为典型的歧视性政府采购政策是美国从 1993 年开始实行，并于 1954 年和 1962 年两次修改的《购买美国货法案》。该法案规定：凡是美国联邦政府采购的货物，都应该是美国制造的，或是用美国原料制造的；凡是商品的成分有 50%以上是国外生产的就称为外国商品。后又对此做了修改，规定只有在美国自己生产数量不够或国内价格过高，或是不买外国产品有损美国利益的情况下，才可以购买外国产品。英国规定政府机构使用的通信设备和电子计算机必须是英国产品。日本也规定政府机构需用的办公设备、汽车、计算机、电缆、导线、机床等不得采购外国产品。由于发达国家政府采购的数量非常庞大，故这是一种相当有效的限制进口的非关税壁垒措施。

（四）外汇管制

外汇管制又称为外汇管理，是指一国政府对外汇的收支、结算、买卖以及使用所采取的限制性措施。其目的是有效地使用外汇，防止外汇投机，限制资本流出，改善国际收支和稳定汇率。

外汇管制分为数量管制和成本管制。数量管制是指国家外汇管理机构对外汇买卖的数量直接进行限制和分配，通过控制外汇总量达到限制出口的目的。成本管制是指国家外汇管理机构对外汇买卖实行复汇率制，利用外汇买卖成本的差异，调节进口商品结构。

（五）技术性贸易壁垒

技术性贸易壁垒是指一国或以维护国家安全，防止欺诈行为，保护人类和动植物生命及健康，保护环境为目的，或以贸易保护为目的所采取的技术性措施。这些措施在主观或客观上会成为自由贸易的障碍。国际社会、各国政府和一些团体相继制定了关于技术性贸易壁垒的法律、法规和政策措施。有些措施有其合理性，可以维护国家安全，防止欺诈行为，保护人类和动植物生命及健康，保护环境，为国际贸易发展创造了新的机遇。但也有一些国家以保护人类和动植物生命或健康及生态环境之名，行贸易保护主义之实，成为取代关税和非关税壁垒的新贸易壁垒。从历史上看，自由贸易政策与保护贸易政策都是作为促进本国经济发展的手段，为世界各国所使用。目前，在贸易与投资自由化步伐加快，关税税率不断下降和非关税壁垒不断被拆除的情况下，名目繁多的技术性贸易壁垒逐步替代关税和一般非关税壁垒，成为发达国家实行贸易保护主义的主要手段和高级形式。技术性贸易壁垒体系主要由技术规章和规范、包装和标签要求、商品检疫和检验规定、绿色壁垒和信息技术壁垒几个体系构成。技术性贸易壁垒具有合理性、隐蔽性、歧视性和动态多变性，使其在关税和其他非关税壁垒不断减少的情况下，成为各个国家尤其是发达国家保护国内企业和市场、争夺国际市场份额的有力举措，并成为许多国家尤其是发展中国家发展出口贸易的障碍。

第四节 贸易战争

一、贸易战争概述

（一）贸易战争的定义

贸易战争是指一些国家通过高筑关税壁垒和非关税壁垒，限制别国商品进入本国市场，同时又通过倾销和外汇贬值等措施争夺国外市场，由此引起的一系列报复和反报复。如果贸易战争的武器仅限于相互提高关税税率，对此则称为“关税战”。

（二）贸易战争产生的原因

在国际贸易中，由于不同国家经济发展水平和社会制度存在较大差异，各国从国际贸易中获得的实际利益难以均衡，世界贸易不平衡的问题始终存在，因此，历史上贸易战时有发生，特别是在新兴大国崛起的过程中，针对其的贸易战更加频繁。其原因，归根结底是由于新兴大国崛起所带来的国际分工和利益分配格局的巨大变化，也源于国际新秩序的形成和发展。

（三）贸易战争特点

纵观历史上大国之间的贸易战，有以下几个特点。

第一，贸易战往往旷日持久，经历了一个缓和—激化—再度缓和的过程。

第二，贸易战反映出来的深层次问题是全球产业链分工体系的变化，其本质是全球经济格局的变革，是守成大国与新兴大国博弈的结果。

第三，从历史大势看，新兴大国崛起，守成大国围堵，双方的碰撞与冲突在所难免。贸易战没有赢家，但承受力却各不相同。承受力强的一方往往笑到最后，成为世界经济新秩序的构建者。

二、历史上的贸易战

（一）20 世纪 30 年代斯穆特——霍利贸易战

1. 背景

20 世纪的 20 年代后期，世界各国由于产能过剩进入经济下滑阶段。1929 年 10 月，纽约股票市场价格在一天之内下跌 12.8%，纽约股市崩盘。经济危机由此开始，紧接着就是银行倒闭、生产下降、工厂破产、工人失业。经济危机从美国迅速蔓延开来，对于这样的危机，美国人将原因归罪于国际贸易。无论是农业还是工业企业都要求增加关税保护，以刺激就业。在这样的情况下，美国国会议员霍利和斯穆特，联名提出了一项新的关税议案。

这项议案以法律形式修订了 1 125 种商品的进口税率，其中增加税率的商品有 890 种，有 50 种商品由过去的免税改为征税。这导致农产品原料的平均税率由 38.1%提高到 48.9%；其他商品的税率由 31%提高到 34.3%。从随后的执行情况看，美国关税的平均税率达到57.3%，是1929年关税税率的四倍，堪称美国建国以来最大的关税法案。

2. 过程

这一法案，总共收到了来自外国的34份正式抗议，随后许多国家对美国采取了报复性关税。1930年，加拿大率先在16种产品上征收新关税，占美国出口加拿大商品总额的30%。之后加拿大开始寻求与英国更加密切的经济联系。法国和英国亦表示抗议，并上调对美国的关税，德国则着力于打造联盟，建立自给自足的经济体系。

3. 结果

1929—1934年，全球贸易规模萎缩了大约66%，外贸型企业纷纷倒闭，失业者不计其数。美国本身也遭遇重创，进口额从1929年的44亿美元骤降至1933年的15亿美元，降幅高达66%，而出口额则从54亿美元骤降至21亿美元，降幅高达61%，而国内生产总值（GDP）总额同期下降了50%。这场世界贸易大战打出了一个惨烈的后果，随后《斯穆特-霍利关税法案》在1934年被废除了。

（二）20世纪60年代鸡肉贸易战

1. 背景

二战后，鸡肉从美国大量出口至欧洲。欧洲本土的养殖户纷纷要求增加关税保护。1962年，当时的欧共体（主要是德国和法国）瞄准美国农业中的冷冻鸡肉产品，对从美国进口的鸡肉征收关税。

2. 过程

时任美国总统肯尼迪对从欧洲进口的土豆和卡车等商品征收报复性关税。美国甚至威胁称，减少在欧洲的驻军数量。

3. 结果

这次贸易争端，最后以美国妥协结束。欧洲表面上赢了，但是欧洲的消费者却再也吃不到便宜的鸡肉了。而美国的损失更大，在美国对欧洲汽车征收高关税之时，美国的汽车免遭来自外界车企的竞争，丧失了快速实现现代化转型的机会，最终克莱斯勒和通用汽车不得不宣布破产。

（三）20世纪七八十年代美日贸易战

1. 背景

20世纪50年代之后，日本迅速崛起，美国为了遏制日本经济，同日本摩擦不断。尤其是进入20世纪80年代后，美国对日本的商品贸易赤字飙升至500亿美元。美国中西部和东北部等工业中心承担了和日本的主要竞争压力，形成了“铁锈地带”，失业率两倍于全国平均水平。这些地区的州议员在国会发起了大量对日贸易保护主义的法案。1985年著名的《广场协议》在此背景下出台。

2. 过程

这场贸易战争由纺织品争端开始。战后的日本，纺织行业快速发展，其中对美国的纺织品出口规模不断扩大，这威胁到了美国的纺织工业。美国强迫日本接受了他们提出的“日美纺织品协定”。日本在极不情愿的情况下限制了对美国的纺织品出口规模。此后不久，美国人又对日本的钢铁进口提出限制，1974 年、1977 年、1978 年，日本先后三次限制对美国钢铁的出口规模。在汽车行业中，一度出现了美国从日本进口汽车数量占汽车总进口量的 80%，美国要求日本限制汽车出口规模，降低对美国进口汽车的关税，要求日本完全放开本国的汽车市场。为了减少对日本贸易的逆差，1985 年，美国要求日本签订了《广场协议》，其核心内容就是让日元兑美元升值。此时，整个美日贸易战达到高潮。

3. 结果

日美贸易摩擦三十年，除去 20 世纪 70 年代初期的对立，大部分为日本单方面的让步。20 世纪 70 年代，日本合成纤维产业的代表企业帝人、旭化成等，与美国合成纤维产业严重对立，双方均不让步。但自 1972 年 1 月，日美政府达成纤维贸易协定，日本纤维对美出口数量受到严格限制。其后日本步步妥协，在纺织、钢铁、半导体、彩电、汽车等各个领域开放本国市场，甚至自愿对美国提出限制出口的贸易协定也不在少数。在这场贸易战中，日本逐步退让，导致其产业逐渐空心化，直到 1990 年泡沫破裂。这场战争美国完胜，这也是日本由盛转衰的转折点。

（四）21 世纪初钢铁贸易战

1. 背景

进入 21 世纪初，全球范围内钢铁和铝的生产就处于相对过剩的状况。2002 年，美国对中国、法国、韩国、日本、澳大利亚等 28 个国家和地区提出钢铁产品反倾销起诉，并在 2002 年 3 月 20 日正式启动“201 条款”，对大部分进口钢材征收 8%~30%的进口关税，对 14 种钢铁产品实行进口限额。

2. 过程

美国实施“201 条款”后，引起了世界各国反倾销、限制进口的连锁反应，其中欧洲的反应尤其强烈。欧盟委员会继美国“201 条款”实施之后，决定对来自一些国家的钢管实行反倾销措施，征收高达 53.1%的附加进口关税。针对欧盟的保护措施，波兰和匈牙利也考虑采取配额和临时反倾销措施的办法保护其钢铁业。

3. 结果

在贸易紧张的初期（2002 年 3~9 月），贸易保护主义阴云初步显现，全球经济格局存在较大不确定性，市场风险偏好降温，美股、美债收益率、美元指数三者均跌；中期（2002 年 9 月—2003 年 3 月），市场风险预期基本出清，处于观望状态，美股指数和美债收益率在低位震荡，美元指数则继续轻微下跌；后期（2003 年 3~12 月），美股、美债收益率、美元指数三者均有所回升，2003 年 3 月，WTO 在初步裁决中称，美对进口韩国钢铁征高额关税违规，7 月又进一步裁定美国的措施违反 WTO 规则，WTO 的介入引导市场预期贸易形势的改善，促进股市、债券收益率、美元回升，经济形势的向好也反过来促使小布什政府停止使用“201 条款”。

（五）2018 年中美贸易战

自 1979 年中美建交和签订双边贸易协定以来，两国之间的贸易发展迅速，但也摩擦不断，尤其是 2016 年特朗普当选美国总统以来，以美中货物贸易巨额逆差为由，美国采取了一系列针对中国的行动，挑起了中美之间的贸易摩擦。

2018 年 5 月初，美国代表团来北京与中方在经贸领域进行了第一轮谈判，尽管“进行了坦诚、高效、富有建设性的讨论”，但是“在一些问题上仍存在较大分歧”；2018 年 5 月中旬，中国代表团访问美国，与美方在经贸领域进行第二轮谈判，发布了《中美经贸磋商联合声明》，并停止互相加征关税，避免了贸易摩擦升级，中美经贸关系看似由此从正面冲突转向长期谈判。

2018 年 6 月 15 日，美国总统特朗普置中美双方已经形成的共识于不顾，批准对约 500 亿美元的中国商品征收关税，并在 6 月 18 日威胁中国，若中国继续反击，将再对 2 000 亿美元中国商品加征 10%关税。作为回应，中国表示，若美方一意孤行，中国将不得不采取“数量型和质量型相结合”的综合措施进行反制，且中美双方此前磋商达成的所有经贸成果将不再有效。7 月 6 日，美国正式对第一批清单上价值 340 亿美元的中国商品加征 25%关税；作为反击，中国也于同日采取同等规模和力度的征税措施，并就美国对华“301”调查项下正式实施的征税措施在世界贸易组织（WTO）追加起诉。至此，中美贸易摩擦正式升级为贸易战。7 月 10 日，美国又公布针对中国 2 000 亿美元进口商品加征 10%的详细清单，更有甚者，8 月 3 日美国表示将 2 000 亿美元进口商品关税提升至 25%。作为反制，中国依法对自美进口约 600 亿美元商品按四档不同税率加征关税。至此，中美贸易战有愈演愈烈之势。

核心知识小结

幼稚产业保护理论考虑一国长期利益，认为保护是短期内采取的措施，短期保护的代价可在长期得到偿还，幼稚产业保护理论运用到现实中的关键是如何确定幼稚产业。

对于大国来说，关税可能带来收益，最优关税税率是能使进口国的经济收益达到最大的适当税率。从商品供给价格弹性的角度讲，一国最优关税税率等于进口商品供给价格弹性的倒数；从垄断角度讲，征收最优关税还意味着从出口商那里攫取一部分垄断租金。

战略性贸易政策的核心内容就在于：通过政府的干预改变或鼓励企业既定的战略行为，发展本国产品的出口和相应产业的竞争优势。

在国际贸易中，由于不同国家经济发展水平和社会制度存在较大差异，各国从国际贸易中获得的实际利益难以均衡，世界贸易不平衡问题始终存在。因此，历史上贸易战不时发生。历史上曾发生过五次贸易战，分别是 20 世纪 30 年代斯穆特-霍利贸易战、20 世纪 60 年代鸡肉贸易战、20 世纪七八十年代美日贸易战、21 世纪初钢铁贸易战，以及 2018 年开始的中美贸易战。

备考准备

一、名词解释

幼稚产业　有效保护率　最优关税　非关税壁垒　进口配额　反倾销　技术性贸易壁垒

二、选择题

1. 国际贸易中大国与小国的区别，是根据（　　）来确定的。(单选)
   A. GDP 的值
   B. 人口和地域的大小
   C. 该国的贸易额
   D. 该国在某种产品的国际贸易中的重要程度
2. 根据幼稚产业理论的主张，以下哪项产品进口征收的关税最高？（　　）。(单选)
   A. 名牌鞋包　　B. 食盐
   C. 电子器具　　D. 游艇
3. 在投资乘数理论中，凯恩斯认为乘数的大小取决于（　　）。(单选)
   A. 边际储蓄倾向　　B. 边际消费倾向
   C. 边际产出水平　　D. 边际效用
4. 以下哪些是政府对进口商品征收关税的目的？(　　)。(多选)
   A. 限制或禁止进口　　B. 增加财政收入
   C. 调整贸易差额　　D. 保护国内市场
5. 根据倾销时间的长短，可以将倾销分为（　　）。(多选)
   A. 偶发性倾销　　B. 掠夺性倾销
   C. 蓄意倾销　　D. 持续性倾销

三、简答题

1. 什么是对外贸易政策？一国选择采取怎样的贸易政策主要考虑哪些因素？
2. 简述战略性贸易政策理论的主要内容。
3. 利用局部均衡分析法分析小国征收关税（假设征收从量税）的经济效应。
4. 从经济运行的角度分析进口配额和关税的不同点。
5. 思考中国遭遇反倾销诉讼的原因以及应采取的对策。

第二篇　国际投资

第五章
国际投资概述

■ 本章知识结构图

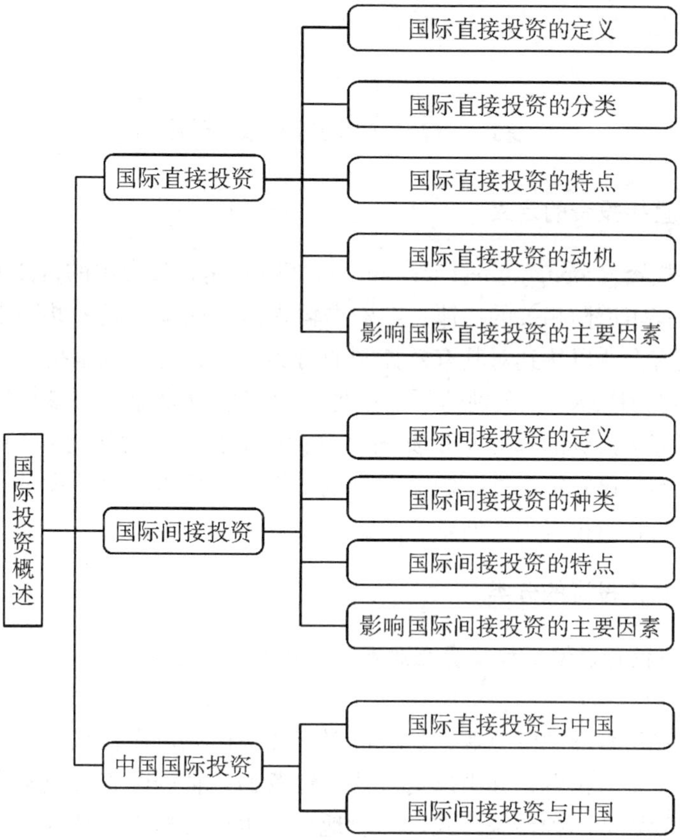

学习目标

重点掌握国际直接投资的定义、分类和动机，国际间接投资的定义、特点和影响因素；

一般掌握国际直接投资的特点、影响国际直接投资的主要因素以及国际间接投资的分类；

了解关于中国的国际投资。

引例　国投放招“走出去”——首个境外绿地投资印尼水泥项目正式投产

国际投资是国际货币资本和国际产业资本跨国流动的一种形式，是投资者为了获得未来收益而将国内资产投放到国外的活动。广义的国际投资包括国际直接投资、国际证券投资和国际信贷。狭义的国际投资则不包括国际信贷部分，因为国际投资的目的是从中盈利，而有些国际信贷是政策性的，有些是为了支付贸易货款而进行的，这就失去了投资本身盈利性的目的。本书研究的国际投资侧重于狭义的国际投资。

第一节　国际直接投资

一、国际直接投资的定义

国际直接投资（foreign direct investment，FDI）是指投资国的自然人、法人或其他经济组织根据东道国相关的法律，在资本输入国境内单独或者共同出资创立新企业，或收购现有企业以达到对其有效控制的行为，简言之，就是指一国或地区的居民（包括自然人和法人），在别的国家或地区投资经营企业，并参与控制企业的经营活动。国际直接投资的核心是投资国有效拥有或控制东道国企业的经营管理权。国际直接投资不仅仅是资本的跨国流动，也是知识、技术、机器设备、经营管理经验等生产要素组合由投资国转向东道国的过程。

二、国际直接投资的分类

（一）按照投资者控制被投资企业产权程度的不同分类

1. 独资企业

独资企业亦称外商独资企业，是指根据有关法律规定而在东道国境内设立的全部资本由国外投资者出资，并由出资方独立经营的一种国际直接投资方式。独资企业是国际直接投资的一种传统形式。一般地说，生产规模大、技术水平高、在国际市场竞争中处于垄断优势地位的大型跨国公司，倾向于以创立独资企业的形式进行对外直接投资。独资企业具有以下基本特点：从设立条件看，东道国政府对独资企业掌控尺度较严。各国关于设立独资企业的法律和政策大多规定：独资企业的设立必须有利于本国国民经济的健康发展，如调整国内产业结构，增加就业机会，促进国民经济良性循环等。独资企业必须采用先进技术，且生产的产品要全部或大部分用于出口。有些国家的某些行业不允许设立独资企业，如矿山开发、能源开发等；有些发展中国家不允许设立独资企业，如印度尼西亚。从管理的权限来看，独资企业具有充分的自主权。独资企业是依据东道国的法律设立的，享有充分的自主权。各国政府除行使必要的、法律规定的管理职能外，一般不能越权干涉独资企业的经营活动。独资企业的组织形式、生产活动、销售活动、工资福利、职工聘请与解雇等，均由外国投资者依据东道国法律自主决定。

2. 合资企业

合资企业亦称合资经营企业或股权式合营企业，是指两个或两个以上不同国家（或地区）的公司、企业或其他经济组织依据东道国的法律，并经东道国政府批准，在东道国境内设立的，以合资方式组成的经济实体。合资企业具有法人资格，能以自己的名义享受权利，承担义务。一般来讲，生产规模小、技术水平不高、在国际市场竞争中无垄断优势的小型跨国公司，偏向于以建立合资企业的形式进行对外直接投资，其目的在于占领东道国市场，并获得东道国政府的支持。合资企业既可以通过新建投资项目的方式设立，也可以通过购买东道国企业股权的方式设立。

3. 合作经营企业

合作经营企业亦称契约式合营企业，是指国外企业、其他经济组织与东道国企业或其他经济组织，根据东道国有关法律和双方共同签订的合作经营合同在东道国境内设立的合作经济组织。对东道国而言，合作企业是利用外资的一种简便而有效的形式；就对外投资者而言，合作企业也是一种灵活有效的对外直接投资形式。

4. 合作开发

合作开发是指资源国利用国外投资开发本国资源的一种国际经济合作形式。通常由资源国（或政府经济机构、国有企业等）与国外投资者共同签订协议、合同，在一定的期限和资源国指定的区域内，与国外投资者共同开发自然资源，共担风险、分享利润。合作开发适用于大型自然资源（如石油、天然气、矿石、煤炭和森林等）的开发及相关开发生产项目。

5. 其他投资方式

（1）国际租赁。国际租赁是指位于不同国家的出租人与承租人之间，在约定期间内，将出租财产交予承租人有偿使用的租赁关系。国际租赁的客体一般为价值较高的动产与不动产，如各种设备、大型交通工具等。在租赁关系存在期间，出租人将某一特定物租予承租人，收取租金，并拥有所有权，承租人则支付租金，并享有对该物的使用权与收益权。租赁期满后，承租人将该物退还出租人或根据双方约定由该承租人续租或留购。

（2）国际补偿贸易。国际补偿贸易是一国的进口方在外汇资金短缺的情况下，原则上以不支付现汇为条件，从国外引进技术设备，待工程建成投产后，以产品分期偿还其价款的一种投资与贸易相结合的、灵活的国际投资方式。

（3）国际加工装配贸易。国际加工装配贸易是融国际贸易与国际投资于一体的国际投资形式。由于它不需要东道国投入资金，只需利用现有的厂房、土地、劳动力等资源与生产能力就可达到引进先进技术、利用外国投资的目的，因此特别适合缺少外汇、技术落后的发展中国家与地区。

（二）按照投资企业与被投资企业的经营方向是否一致分类

1. 水平型国际直接投资

水平型国际直接投资也称为横向型国际直接投资，是指投资企业与国外被投资企业的生产和经营方向基本一致，被投资企业能够独立地完成产品的全部生产和销售过程的国际直接投资。它一般适用于机械制造业和食品加工业。

2. 垂直型国际直接投资

垂直型国际直接投资也称为纵向型国际直接投资，是指投资企业与国外投资企业之间实行纵向专业化分工的国际直接投资。这种形式的国际直接投资多见于汽车、电子行业。

3. 混合型国际直接投资

混合型国际直接投资是指投资企业与国外投资企业的生产和经营方向不同的国际直接投资。例如，美国的埃克森石油公司不仅投资于石油开采、精炼和销售，而且还投资于石油化学工业、机械制造业、旅游业等。

（三）按照投资者是否创办新企业分类

1. 创办新企业

在国外投资创办新企业，又称绿地投资，通常采取外国投资者在东道国创立拥有全部控制权的独资企业的方式，这种方式可以使投资企业独享投资的权益，充分利用企业的内部优势，同时要求投资者拥有较全面的经营实力和承担更多的经营风险；还可以采取由两个以上的投资者共同创办合资企业的方式。这种方式既可以集中各方的经营优势，又可以分散投资风险，在投资者初入一国市场时被较为普遍采用。

2. 控制现有国外企业

它是指外国投资者购买东道国企业的股票或与国外企业合并，以达到拥有企业控制权的目的。近年来，采用控制现有国外企业的方式进行国际直接投资的行为更为流行。

三、国际直接投资的特点

（一）跨国并购成为国际直接投资增长的主要动力

20 世纪 90 年代中期，大型的跨国公司逐渐发展起来，跨国并购蓬勃发展。据表 5.1 显示，2015 年国际直接投资表现强劲，FDI 流量达到 17 622 亿美元，同比增长 38%，这是自 2008 年金融危机以来的最高值。其中，跨国并购由 2014 年的 4 325 亿美元上升到 2015 年的 7 215 亿美元，较 2014 年同比增长 67%，2015 年跨国并购占直接投资金额比例的 41%，是国际直接投资上升的主要因素。

表 5.1 1995—2015 年全球 FDI 及 M&A 投资金额 单位：亿美元

年份	FDI			M&A		
	全球	发达国家	发展中国家	全球	发达国家	发展中国家
1995	3 311	2 035	1 133	1 866	1 731	134
2000	13 880	11 205	2 461	11 438	10 876	485
2005	9 458	5 903	3 143	7 163	5 984	1 006
2006	13 059	8 575	3 791	8 805	7 280	1 274
2007	18 330	12 476	4 997	16 371	14 541	1 529
2008	17 441	9 651	6 580	7 065	5 814	1 048
2009	11 850	6 028	5 196	2 497	2 035	391
2010	12 437	6 019	5 736	3 388	2 517	828
2011	15 668	8 174	6 702	5 534	4 319	1 013
2012	15 109	7 874	6 588	3 282	1 839	1 242
2013	14 272	6 803	6 624	2 625	1 207	1 278
2014	12 770	5 220	6 985	4 325	2 569	1 560
2015	17 622	9 625	7 647	7 215	5 859	1 191

数据来源：卢进勇，杜奇华，杨立强. 国际投资学 [M]. 北京：北京大学出版社，2012.

（二）发达国家在国际直接投资和跨国并购中仍占主要地位

由表 5.1 中的数据可知，1995—2015 年，发达国家国际直接投资金额几乎都超过发展中国家，2007 年，发达国家直接投资金额约为发展中国家的 2.5 倍，差距达到最大。在跨国并购方面，发达国家的跨国并购金额除 2013 年略低于发展中国家之外，其余年份均明显更高。《世界投资报告 2016》（World Investment Report 2016）数据显示，2015 年全球跨国并购金额超过 3 亿美元的 75 家跨国公司中，大多数其母国为发达国家。其中，美国 18 家，加拿大 7 家，法国 7 家，英国 6 家，中国香港 5 家，而中国大陆只有 2 家。

（三）国际直接投资资金主要分布在制造业和服务业

绿地投资和跨国并购是国际直接投资的主要方式，从表 5.2 可以看出，这两种投资方式主要投向制造业和服务业，对第一产业的投资较少。绿地投资 2009 年投向制造业和服务业占其投资总额的比重分别为 39%、48%，总计 87%，2015 年比重分别为 42%、53%，总计 95%，且投向服务业的比重在逐渐上升。投向制造业的主要是焦炭、石油产品和核燃料，化学品和化学产品，电气和电子设备，汽车和其他运输设备等产业；投向服务业的主要是电力、天然气和水，建设施工，商业服务，运输、储存和通信，社区、社会和个人服务，贸易，金融等行业。

跨国并购 2009 年投向制造业和服务业的比重分别为 13%、77%，2015 年分别为 50.88%、49.12%，但总体来看，投向服务业的金额高于投向制造业的金额。跨国公司针对制造业主要投向焦炭、石油产品和核燃料，化学品和化学产品，金属及金属制品，电气和电子设备等行业；针对服务业主要投向金融，贸易，住宿和餐饮服务，运储，商业服务等行业。

表 5.2　2009—2015 年主要国际直接投资方式行业分布　单位：亿美元

年份	绿地投资			M&A		
	第一产业	制造业	服务业	第一产业	制造业	服务业
2009	1 167	3 778	4 635	279	381	2 216
2010	564	4 287	3 339	468	1 278	1 725
2011	696	4 358	3 599	933	2 228	2 374
2012	271	2 843	3 196	33	1 378	1 870
2013	389	3 261	4 658	5 259	1 084	2 067
2014	416	3 177	3 467	130	1 992	2 202
2015	350	3 225	4 082	28	3 657	3 530

数据来源：经 World Investment Report 2016 整理而得。

（四）流入发展中国家的直接投资显著增长，但分布不均衡

发展中国家和转型经济体成了最受欢迎的 FDI 投资目的地，2015 年流入发展中国家国际直接投资增加约 10%，首度超过发达国家，占当年国际直接投资总量的 43%。其中，流入东亚、东南亚、南亚的国际直接投资比上年增长 18%，占当年流入发展中国家和转型经济体的国际直接投资总额的 46.4%。流入中国、新加坡、印度尼西亚、马来西亚和越南的直接投资大幅增长，而同期流入印度的直接投资下降 32%。流入拉美地区的国际直接投资占 23.8%，增长 21%。而流入西亚的国际直接投资下降 16%，占 9.6%。非洲吸收直接投资在 2008 年达到历史最高水平之后持续下降，降幅高达 18%，仅占国际直接投资总量的 8.4%。

四、国际直接投资的动机

（一）市场导向动机

投资企业由于以下市场导向型动机的驱动，会在东道国通过投资设厂等国际直投资的方式来扩大市场，寻求新市场。①经营活动的需要。企业产品的国际化程度越高，市场经营的知名度和认可度就越高。②国内市场的竞争压力巨大。市场中的竞争者众多，需要重新选择一片蓝海市场以提高业绩。③在某东道国受到贸易保护主义的阻挠。在东道国投资设厂在一定程度上会降低东道国政府对企业相关贸易活动的阻碍。④在某一国的市场份额已达到饱和，为进一步扩大在已有投资国的市场份额。投资设厂后意味着可以更灵活且更有针对性地生产满足东道国市场需求的产品。

（二）降低成本导向动机

投资企业为了降低成本，获取更多的利润，利用其他国家相对廉价的劳动力、丰富的自然资源等生产要素，会到东道国投资设厂。同时，出口产品的价格会由于

汇率变动的风险而波动，从而导致出口成本的增加，而企业在东道国进行直接投资可以极大地规避这一风险，且东道国的税收等相关优惠政策也有利于直接投资的企业降低运营的成本。

（三）技术、管理导向动机

东道国企业先进的科技、生产技术、管理经验及高素质的人才等，都促使投资企业进行直接投资，与东道国企业建立合资企业、合作企业或跨国并购来促进自身的发展。

（四）优惠政策导向动机

东道国为了吸引外商的直接投资，往往会给予投资企业政策上的优惠，如优惠的税收政策、金融政策等，创建良好的“硬件”“软件”环境；而母国的税收政策、金融政策、保险政策及进出口政策等，也会影响投资者的投资决策。

（五）分散投资风险导向动机

国际化企业集中投资到某一东道国，可能会面临更大的系统性风险，如文化冲突、自然灾害、政局动荡、政策转向等，从而导致投资企业遭受损失；若投资企业将投资资金集中到东道国某一行业，则会出现由于该行业的市场变化、股市波动等原因而产生的风险。因此，企业为了减少这些风险带来的损失，会进行分散投资，将资金投向不同国家的不同行业。

五、影响国际直接投资的主要因素

（一）东道国的投资环境与外资政策

东道国的投资环境、外资政策与国际直接投资呈正向的关系，投资环境越好，投资政策越优惠，政局越稳定，越容易吸引外商直接投资。例如，我国在改革开放之前，吸引的外商投资较少，改革开放之后，我国投资环境逐步优化，政府出台了一系列优惠的招商引资政策，利用外资金额得到了迅速增加。

（二）全球经济的影响

国际直接投资同全球经济增长同步发展，全球经济增长较快，国际直接投资增长也较快；相反，全球经济处于衰退期，国际直接投资金额也会下降。例如，2007年国际直接投资达到历史最高水平，但由于受到2008年金融危机的影响，随后几年国际直接投资金额大幅度下降。

（三）区域经济一体化的发展

区域经济一体化组织包括自由贸易区、关税同盟、共同市场、经济联盟、政治联盟。当前，全球签订了大量的自由贸易区协定，许多国家都是各个自由贸易区的成员，各成员之间鼓励和激励投资和要素的流动，促进了国际直接投资的发展。

（四）跨国公司的发展

跨国公司作为国际直接投资的主体，其自身的经营与发展情况、全球战略的制定，都会影响国际直接投资。由于跨国公司经营发展和全球战略发展的需要进行跨国并购，也促进了国际直接投资的发展。

（五）母国（投资国）的政策

国际直接投资与母国政策上的大力支持呈正向的关系，母国支持企业“走出去”，在政策上给予大量的优惠，限制较少，会促进直接投资的发展；反之，则会阻碍直接投资的发展。例如，我国大力鼓励高铁“走出去”，在技术上和政策上给予大力支持，在国外许多地方创办铁路工厂，增加了国际直接投资。

相关资料　“一带一路”倡议大力鼓励中国高铁“走出去”

第二节　国际间接投资

一、国际间接投资的定义

国际间接投资（foreign indirect investment，FII），是在国际直接投资的基础上发展起来的一种投资方式，是指一国投资者不直接参与国外所投资企业的经营管理，而是通过证券、信贷等形式获取投资收益的国际投资活动。国际间接投资的主体包括国际金融组织、外国政府、外国私人商业银行、机构投资者，以及一般的私人投资者。

二、国际间接投资的种类

（一）国际债券投资

1. 国际债券投资的含义

债券是按照法定程序发行，到期还本付息的有价证券，它表明了一种债权债务关系。国际债券是一国政府、企业、金融机构或者国际组织为筹集资金在外国债券市场上发行、以某种货币计价的债券，它与国内债券不同的是国际债券的发行者与购买者属于不同的国家。

2. 国际债券的分类

（1）外国债券。外国债券是指在国外证券市场发行，以市场所在国货币计价的债券，如外国人在日本市场上发行的以日元计价的债券（武士债券），在美国发行的以美元计价的债券（扬基债券）。

（2）欧洲债券。欧洲债券是指以某种货币计价，在计价货币单位以外的国家发行的债券。比如美国在法国发行的以英镑计价的债券就叫作欧洲债券。通常情况下以美元计价的债券被称为欧洲美元债券，以日元计价的债券被称为欧洲日元债券，以此类推。欧洲债券免收所得税，并且除瑞士法郎市场以外，欧洲债券不受各国法规约束，可以自由流通。欧洲债券具有成本低、投资安全、发行自由、市场容量大等特点。

（3）全球债券。全球债券是指在国际金融市场上同时发行并可在世界各国的交易所同时上市，24 小时均可交易的债券。

（二）国际股票投资

1. 股票的含义

股票是指股份公司发行的所有权凭证，是股份公司为筹集资金而发行给股东作为持股凭证（证明股东对公司的所有权）并用其取得股息和红利的一种有价证券。因此，股票本身没有价值，也没有价格，是一种虚拟资本。

2. 国际股票分类

（1）直接海外上市的股票。企业要在海外上市必须符合当地的上市条件以及遵守当地的相关规定，海外上市可以在多个国家的证券市场上市。下面介绍一下美国纽约证券交易所（以下简称“纽交所”）上市条件。纽交所作为全球规模最大，组织最健全的交易所之一，其上市条件相当严格，国外企业在纽交所上市的条件为：有形净资产不低于 1 亿美元；过去三年连续盈利且最后一年盈利不少于 250 万美元，前两年不低于 200 万美元或是最后一年盈利不低于 450 万美元；持股超过 100 股以上的股东不少于5 000名，公众持股不少于 250 万股；公开发行的股票市值不低于 1 亿美元；此外对企业在行业的地位、规模、发展前景等都有较高的要求。

（2）存托凭证。存托凭证是企业在国外发行股票时，为避免股票发行国证券市场监管，把股票寄存在发行股票所在国的某保管银行中，再由保管银行通知存托银行以发行人的股票作为抵押，在国外发行代表该股份的一种有价证券。存托凭证起源于 20 世纪 20 年代，存托凭证可以减少交割延误以及交割成本。

（3）欧洲股权。欧洲股权产生于 20 世纪 80 年代，指在面值货币所属国以外的国家发行和流通的股票。欧洲股权的来源与欧洲债券有关，某些欧洲债券按照规定可转化为股权，由此诞生了欧洲股权。此外，20 世纪 80 年代，西欧各国奉行的私有化、自由化的经济政策也要求多元化的股权投资，因此欧洲股权开始被各国采用。欧洲股权不同于一般股权的地方在于欧洲股权一般在多个国家股票市场同时发行，同时欧洲股权以竞价发行的方式发行，报价大于认购价格的投资者可获得欧洲股权。

3. 国际对冲基金

对冲基金是指期货、期权等金融衍生工具与金融组织相结合以高风险投机为手段、以盈利为目的的金融基金。对冲基金最早起源于 20 世纪 50 年代的美国，当时美国的农民为避免未来农产品价格波动，而事先确定一个未来出售农产品的价格，卖出一个农产品期货来抵消农产品现货的价格波动。对冲基金采用诸如卖空、杠杆、互换等交易手段赚取利润，并且对冲基金法律门槛比较低，因此其风险相当大。

对冲基金具有灵活、隐蔽、监管少等特点，对冲基金具有很多种类，根据不同的投资方式与风格，一般分成以下几类：

①宏观基金：根据国际经济环境变化，利用股票、利率等工具在全球范围内交易。②全球基金：包括在新兴市场和特定区域投资的基金。它们与宏观基金很相似，但是更侧重于个股选择。③卖空基金：基金向经纪商借入证券并出售，期望证券价格下降，以低价购回还给经纪商。这实际上是看空证券的策略。④行业对冲基金：专注于某些行业的投资交易，比如专注于石油、医疗、饮食、传媒等行业的对冲基

金。⑤重组驱动基金：此类基金专注于利用公司的特殊事件获利，比如从事重组或者破产企业证券交易的证券基金。

随着金融市场的不断发展，金融衍生品的不断创新，对冲基金的种类也将会不断丰富，但是对冲基金这样基金在带来高收益的同时，其风险也很高，并且在以往的某些金融危机中扮演着重要的助力。因此对冲基金具有其双面性，理应谨慎对待。

相关资料　对冲基金影响下的 1997 年亚洲金融危机

三、国际间接投资的特点

国际间接投资与国际直接投资的本质区别在于对筹资者的经营活动产生控制权的难易程度。虽然对于从事国际间接投资的投资者而言，买入金融商品就完成了投资，但从社会的角度看，这只是货币的转手，货币从投资者手中转到筹资者手中，但货币还未真正转化为资本，并且国际投资者很难通过证券投资获得对于国外企业的控制权，要获得对国外上市公司的控制权则更加困难。国际间接投资和国际直接投资相比有如下特点：

（一）很难获得被投资企业的经营权

国际间接投资很难对筹资者的经营活动产生控制权，而国际直接投资对该经营活动有直接的控制权。

（二）一般只涉及金融领域

国际间接投资又被称为国际金融投资，一般只涉及金融领域，是资金在资本市场的流动，而不直接用于生产资本、商品生产等实体经济，但是国际直接投资是生产要素的投资，主要用于生产资本与商品资本运动以及对其使用过程的控制。

（三）流动性强，风险小

因为国际间接投资通常不会拥有企业经营活动的控制权，并且当今证券市场不断完善，国际间接投资者可以通过证券市场自由买卖所持有的证券。但是国际直接投资者投资建造工厂、设备往往需要几年甚至十多年时间，并且投资通过企业利润收回，资金一旦投入某个项目，收回资本时间较长，难度较大。

（四）投资渠道不同

国际间接投资必须通过证券市场才能进行，而国际直接投资只要双方谈判成功签订合同即可进行投资。

（五）获取收益不同

国际间接投资获取的收益主要包括利息、股利以及证券升值所带来的收益。但是国际直接投资获取的收益主要是利润。

（六）国际间接投资较国际直接投资更加频繁

国际间接投资流动性强，这决定了其投资更加频繁的特点，在国际资本市场上，资金不断地从低利率市场流向高利率市场。然而国际直接投资周期长，资金很难在短时间收回，因此具有相对的稳定性。

四、影响国际间接投资的主要因素

（一）利率

利率是影响国际间接投资的主要因素。利率的种类较多，包括短期利率、长期利率、名义利率与实际利率等，但是影响国际间接投资的利率通常是实际利率与长期利率。资本具有逐利性，即在风险一定的条件下，资本总是追求较高的收益。因此通常情况下资本总是会从利率低的市场流向利率高的市场。在特殊情况下，比如一国可能会有战争的风险，即使其利率很高，国际间接投资者会考虑到其高风险而拒绝投资。

（二）汇率

汇率对于国际间接投资有较大的影响。当一国存在国际贸易顺差、外汇供给大于外汇需求时，汇率上升，外国对该国货币的需求增加，国际资本流入该国；当存在国际贸易逆差、外汇供给小于外汇需求时，汇率下降，本国对外汇需求增加，国际资本流出该国。汇率的稳定与否会引起国际间接投资流向的变化。如果某国的货币汇率较高而又长期稳定，投资者就会将资金由汇率低、风险性大的国家移入该国。由于汇率对资本流向影响较大，许多国家根据本国的国际收支状况，通过制定外汇政策来限制或鼓励资本的流入与流出。当一国国际收支恶化时，国家可以实行外汇管制，以防止资本外逃。一国也可以通过实现外汇管制来维护本国货币汇率的稳定，以达到鼓励外国资本流入的目的。

（三）偿债能力

偿债能力也是影响国际间接投资的重要因素。一些国家经济实力强，有大量的外汇储备，偿债能力强，则对其间接投资的风险小，因此能吸引大量的间接投资。但是一些国家经济发展缓慢，几乎没有外汇储备，偿债能力弱，则间接投资风险高，因此难以吸引国际间接投资。

第三节　中国的国际投资

一、国际直接投资与中国

（一）中国利用外商直接投资的主要形式

1. 中外合资经营企业

中外合资经营企业是指中国境外的公司、企业、个人或其他经济组织，根据《中华人民共和国中外合资经营企业法》，在中国境内共同出资建立，共同经营，共负盈亏和共担风险的合资企业。中外合资经营企业是股权式中外合营企业，组织形式是有限责任公司。

2. 中外合作经营企业

中外合作经营企业是指中国境外的公司、企业、个人或其他经济组织，根据

《中华人民共和国中外合资经营企业法》，与中国境内企业确认和完成某一项合作而签订合同的合作生产企业，也称契约式中外合营企业。

3. 外商独资企业

外商独资经营企业是指中国境外的公司、企业、个人或其他经济组织，根据《中华人民共和国中外合资经营企业法》，在中国境内设立拥有外国国籍的企业，企业资本全部由外国投资者出资。

4. 外商投资股份制企业

在我国，外商投资股份制企业从1997年起开始单列项统计，根据我国《关于设立外商投资股份有限公司若干问题的暂行规定》第二条规定："本规定所称的外商投资股份有限公司是指依本规定设立的，全部资本由等额股份构成，股东以其所认购的股份对公司承担责任，公司以全部财产对公司债务承担责任，中外股东共同持有公司股份。外国股东购买并持有的股份占公司注册资本25%以上的企业法人。"

5. 国际合作开发

国际合作开发是指外国投资者与我国有关法人通过签订合同，由外商对我国的矿产、自然资源进行勘探开发，并独自承担投资风险，若勘探成功，外商自动获得其后的开发权，并取得一定数量的所开采矿产作为补偿。国际合作开发在我国主要运用于海上和陆上石油勘探。

6. 其他投资方式

其他投资方式主要是指广义上国际合作生产中的补偿贸易和加工装配，以及管理合同中的国际租赁。

（二）中国利用外商直接投资现状

1. 中国利用FDI的企业组织形式主要是外商独资企业

改革开放四十余年，中国利用外商直接投资金额逐渐增加，截止到2015年，中国实际利用外资金额为126.27亿美元，比上年增长5.5%，比2006年的67.08亿美元增长88.2%（见表5.3）。从中国利用外商直接投资的企业组织形式来看，主要是外商独资经营企业，其次是合资经营企业，且两者的差距甚大（见表5.4）。2015年，实际利用外商独资经营企业金额占实际利用外商直接投资金额的比重为68.2%。

表5.3　2006—2015年中国实际利用外商直接投资金额情况

单位：亿美元；%

年份	实际利用外资金额	年增长率	年份	实际利用外资金额	年增长率
2006	67.08	5.1	2011	117.70	8.1
2007	78.34	16.8	2012	113.29	3.7
2008	95.25	21.6	2013	118.72	4.8
2009	91.80	-3.6	2014	119.71	0.8
2010	108.82	18.5	2015	126.27	5.5

数据来源：国家统计局。

表 5.4　2008—2015 年中国 FDI 投资方式情况　　单位：千美元

	2015 年	2014 年	2013 年	2012 年	2011 年	2010 年	2009 年	2008 年
合资经营企业	2 170 600	2 141 500	2 249 800	1 727 300	1 731 800	1 559 600	1 437 800	1 461 400
外商独资企业	8 613 200	9 120 500	8 097 500	6 868 200	7 231 500	5 726 400	4 628 100	4 296 100
合作经营企业	230 800	175 700	161 600	203 400	190 300	141 600	194 000	183 100
外商投资股份制	157 000	163 400	64 600	204 400	85 900	49 200	42 200	91 800

数据来源：2015 年中国外商投资报。

2. 中国香港和新加坡成为中国前两大跨国（境）并购来源地

中国香港凭借着良好的地理优势及雄厚的资金实力，始终保持着我国跨国（境）并购的首要来源地地位。按照并购交易额计算，2004 年中国香港企业的并购交易额占全年并购交易总额的 34.3%；2015 年这一比重为 71.9%，金额为 127.7 亿美元，较 2014 年增长 126.4%。新加坡是中国第二大跨国（境）并购来源地，2015 年跨国（境）并购交易额占比 6.7%。此外，法国、日本、英国、美国、德国也逐渐成为中国跨国（境）并购的主要来源地。

相关资料　2017 年前三季度中国内地与香港的并购交易情况

2017 年前三季度中国内地与香港的并购市场共录得交易总量 1 228 单、交易总值 2 589 亿美元。尽管 2017 年并购步调放缓，中国内地及香港市场交易总量在亚太区交易总量中的占比仍从 2016 年前三季度的 42.8%小幅增至今年同期的 42.9%，而交易总值的占比也依然超过半数（54.9%）。

按交易总值或是总量统计，“工业和化学品业”是香港市场最受追捧的行业。其中，529 亿美元的交易总值（309 单）较去年同期的 487 亿美元（335 单）增长 8.5%，这在很大程度上得益于若干超大规模交易。

资料来源：2017 年度前三季度并购趋势报告［R］. 市场资讯（Mergermarket），2017.

3. 外商在中国的 FDI 产业分布不断优化

从表 5.5 中可看出，外商在中国的 FDI 产业分布逐步优化，第一、第二产业占实际利用外商直接投资比重逐渐下降，第二产业比重在 2011 年首次低于 50%，第三产业占比位居首位。外商投资第一产业主要是投向农、林、牧、渔业，2010—2015 年占比分别为 74%、77%、73%、82%、73%、86%；投资第二产业主要是投向制造业，2010—2015 年占比均在 90%以上；投资第三产业主要是投向房地产业、租赁和商务服务业、批发和零售业、金融业。这四类行业吸收外商直接投资金额在第三产业中占据主体地位，2010—2015 年所占比重分别为 78%、78%、80%、82%、81%。

表 5.5 外商在中国的 FDI 产业分布（实际利用金额） 单位：亿美元

年份	第一产业	占比/%	第二产业	占比/%	第三产业	占比/%
2010	25.96	2.46	531.76	50.29	24.97	47.25
2011	26.22	2.26	551.36	47.53	582.53	50.21
2012	28.33	2.54	516.87	46.27	571.96	51.20
2013	21.65	1.84	492.04	41.85	662.17	56.31
2014	20.84	1.74	433.81	36.28	740.96	61.97
2015	17.77	1.41	433.52	34.33	811.41	64.26

数据来源：根据相应年份的《中国统计年鉴》整理而得。

4. 外商在中国的 FDI 区域分配不均

外商直接投资在中国的区域分布极为不均，从 2013—2015 年数据可看出，外商直接投资主要是投向我国东部发达地区和沿海地区，其次是经济欠发达的中部内陆地区，最后是经济落后的西部地区。根据表 5.6 可以看出，东部地区吸收 FDI 金额几乎是西部地区的 10 倍，是中部地区的 2.6 倍以上。

表 5.6 外商在中国的 FDI 区域情况（实际利用金额） 单位：亿美元

年份	东部	中部	西部
2013	1 783	601	194
2014	1 819	669	201
2015	1 893	725	199

数据来源：经 wind 数据库内中国宏观数据库整理而得。

注：东部（北京、天津、河北、辽宁、上海、江苏、浙江、福建、山东、广东、广西、海南）；中部（山西、内蒙古、吉林、黑龙江、安徽、江西、河南、湖北、湖南）；西部（重庆、四川、贵州、云南、西藏、陕西、甘肃、宁夏、青海、新疆）。

5. 外商在中国的跨国并购比重逐渐上升

从表 5.7 可以看出，外商在中国的跨国并购金额呈螺旋式上升趋势，在 2014 年达到峰值，比 2006 年上升 386%；而绿地投资金额呈下降趋势，且下降趋势加快，2015 年相比 2006 年下降 53%。

表 5.7 外商在中国的绿地投资及 M&A 情况 单位：亿美元

年份	2006	2007	2008	2009	2010	2011	2012	2013	2014	2015
绿地投资	1 273	1 104	1 305	1 092	961	1 057	786	900	766	594
M&A	113	93	54	110	68	115	95	311	549	97

数据来源：由 *World Investment Report* 2016 整理而得。

（三）中国对外直接投资现状

第一，中国对外直接投资涵盖的行业比较广泛，但主要还是技术含量相对较低的产业，在信息传输、计算机服务和软件业及科学研究、技术服务和地质勘查业投资较少；2014 年，这两大行业的对外直接投资净额占中国对外直接投资净额的比重分别为 2.6%，1.4%；而租赁和商务服务业、金融业、采矿业、批发和零售业，累计投资存量达 6 867.5 亿美元，占我国对外直接投资存量总额的 77.8%。第二，中国对外直接投资区域比较集中。从投资目的地来看，主要集中在港澳台地区及欧美等发达地区，2014 年，直接投资香港的金额占中国对外直接投资总额的 58%；从企业分布的数量来看，主要分布在亚洲、拉丁美洲和欧洲。第三，股权和利润再投资比重逐渐增加。根据《2014 年度中国对外直接投资统计公报》公布的数据，2014 年，中国对外直接投资流量中，股权和利润再投资共计 1 001.3 亿美元，占到流量总额的 81.3%；由于境外融资成本低于境内，企业通过境外融资再进行对外投资的活动日益增多，由境内投资主体直接给境外企业提供的贷款减少，债务工具投资较上年下降了 40.7%。第四，“一带一路”沿线国家成为直接投资合作热点。《2014 年度中国对外直接投资统计公报》及《2015 年度中国对外直接投资统计公报》显示，2014 年中国对“一带一路”沿线国家的直接投资金额为 136.6 亿美元，占对外直接投资金额的 11.1%；2015 年 1~11 月，中国企业共对“一带一路”沿线的 49 个国家进行了直接投资，投资额合计 140.1 亿美元，同比增长 35.3%，投资主要流向新加坡、哈萨克斯坦、老挝、印度尼西亚、俄罗斯和泰国等。

（四）中国国际直接投资的发展趋势

随着中国经济的发展，中国成为国际直接投资主要东道国的发展中国家，以及世界上主要的对外直接投资的国家之一。随着“一带一路”建设、人民币国际化以及中国签订自由贸易区协议的加快发展，未来中国的国际直接投资将会出现新的上升阶段，中国将会加大在自由贸易区成员国及“一带一路”沿线国家的对外直接投资，并且通过“一带一路”建设来进行直接投资将会继续成为热点，对第三产业的投资比重将会继续上升；随着国家“创新驱动”战略的逐步完善，投向科技含量较高的行业的国际直接投资比重也将会增加。在利用外商直接投资方面，中国吸引外商直接投资的竞争力将不断增强，利用直接投资的金额将增加。随着第三产业的逐步开放，第三产业利用外商直接投资比重将提高；随着中国“世界加工工厂”优势的逐步减弱，加工装配利用比重将逐渐降低，国际租赁等占比将会提高；由于中国东部、中部、西部在地理位置和经济发展等方面的巨大差异，这使得三大地区利用外商直接投资金额的差距会在很长一段时间内存在；跨国并购成为国际直接投资的主要方式之一，这使得外商在中国的跨国并购也顺应这一趋势，跨国并购的重要性也将会增加。

二、国际间接投资与中国

（一）国际间接投资在中国的表现

1. 发行 B 股

B 股指 B 种股票，是人民币特种股票，其面值以人民币标明，以外币认购和买卖，向中国境外投资者发行，在境内上海证券交易所、深圳证券交易所上市交易股票。1992 年第一只 B 股由上海真空电子股份有限公司发行。2001 年之前投资者限制为境外人士，2001 年之后，开放境内个人居民投资 B 股。截止到 2016 年 9 月，已经有 126 只股票在上海证券交易所和深圳证券交易所上市。

2. QFII 制度

QFII（qualified foreign institutional investors，QFII）制度，即合格的外国机构投资者制度，是指允许经核准的合格外国机构投资者，在一定规定和限制下汇入一定额度的外汇资金，并转换为当地货币，通过严格监管的专门账户投资当地证券市场，其资本利得、股息等经批准后可转为外汇汇出的一种市场开放模式。2002 年 11 月 5 日，中国证监会和中国人民银行联合发布《合格境外机构投资者境内证券投资管理暂行办法》，标志着 QFII 制度在中国内地的确立和实施。随着中国证券市场十多年的发展，QFII 制度也在不断改革。2016 年 2 月，国家外汇管理局表示：外汇局将协调推进资本市场开放，改革境外机构投资者制度；继续深化外债宏观审慎管理试点，开展全口径外债宏观审慎管理改革；研究推动统一本外币跨境担保管理政策，适度放开境内机构对外转让债权类金融资产等改革政策；进一步规范非银行金融机构管理等。国家外汇管理局公布数据显示，截止到 2016 年 8 月 30 日，共有 270 家外资金融企业获得 QFII 资格，投资总金额为 814.78 亿美元。

3. 外国金融机构进入中国

1979 年，日本输出入银行经批准进入北京设立代表处，成为第一家在北京开设办事处的国外银行，拉开了中国金融市场对外开放的序幕。1982 年，我国开始引进外资金融营业性机构的试点，批准香港南洋商业银行在深圳设立分行，香港南洋商业银行成为新中国第一家外资商业银行。1994 年 10 月，由中国建设银行、中国经济技术投资担保公司、香港名力集团、新加坡政府投资公司、美国摩根士丹利公司组成中国国际金融有限公司，其成为第一家中外合资银行。

截至 2019 年二季度末，外资银行在华共设立四家外资法人机构，116 家外国银行分行和 151 家代表处。境外保险公司在我国一共设立 59 家外资保险法人机构和 131 家代表处。

中国证监会宣布，自 2020 年 4 月 1 日起取消证券公司外资股比限制，符合条件的境外投资者可根据法律法规、证监会有关规定和相关服务指南的要求，依法提交设立证券公司或变更公司实际控制人的申请。截至 2020 年 9 月 2 日，外资控股券商达八家。

（二）中国在国际证券市场上的表现

1. 发行国际债券融资：中国早期国际债券的发行主要是以政府机构主权债券，以及金融和信托机构发行的金融债券为主，1982 年 1 月，中国国际信托投资公司在日本东京债券市场上首次发行了金额为 100 亿日元、期限为 12 年、票面利率为 8.7%的私募债券，开启了中国利用国际市场集资的序幕。1984 年 11 月，中国银行首次在日本东京证券市场发行 200 亿日元的公募债券。1994 年 1 月 14 日，财政部代表中国政府向美国证券交易委员会注册登记发行了 10 亿美元全球债券，标志着中国首次进入美国证券市场。2004 年 9 月，中国国家开发银行发行了 10 亿包括美元和欧元在内的两种货币的全球债券。同时，中国工商银行及中国进出口银行分别发行了4亿美元和7.5亿美元的国际债券。2015年4月，中石化集团公司成功发行等值64亿美元规模的双币种固定利率债券，其中美元48亿、欧元15亿，涵盖3年期、5年期、7年期、10年期和30年期5个期限品种，综合融资成本率约2.55%，此次发行是亚洲公司有史以来最大规模的美元/欧元双币种债券发行，创造了亚洲企业在欧元债券市场上取得的最低发行利率纪录。

2. 中国企业在海外证券市场上市

（1）海外直接上市。海外直接上市有两种方式。一是发行H股，H股指注册地在内地、上市地在香港的外资股。1993年6月，青岛啤酒股份有限公司成为第一家获准在香港上市的国有企业。之后，陆续已有超过160家国有企业在香港主板市场和创业板市场上市。1994年，香港恒生指数服务有限公司编制了恒生中国企业指数，用于反映在香港联交所上市的中国企业股票的走势。截止到2016年9月，在香港上市的H股共有234只。随着香港与中国内地的紧密合作以及中国股市的不断改革，将有越来越多的中国内地企业在香港发行H股。二是发行美国存托凭证（american depositary receipts，ADR），1994年，中国证券监督管理委员会允许南方航空、东方航空、华能发电开发、华能国际电力及天津钢管通过发行ADR在美国证券市场挂牌上市。同年8月，中国山东华能国际电力通过发行ADR在美国纽约证券交易所上市，成为第一家在美国上市的中国公司。随着股市的发展，有些企业通过将B股或者H股转换为ADR在美国市场上发行，这使得中国的证券市场与国际证券市场进一步接轨。1997年7月，中华网在美国纳斯达克挂牌上市，成为中国企业在纳斯达克上市的第一家公司。

相关资料　由阿里巴巴在美国上市引发的一些思考

（2）海外间接上市。海外间接上市有两种方式。一是买壳上市，买壳上市是指非上市公司，通过现金或股票交换等方式，购买一家上市公司一定比例的股权来达到间接上市的目的。我国的买壳上市开始于1984年，目前已有30多家中资公司通过买壳上市。例如，2008年1月，在深圳成立的民营企业——光汇石油集团，通过购买天来国际8.3亿股份上市。二是造壳上市，造壳上市是指在境外注册公司用来控股境内资产，而境内则成立相应的外商控股公司，并将相应比例的权益及利润并入境外公司，通过增发新股或交换股权来达到上市目的。例如，1992年10月9日，华晨中国汽车控股有限公司在纽约交易所挂牌上市，其注册地为百慕大群岛，上市募集资金全部用于中国内地的实业“沈阳金杯客车制造有限公司”。

（三）中国国际间接投资的趋势

改革开放40多年来，中国金融市场国际化程度逐渐提高，中国政府也高度重视外国投资者进入中国金融市场和中国投资者进入国际金融市场，逐渐颁布了相关法律法规来保障投资双方利益。在外商对中国的间接投资方面，未来将有更多的外资企业在中国大陆的两大交易所上市，更多的外资企业获得 QFII 资格，更多的外国金融机构进入中国市场，在中国开设分公司，设立办事处，这些都将推动中国金融市场的进一步开放。在中国参与国际间接投资方面，随着中国国有企业改革以及对民营企业的扶持，中国有较大经营规模的企业将逐渐增加，快速发展的大型企业将有更多机会进行国际间接投资。

核心知识小结

国际投资是国际货币资本和国际产业资本跨国流动的一种形式，是投资者为了获得未来收益而将国内资产投放到国外的活动。国际投资一般可分为国际直接投资和国际间接投资。国际直接投资的本质在于投资国能够有效拥有或控制东道国企业的经营管理权，按照投资者控制被投资企业产权程度的不同、投资企业与被投资企业经营方向是否一致、投资者是否创办新企业，可以划分为不同的种类。国际间接投资一般包含国际债券投资和国际股票投资两类，因其与国际直接投资的投资领域、投资渠道和对企业控制权的不同，国际间接投资具有流动性更强、风险更低的特点。近年来，中国的国际直接投资和国际间接投资都有了很大的发展，投资金额不断上涨、投资产业也得到了不断的优化，但相关的区域、产业仍存在分布不均的情况。

备考准备

一、名词解释

国际直接投资　国际间接投资　绿地投资　国际合资企业　国际合作经营企业　水平型国际直接投资　垂直型国际直接投资　国际债券

二、选择题

1. 以下哪种形式的国际直接投资企业的控制权最大？(　　)。(单选)

A. 合资企业　　B. 合作经营企业

C. 独资企业　　D. 合作开发

2. 在分析企业从事国际化商务活动的动机时，最主要的主动性动机是(　　)。(单选)

A. 获得市场份额　　B. 获得产品或技术优势

C. 获得利润　　D. 解决生产过剩

3. 以下哪项债券的发行人、发行地和面值货币分别属于三个不同的国家？(　　)。(单选)

A. 武士债券　　B. 扬基债券

C. 全球债券　　D. 欧洲债券

4. 狭义的国际投资包括（　　）。（多选）

A. 国际直接投资　　B. 国际证券投资

C. 国际信贷　　D. 国际借贷

5. 以下哪些情况更能表明企业进行国际直接投资的动机是市场导向型？（　　）（多选）

A. 国内市场竞争压力巨大

B. 企业的出口受到贸易保护主义的阻挠

C. 国内生产要素价格高昂

D. 在本国的市场份额已达到饱和

三、简答题

1. 简述当代国际直接投资的特点。
2. 企业进行国际直接投资的动机有哪些？
3. 国际间接投资与国际直接投资相比有哪些特点？
4. 请简述中国国际投资的发展和未来趋势。

第六章
国际直接投资理论

■ 本章知识结构图

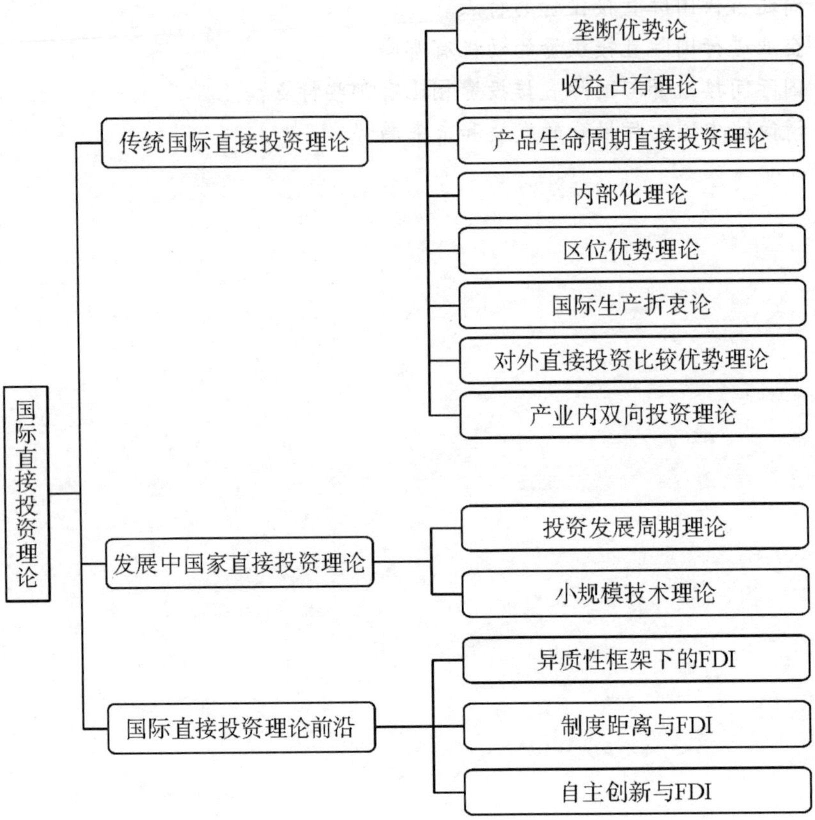

学习目标

本章重点掌握传统国际直接投资理论、发展中国家直接投资理论的种类和内容；了解国际直接投资理论前沿。

引例　联想收购 IBM

第一节　传统国际直接投资理论

一、垄断优势论

斯蒂芬·海默（Stephen Hymer）用外国直接投资理论与古典不完全竞争产品市场模型共同解释了公司专有优势。海默认为，外国投资者是产品市场的垄断者，或更为常见的是寡头垄断者。它们对外国企业进行投资以抑制竞争和维护自己的市场优势。它们愿意保持对这些企业的控制而拒绝与他方分享股权，以避免这些公司与本公司其他分公司间的竞争，同时也有利于保守公司的秘密。

海默的理论有助于解释经常出现的“防御性投资”（跨国公司为避免损失或竞争地位被削弱而进行的国际直接投资）。一些大公司在海外建立的企业往往只有微利。它们之所以进行这样的投资，不是为了追求利润，而是跨国公司根据竞争对手的行动而做出的反应，即阻止其主要竞争对手占领国外市场。柯达公司在某国建立子公司可能是害怕富士公司进行同样的投资。福特和通用汽车公司在一些发展中国家建立汽车制造公司似乎只是为了排挤对方。这种防御性投资看上去可能很像是有益的古典式竞争，但海默却有根据地将其视为寡头垄断行为，即少数公司为寻求市场垄断力量而进行的非价格竞争。

如果外国直接投资的确反映了投资中的市场垄断力量，正如海默所认为的那样，那么东道国政府便应当愿意对其加以控制，因为试图保护自己市场垄断力量的寡头垄断者或独家垄断者，其行为一定有损于东道国的国家利益。例如，一家美国公司会指示其位于新加坡的分公司不要向泰国或印度进行销售，因为该公司在这两个国家的分公司正在那儿的市场高价出售自己的商品。另外，防御性投资也会引起人们的担忧，因为它意味着投资公司会游说东道国政府以得到特殊的市场保护，例如关税壁垒保护。这种保护有利于投资公司，但不利于东道国的整体利益。

二、收益占有理论

从另一个角度看，促使外国企业进行直接投资的公司专有优势并不意味着对产品市场竞争造成绝对严重的威胁。外国企业必须进行成本高昂的投资，以建立出色的管理体系，获得有关购买者的充足信息以及开发新的技术和更好的产品。公司此时所面对的挑战是获得足够的投资回报，并继续投资以便不断增强自己的公司专有优势。公司可以得到的投资回报受到产品市场中来自其他公司的竞争的限制，这些公司也都在努力建立和利用自己的公司专有优势。

公司依靠自己的专有优势从事对外投资，就如同它在国内建立自己的生产设施而不是向其他厂商购买产品一样。是否进行外国直接投资的经济学原理不过是确定公司便捷（自制还是外购，购买还是租用等）决策的国际延伸。为了占有本公司优势的潜在收益，公司发现最好将全部控制权留在自己手中。如果不保持严格的控制力度，或如果与其他公司分享其国外公司的股份，其公司专有生产优势就会丢失。例如，当只有本公司知道如何对工人进行必要的组织和监督时，如果公司与他方分享控制权，便会使效率和产品质量受到损失；如果公司使东道国各合作方可以随意得到本公司的一些机密，这种知识便可能被恶意的合作方或他方用于与本公司进行竞争。

三、产品生命周期直接投资理论

1966 年，美国哈佛大学教授雷蒙德·弗农（R. Vernon）从动态角度，利用产品生命周期的变革，将企业的垄断优势、产品生命周期、区位因素有机结合，提出了“产品生命周期”直接投资理论，用于解释美国企业战后对外直接投资的动机与时机和区位选择。产品周期是产品市场运动的普遍现象。当企业推出新产品或改良某种产品时，新产品的周期就开始了。产品周期分为产品创新、成熟与标准化三个阶段。弗农根据美国的情况，将产品生命周期的概念应用到国际贸易和国际投资的理论分析中，认为企业的对外投资是企业在产品周期运动中，由于产品比较优势和竞争条件变动而做出的决策。

在产品创新阶段，由于产品尚未达到标准化，需要根据消费者的需要与偏好及时地进行改进，在国内生产可以确保及时地获得所需技术、装备、零件和市场信息。而且此时企业的产品差别程度较高，新产品的需求价格弹性也很低，生产成本对企业生产区位选择的影响并不大。所以这一阶段的生产一般集中在国内。这时的企业主要利用产品差别和垄断技术来获得高额利润，故其主要目的是垄断国内市场，同时通过出口来满足国外市场的需求。

在产品生命周期的第二阶段，新技术日趋成熟，产品基本定型。国内外需求急剧增加，消费者对价格的敏感度增强，产品价格的需求弹性升高。价格竞争开始成为主要手段，降低生产成本已成为企业考虑的首要因素，产品的成本优势比差异优势更为重要。厂商的直接投资仍选在人均收入水平高、技术先进、与本国需求类似的其他发达国家。跨国公司通过直接投资，转让成熟技术，就地生产和销售来延伸新技术的垄断优势，弥补出口减少带来的损失，预先防止东道国企业的潜在竞争。

在产品生命周期的最后阶段，产品的生产技术、规模及样式都已完全标准化，创新厂商所拥有的垄断优势已经完全消失。企业之间的竞争主要集中在价格与成本，同时，本国的市场已趋于饱和，其他发达国家的出口量也急剧增加。于是劳动力成本低的发展中国家成为跨国公司选址的最佳生产区位。

产品生命周期直接投资理论反映了当时美国在国际直接投资领域独占鳌头的事实，它把美国跨国公司的对外直接投资归结为出口贸易的替代，是在国内外市场环境发生变化时采取的防御型策略，解释和说明了战后美国企业急剧向海外扩张的动机和原因。产品生命周期直接投资理论的重要特色在于对整个对外直接投资的产品周期选择和区位选择进行了动态的分析，为投资企业进行区位市场选择和国际分工的阶梯分布提供了一个分析框架。另外，该理论把跨国公司对外直接投资和国际贸易有机结合起来论述，是较先前理论的一个新颖之处。

相关资料　产品生命周期理论的一些发展

在弗农（1966）提出了产品生命周期理论之后，1967 年，贺什尔根据弗农的产品生命周期理论，对世界不同类型国家的工业竞争力做了对比研究，从而进一步将产品生命周期理论动态化。郭钢、程静波、刘飞（2004）按照产品生命周期的一般规律，将产品的演进过程划分为顾客需求域、功能域、结构域、工艺域、制造域和销售用户域六个域。林万祥等人（2007）基于生态经济系统，将产品生命周期划分为以下几个阶段，即产品生产前的资源阶段、产品制造阶段、产品营销阶段、产品使用阶段和产品弃置阶段。除此之外，他们还基于产品生命周期提出了环境成本评估方法及其特征。同时，在对环境成本的研究方面，王玉梅、梁宗鸿（2010）也提出了一套基于产品生命周期的环境成本管理模式：在产品设计阶段，以生态设计为导向；在选择原材料时，在兼顾经济利益的同时尽量选用环保材料，并遵循环境原则、质量原则和效益原则；在生产阶段，采用清洁生产的方式；在销售阶段，采取绿色销售的手段；在回收利用阶段，虽然产品已销售出去，但并不意味着它与企业已无关系，在销售时企业最好与消费者达成协议，对于可以回收继续使用的产品，企业以低价回收，并通过加工进而继续利用，使生产成本大大降低，并减少了对环境的污染；而对于不可回收利用的废弃物的处理，也应该对其进行环境影响评价，并采取适当方式对其处置，尽量避免使其产生严重污染。

资料来源：魏丽丝. 生命周期理论文献综述 [J]. 合作经济与科技，2014（24）：155-156.

四、内部化理论

内部化理论也被称为市场内部化理论，作为解释对外直接投资的一种比较流行的理论，也被称为对外直接投资的一般理论。该理论主要是由英国学者巴克莱（Peter J. Buckley）、卡森（Mark Casson）和加拿大学者拉格曼（Allan M. Rugman）共同提出来的。他们根据美国学者科斯（Ronald H. Coase）的交易机制和企业内部化机制的关系，来阐述战后对外直接投资及跨国公司发展的动因。

内部化理论认为，跨国公司是市场内部化过程的产物，而中间产品市场上的不完全竞争是导致企业内部化的根本原因。公司在进行跨国经营活动时，通过外部市场进行中间产品的交易，会面临很多障碍，从而提高了交易成本。为了克服这些障碍，实现利润最大化，公司通过直接投资方式在异地设立分支机构，将各种交易不经过外部市场而在公司所属的企业内部市场内进行，从而弥补了外部市场机制的缺陷。当这种内部化跨越了国界，跨国公司和国际直接投资就产生了。因此内部化动机是企业进行对外直接投资的主要原因。内部化理论还解释了跨国公司在出口、直接投资与技术许可证安排这三种方式之间选择的根据。对外直接投资可以使跨国公司在世界范围内建立内部市场，利用并维持其技术优势，获得最大化利润；出口方式则由于关税壁垒等市场不完全原因的存在而不宜采取；许可证方式会使企业面临技术扩散的风险，当公司所掌握的技术进入技术周期的最后阶段，许可证方式才可行。内部化理论还解释了第二次世界大战后跨国公司的增长速度与阶段、盈利率变动。知识产品的内部化保证了企业可以在研究与开发方面连续投资，公司的生产与销售规模也应有同等速度的扩大。相应地，对外投资也会出现高速增长；反之，在公司现有研究与开发方面的潜力枯竭时，对外投资增长速度下降、盈利率下降、海外投资速度也降低，该公司很可能会被其他公司并购。

内部化理论的出现标志着西方对外直接投资理论研究的重要转折：内部化理论从成本和收益的角度解释了国际直接投资的动因，论证了只要内部化的收益大于外部市场交易成本和内部化成本之和，企业就有动机并实现跨国投资经营。所以，内部化理论既可运用于发达国家，又适用于发展中国家；既可用于国内，又可用于国外。但是，该理论忽略了对跨国公司这一典型的国际化垄断组织行为特征的研究，没有对国际直接投资的地理方向和区域分布做出解释，并且只强调了市场竞争的不完全性对国际直接投资的影响，而忽视了市场积极方面对国际直接投资的促进作用。

五、区位优势理论

经济学家索瑟德（Southard）于1953年在其著作《在欧洲的美国企业》中指出，跨国公司海外投资的方向取决于区位禀赋的吸引力大小。这一观点后来被艾萨德（Walter Isard）予以发展，并被称为区位优势理论。一个国家适合于跨国公司投资的区位优势，可能是由东道国经济所特有的某些有利因素形成，也可能是由本国经济中的某些不利因素带来的。区位优势可以来自：投入要素和产品市场的地理位置；投入要素的价格、质量和生产率；政府的政策和干预程度；基础设施状况；社会文化差异；法律和商业法规等。因此，那些劳动力成本低、要素成本低的国家，运输方便、市场潜力大的国家，政治风险小、基础设施好的国家，都具有明显的区位优势，由此而成为跨国公司海外直接投资的热点区位。

区位优势理论本身构成了对外直接投资的重要话题，它与行业选择并列，构成跨国公司首先考虑的方向。区位优势理论在一定程度上可以解释为何公司愿意到国外生产以使用其无形资产优势而不在国内生产和出口。因此，区位因素的引入扩大了对外直接投资理论对投资活动的解释。区位优势理论对于对外直接投资的另一个贡献在于它能同其他理论组合并解释更复杂的对外直接投资活动。但严格地讲，区位优势理论是不完备的，因此在许多著作中并未赋予其与其他理论同等的地位。区位优势理论只涉及投资目标国环境因素的某些方面，而对其他诸如企业本身的因素、投资动机等则较少论及。

六、国际生产折衷论

邓宁（John H. Dunning）教授于1977年提出了一个更加广泛适用的理论模型，

它包含了多派学说，具有高度的概括性和综合性，这就是国际生产折衷理论（eclectic theory of international production）。他认为，一国的国际经济活动包括商品贸易、资源转让、国际直接投资的总和。国际生产折衷理论的核心是“三优势模型”（O. I. L. Paradigm），即所有权优势（ownership specific advantage）、内部化优势（internalization advantage）和区位优势（location specific advantage）。邓宁认为跨国企业所拥有的这三种优势的不同组合，决定了它所从事的国际经济活动的方式，这三种优势是不分主次的。邓宁认为，这三种优势都不能单独用来解释企业对外直接投资的倾向，企业只有在具备这三种优势时，才可能从事对外直接投资。邓宁对三种优势以及它们在决定企业从事对外直接投资中的作用做了说明。

邓宁的理论虽然没有多少新颖之处，但它是对其他理论关于对外直接投资决定因素的综合吸收和系统联系，是从跨国公司国际生产的高度来讨论这些变量对海外直接投资的作用。另外，邓宁将这三种优势视为动态的，会随着各国经济发展水平及经济结构的变化而变化，从而影响到跨国公司对外直接投资的决策。这就比较系统地解释了跨国公司国际直接投资的决定因素及其动态变化对跨国公司直接投资行为的影响。

七、对外直接投资比较优势理论

20 世纪 70 年代中期，小岛清（Kiyoshi Kojima）教授，根据日本当时对外直接投资的情况，提出了比较优势理论（theory of comparative）。小岛清认为，对外直接投资应该从本国（投资国）已经处于或即将陷于比较劣势的产业（也称作边际产业）开始依次进行，而这些产业是东道国具有明显或潜在比较优势的部门。但如果没有外来资金、技术和管理经验，东道国的这些比较优势就不能被利用。因此，投资国通过对外直接投资就可以充分利用东道国的比较优势。日本的传统工业部门之所以能够比较容易地在海外找到有利的投资场所，就是因为它们向具有比较优势的国家和地区进行投资。小岛清的比较优势论坚持用国际分工的原则来分析和论述对外直接投资，有其独到的理论见解，但是其局限性也是明显的。例如，该理论否定垄断优势在对外直接投资中的作用，这既不符合历史事实，也不符合跨国公司对外直接投资的一般规律。

八、产业内双向投资理论

在 20 世纪 60 年代以后的 20 多年间，国际直接投资活动中的一个重要现象是发达国家之间直接投资发展很快，且发达国家之间的相互投资很大一部分发生在同一产业内部。1975 年，格雷姆（Graham）比较了 187 家英国跨国公司及其在欧洲的子公司和 88 家欧洲公司及其在美国的子公司的产业分布，认为很多在美国进行投资活动的欧洲公司和很多在欧洲进行直接投资的美国公司，其投资的产业是相同的。格雷姆进一步指出，在传统的部门中，产业内双向投资的比例较低，而在技术密集型部门这个比例在迅速提高。1984 年，格雷姆根据 187 家美国在海外的跨国公司和 226 家非美国的跨国公司的直接投资的资料，计算产业内双向投资指数，从而论证了他的观点。怎样解释这种产业内双向投资的现象呢？尤其是集中于技术密集型部门。海默（Highmore）认为，仅从资本优势、企业优势、国外利润高等因素上解释是不够的，必须用“寡占反应行为”来解释。寡占反应行为是指各国寡占垄断组织通过在竞争对手的领土上扩大地盘来加强自己在国际竞争中的地位，产业内交叉投资是寡占竞争行为的重要手段。金德尔伯格（Kindleberger）也认为，在寡头控制的工业中，对外直接投资往往是交叉进行的，其主要目的在于防止少数竞争对手占领潜在的市场而削弱自己的竞争地位。

邓宁（Dunning）认为，直接投资发生在发达国家的同一产业内部，主要是因为发达国家之间科学技术水平相近，都拥有研究与开发的实力。在一个产业中没有一个企业拥有独占的“所有权特定优势”，而是同时由几个公司拥有相近或相同的所有权优势。因此，没有一家跨国公司对产业具有独占性的控制能力。比较普遍的情况是，由几家跨国公司同时享有某种类型的优势。

邓宁指出，产业内双向投资除上述之外，还可取得垂直联合的优势，即通过前向联系或后向联系，多阶段生产，从而获得规模经济的利益，并可利用东道国成本较低的优势。假定有 A、B、C 三国，三种中间产品分别在这三个国家中最具有规模经济的国家生产，生产要素（尤其是资本）的转移成本是很低的，例如 C 国具有最终产品的广大市场，则决定最终装配在 C 国进行。同时 C 国对 A 国和 B 国进行直接投资，生产中间产品。假定 A 国最终装配的中间产品到 B 国生产较为有利，而 A 国生产的中间产品为 B 国的最终产品提供了零部件，这样就会引起 A、B 两国之间的产业内直接投资。

除了上述原因，产业内国际贸易也是引起产业内双向投资的原因。由于发达国家之间的国民收入水平、需求结构也基本相似，并且由于对异质产品的需求不断扩大，所以就会产生发达国家之间的产业内国际贸易倾向。但是，一旦产业内贸易受到阻碍而不能顺利进行，产业的双向投资就会替代产业内贸易而出现。产业内贸易发生在市场障碍比较小的场合，而产业内国际投资则发生在有关税壁垒、政府控制较严等市场不完全竞争的状态下。

第二节　发展中国家直接投资理论

国际直接投资的代表性理论都是以发达国家为研究对象，强调跨国发展的企业需要具有垄断性的竞争优势地位。按照这种理论，发展中国家的大多数企业都不可能产生跨国发展的优势和动机。但事实上，进入 20 世纪 70 年代以来，发展中国家对外直接投资发展迅速，尤其是 20 世纪 80 年代以来新兴工业化国家在国际直接投资中异军突起。发展中国家在普遍存在资金缺口的情况下，其企业如何拥有竞争优势等问题显现出来，对传统理论的解释力提出了挑战。基于此，许多学者针对发展中国家的现实，提出了新的投资理论。

一、投资发展周期理论

投资发展周期理论是邓宁于 20 世纪 80 年代初提出来的，其目的是从动态分析的角度解释发展中国家的直接投资。由于国际生产折衷理论主要是根据发达国家对外投资行为提出的，对发展中国家的投资行为解释力较差，于是邓宁试图通过以国际生产折衷理论为基础来寻求一个普遍适用的跨国投资理论框架。邓宁通过对 67 个国家在 1967—1978 年直接投资和经济发展阶段之间的研究，得出了投资发展周期理论。实际上，投资发展周期理论是国际生产折衷理论在发展中国家的运用和延伸。

（一）投资发展周期理论的核心内容

投资发展周期理论的中心命题是“发展中国家对外直接投资取决于经济发展阶段和该国所拥有的所有权优势、内部化优势和区位优势”。邓宁按照人均国民生产总值指标将经济发展分为不同的阶段。在不同的阶段，由于经济发展水平的不同，其所有权优势、内部化优势和区位优势都发生了相应的变化，导致其对外投资流入量和流出量之间的变化，最终改变了其国际投资地位，如表 6.1 所示。

表 6.1 对外投资流入量与流出量之间的关系

经济所处阶段	FDI 流入	FDI 流出	FDI 流入量	FDI 流出量
第一阶段：人均 GDP 400 美元以下	外国所有权优势显著；外国内部化优势显著；本国区位劣势	本国所有权劣势；本国内部化优势不适应；外国区位优势不适应	低	低
第二阶段：人均 GDP 400~2 500 美元	外国所有权优势显著；外国内部化优势可能下降；本国区位优势下降	本国所有权优势上升；本国内部化优势仍然受限制；外国区位优势上升	增加	低
第三阶段：人均 GDP 2 500~4 000 美元	外国所有权优势下降和更专业化；外国内部化优势可能上升；本国区位优势下降	本国所有权优势上升；本国内部化优势仍然受限制；外国区位优势上升	增加	增加
第四阶段：人均 GDP 4 000 美元以上	本国所有权优势下降和更专业化	本国所有权优势上升	下降	增加

在第一阶段，由于本国企业所有权优势、内部化优势和区位优势的缺失以及本国区位优势较差，因而尚未对外投资并且外资流入较少；在第二阶段，由于国内市场扩大以及制度环境的改善，对外投资较少，但外资流入明显增多；在第三阶段，投资国所有权优势和内部化优势大大加强，对外投资大幅度上升，但外资流入仍大于对外投资量；在第四阶段，本国企业具备了所有权优势、内部化优势和利用外国区位优势的能力，因而对外投资超过外资流入，其净对外投资呈正数增长。

（二）对投资发展周期理论的评价

通过实证分析，邓宁得出如下一般结论：一国的所有权优势和区位优势与引进国外直接投资呈正相关关系，与对外直接投资呈负相关关系；内部化优势既可以促进对外直接投资，也可以促进外国直接投资的引进。一国的经济发展水平决定了“三优势”，即所有权优势、内部化优势和区位优势的强弱，而“三优势”的均衡决定了一国的净国际直接投资地位。邓宁的投资发展阶段论从企业优势的微观基础出发进行宏观分析，对国际直接投资的动因做了新的解释。邓宁的投资发展周期理论将一国经济发展周期与企业竞争优势因素结合起来分析，以说明某国国际投资地位是怎样随着其竞争优势的消长而相应变化的。世界上发达国家和发展中国家国际投资地位的变化大体上符合这一趋势。同时，投资发展周期理论仍然沿袭了国际生产折衷理论的综合分析框架，在分析所有权优势、内部化优势和区位优势的基础上，动态地描绘了对外投资、吸引外资与经济发展阶段的关系。但该理论无法解释处在同一经济发展阶段的国家仍会出现直接投资流入与流出趋势不一致的情况。

二、小规模技术理论

把竞争优势绝对化是传统理论的最大缺陷，小规模技术理论弥补了传统直接投资理论的不足。20 世纪 80 年代初，美国哈佛大学教授刘易斯·威尔斯（Louis T. Wells）与其助手建立了发展中国家跨国公司数据库，深入分析了发展中国家如何获得竞争优势的问题。他 1983 年出版的《第三世界跨国企业》被认为是研究发展中国家跨国公司的开创性成果。威尔斯指出，发展中国家跨国企业的竞争优势来自低生产成本，这种低生产成本是与其母国的市场特征紧密相关的。威尔斯主要从两个方面分析了发展中国家跨国企业的比较优势。

（一）小规模生产的技术优势

低收入国家制成品市场的一个普遍特征是需求量有限，大规模生产技术无法从这种小市场需求中获得规模效益，而这个市场空档正好被发展中国家的跨国企业利用，它们以此开发了满足小市场需求的生产技术而获得竞争优势。

（二）小规模生产的价格优势

发展中国家对外投资的另一特征表现在鲜明的民族文化特点上，这些海外投资主要是为服务海外需要而建立的。一个突出的例子是华人社团在食品加工、餐饮、新闻出版等方面的需求，带动了一部分东亚、东南亚国家和地区的海外投资。而这些民族产品的生产往往利用母国的当地资源，在生产成本上占有优势。与发达国家跨国公司的产品相比，物美价廉是发展中国家产品的最大特点。当然，这一特点自然成为发展中国家占领市场的重要武器。而发达国家跨国公司的营销策略往往是投入大量的广告费用，树立产品形象，以创造名牌产品效应。美国学者巴斯基特（Busjeet）对毛里求斯出口加工区外国制造业公司的调查证实，发展中国家跨国公司推销产品的广告费用大大低于发达国家的同行公司。威尔斯的小规模技术理论被西方理论界认为是该领域研究的具有代表性的理论之一。他把第三世界跨国公司竞争优势的产生与这些国家自身的市场特征结合起来，在理论上给后人留下了一个充分的分析空间。世界市场是多元化、多层次的，即使对于那些技术不够先进、规模不够大的小企业，参与国际竞争和直接投资仍然有很强的经济动力。

相关资料　小规模技术理论对中小企业国际直接投资的影响和经济后果

第三节　国际直接投资理论前沿

一、异质性框架下的 FDI

传统的国际直接投资理论在解释跨国企业对外直接投资行为时，都遵循了比较优势的思路，即认为某国拥有比较优势，是该国进行 FDI 的动因，且假定进行 FDI 的跨国企业是同质的，较少考虑跨国企业之间的异质性。以梅利茨（Marc J. Melitz，2003）和伯纳德（Andrew B. Bernard，2003）为代表的异质性企业贸易理论，在从微观层面考察企业贸易行为的同时，也放松了传统贸易理论中关于企业同质性的假设。之后，“企业异质性”（firm heterogeneity）被学者们广泛采纳用来解释经济发展中企业的行为，基于企业异质性视角解释跨国企业的对外直接投资行为也成了目前国际直接投资领域的研究前沿和热点之一。

纵观已有研究成果，主要涉及三个方面：第一，异质性企业出口与 FDI 的抉择，包括对 HMY 模型的拓展以及在服务领域的适用性等；第二，异质性企业对外直接投资方式的选择，包括绿地投资与跨境并购的选择以及两种方式下的股权结构（独资与合资）选择；第三，异质性企业对外直接投资的动机表现，包括水平型 FDI 与垂直型 FDI 的抉择以及复杂型 FDI 的表现等。

（一）异质性企业出口与 FDI 的抉择

赫尔普曼（Helpman，2004）将企业异质性引入“临近—集中权衡”的分析框架中，建立了 HMY 模型，并发现，由于进行 FDI 的固定成本高于出口的贸易成本，同一行业内生产率最高的企业会通过 FDI 方式服务国外市场；而生产率最低的企业只在国内生产和销售产品；生产率居中的企业会选择出口方式。模型建立后，部分学者通过研究，证明了 HMY 模型的适用性。布什（Bush，2009）将银行业企业出口与 FDI 的抉择引入封闭经济下的证券组合框架，发现：当 FDI 的固定成本、风险或信息成本较低以及银行拥有较高的生产率时，银行采取 FDI 方式的可能性增大。

之后，业界学者对 HYM 模型进行了以下两个方面的扩展：①从生产率异质性视角来扩展模型。将外部不确定性因素（工资水平、市场规模、引资政策等）引入 HMY 模型中，通过对 HMY 模型的拓展考察企业在不确定因素下的出口与 FDI 抉择。②从非生产率异质性视角来扩展模型。一类是基于企业非生产率异质性视角对企业国际化经营的“临近—集中权衡”进行解释；另一类是将其他因素引入“临近—集中权衡”，在企业异质性的假设下分析其出口与 FDI 的抉择。

（二）异质性企业对外直接投资方式的抉择

FDI的投资，主要分为绿地投资和跨境并购两种方式。在不同决策的前提下，异质性企业在对外投资时会选择不同的投资方式。国内外学者主要从生产率异质性视角和非生产率异质性视角出发，来探讨了企业异质性对对外直接投资方式的影响。

（1）从生产率异质性视角出发。诺克和耶普尔（Nocke & Yeaple，2007）把“企业的资源导向型观点”引入企业贸易与投资的一般均衡模型中，研究发现：当一些能力在国家间流动性降低时，跨国企业更倾向于选择跨境并购方式，在企业异质性主要由其流动能力（不可流动能力）导致的行业中，生产率较高（较低）的跨国企业会选择跨境并购方式，之后，诺克和耶普尔（2008）又提出了一个FDI的分配理论，模型的理论预期主要有：采取绿地投资方式的跨国企业的生产率高于跨境并购企业；当两国生产成本差异较小时，跨国企业更倾向于选择跨境并购形式；高收入国家的跨国企业偏向于采取跨境并购形式，但随着低收入国家企业资产的相对供给量的下降，跨国企业对高收入国家的跨境并购偏好会降低；新设生产部门的成本增加导致了高收入国家的跨国企业在低收入国家投资时转向采取跨境并购形式。斯皮尔罗特（Spearot，2012）则考虑了产品需求结构在企业跨境并购与绿地投资抉择中的作用，研究发现了产品的需求结构影响跨国企业的投资决定：若差异性产业中的产品种类是不完全替代的，中等生产率水平的跨国企业会选择投资；若产品种类是完全替代的，高生产率水平的跨国企业会选择投资。

（2）从非生产率异质性视角出发。相关学者主要是基于东道国的腐败程度、市场竞争度、税收政策、金融稳定性、收入水平等维度对异质性跨国企业FDI方式的抉择进行了理论分析。基于东道国腐败的影响，爱依卡（Ayca，2012）构建了一个简单的2×2×2模型，发现：东道国腐败降低了跨国企业选择绿地投资的可能性，但提高了选择跨境并购的概率；在东道国腐败的环境中，拥有较高的流动和不可流动能力的跨国企业倾向于选择绿地投资方式；拥有较低的流动和不可流动能力的企业将不会进行FDI；拥有较高流动能力、但不可流动能力较低的跨国企业倾向于选择跨境并购方式。此外，边等（Byun et al.，2012）则从多个方面对跨国企业选择FDI方式的因素进行了研究，发现国家特定的因素（人均GDP、宏观经济因素、政策稳定性等）对跨国企业的跨境并购和绿地投资都有着显著的影响。

（三）异质性企业对外直接投资的动机表现

松浦和早川（Matsuura & Hayakawa，2012）将HMY模型纳入了跨国企业的VFDI行为，发现生产率较高的跨国企业选择HFDI或VFDI的方式，而生产率较低的企业在国内生产；李（Lee，2008）发现生产率最高的跨国企业同时在发达国家和发展中国家进行投资；生产率次之的跨国企业在发达国家投资；生产率较低的跨国企业在发展中国家投资；生产率最低企业将不进行FDI。高越和李荣林（2008）以及高和威利（Gao & Whalley，2013）发现生产率最低的企业从事出口，生产率较高的企业进行分割生产，生产率最高的企业选择HFDI。王方方和杨志强（2013）发现生产率最高的企业选择水平型FDI，生产率次之的企业选择出口平台型FDI，而生产率较低的企业选择贸易引致型FDI。片山等（Katayama et al.，2011）发现均衡时跨国企业在两个东道国之间的分配使得处于生产率水平分布低端的企业采取出口导向型 FDI；而处于生产率水平分布高端的企业选择市场导向型 FDI。姆拉佐娃和尼里（Mrazova & Neary，2012）将出口平台型 FDI 和复杂型 FDI 纳入同一分析框架中，发现生产率最高的企业在多个东道国设立附属公司，中等生产率水平的企业只设立一个附属公司，并将其作为出口平台；生产率最低的企业选择出口的方式。

二、制度距离与 FDI

20 世纪 80 年代以后，FDI 理论研究出现了一个新的方向——把制度经济学理论和 FDI 理论结合，即将制度因素作为工具变量，纳入对外直接投资的理论体系和实证研究中。

（1）国外学者方面。贝雷·塞尤姆（Belay Seyoum，2009）基于全球竞争力报告选取了多项指标，研究了正式制度对外国直接投资的影响机制，得出结论：较好的正式制度对东道国外资流入有积极影响，东道国与母国间的制度距离越大，FDI 的流入越少。崔钟慕，李目木，阿米尔·肖汉姆（Jongmoo Jay Choi、Sang Mook Lee，Amir Shoham，2010）利用美国公司的并购投资数据分析了制度距离对 FDI 流入的影响。他们认为东道国的一般环境制度越好越能吸引 FDI 流入，而中小投资者保护性制度越好则对 FDI 越有阻碍作用，因为这种保护性制度减少了母国收购公司能够获得的收益。迈克·陈-何超和维卡斯·库马尔（Mike Chen-Ho Chao，Vikas Kumar，2010）从公司层面分析了管制性制度距离和规范性制度距离对外国直接投资的作用机制，认为管制性制度距离对国际多样性—企业绩效之间的关系有负面影响，而规范性制度距离对国际多样性—企业绩效之间的关系有积极影响。

（2）国内学者方面。鲁明泓（1999）系统考察了制度因素对对外直接投资的影响，实证研究表明：制度因素在决定对外直接投资区位分布中具有重要作用，在吸引外国直接投资流入的诸多因素中，自由开放的经济体制和鼓励外资的优惠政策是最重要的，并且制度因素比经济因素等“硬”环境更重要。刘晶、朱彩虹（2012）以国家治理指数考察了管制性制度和规范性制度距离对直接投资的影响，研究表明，南方国家和北方国家均倾向于向规范性制度环境相近的国家投资；制度距离在南、北方国家分别作为投资母国时会产生不同影响。岳咬兴等（2014）以中国为对象，研究了制度环境对中国对亚洲直接投资区位分布的影响，认为相较于东道国自身的制度环境，制度距离的作用更加重要；与中国制度距离较小的国家更易吸引来自中国的市场和效率寻求型的直接投资。

虽然制度因素以及在此基础上形成的制度距离正在融入外国直接投资的理论体系中，并形成一个新的研究领域，但相关研究文献尚不充分，该领域的研究仍有很大的空间。

三、自主创新与 FDI

FDI 对自主创新影响作用的研究，主要是围绕 FDI 技术溢出的途径进行的。学者们普遍认为 FDI 对技术创新影响的实现主要通过以下四种途径：示范效应、竞争效应、人力资本培训和流动效应以及联系效应。

（一）示范效应（demonstration effect）

示范效应（Findlay，1978；Das，1987），是指由于跨国企业与东道国企业之间存在技术差距，东道国企业通过对新技术的学习和模仿来提升自身的技术水平。芬德利（Findlay）认为创新知识拥有者与模仿者之间的交往越密切，该效应就越显著。此后，敏彦（Toshihiko，2003）分析了引进技术的引擎作用，他认为在专业设备的引进过程中，熟练的使用者将可以最先掌握先进技术，而非娴熟的使用者就要等到设备被普遍采用和获得时才能运用新技术。设备品质的提升成为技术扩散的主引擎。在一定条件下，内资企业仅通过观摩和了解附近的外资企业就可以提高自己的生产率。

（二）竞争效应（competition effect）

布罗斯多姆（Blomstrom，1983）认为外资企业对东道国企业最重要的影响就是竞争效应。达斯（Das，1987）认为这一效应取决于当地的市场环境、跨国企业的子公司与当地厂商的相互影响。相关的文献中此类效应的作用具有两面性：一是正向作用（positive function）。正向方面影响的研究指出，竞争效应首先是指 FDI 的引入会与东道国企业对有限的市场资源展开争夺，从而加剧东道国市场的竞争激烈程度，迫使本国公司不得不加大研发投入，加快技术和设备的升级与更新（Caves，1974；Kokko，1992；Sinani，Evis，Meyer，Klaus E.，2004）；二是负向作用（negative function）。负向作用指挤出效应（crowd-out effects），也被称为“市场盗窃效应”（business stealing effect）。外资流入可能对本国的投资产生挤出效应，具体表现为跨国企业凭借其强大的技术优势挤占东道国企业原有的市场份额，过于明显的优势也抑制了竞争（Borensztein & Lee，1998；Ponomareva，2000；Reneta Kosova，2003）。

（三）人力资本培训和流动效应（HR capital training and flow effect）

这种效应指 FDI 对东道国员工，尤其是对其高级管理人才、高素质研发人才的培训提高了东道国的人力资本存量（张建华，2003）。卢卡斯（Lucas，1988）认为 FDI 能够直接提升发展中东道国的人力资本水平，改善东道国公司的知识储备以及管理技能。张天顶（2012）指出由于人力资本具有可传递性，所以 FDI 的流入能够使得发展中东道国的本地人才在外资企业内部的工作和外部的接触中，利用“干中学”效应获得相关的技术知识和管理技能，从而为东道国自主创新提供必备的人才条件。

（四）联系效应（linkage effect）

联系效应是一种产业间的外溢，指外资企业在与东道国上游企业或下游客户的互动中，与供应商等上游企业产生后向联系，以及与销售企业产生前向联系（李平，1995；赖明勇，2003）。萨尔瓦多·巴里奥斯（Salvador Barrios，2000）认为，后向联系与一个行业的投入产出结构关系紧密。若内资企业为外资企业提供中间品，则后向联系效应就会提高（Rodriguez-Clare，1996）。而前向联系则指跨国公司的产品可作为内资企业的中间品使用。鲁伯等（Reuber et al.，1973）研究发现，FDI 与本土企业的前向联系可以显著引领本地分销商和销售组织的发展。

核心知识小结

本章从三个方面介绍了国际直接投资的相关理论。传统的国际直接投资理论主要是在发达国家的背景下发展起来的，包括垄断优势理论、产品生命周期直接投资理论、区位优势理论、国际生产折衷理论等，强调发达国家在国际直接投资过程中的绝对优势，而在发展中国家背景下发展起来的国际直接投资理论如投资发展周期理论和小规模技术理论，则展现了发展中国家在国际投资发展进程中的独特比较优势。国际直接投资理论前沿则从异质性框架、制度距离、自主创新三个方面来探讨了 FDI 理论的发展。

备考准备

一、名词解释

垄断优势理论　内部化理论　国际生产折衷理论　投资发展周期理论　小规模技术理论

二、选择题

1. 海默（Hymer）关于多国企业的理论思想不包括（　　）。(单选)

A. 垄断优势论　　B. 消除冲突论

C. 区位优势论　　D. 交易成本论

2. 一种产品的竞争优势并非长期固定在某一个特定的国家，而是从技术发明国转向生产成本较低的国家，描述这一现象的理论是（　　）。(单选)

A. 要素禀赋论　　B. 产品生命周期直接投资理论

C. 比较优势论　　D. 区位优势论

3. 国际生产折衷理论由哪几部分构成？（　　）。(多选)

A. 所有权优势　　B. 内部化优势

C. 区位优势　　D. 竞争优势

4. 一个国家或地区是否具有区位优势可以考虑的因素包括（　　）。(多选)

A. 投入要素和产品市场的地理位置　　B. 投入要素的价格、质量和生产率

C. 政府的政策和干预程度　　D. 基础设施状况和社会文化差异

5. 以下哪些选项可以解释产业内双向投资现象？（　　）。(多选)

A. 寡占反应行为

B. 没有一家跨国公司对产业具有独占性的控制能力

C. 产业内国际贸易

D. 可以取得垂直联合的优势

三、简答题

1. 论述在产品生命周期的不同阶段国际贸易如何发生变化。

2. 中国企业对外直接投资是否符合国际生产折衷理论?

3. 目前，学术界普遍认为对外直接投资对技术创新影响的实现是通过哪些途径进行的?

4. 发达国家直接投资理论和发展中国家直接投资理论有什么不同?

第七章
跨国公司与国际直接投资

■　**本章知识结构图**

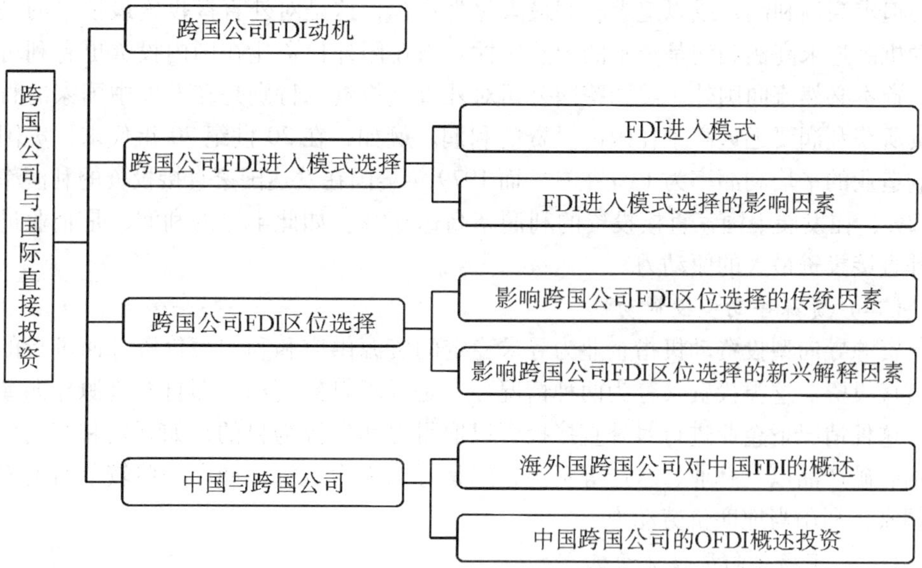

学习目标

本章重点掌握跨国公司国际直接投资的动机、进入模式的选择及影响因素、FDI 区位选择及其影响因素；

一般掌握外国跨国公司在中国的 FDI 以及中国跨国公司在国外的 FDI。

引例　沃尔玛的全球化业务

第一节 跨国公司FDI动机

跨国公司（multinational corporation），根据联合国贸发会（UNCTAD）的定义，是指在两个或多个国家建立子公司或分公司，由母公司进行有效控制和统筹决策，从事跨国界生产经营活动的经济实体。跨国公司在世界投资贸易中具有举足轻重的地位，并为经济全球化提供了强有力的载体。

跨国公司对外直接投资的动机，取决于跨国公司自身的全球竞争战略。跨国公司对外直接投资的动机主要包括以下几个类型：

（一）追求高额利润型投资动机

追求高额利润，或以追求利润最大化为目标，这是对外直接投资最根本的决定性动机。追求高额利润是资本的天然属性，当在国外投资比在国内投资更有利可图时，资本必然流向国外。美国跨国公司对外直接投资，特别是在发展中国家的直接投资所获利润要远远高于在国内投资的利润。例如，在20世纪70年代末，美国国内制造业的平均利润率为13%左右，而1979年美国在发达国家直接投资的利润率为19.2%，在发展中国家直接投资的利润率高达32%。如此丰厚的利润，是企业进行对外直接投资最大的驱动力。

（二）资源导向型投资动机

资源导向型投资动机指企业为寻求稳定的资源供应和利用廉价资源而进行的对外直接投资。这类投资又分为两种情况：一是寻求自然资源，即自然资源导向型投资，这种情况下企业进行对外直接投资以取得自然资源为目的，如开发和利用国外石油、矿产品以及林业、水产等资源；二是寻求人力资源，如在一些较落后的发展中国家，利用当地廉价劳动力。

（三）市场导向型投资动机

这类投资可分为以下四种情况：①开辟新市场。企业通过对外直接投资在过去没有出口市场的东道国占有一定的市场。②保护和扩大原有市场。企业在对出口市场的开辟进行到某种程度之后，通过对外直接投资在当地进行生产和销售更为有利。③克服贸易限制和障碍。企业可通过向进口国或第三国直接投资，在进口国当地生产或在第三国生产再出口到进口国，以避开进口国的贸易限制和其他进口障碍。④跟随竞争者。在寡头垄断市场结构中，即少数大企业占统治地位的市场结构中，当一家企业率先到国外直接投资时，其他企业就会跟随而至，有时甚至不惜亏损，以维护自己的相对市场份额，保持竞争关系的平衡。

（四）效率导向型投资动机

效率导向型投资动机是指企业进行对外直接投资的目的在于降低成本，提高生产效率。通常有两种情况：第一，降低生产成本，如果企业在国内生产出口产品，其生产成本高于在国外生产时，可通过对外直接投资方式在国外设厂生产，以降低生产成本以及运输成本等；第二，提高生产效率，获得规模经济效益，当企业的发展受到国内市场容量的限制而难以达到规模经济效益时，企业可通过对外直接投资，将其相对闲置的生产力转移到国外，以提高生产效率，实现规模经济效益。

（五）分散风险型投资动机

企业在进行对外直接投资过程中面临着种种风险，其中最主要的就是经济风险（汇率风险、利率风险、通货膨胀等）和政治风险（政治动荡风险、国有化风险、政策变动风险等）。对于经济风险，企业主要采用多样化投资方式来分散或降低，通过对外直接投资在世界各地建立子公司，将投资分散于不同的国家和产业，以便安全稳妥地获得较高的利润。对于政治风险，企业通常采用谨慎的方式对待，尽可能避免在政治风险大的国家投资。

（六）技术导向型投资动机

企业可通过对外直接投资来获取东道国的先进技术和管理经验，这种动机的投资通常集中在发达国家和地区的资本技术密集型产业。二次大战后，发达资本主义国家之间的对外直接投资不断增加。20 世纪 90 年代以来这种趋势更为突出，国际直接投资的 80%左右集中在“大三角”国家之间，欧共体（欧盟）和日本不断扩大对美国的直接投资，而美国也在不断增加在欧共体（欧盟）和日本的直接投资，出现这种情况的一个重要原因就是为了获得对方的先进技术。

（七）追求优惠政策型投资动机

企业被东道国政府的优惠政策所吸引而进行直接投资，可减少投资风险，降低投资成本，获得高额利润。这类投资一般集中在发展中国家和地区，东道国特别是发展中国家东道国的优惠政策，对外国直接投资产生了强烈的吸引力，促进了企业对外直接投资的发展。

（八）环境污染转移型投资动机

转移环境污染是一些国家的跨国公司进行对外直接投资的重要动机之一。环境污染是威胁人类生存和经济发展的世界性问题，一些发达资本主义国家迫于日益严重的环境污染问题，严格限制企业在国内从事易造成污染的产品生产，从而促使企业通过对外直接投资，将污染产业向国外转移。在发达国家对外直接投资中，尤其是在制造业对外直接投资中，化工产品、石油和煤炭产品、冶金、纸浆造纸这四大高污染行业所占的比重是相当高的。

（九）全球战略型投资动机

跨国公司的全球战略是跨国公司在全世界范围内安排投资，从事生产经营活动的战略。全球战略是跨国公司的对外直接投资发展到全球化阶段的一种投资动机。跨国公司在进行对外直接投资决策时，所考虑的并不是某一子公司在某一时期或某一地区的盈亏得失，它所关心的是跨国公司长期的、全局的、最大的利益，将其所属各机构、各部门看作一个整体，有时不惜牺牲某地区某部门的局部利益，以保证全球战略目标和整体利益的实现。

对外直接投资的各种投资动机可以单独存在，也可以同时并存，其中追求高额利润型投资动机是最基本的投资动机，而其他各种类型的投资动机都是它的派生形式。

第二节　跨国公司 FDI 进入模式选择

一、FDI 进入模式

国际直接投资资本进入东道国的方式主要有两种，即绿地投资（greenfield investment）和跨国并购（merger & acquisition）。绿地投资，又称新建投资，是指跨国公司以多种生产要素投入的方式在东道国境内依照东道国的法律新建的部分或全部资产所有权归外国投资者所有的企业，它不考虑东道国的相应产业市场原来是否存在着一定的生产能力。跨国并购，是跨国兼并和跨国收购的合称。跨国兼并（merger）是指跨国公司与东道国当地企业资产合并后建立一家新的实体或合并成为一家现有的企业。跨国收购（acquisition）是指跨国公司收购一家东道国现有的当地企业或外国子公司的控股股份或资产，从而实现对该公司企业的实际控制。

各年《世界投资报告》显示，20 世纪 80 年代以前，绝大多数跨国公司进行对外直接投资时，都是以绿地投资的方式进入东道国，20 世纪 80 年代以来，跨国并购的方式开始逐步超过了绿地投资：1989—1996 年，全球跨国并购投资额连续 8 年增长，在全世界范围内，跨国并购额已经占到了对外直接投资额的一半以上。即使在 1999 年后，在跨国并购额连年下降的情况下，其在全球对外直接投资额中所占的比重仍然接近 50%。2016 年，这一比重达到了 56.4%。

绿地投资与跨国并购作为国际直接投资的两种主要进入方式，具有不同的优点和缺点（见表 7.1）。

表 7.1　绿地投资与跨国并购的特点比较

	优点	缺点
绿地投资	不易受到东道国法律和政策上的限制及当地民众的抵制 手续更加简便 能享受东道国的优惠待遇 新建企业所需的资本，可以准确估价，不会有并购中烦琐的资产核算	需要一定的营建期，投产较慢 没有销售渠道，难以快速进入东道国市场 难以快速进行跨行业的经营以及实现产业与服务多样化经营风险高，组织管理难度大
跨国并购	利用目标企业现有的生产设备、技术人员以及熟练工人，可以获得对企业发展非常有利的技术、专利、商标等无形资产 项目的建设周期较短 利用并购企业原有的销售渠道，可以迅速进入国外市场 可以迅速扩大经营范围，增加经营方式，促进产业多样化，扩大生产规模 并购后，出售目标企业的股份和资产，可以获得更多的利润	并购企业所在国的会计制度与财务制度往往与投资者所在国有很大差异，可能导致并购支出大于目标企业的实际价值 东道国反垄断法可能造成对外来资本和被并购行业企业的限制 存在文化排斥现象，为并购后新企业融入当地市场带来一定的困难 并购后整合的成本和难度较大

因此，当企业选择以何种方式进入东道国时，必须结合东道国和企业自身实际情况，并综合考虑各方面因素的影响程度，力求发挥选择进入方式的优势，弥补相应缺陷。

相关资料　中国坐上世界绿地投资头把交椅

二、FDI进入模式选择的影响因素

影响跨国公司对外直接投资进入方式的主要因素有：母公司自身实力、东道国投资环境以及竞争对手行为。同时在运用成本收益来考虑FDI进入方式的选择时，还应该考虑国家因素、成本因素、时间因素等其他因素对其的影响。上述这些影响FDI进入模式选择的因素归纳起来可以分为外部因素和内部因素两大类。

（一）外部因素

1. 东道国政府效率及法规因素

（1）东道国政府效率。东道国政府办事效率是否高效，对于FDI进入方式的选择有重要的影响。如果一国政府办事效率低下，官僚化问题严重，那么以迅速进入市场为直接目标的跨国公司将不会采用绿地投资的形式，因为绿地投资相比跨国并购，其市场进入的时限较长，厂房的新建、设备的购置以及技术工人的雇佣都需要大量的准备时间，且绿地投资所需办理的手续比较烦琐，审批程序比较复杂，跨国公司可能会无法迅速进入东道国市场，从而贻误了最佳的投资时机。

（2）法律因素。在经济全球化的浪潮中，国际直接投资发展迅速，各个国家和政府都颁布了各项法律法规鼓励外国资本流入，以促进本国的经济发展。仅2002年全世界范围内就有70个国家修改了本国的投资制度，在所有修订的248项法规中，有利于外国直接投资的就有236项，占全部修改数量的95%，具体见表7.2。但是，某些经济欠发达的国家和一些中东欧的转轨国家，为了保护本国民族产业免受国外大型跨国公司的冲击，颁布了一些法律法规，从投资行业、进入方式以及控股份额等方面对FDI加以限制。一般来讲，这些国家对于跨国公司的并购行为都是有所顾忌的，一方面担心市场垄断的形成，另一方面也防范发达国家的经济渗透与控制。因此，在转轨国家中，绿地投资反而在时限上短于跨国并购。

表7.2　1996—2002年对本国对外直接投资法规所做的修订　　单位：个

项目	1996	1997	1998	1999	2000	2001	2002
修订投资制度的国家数目	7	76	60	63	69	71	70
法规修订数目	14	151	145	140	150	208	248
更有利于外国直接投资	98	135	136	131	147	194	236
更不利于外国直接投资	16	16	9	9	3	14	12

资料来源：贸发会议，《2003年世界投资报告——外国直接投资政策促进发展：国家和国际透视》。

2. 东道国市场状况

（1）东道国市场竞争程度。跨国公司在考虑以何种进入方式进入东道国前，都会充分了解东道国的市场竞争状况。东道国的市场竞争状况对于进入方式的选择有很大的影响力，东道国目标市场集中度越高，发生并购进入的可能性就越大。如果在一国市场中，企业数量较多，企业间竞争激烈，那么该市场趋于完全竞争状态，各企业的利润趋于均衡。此时，在不存在产品差异的前提下，该市场的进入壁垒较坚固，如果采取绿地投资的方式，将会增加市场中企业的数量，使得竞争加剧，在这种情况下，企业不适合选择绿地投资的方式进入东道国市场。

（2）市场中的有效需求。在产品无差异的前提下，市场有效需求的大小是潜在进入者必须考虑的因素。如果市场上某种产品供给过多，而有效需求较小，存在着生产能力过剩的现象，那么，跨国公司选择绿地投资进入市场就不是十分可取的选择，原因在于绿地投资增加了市场上企业的数量，从而增加了产品的供给，这使供给与有效需求的缺口进一步加大，导致企业的利润降低。相反，并购不会影响市场的集中度，并可以确保投资者拥有初始市场份额和可观的市场力量。相比于绿地投资，并购降低了市场中的竞争强度，因此可以说并购适合竞争激烈的行业。

3. 目标行业及企业状况

（1）目标行业的优良资产。目标行业中有无可供并购的优良资产，决定了跨国公司选择进入方式时是否会考虑采用跨国并购的方式。如果目标行业内劳动生产率较低，行业内企业的生产技术水平较低，普遍存在设备老化的现象，其现有资产与跨国公司是不相容的，那么其对于跨国公司的并购吸引力较小，对绿地投资的吸引力较大。反之，如果行业内存在较多的优良资产，并购者的选择机会就会更多，更容易实现其效用的最大化。例如：英国的食品饮料业跨国企业 British Vita 选择以绿地投资的方式进入波兰，主要是因为当地行业中缺乏可供选择并购的优良资产，其行业生产率极其低下，仅为英国的二十分之一。从另一个方面考虑，如果目标行业是一个新的经营领域，在当地属于新生行业，那么出于迅速进入市场的目的，跨国公司会偏向于并购进入。

（2）目标企业状况。目标企业状况主要指企业的技术状况。如果跨国公司选择以并购的方式进入东道国市场，那么其成功与否依赖于其是否能够成功地选择目标企业。潜在进入者的技术水平如果与目标企业的技术水平相似或差异不大时，跨国公司往往倾向于并购进入，因为并购进入后的适应成本相对较小，其只需对原有企业的产品进行必要的调整，而对于生产程序的调整是很细微的。相反，当新进企业的技术与东道国企业的技术无法兼容时，应考虑选择绿地投资。同时，要考虑目标企业的技术是否在国际上具有竞争力。具有一定国际竞争力的技术对于并购者来说才具有使用价值。20 世纪 90 年代以来全球跨国并购的实际发展情况可以论证这一观点，在 20 世纪 90 年代跨国并购的出售额中，发达国家所占的比重为 90%。其主要原因就是，相对于发展中国家而言，发达国家的企业普遍具有较高的技术水平，其产品的科技含量较高且发达国家的企业之间的技术可兼容性较好，降低了适应成本的支出，从而降低了并购费用总额。

4. 东道国国内资源的可获取程度

这些资源包括东道国国内可以利用的自然资源、原材料及燃料动力、劳动力、房地产及东道国的基础设施等。如果跨国公司选择以绿地投资方式进入东道国，其需要支付新建企业而产生的成本，若东道国国内资源的可获取难度大，新建企业缺乏足够的建设资源，跨国公司必须以更高的价格购置或承担一笔运输成本，将资源由母国转移到东道国，此时新建成本必然会增大。因此，当东道国国内资源的可获取程度较困难，在国内公开市场上只有较低素质的资源时，跨国公司通常会选择跨国并购的方式进入东道国，而不去考虑绿地投资进入。

5. 地域文化差异

由于母国与东道国在地域上的距离以及东西方传统文化的不同，跨国公司在选择 FDI 进入方式时，必须充分考虑东道国的地域文化与母国的差异。地域文化差异越大，采用并购进入的可能性就越小，母国与东道国较大的文化差异将促使企业采取绿地投资模式，因为文化差异越大，并购方式可能引起的外部市场交易成本就越大。美国在 1989—2002 年对南方共同市场（巴西、阿根廷）以及北美自由贸易区（加拿大、墨西哥）的并购投资的实际情况，如表 7.3 所示。

表 7.3　1989—2002 年美国在四国的并购投资份额　　单位:%

年份	加拿大	墨西哥	巴西	阿根廷
1989	66.67	16.67	13.33	3.33
1990	71.43	14.29	9.52	4.76
1991	36.36	45.45	9.09	9.09
1992	48	40	8	4
1993	25	50	10	15
1994	33.33	27.78	11.11	27.78
1995	45	5	20	30
1996	37.04	11.11	25.93	25.93
1997	36	10	20	34
1998	33.33	17.39	30.43	18.84
1999	30	15	35	20
2000	36.5	20.5	31	12
2001	28.46	25.35	29.12	16.77
2002	33	17.98	30.65	18.37
1989—2002	39.08	22.39	20.48	18.05

资料来源：Olivier Bertrand and Nicole Madariaga，2002. Firmlocation Chioces。

在这四个国家中，美国在加拿大的并购投资份额最大，平均达到了39.08%；在墨西哥的并购投资份额次之，在巴西和阿根廷的并购投资份额最小。其原因之一是，加拿大和墨西哥在地域上靠近美国，且加拿大与美国同为西方发达国家，两国的文化差异较小；而巴西和阿根廷远离美国本土，同时，由于巴西与阿根廷属于发展中国家，这两个国家与美国的文化差异较大。这些原因影响了美国在选择进入方式时的决策。

（二）内部因素

1. 跨国公司的经营状况

（1）跨国公司的技术状况。跨国公司在选择FDI进入方式时，不仅要考虑目标行业企业的技术水平，同时还必须合理准确地评估自身的技术状况。当跨国公司与目标企业的技术差异较小、兼容度较强时，其并购进入后所发生的适应成本较低，此时，并购是比较有利的。反之，当专业化技术较高的新进者，要付出较高的适应成本时，绿地投资会比较有利。

（2）跨国公司的可转移资源。跨国公司的可转移资源主要指可转移无形资产，这些可转移的无形资产包括企业优秀的管理资源、融资的便利性及企业在国际上的商誉等。当跨国公司选择绿地投资模式进入东道国时，先进的管理资源可以保证新设企业良性发展；融资的便利性，可以为企业节约高额的融资成本，从而减少新建成本；如果企业的产品在国际上享有较高的声誉和认知度，那么这会有利于新建企业产品的市场竞争力的加强，使其迅速占领市场。因此在无形资产方面拥有竞争优势的企业，更倾向于选择绿地投资模式。

（3）企业研发实力。企业的研发能力强弱及研发支出大小，也是影响跨国公司进入方式选择的重要因素。如果跨国公司以绿地投资的方式进入东道国，其必须为了解当地市场、获取市场信息、研究市场机会付出较高的研发成本，企业的研发投入越大，研发能力越强，其新建企业的研发成本就越低。以往学者的研究认为，具有高研发能力的企业倾向于绿地投资。

2. 母国及跨国公司的历史沿革

母国或跨国公司自身历史上的国际直接投资经历，也会影响到其FDI进入方式的选择。如果一国的FDI历史上有较多跨国并购案例发生，同时，该国的跨国公司也曾有过跨国并购的经历，当该企业选择对外直接投资的进入方式的时候，会存在传统上的沿革性，优先考虑跨国并购。同时如果一家企业在以往的跨国并购经历中积累了充分的管理经验，总结了有效的并购企业管理模式，那么，它在选择进入方式时，会倾向于并购进入。

第三节　跨国公司 FDI 区位选择

FDI 区位选择是跨国公司对外直接投资决策面临的首要问题，其决定了国际直接投资资金的流向，直接影响着东道国优势的发挥和国际直接投资战略的成败。跨国公司在进行 FDI 区位选择时，需要综合考虑不同的因素，按照影响因素的新颖程度，可将其划分为传统因素和新兴解释因素两大类。

一、影响跨国公司 FDI 区位选择的传统因素

（一）市场因素

市场因素是东道国吸收 FDI 的重要区位因素。在区位理论体系中，市场学派从需求角度对区位选择进行了分析。市场学派认为：企业应选择利润最大的区位为最佳区位，为了实现利润最大化，企业应尽可能地占有市场。市场因素主要包括：

1. 市场规模

一个地区的市场规模大小既包括现实的市场容量，也包括未来的市场潜力。如果外资企业把工厂选择在市场规模较大的地区，则对企业未来的发展大有好处。首先，市场规模较大的地方，通常接近消费者和要素市场，意味着更多的市场机会，从而降低了信息搜寻成本以及运输成本。其次，在市场规模较大的地方生产，可以及时了解市场需求的变化，并根据市场需求调节生产，同时在生产中也可获得规模经济效益，降低边际生产成本。一个地区的市场规模大小可以用其经济总量规模如 GDP 来进行衡量。人均 GDP 越高，经济发展水平越高，从而对于高质量产品或新兴产品的市场需求越大，在需求带动下，使得具有一定生产技术、生产能力和规模的 FDI 进入。反之，若地区的人均 GDP 不高，则该地区居民的储蓄力比较低，居民的大多数消费需求都集中在了日常生活的消费上，对于高质量或者高科技等外资产品的需求没有相应的购买力，从而对外资缺乏吸引力。

2. 市场化程度

经济运行是否遵循市场机制对吸引外资具有重要意义。市场化程度高的地区具有较为健全的市场机制和相对完善的市场体系，对于 FDI 具有较大的吸引力。一般可以粗略地用国有工业企业产值与全部工业企业产值之比，来衡量某一地区市场经济的发育程度，例如我国东部地区由于经济体制转变较早，非国有经济成分在区域经济中所占的比重较高，其市场经济发育程度明显高于中西部地区，从而比中西部地区更具优势。

3. 市场开放度

一般用进出口额占 GDP 的比例来反映了一个地区的市场开放度。该比值越高，说明该地区市场开放度越高，对外资的吸引力就越强；反之，则越弱。

市场开放度反映一个地区对于外商投资的态度。市场开放度高的国家，能减少外商投资的一系列有形和无形的障碍，降低其投资成本。市场开放度越高则意味着

对外商投资有着较好的容纳力，外商投资厂商及生产的产品能够为当地居民和政府所接受，该地区能够快速、高效地引进外国的先进设备和技术，外商投资生产的产品能够快速找到销售的渠道，等等。

（二）劳动力因素

劳动力因素是劳动力成本与劳动力素质的综合。劳动力成本是影响外商直接投资成本因素中最主要的成本。成本学派区位论认为，成本最小化是企业区位选择的重要标准，而劳动力成本正是其关注的重要成本之一。发达国家的高工资削弱了其企业的国际竞争力，为了降低劳动成本，增强市场竞争力，这些企业纷纷将生产转移至发展中国家，从而能够利用发展中国家的廉价劳动力获取竞争优势。同时，劳动力素质也是跨国公司关注的因素。例如，我国东部地区和中西部地区相比，东部地区的劳动力工资比较高、同时拥有较高的劳动力素质；而中西部地区，其劳动力素质要低于东部地区，较低的劳动力素质伴随着较低的劳动力工资。因此，FDI 在中国投资的区位选择，更多的是综合考虑劳动力成本和劳动力素质。

（三）基础设施状况

基础设施是 FDI 企业从事生产活动的物质条件，为企业所在的区域、工业枢纽、城市、工业区以及经济区域的生产和生活服务，是外商投资运行的硬环境。基础设施包括交通、通信邮电设施等，大部分的实证研究表明基础设施完善程度是吸引 FDI 的重要原因。完善的基础设施条件，可以为企业经营提供便利的外部条件，降低企业成本，增强该地区的引资能力。交通运输状况是基础设施状况的重要构成，是影响外商投资成本的关键因素。便利的交通条件意味着较小的进货、发货等运输成本。对于以资源开发为主的外商投资、利用低成本生产后再出口的投资以及需要大量进口原材料的投资，运输成本在产品总成本中占着很大的比重，这些企业在选择投资地区时，更多地选择临近资本输出的区域或运输条件完备、交通发达的区域。

（四）政策因素

政策因素在吸引 FDI 的过程中扮演着重要的角色，国家阶段性的政策导向会对 FDI 的区位选择产生至关重要的引导作用。例如，改革开放以来，我国所实施的优先发展东部沿海地区的对外开放政策，使得东部沿海地区利用外商直接投资大大高于我国中部和西部地区，即使是在东部沿海地区内部城市间在利用 FDI 的程度上也出现了很大的差异。但随着我国经济的不断发展和中西部地区的全面开放，各地区的政策因素带来的 FDI 差距正在缩小，即该因素的影响开始慢慢变小。

（五）法治环境

良好的法治环境是保障 FDI 可以长期持续流入的重要因素。一个国家经济自由化程度和法治程度越高越完善，则越易吸引 FDI 的流入。如果一国没有良好的法治环境和完善的政策法规，跨国企业就会担心 FDI 流入后没有足够的法制保障，会对日后的运营造成威胁，从而放弃 FDI 投资计划。

二、影响跨国公司 FDI 区位选择的新兴解释因素

（一）产业集聚效应

产业集聚是指在一个经济区域内生产某种产品的若干个同类企业，以及为这些

企业配套的上下游企业和相关服务业高密度地聚集在一起的产业现象和经济过程。新经济地理学认为，产业集聚是影响FDI分布的重要因素。产业集聚区域分布着大量既竞争又合作的互相关联的公司、专业化供应商和服务商、相关产业的企业和有联系的机构（大学、标准代理机构和贸易协会等），这些产业集聚在一起便必然会产生关联效应、成本联系、知识外溢等外部经济，这些因素均构成吸引国际直接投资的主要动力。

1. 关联效应

企业的关联效应包括前向关联和后向关联。前向关联是指下游企业在选择投资地点时，一般选择上游企业聚集的地点，后向关联是指上游企业在选择投资地点时，一般选择下游企业聚集的地点。通过企业之间的关联，可以节约产品的搜寻成本，节省运输费用，共享企业外部资源，减少产品的不确定性。上述两种关联的作用，使得相关企业在地理上聚集起来，从而吸引FDI的进一步投资。

2. 成本联系

在产业集聚区，企业之间的关联降低了产品的成本，同时还提高了市场竞争力。其具体原因在于：地理位置的靠近降低了运输成本；企业的集聚降低了市场搜索成本，提高了交易频率；聚集企业周围会自发形成劳动力市场，提供拥有各种技能的劳动力，从而降低劳动力搜寻与培训成本；交易环境的相对稳定使得厂商之间形成了相互制约关系，有利于诚信环境的建立，减少了承担违约成本的风险。

3. 知识外溢

知识外溢是指包括信息、技术、管理经验在内的各种知识通过交易或非交易的方式流出原先拥有知识的主体。知识外溢源于知识本身的稀缺性、流动性和扩散性。在现代经济生活中，知识至少和其他生产要素如劳动力、资本和原材料一样重要，尤其是在高度创新的行业中，知识的作用更加明显。公司可以通过自己的研究开发来获取这些至关重要的技术，也可以通过个人或企业之间信息与构想的非正式交流来获得，这是最便利和廉价的一种方式。集聚的企业之间由于地理上的集聚性及交往的频繁性，在日常的企业交流与合作中，信息在潜移默化中得到交换，从而享受到知识外溢带来的好处。

（二）累积因果效应

外商投资企业基于自身的一些考虑，会产生外资企业的集聚效果，即产生FDI累积因果效应。FDI集聚会对后来FDI的区位选择产生重大影响。其原因有两方面。一方面，FDI为减少投资风险，会倾向于进入外资集聚程度较高的地区。文化差异、市场陌生以及对于法制环境的担忧等问题的存在使得外商直接投资面临着外部不确定性和高额的信息成本，从而大大增加了投资风险。为了尽量减少投资风险，借鉴其他外国公司的投资经验是一个理性的选择。因此，外商直接投资可以产生累积因果效应，前期进入一个地区的外商直接投资，对后进者投资地点的选择产生一定的指导作用。另一方面，为了平衡竞争的策略，外商投资者将追随竞争对手到对手投资国家或地区投资。随着外商在中国的投资由探索阶段过渡到成熟阶段，许多大型跨国公司进入中国市场。他们进入中国的主要目标是抢占区域市场，扩大市场份额。

如果一家跨国公司进入中国，出于竞争力的战略防御的考虑，其竞争对手往往会在同一地区进行投资，以达到增加其市场份额的目的。

（三）都市圈因素

一般认为都市圈是在特定的地域范围内，以有一个或者多个经济较发达并且有较强城市功能的大城市或者特大城市为核心，以一系列不同性质、规模、等级的中小城市为主体，共同组成在空间上位置相近，在功能上紧密联系、相互依存的具有圈层式地域结构和经济一体化趋势的地域空间组织。都市圈内交通、基础设施、金融、贸易、服务、文化、娱乐等功能一应俱全，具有良好的集聚效应，都市圈发展水平越高，投资环境越好，资本的配置效率也越高，对 FDI 的吸引力也就越大。

（四）地缘因素

地缘因素或者说是地缘文化也是影响外商直接投资的一个因素。据统计，港澳台在内的东南亚华人在中国大陆的投资约占外商对华直接投资总额的 80%左右。因为在这些地区华人和侨胞尤其多，他们的家乡多位于广东、福建等省份，在该地区的投资多半是出于对家乡的热爱，或者说这些地区和中国大陆地缘的接近性和语言文化的相通性是他们进行投资的一个原因。

（五）其他因素

1. 政府素质

政府素质主要包括政府办事效率和廉政程度。一个效率较高的政府，可以为外资企业提供快速便利的服务，这非常有利于企业的生存和发展。从企业的角度，当然愿意将自己的资金投入政府素质较高的地区，这样就会使得投资者在该地区的投资更有可能获得利润，同时也减少了投资者在与政府交涉过程中产生的不必要的“腐败”成本。

2. 社会观念

人们对事物的态度及由此产生的社会观念，广泛地渗透到了许多领域。观念上的差别必然会引起行为上的差别，行为的不同对投资者的利益会产生重要的影响。例如，中国东部沿海地区是最早接触西方文化并进行贸易的区域，那里的人们也因此比生活在中西部的人具有更强的开放意识和心态，更具有冒险精神，更能接受新鲜事物，时间观念、竞争观念及财富观念特别强，在利益的驱使下，双方互相合作具备条件，较容易引进外资。

第四节 中国与跨国公司

一、海外跨国公司对中国 FDI 的概述

外商直接投资是国民经济的重要组成部分，对于促进经济增长、扩大国际贸易份额有着显著的作用。多年来，在对外开放度日益提高、国民经济不断发展的同时，中国也逐渐成为具有强大吸引力的外商投资目的国。外国资本的大量流入推动了我国的改革开放、促进了我国政府职能转变和宏观经济管理制度的改革，为建立开放

型经济新体制发挥了重要作用，同时也促进了先进技术引进和技术创新，有助于人员交流和人才引进，推动了中国经济转型升级。

（一）利用外资的阶段

改革开放四十多年来，中国利用外商直接投资不断取得突破，外商直接投资已经对中国经济发展产生了深远而重大的影响。

自改革开放以来，伴随着利用外资观念上的不断突破，中国利用外资经历了四个不同的阶段：一是 1978 年制定的改革开放政策中将对外开放确定为一项基本国策，对利用外资进行试点，中国利用外资进入起步阶段（1979—1982 年）；二是 1983 年后陆续开放沿海城市和沿海经济开发区，“经济特区”的模式推动了中国利用外资进入成长阶段（1983—1991 年）；三是 1992 年邓小平同志在南方谈话中提出了一系列利用外资的提议，从理论上消除了利用外资的障碍，中国利用外资进入了提高阶段（1992—2001 年）；四是 2001 年年末中国正式加入 WTO，加快了改革开放的步伐，中国利用外资进入了稳步发展的阶段（2002 年至今），中国实际利用外资金额始终保持着上涨的趋势（见图 7.1）。

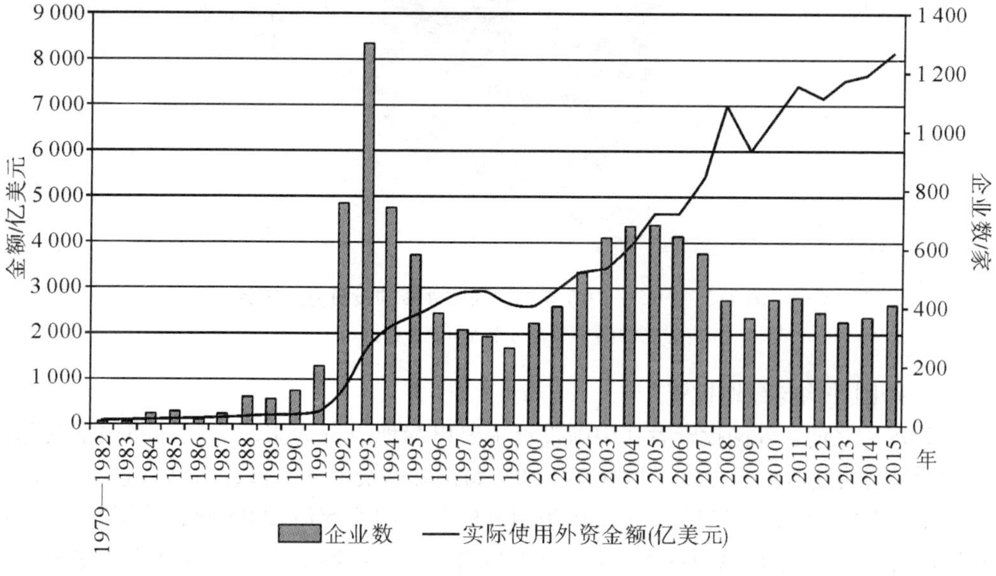

图 7.1　中国外商投资企业数和实际使用外资金额变化趋势

资料来源：商务部外资统计数据。

（二）利用外资概况

1. 外资进入模式的分类

中国利用外资的方式，主要有以下几种类型：①中外合资经营企业。中外合资经营企业亦称股权式合营企业。其特点是合营各方共同投资、共同经营、按各自的出资比例共担风险、共负盈亏。各方出资折算成一定的出资比例，外国合营者的出资比例不低于 25%。②中外合作经营企业。中外合作经营企业亦称契约式合营企业。它一般由外国合作者提供全部或大部分资金，中方提供土地、厂房、可利用的设备、设施，有的也提供一定量的资金。③外商独资经营企业。根据外资企业法的规定，设立外资企业必须有利于我国国民经济的发展，并应至少符合下列一项条件，即采用国际先进技术和设备的产品，全部或者大部分出口的外资企业。外资企业的组织形式一般为有限责任公司。④外商投资股份制。外商投资股份制是指一国及以上的外商与我国有关法人组成股份企业，各方作为股东按认购股票的价格出资。这种外商投资形式在我国出现较晚，从 1997 年起才开始单列项统计，近些年在我国比较流行，其占所有投资方式比重的增长率高。⑤中外合作开发。合作开发是海上和陆上石油合作勘探开发的简称。其最大的特点是高风险、高投入、高收益。合作开发与以上四种方式比较，所占比重很小。

截至 2016 年，中国吸收外资情况主要以外资企业和中外合资企业为主，两者合计吸收外资额占比接近总吸收外资额的 96%。

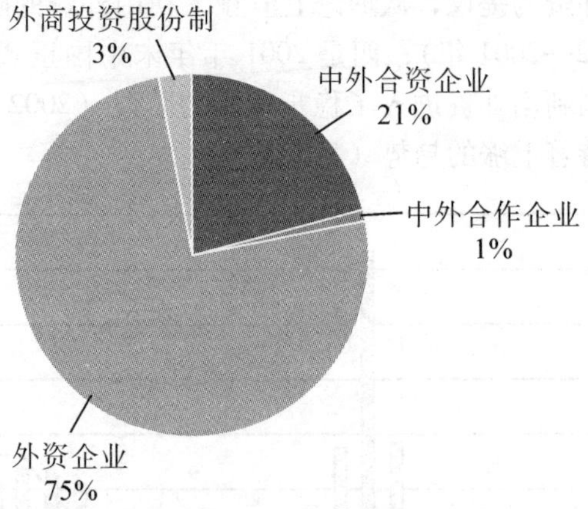

图 7.2　1995—2016 年中国吸收外资的投资方式统计

资料来源：商务部外资统计数据。

2. 跨国并购与绿地投资

2008 年之前，外国投资者在中国投资主要以绿地投资为主，跨国并购比重较低，但此后呈现快速增长的态势。2004 年，在华跨国并购交易 482 件，占外资总项目数的 1.1%，并购金额 3.3 亿美元，占中国吸引外资总额的 0.5%；2015 年，跨国并购交易 1 466 件，占外资项目总数的 5.5%，较 2014 年增长 14.4%；交易金额 177.7 亿美元，占中国实际吸收外资总额的 14.1%，同比增长 137.1%。跨国并购交易无论从数量还是金额看均主要集中在东部地区。2015 年有 84.1%的并购交易发生在东部地区，其中广东、上海、江苏最多，合计占交易总量的 54.2%；85.8%的并购交易金额集中在东部地区，为 152.5 亿美元。跨国并购交易主要发生在第三产业，且呈现快速增长的势头。如图 7.3 所示 2004 年对第三产业的并购交易仅为 105 件，而对第二产业的并购交易为 371 件；2015 年对第三产业的并购交易增加到 1 035 件，占比 63.26%，而 2015 年对第二产业的并购交易仅为 412 件，占比 37.53%。

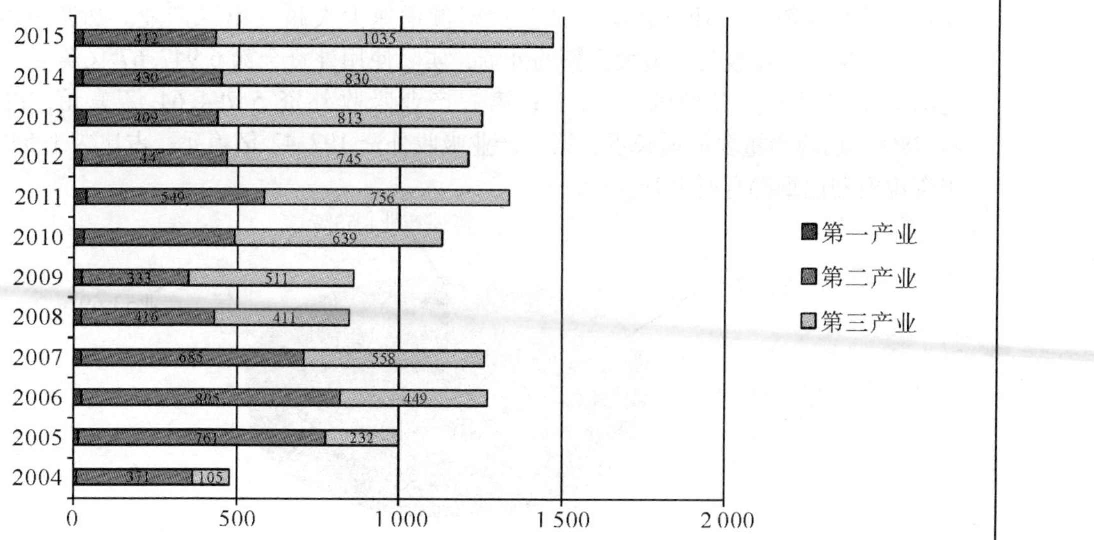

图 7.3　2004—2015 年外资在中国的并购情况（按分产业统计）

资料来源：《中华人民共和国 2016 年国民经济和社会发展统计公报》。

3. 投资主要来源于亚洲

截至 2015 年，中国香港是对华投资最大的来源地，累计对内地投资 8 333.25 亿美元，占中国累计吸引外资（含港、澳、台资）总额的 50.74%；英属维尔京群岛位列第二位，占 9.08%；日本、新加坡、美国分列第三到第五位，分别占 6.20%、4.82%、4.72%。上述 5 个国家/地区合计占比达 75.56%。从外资的洲际来源来看，亚洲是外资最主要的来源地，占到了超过 8 成的比重，接着分别是南美洲、欧洲、北美洲、大洋洲和非洲（见图 7.4）。

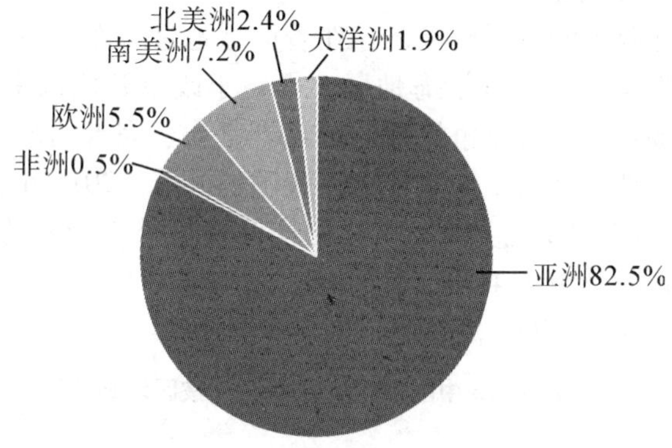

图 7.4　2004—2015 年外资来源的洲际分布

资料来源：商务部外资统计数据。

4. 投资领域转向第三产业

从产业结构上看，加入 WTO 以后，国内市场进一步开放，中国外资政策表现出了明显的过渡性特征，逐渐完善的外商投资政策推动了外商投资产业结构的明显改善，主要表现在外商投资由原本多数资本都投资于第二产业开始转向投资金融、证券、外贸等第三产业，且第三产业投资额增速大大超过第二产业。1998—2015年，中国第二产业吸收了最大份额的外资，实际使用外资金额6 947.67亿美元，占全国实际使用外资金额的53.69%；第三产业吸收外资5 794.64亿美元，占比44.78%，已成为重要的增长点；第一产业吸收外资197.42亿美元，占比为1.53%，引资规模和比重都有所上升。

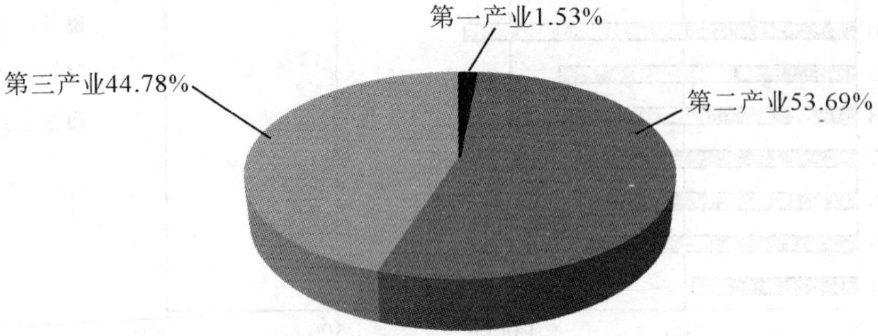

图7.5　1998—2015年中国吸收外资情况（按产业划分）

数据来源：商务部外资统计数据。

从投资行业来看，中国吸引外商投资主要是以制造业为主，其次是房地产业和金融服务业。由于资本市场活跃度的提升以及金融市场改革的迅速推进，金融服务业吸引外资实现了迅猛的增长，2015年的增速为257.92%，而制造业和房地产业（由于审慎中立的防止市场泡沫的货币政策）的增速逐步放缓，2015年两者的增速分别有0.99%和22.96%的下降。除了金融服务业，卫生、社会保障和社会福利业、信息传输、计算机服务和软件业、科学研究、技术服务和地质勘查业、教育等第三产业的外商投资额也获得了较快速的增长。

5. 区域分布集中沿海地区

外国跨国公司在我国的直接投资，存在着区域地理分布严重失衡的问题，具体表现在大部分外资都集中在东部沿海地区。得益于改革开放以来良好的制度建设，并凭借着庞大的市场规模、有竞争优势的劳动者素质、完善的基础设施及高度的产业集中度，东部沿海地区吸引了大部分进入我国的外资。2015年，中国东部地区实际使用外资金额为1 058.68亿美元，占全国实际使用外资金额的83.84%；中部地区实际使用外资金额累计104.44亿美元，占比8.27%；西部地区实际使用外资金额为99.55亿美元，占比7.88%。

表7.4　2015中国使用外资情况（按区域划分）

单位：亿美元;%；个

地区名称	企业数	比重	实际使用外资金额	比重
总计	26 575	100.00	1 262.67	100.00
东部地区	23 502	88.44	1 058.68	83.84
中部地区	1 872	7.04	104.44	8.27
西部地区	1 201	4.52	99.55	7.88

数据来源：商务部外资统计数据。

二、中国跨国公司的 OFDI 概述

（一）发展迅速，增速迅猛

中国对外直接投资（OFDI）始于改革开放，并随着经济的发展而不断增长，特别是进入 21 世纪以后，开始呈现出迅速扩张的态势。如图 7.6、图 7.7 所示，从流量上来看，2002 年，中国 OFDI 的流量为 27 亿美元，2016 年达到了 1 961.5 亿美元，年均增幅为 34.7%，全球排名也从 2002 年的 26 位上升到了第 2 位（仅次于美国）。自 2003 年以来，中国对外直接投资一直在增加，2016 年的流量是 2002 年的 72.6 倍，占全球的比重由 2002 年的 0.5% 提升至 13.5%，中国在全球外国直接投资中的地位和作用日益凸显。

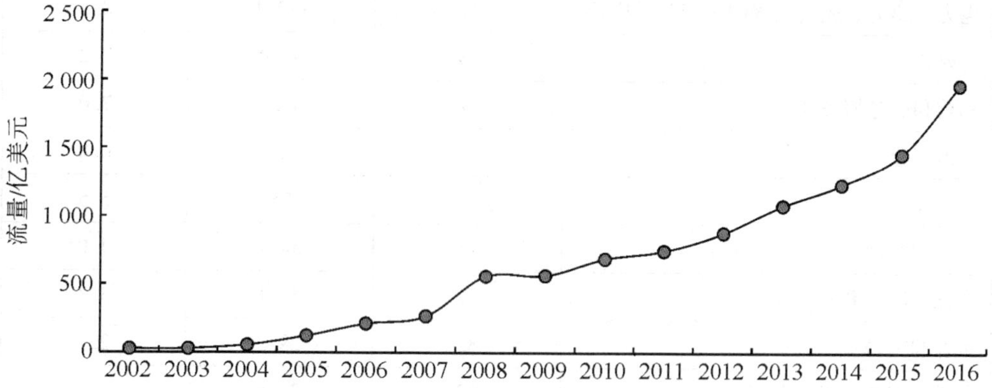

图 7.6　2002—2016 年中国对外投资流量

资料来源：《2016 年度中国对外直接投资统计公报》。

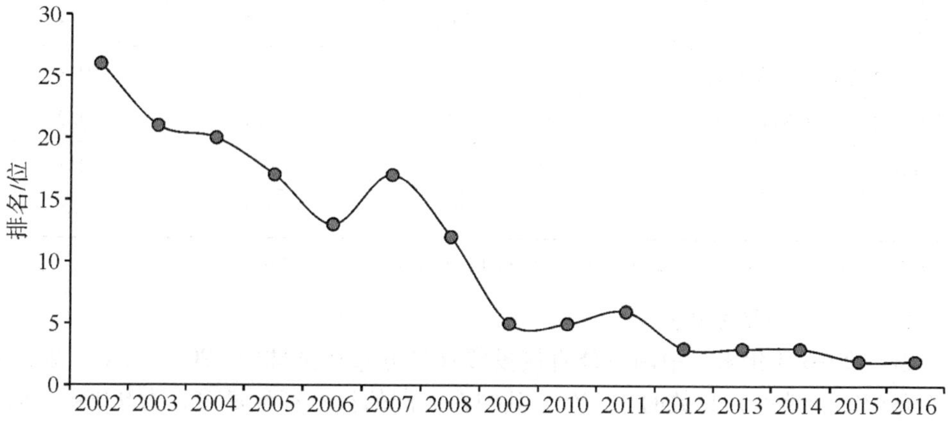

图 7.7　2002—2016 年度中国对外投资流量的世界排名统计

资料来源：《2016 年中国对外直接投资统计公报》。

（二）涉及行业广泛

2016 年中国企业对外投资并购涉及制造业，信息传输、软件和信息技术服务业、交通运输、仓储和邮政业，电力、热力、燃气及水的生产和供应业等 18 个行业

大类。从并购金额上看，制造业为 301.1 亿美元，同比增长 119.5%，位居首位；信息传输、软件和信息技术服务业为 264.1 亿美元，同比增长 214%，位列次席；交通运输、仓储和邮政业为 137.9 亿美元，同比增长 756.5%，位居第三位（见表 7.5）。

表 7.5　2016 年中国对外投资情况（按行业统计）

行业类别	数量/起	金额/亿美元	金额占比/%
制造业	200	301.1	22.3
信息传输、软件和信息技术服务业	109	264.1	19.5
交通运输、仓储和邮政业	21	137.9	10.2
电力、热力、燃气及水的生产和供应业	17	112.1	8.3
金融业	13	97.9	7.2
租赁和商务服务业	77	95.3	7.0
房地产业	59	92.7	6.8
采矿业	29	75	5.5
住宿和餐饮业	15	54.7	4.0
文化、体育和娱乐业	22	44.1	3.3
批发和零售业	82	28.2	2.1
科学研究和技术服务业	53	24.5	1.8
卫生和社会工作	4	8.1	0.6
农、林、牧、渔业	33	6.7	0.5
教育	10	4.7	0.3
水利、环境和公共设施管理业	8	3.3	0.2
居民服务、修理和其他服务业	6	2.1	0.2
建筑业	7	0.8	0.1
总计	765	1 353.3	100

资料来源：《中华人民共和国 2016 年国民经济和社会发展统计公报》，2016。

（三）投资地区分布广泛

截至 2016 年年末，中国对外直接投资存量分布在全球的 190 个国家（地区），占全球国家（地区）总数的 81.2%，其中在亚洲的投资存量最多，为 9 094.5 亿美元，占 67%，主要分布在中国香港、新加坡、印度尼西亚、中国澳门、老挝、哈萨克斯坦等地，中国香港占亚洲存量的 85.8%，接下来分别是拉丁美洲、欧洲、北美洲、非洲和大洋洲（见图 7.8）。

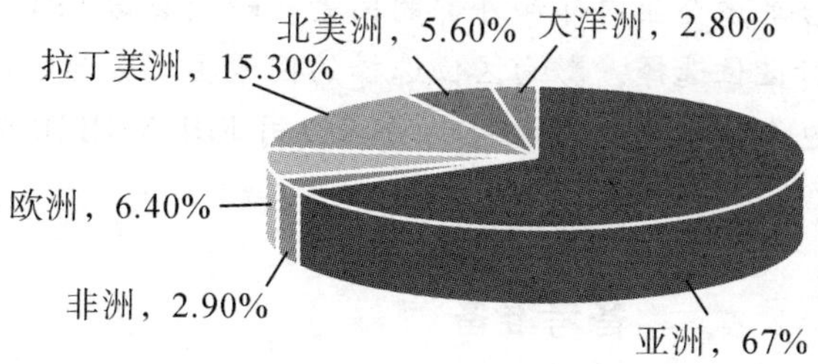

图 7.8　2016 年年末中国对外直接投资存量地区分布情况

资料来源：《中华人民共和国 2016 年国民经济和社会发展统计公报》。

（四）产业结构日趋合理化和高级化

从中国 OFDI 的发展历程来看，可以将其划分为三个阶段：①起步阶段：1982—1991 年；②发展阶段：1992—2000 年；③扩张阶段：2001 年以后。从我国 OFDI 的行业分布上来看，在起步阶段，国内的产业发展基础比较薄弱，OFDI 主要集中于资源开发和初级加工制造业。而在发展阶段，OFDI 逐步转向以采矿业和制造业为主的第二产业。进入扩张阶段，随着工业化进程的推进、技术水平的进一步提升以及产业结构的转型升级，OFDI 开始向以租赁和商务服务业为主的第三产业转变，并逐步进入科学研究、技术服务与计算机服务和软件业等复杂技术领域。

2016 年年末中国对外直接投资存量的 76. 3%分布在第三产业，金额为 10 360. 4 亿美元，主要分布在租赁和商务服务、金融、批发和零售、信息传输/软件和信息技术服务、房地产、交通运输/仓储等领域；第二产业的金额为 3 083 亿美元，占中国对外直接投资存量的 22. 7%。第一产业的金额为 130. 5 亿美元，仅占中国对外直接投资存量的 1%（见图 7. 9）。

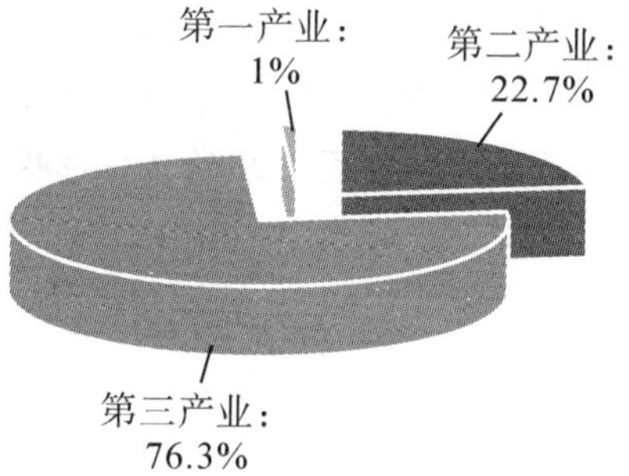

图 7. 9　2016 年年末中国对外投资产业按三次产量分类构成

资料来源：《中华人民共和国 2016 年国民经济和社会发展统计公报》。

核心知识小结

本章介绍了跨国公司进行 FDI 时的动机、进入模式及区位选择。跨国公司进行 FDI 可能是受到利润和市场的驱动，也可能是为了分散风险或者学习东道国先进的技术等。FDI 的进入模式主要有绿地投资和跨国并购两种模式，跨国公司在两种模式中进行选择的时候要综合考虑企业内部和外部的因素。跨国公司 FDI 进入模式确定后的首要问题就是要进行区位选择，影响区位选择的因素主要分为传统因素和新兴解释因素。同时，本章也介绍了与中国相关的跨国公司 FDI 和 OFDI 的发展历程及状况。

备考准备

一、名词解释

跨国公司　跨国并购　产业集聚　外商投资股份制

二、选择题

1. 苹果公司将加工装配类的业务置于中国市场的主要动机是（　　）。(单选)
   A. 市场导向型　　B. 分散风险型
   C. 技术导向型　　D. 资源导向型
2. 以下哪种情况下，企业进入东道国市场更可能选择新建企业而非跨国并购？（　　）。(单选)
   A. 东道国政府办事效率低下
   B. 企业的竞争优势来源于自身的垄断优势
   C. 东道国市场存在着生产能力过剩的现象
   D. 东道国市场趋于饱和
3. 影响跨国公司 FDI 区位选择的市场因素主要包括（　　）。(多选)
   A. 市场容量　　B. 市场潜力
   C. 市场化程度　　D. 市场开放度
4. 产业集聚从哪些方面影响跨国公司 FDI 的区位选择？（　　）。(多选)
   A. 关联效应　　B. 连锁效应
   C. 成本联系　　D. 知识外溢

三、简答题

1. 跨国公司进行 FDI 的主要动机有哪些？
2. 绿地投资与跨国并购的优缺点比较。
3. 简述影响企业 FDI 进入模式选择的主要因素。
4. 影响跨国公司 FDI 区位选择的因素主要有哪些？
5. 外国跨国公司在中国的 FDI 具有什么特征？
6. 中国跨国公司的 OFDI 发展经历了哪些阶段？现阶段的特征是什么？

第三篇　国际金融

第八章
外汇

■　本章知识结构图

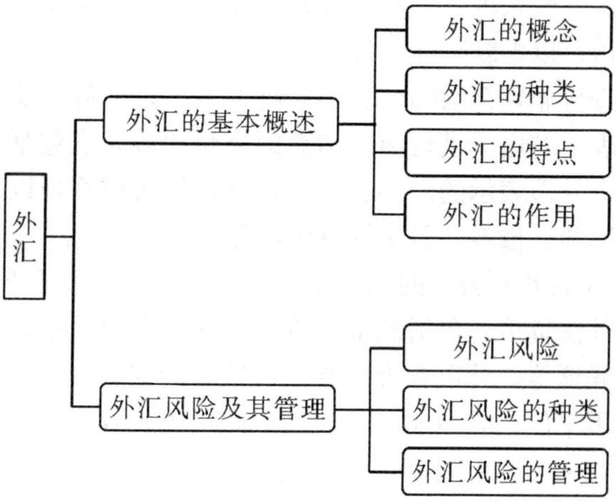

学习目标

本章重点掌握外汇的概念、外汇的特点、外汇风险的种类和外汇风险的管理。尤其要掌握外汇风险管理的方法。

一般掌握外汇的种类、外汇的作用和外汇风险的含义，并能运用所学的相关知识分析实际问题。

引例　外汇局：下半年我国国际收支有望呈现基本平衡格局

第一节　外汇的基本概述

一、外汇的概念

外汇（foreign exchange）一词是“国际汇兑”的简称，是货币行政当局（中央银行、货币管理机构、外汇平准基金及财政部）以银行存款、财政部库券、长短期政府证券等形式保有的在国际收支逆差时可以使用的债权。由于各国都有自己独立的货币和货币制度，一国货币一般不能在另一国流通，从而国与国之间的债权和债务在清偿时，需要进行本外币的兑换。外汇有动态和静态两种含义。动态意义上的外汇，是指一国货币兑换成另一国货币，借以清偿国际债权债务关系的一种专门性的经营活动或行为。一般来说，它是通过特定金融机构（如外汇银行），将一种货币兑换成另一种货币，以汇款、托收等方式，利用国际信用工具的划拨转付，对国际的债权债务关系进行非现金国际结算的一种业务活动。静态意义上的外汇，是指外币以及以外币所表示的用于进行国际结算的支付手段。它包括外币，存放在国外银行的外币存款，以外币表示的汇票、本票、支票等支付凭证以及随时可以在国外兑现的外国政府国库券、债券、股票等有价证券。

我国于 1996 年 1 月 8 日公布的《中华人民共和国外汇管理条例》亦明确界定了外汇的具体形态：外国货币，包括纸币、铸币；外币支付凭证，包括票据、银行存款凭证、邮政储蓄凭证等；外币有价证券，包括政府债券、公司债券、股票等；特别提款权、欧洲货币单位；其他外汇资产。由此可见，我国对外汇定义的阐释采用的是广义的、静态意义上的内涵。

相关资料　美元兑人民币的汇率趋势为何大转变

二、外汇的种类

外汇的种类可以从不同的角度、标准或研究目的来划分，但通常的划分可以有以下几种：

按照外汇的来源和用途，可以划分为贸易外汇和非贸易外汇。贸易外汇（trade foreign exchange），是指通过出口贸易而取得的外汇以及用于购买进口商品的外汇。由于国际贸易涉及银行、保险、运输、广告宣传等服务，因此，与之相关的银行手续费、保险费、运费、装卸费、滞期费、佣金、保险赔偿以及利息等外汇收支，都算作贸易从属外汇。非贸易外汇（non-trade foreign exchange），是指一切来源于出口贸易或用于进口贸易的外汇之外的外汇。非贸易外汇的范围非常广泛，包括劳务外汇、旅游外汇、侨汇、捐赠、援助外汇以及属于资本流动性质的外汇等。

按照对货币兑换是否加以限制可以划分自由外汇和记账外汇。自由外汇（free foreign exchange）是指不需要经有关外汇管理当局的批准，就可以自由兑换成其他国家（地区）的货币，用以向交易方或第三国办理支付的外国货币及支付手段。记账外汇（record foreign exchange），又称双边外汇或协定外汇，是指不经货币发行国的批准，不能自由兑换成其他国家的货币或对第三国进行支付的货币。这种货币通常只是在双边的基础上才具有外汇的意义，因为它是在有关国家之间签订的贸易清算或支付协定的安排下，以双方国家中央银行互立专门账户的形式存在。

从流动性的角度，外汇可以分为短期外汇和长期外汇。短期外汇（short-term foreign exchange），指可以在短期内变现的外汇资产，包括外币、短期外汇存款余额以及用外币计价的票据、短期有价证券、应收外汇账款和预付外汇费用等。因此，它有较高的流动性，但盈利性较差。长期外汇（long-term foreign exchange），指难以在短期内变现的外汇资产，包括外国股票和长期债券等。在必要时，人们可以将长期债券在二级市场上转让，但是长期债券的机会成本较高。因此，它的流动性较差，但是盈利性较强。

根据交割日期的不同，外汇可以分为即期外汇和远期外汇。即期外汇（spot foreign exchange），又称现汇，是指外汇买卖成交之后，在两个营业日交割完成的外汇。根据支付凭证的不同，可分为电汇、信汇和票汇。远期外汇（forward exchange），又称期汇，是指外汇买卖合同签订后，双方约定在未来某一时间办理交割手续的外汇。远期外汇，通常是由国际贸易结算中的远期付款条件引起的。远期外汇的用途主要有：避免国际贸易中收付的汇率风险，套利并锁定远期汇率风险以及外汇银行外汇头寸的调整。

相关资料　国际结算

国内外关于国际结算业务的概念并没有特别大的差别。随着全球化的发展，国家与国家之间在政治、经济、文化和农业等方面的交流活动不断增多，国际结算就是指因此类活动所产生的债权债务的清偿行为或资金转移行为。国际结算主要分为国际贸易结算和非贸易国际结算。国际贸易结算在国际结算业务中处于主导地位，其结算的范围包括了四类：因为有形贸易而发生的货币收付，即有形贸易结算；因为国家之间签订的贸易协定项目而发生的进出口贸易结算，即协定贸易结算（也称为记账贸易结算）；因为国际资本流动而产生的商品贸易结算，也称为资本性货物贸易结算；同时涵盖商品贸易和非商品贸易的综合经济交易的商品贸易结算。非贸易国际结算以服务贸易为主体，其结算范围包括五类：与有形贸易结算相对应的无形贸易结算；因各类国际金融资产买卖而产生的金融交易类结算；因政府或民间的各类援助、捐助、赠款等各类资金调拨行为而产生的国际资金单方面转移结算；银行提供的信用担保为基础的结算；国际非商品经济活动的资金跨国流动而产生的其他非贸易结算业务。

资料来源：任辉. AB 银行陕西分行国际结算业务风险管理研究［D］. 西安：西北大学，2016.

三、外汇的特点

外汇不同于外币。外汇与外币的区别主要体现在如下几个方面：形式不同，外汇可以是外币形式也可以是其他形式，外币仅指货币；价格不同，外汇牌价中，外汇买入价高于外币现钞价；可兑换性不同，外汇可自由兑换，外币在一些国家中不一定能换成外汇。一国货币要想成为被广泛接受和运用的外汇，必须具备以下特点：

外汇的普遍接受性是指外币在国际经济往来中被广泛接受和使用。这一特点决定了一个国家的货币要成为外汇，必须以国际通用和被他国居民接受为前提条件。外币和外币所代表的有价金融资产只有能够自由地在本国银行账户上和外国银行账户上转入或转出，才能承担国际支付手段，在国际结算中被广泛运用。

外汇的自由兑换性是指外汇能够自由兑换成其他国家的货币或购买其他信用工具以进行多边支付的性质。由于各国或地区的货币制度不同，外汇管理制度存在差异：一国的货币一般不能在另一国流通。为了清偿因对外经济交易而产生的单方面转移，被各国普遍接受为外汇的货币必须是能够不受限制地按照一定比例兑换成别国货币的货币。例如，美元可以自由兑换成英镑、欧元等其他国家或地区的货币，所以美元对美国以外的其他国家来说就是一种外汇。我国人民币由于不能自由兑换成其他国家的货币，所以它对中国以外的其他国家来说不能成为外汇，而仅仅是一种外币。外汇的这一特点使得它的购买力可以在国际转移，实现其支付手段，从而使国际债务得以清偿。

外汇的可偿还性即这种外币资产是可以保证得到偿付的。一个国家的货币偿付能力能够得到保证，这实际上反映了该国具有相当规模的生产能力和出口能力，或者该国丰富的自然资源正是其他国家所缺乏的。反之，如果一国的经济规模较小而且是低效率的，自然资源贫乏，其出口产品在国际市场上缺乏竞争力，那么该国货币的偿付能力往往得不到保证。在多边清算中，如果外币的支付凭证在国外得不到偿付，就不能用作本国对第三国债务的清偿。因此，外币或外币资产在国外不能保证偿付就不是外汇。例如，空头支票、遭拒付的汇票等就不能视为外汇。

四、外汇的作用

外币与本币一样，是国民经济建设中不可或缺的重要资源。同时，外币作为国际结算的支付手段，也是国际经济往来中必不可少的工具。随着国际经济、政治和文化交往的发展，外汇在促进国际贸易和国际经济合作方面发挥着重大的作用。

首先，外汇可以促进国家间经济、贸易的发展。用外汇清偿国际的债权债务，不仅能节省运送现金的费用，降低风险，缩短支付时间，加速资金周转，更重要的是运用这种信用工具，可以扩大国家间信用交往，拓宽融资渠道，促进国际经贸发展。外汇的各种凭证在国际贸易中的运用，会使国际贸易中进出口商之间的信用接受成为可能，一旦出口商同意进口商延期付款，则可以开出远期汇票融资，从而扩展了资金融通范围，加速了资金周转，促进了国际贸易发展。

其次，外汇能调剂国际资金余缺。世界经济发展不平衡导致了资金配置不平衡。

有的国家资金相对过剩，有的国家资金严重短缺，客观上存在着调剂资金余缺的必要。而外汇充当国家间的支付手段，通过国际信贷和投资途径，可以调剂资金余缺促进各国经济的均衡发展。外汇既能有效地填补外汇短缺国家的资金缺口，又能使外汇盈余的国家向其他国家进行投资，这样就解决了国家间资金供求的不平衡。

再次，外汇还是衡量国际经济地位的标准。外汇代表一国的国际购买力，代表一国所拥有的债权。外汇越多意味着该国越有实力干预国际金融市场，能够增加本国商品在国际市场流通的速度、规模和范围，提高该国的国际经济地位。外汇与国际收支的关系十分密切，当一国国际收支出现持续顺差时，外国对本国的债务增多，将产生供过于求的现象，一国国际储备的外汇也相应地增加，本国货币对外国货币的比值将随之提高；反之亦然。

最后，外汇是一个国家国际储备的重要组成部分，可以平衡国际收支。外汇的作用之一就是动用外汇储备矫正国际收支出现的暂时性失衡。同时，外汇作为一国对外的债权，能够购买外国商品和劳务，国家可以运用相应的外汇政策干预本国的经济活动，进行宏观调控。此外，外汇跟国家黄金储备一样，作为国家储备资产，一旦国际收支发生逆差时可以用来清偿债务。

第二节　外汇的风险及其管理

一、外汇风险

外汇风险（foreign exchange risk），又称汇率风险（exchange rate risk）是指经济实体以外币定值或衡量的资产与负债、收入与支出，因货币汇率在一定时间发生不可预测的变动而产生损失的可能性。之所以称之为风险，是因为这种由不可预测因素造成的损失只是一种可能性，并非一定发生，经济实体在一定时间也可能获得经济收益，它只是资产或负债变化的不确定性。另外，外汇风险还有广义与狭义之分。狭义的外汇风险是指汇率风险和利率风险。广义的外汇风险不仅指利率风险、汇率风险，也包括信用风险、会计风险、国家风险等。

二、外汇风险的种类

根据外汇风险的承担者不同，可以将外汇风险分为企业外汇风险、银行外汇风险。不同的承担者所面临的风险种类又有不同。

（一）企业的外汇风险

企业面临的外汇风险主要有交易风险、会计风险和经济风险。交易风险指在以外币计价的交易中，由于汇率波动，导致该项交易的价值发生变动，使交易者的外汇头寸的实际本币价值发生变化，从而导致损失的可能性。这种风险的最大特点是交易者的外汇债权债务在汇率变动前已经产生，在汇率变动后实际收付。交易风险是一种最常见、最容易理解的外汇风险。交易风险又可分为外汇买卖风险和交易结算风险。外汇买卖风险，又称金融性风险，是指因一度买进（或卖出）外汇，而将来又必须反过来卖出（或买进）外汇而形成的风险。这种外汇风险主要是由于外汇交易的双向性导致的。交易结算风险，又称商业性风险，是指当进出口商以外币计价进行贸易或非贸易的进出口业务，用外币进行货款结算时所发生的外汇风险。

会计风险指企业将资产负债表中某些外汇项目转换成本币时因汇率变化而引起金额变动的风险。在汇率变动时即使外币资产或负债的数额没有发生变化，但在以本币表示的会计账目中的数目会发生相应的变动，因此会给企业账目上带来一定的损失或收益。会计风险是涉外企业中最明显的一种外汇风险，对有跨国经营业务的企业影响最大。发生会计风险时，用外币计量的资产、负债项目的发生额必须按本国货币重新表述，且必须按母公司所在国的会计规定进行。

经济风险是指由于出现预测不到的汇率变动，对企业的未来预期收益产生不可确定影响的可能性。经济风险会造成企业未来现金流量的下降，因为汇率的变动可能影响企业海外的销售量、价格及成本，从而影响企业以本币衡量的未来收益，这直接关系到企业的经营效果和投资效益。从总体上看，由于国际经营中诸多不确定因素的存在，对外贸易企业面临经济风险总是难以避免，但企业可以从整体上预测分析经济风险。可以预期的汇率变动将反映在国际金融市场以及通货膨胀和利率差异中，企业会将预期的汇率变动影响反映在公司的预期现金流量及市场价值中。因此，在理论上，经济风险仅仅产生于无法预期或未预期的汇率变动。

（二）银行的外汇风险

银行面临的外汇风险主要有外汇买卖风险、外汇信用风险和外汇借贷风险。外汇买卖风险是指外汇银行在进行外汇买卖业务时，在外汇头寸多或头寸缺时，因汇率变动而蒙受损失的可能性。外汇银行所持有的各种外币账户余额状况，称为外汇头寸。外汇银行每天都要从事外汇买卖业务，当外汇经常处于不平衡之中，某种外币头寸的卖大于买，称为“空头”；当买卖外汇不平衡程度较小时，银行可用手头资金来抵补；当差额过大时，如对一种货币买进过多，就要卖出相同金额的即期或远期该种货币，避免出现“多头”。

外汇信用风险是指外汇银行在经营外汇业务时因对方信用问题而产生的外汇风险。换言之，就是因当事人违约而给外汇银行带来的风险。例如，外汇银行在与国外同业进行有关外汇业务时，交易对方在到期日因破产或资力不足而不能履约。对于外汇银行来说，外汇信用风险比外汇买卖风险更为重要，因为其外汇业务的基础在于交易对方的资信程度。外汇信用风险在很大程度上取决于银行本身对交易对方资信情况的考察及分析能力。所以外汇信用风险比外汇买卖风险更具危险性。因此，详细考察对方的资信十分重要。

外汇借贷风险是指外汇银行在以外币进行外汇投资和外汇借贷而产生的风险，包括向外筹资或对外负债以及外汇投资中的外汇风险。例如，银行将一种外币兑换成另一种外币进行外汇投资时，若投资本息收入的外币汇率下降，投资的实际收益就会下降，银行也会因此蒙受损失。

三、外汇风险的管理

（一）外汇风险管理的策略

在理解了外汇风险的基本概念之后，就需要了解外汇风险管理的策略，以便选择适合自己的策略，以达到事半功倍的效果。外汇风险管理的策略主要包括完全抵补策略、部分抵补策略和完全不抵补策略。

完全抵补策略即采取各种措施消除外汇敞口、固定预期收益或固定成本，以达到避险的目的。对银行来说，就是对于持有的外汇头寸，进行全部抛补。对于企业来说，就是在涉外业务经营中采取一切手段避免外汇风险的形成，或者通过各种套期保值手段使头寸消除，从而避免因汇率变动而带来外汇风险。对于实力单薄、涉外经验不足、市场信息不灵敏、汇率波动幅度大等情况，采用这种策略比较稳妥，但采用这种策略时要求对外汇风险管理的成本较低；对外汇风险有较强的抵御能力；可以承担风险管理失误带来的较大的损失等。完全不抵补策略，即任由外汇敞口暴露在外汇风险之中，对其采取不管不问的态度，经济主体承担汇率变动可能带来的各种风险，包括收益或损失。采用这种策略的经济主体相信市场的自我调整力量，即购买力平价和利率平价的作用，认为长期看来机会收益与损失是可以抵消的，而这样做却能节省大量的外汇风险管理费用，这种管理策略具有较大的随机性，而且要求经济主体具有很强的抵抗外汇风险的能力，或者涉外业务在其经营中所占的比重很低。部分抵补策略是介于完全抵补策略和完全不抵补策略之间的一种选择。

相关资料　我国自贸试验区外汇监管

2013 年 11 月，中国（上海）自由贸易试验区挂牌运行。这是继中国改革开放设立特殊经济区后又一重大改革试验。上海之后，天津、广东、福建也先后实施自由贸易试验区改革。2016 年 8 月底，党中央、国务院决定在辽宁、浙江、河南、湖北、重庆、四川、陕西等省市再建立 7 个新的自贸试验区。

上海自贸区作为第一个自贸试验区，较早开始在外汇管理方面进行先行试点，并取得了一系列创新成果。但从实践来看，我国自贸区还普遍存在外汇管理法规体系不健全、统计监测体系不完善、外汇风险管理水平偏弱等问题，如果继续沿用现有法律法规、统计监测和风险管理模式，将与自贸区先行先试、改革创新目的相违背，也难以形成可复制、可推广的改革开放经验。

结合我国自贸区外汇监管模式的目标、现状和国际上的外汇监管经验来看，我国自贸区外汇监管模式构建的总体思路应从三个方面考虑：一是探索循序渐进地在区内建立并试行外汇管理负面清单，以负面清单管理模式推进外汇管理重点领域尤其是资本项目外汇管理改革，进一步简政放权；二是配合区内外汇管理负面清单的试行，加快对配套的信息采集系统和信息资源共享机制建设；三是放管结合，在放开事前审批的同时，加强宏观审慎监管和微观审慎监管的协调配合，进一步完善事中事后监管，切实防范跨境资金流动风险。

资料来源：王大贤. 我国自贸区外汇监管模式探究［J］. 西南金融，2017（10）：36-42.

（二）外汇风险管理的方法

1. 企业外汇风险的管理方法

由于企业面临的外汇风险主要有交易风险、会计风险和经济风险，因而对于外汇风险的防范可以从三个方面进行。我国涉外经营企业面临的最大风险就是进出口业务中的外汇风险，针对进出口业务中的外汇风险管理方法较多，如外汇风险套期保值、加列合同条款等，企业应根据实际情况灵活采用。一是通过套期保值避险，通常使用的是远期外汇交易法，该方法是将具有外汇债权或债务的公司与银行签订卖出或买进远期外汇的合同，以消除外汇风险。出口商在签订贸易合同后，按当时的远期汇率预先卖出合同要求金额和币种的远期，在收到货款时再按原定汇率进行交割。进口商则预先买进所需外汇的远期，等到支付货款时按原定汇率进行交割。二是通过加列合同条款避险。在合同中加列风险保值条款也是一种稳妥的事前风险管理方式。在合同中规避外汇风险一般需加列如下条款：结算货币选择条款。货币选择法指企业通过涉外业务中计价货币的选择来减少外汇风险的管理方法。在国际市场上，货币有硬货币与软货币之分。硬货币是指其汇率相对比较稳定且一般具有上浮趋势的货币；软货币是指其汇率不稳定且一般具有下跌趋势的货币。欲避免外汇风险，必须选择有利的计价货币，付汇选用软货币，收汇选用硬货币。三是通过货币保值条款避险。选择一种或几种货币作为合同货币的保值货币，按照签约日的汇率确定与合同货币等值的保值货币的金额，到结算日，如果汇率发生变动，则按照结算日的汇率逆向确认与保值货币的金额等值的合同货币金额，并按此金额进行结算。当合同货币对保值货币贬值时，出口方可将经济损失全部或部分地转移给进口方；当合同货币对保值货币升值时，进口方可将经济损失全部或部分地转移给出口方。

会计风险度量币值的变化对公司资产负债表的影响，对有跨国经营业务公司的影响最为明显。它的管理方法主要是实行资产负债表保值法。这种方法要求在资产负债表上以各种功能货币表示的受险资产与受险负债的数额相等，以使其折算风险头寸（受险资产与受险负债之间的差额）为零。为实现资产负债表保值，对资产负债表进行管理应主要注意以下几点：①弄清楚资产负债表上各账户、科目，各种外币的规模，并明确综合折算风险的大小。②确定调整方向。如果以某种外币表示的受险资产大于受险负债，则需减少受险资产，或减少受险负债，或同时并举。③明确调整方向和规模后进一步明确对哪些科目、账户进行调整，并进行分析和权衡，使综合成本最小。

经济风险中所说的风险因素即汇率变动，仅指意料之外的汇率变动，不包括意料之中的汇率变动。所以，经济风险管理的关键是在做出长期性国际经济业务的决定之前就能预测和防止非预期汇率变动对海外企业未来净现金流的影响。经济风险的存在要求企业善于并能及时发现市场上出现的不均衡状况，并随时采取措施。汇率风险影响企业长期经营目标和企业经营，是财务以及生产等各项策略的综合。所以对经济风险的管理主要通过多元化经营、多元化财务策略来分散或减少经营风险。跨国公司通过在全球范围内调整产量和营销运作，使其在汇率变动时与一般企业相比，抵御风险冲击的能力更强。这样，在有的外币贬值、有的外币升值的情况下，公司就可以使大部分外汇风险相互抵消。通过多种货币、多个渠道筹资，尤其是多借软币等，还可以使得融资的货币组合与生产经营使用的货币组合匹配来降低经济风险。一旦出现意外汇率变动，企业就能根据经济条件的变化，做出快速、有效的反应，降低其对企业收益的影响。

2. 银行外汇风险的管理方法

外汇银行是外汇市场的主要参与者，它不但可为客户买卖充当经纪人，还可自营买卖，赚取差价利润，对其进行外汇风险管理主要可以从以下两个方面进行：

（1）外汇买卖风险的管理。外汇银行在从事外汇业务过程中所遇到的外汇风险主要是外汇买卖风险。当银行代理客户在买卖中形成外汇头寸时，风险也随之降临。因此，外汇银行管理买卖风险的关键是要制定适度的外汇头寸，加强自营买卖的风险管理。为了控制好外汇头寸，就要确定好外汇交易的交易额度。需要考虑以下几点因素：①外汇交易的损益期望。在外汇交易中，风险与收益成正比。银行最高领导层对外汇的业务收益的期望越大，对外汇风险的允许程度就越高，其外汇交易限额也就越大；②银行的资本规模。银行的资本规模决定了其亏损承受能力，资本规模越大，亏损的承受能力越强，则交易额就可以订得越大；③银行在外汇市场上扮演的角色。银行参与外汇市场活动，可以是一般参加者，也可以是市场活跃者，银行在市场扮演的角色不同，其限额大小也不同；④交易的币种。在国际外汇市场上，交易最频繁的货币主要有十几种可兑换货币，交易的币种越多，交易量自然也越大，允许的交易额度也应大些；⑤交易人员的状况。交易人员的水平越高、经验越丰富，容许的交易额也应当越大。银行在充分考虑了这几方面因素的前提下，根据自身的条件制定适合自己的外汇交易限额，就能控制好外汇头寸。

（2）外汇信用风险的管理。银行为了防范信用风险，应根据客户的资本实力、经营作风、财务状况等因素，制定能够给予的限额，并根据情况变化对该限额进行周期性调整。另外，对于同业银行，应根据其资产和负债、经营状况和财务状况，确定拆放额度；对于不同的同业银行，拆放的额度不同。拆放额度应根据情况的变化进行调整，可以一年调整一次，这样能投资使风险得以控制。同时交易员必须根据规定的额度进行拆放，超额拆放则视为越权。

相关资料　银行执行外汇管理规定中存在的难点及建议

核心知识小结

外汇的含义需要从两方面来理解：①动态意义上的外汇，是指一国货币兑换成另一国货币，借以清偿国际债权、债务关系的一种专门性的经营活动或行为；②静态意义上的外汇，是指外币以及以外币所表示的用以进行国际结算的支付手段。它包括外币存放在国外银行的外币存款、以外币表示的支付凭证和有价证券。

外汇风险是指经济实体以外币定值或衡量的资产与负债、收入与支出，因货币汇率在一定时间内发生不可预测的变动而产生损失的可能性。外汇风险由货币和时间两个基本要素构成：货币要素指一种货币对另一种货币的换算。时间要素指在不同时点，汇价往往变得不相同。企业面临的外汇风险可分为交易风险、会计风险、经济风险等，银行经营外汇业务可能遇到的风险分为外汇买卖风险、外汇借贷风险、外汇信用风险等。

在外汇风险管理中，企业对其交易风险的管理通常采用套期保值法（包括远期外汇交易法、期货交易法、期权交易法、掉期交易法）以及加列合同条款（包括结算货币选择条款、货币保值条款、提前收付或延期收付条款）进行避险；对于会计风险的管理，企业通常实行资产负债表保值。对于经济风险来说，主要通过多元化经营和多元化财务策略来分散或减少经营风险。

银行对于其外汇买卖的风险，往往通过确定外汇交易的交易额度，控制好外汇头寸来进行管理。就外汇信用风险而言，银行应根据客户和同业银行的资本实力、经营作风、财务状况等因素，制定能够给予的限额，并根据情况变化对该限额进行周期性调整。至于外汇借贷风险，银行应采用分散筹资或投资的策略，并配合审计部门做好监督工作。

备考准备

一、名词解释

外汇　远期外汇　外汇风险　会计风险　硬货币与软货币　自由外汇　交易风险

二、选择题

1. 一种外币成为外汇有三个前提条件（　　）。（单选）
   A. 国际性、自由兑换性、普遍接受性
   B. 自由兑换性、普遍接受性、可偿还性
   C. 普遍接受性、国际性、可偿还性
   D. 自由兑换性、国际性、可偿还性

2. 外汇风险不包括（　　）。(单选)

A. 折算风险　　B. 经济风险

C. 收益风险　　D. 交易风险

3. 为了选择有利的货币进行计价和结算，出口时和进口时应分别采用（　　）。(单选)

A. 软币，硬币　　B. 硬币，硬币

C. 软币，软币　　D. 硬币，软币

4. 以下哪些项目属于非贸易外汇（　　）。(多选)

A. 劳务外汇　　B. 旅游外汇

C. 侨汇　　D. 援助外汇

5. 狭义的外汇风险包括（　　）。(多选)

A. 汇率风险　　B. 信用风险

C. 会计风险　　D. 利率风险

三、简答题

1. 简述外汇的作用有哪些？
2. 外汇按照不同的角度、不同的标准或不同的研究目的可以分为哪些种类？
3. 企业外汇风险的管理方法有哪些？

第九章
汇率决定理论

■ 本章知识结构图

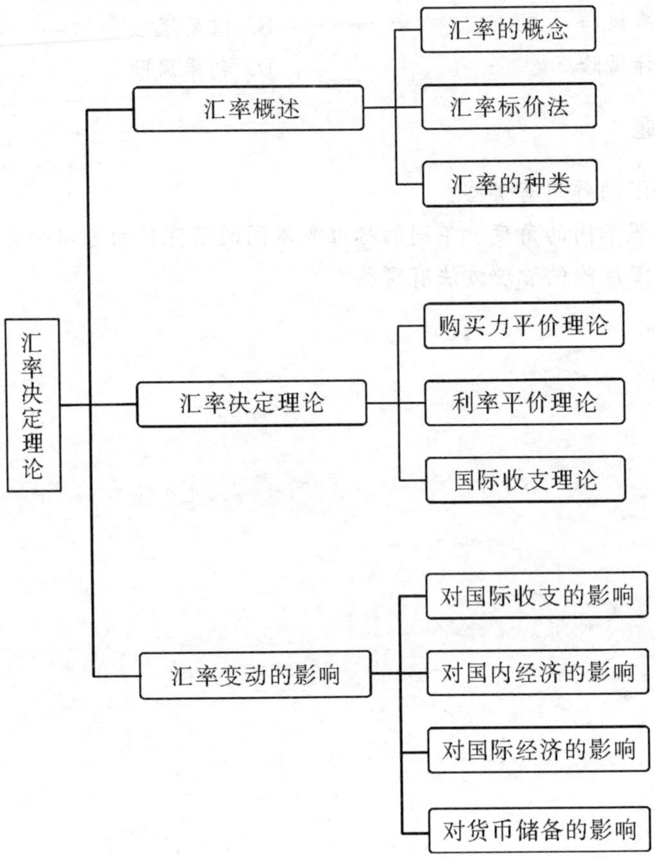

学习目标

通过本章的学习使学生熟练掌握汇率的相关概念，以及西方主要的汇率理论；

掌握汇率的基本含义；

理解购买力平价理论两种形式的关系及购买力平价理论检验、非抛补利率平价和抛补利率平价理论相关模型；

掌握汇率变动的影响。

引例　英国脱欧：英镑大跌，国际经济波动

北京时间 2016 年 6 月 24 日凌晨五点，英国结束了退欧公投，最终脱欧成功，一时间国际金融动荡加剧。截至北京时间 6 月 24 日 13：20，中国香港、日本股市暴跌；英镑美元指数跌超 10%创 2009 年年初以来新低，英镑人民币指数大跌超 10%；美元指数被动飙升，人民币对美元大跌，突破 6.6 大关，报 6.617 2；原油期货暴跌，黄金指数大涨超 6%。

6 月 24 日，主要股市大跌，英国富时 100 指数、德国 DAX 指数、法国 CAC40 指数、香港恒生指数、日经 225 指数、新加坡海峡指数、美国道琼斯工业平均指数分别下跌了 3.1%、6.8%、8.0%、2.9%、7.9%、2.1%和 3.4%；在恐慌情绪集中宣泄后，全球主要股指反弹。截至 7 月 22 日，英国富时 100 指数、德国 DAX 指数、法国 CAC40 指数、香港恒生指数、日经 225 指数、新加坡海峡指数、美国道琼斯工业平均指数较 6 月 24 日分别上涨了 9.6%、6.4%、6.7%、8.4%、11.2%、7.7%和 6.7%。其中，除德国外，其他主要股指超越了 6 月 23 日时的市场水平。

资料来源：管涛. 英国脱欧对人民币汇率和国际化影响有利有弊 [J]. 清华金融评论，2016（09）：67-70.

汇率决定理论是西方金融理论的核心，研究的是汇率由哪些因素决定以及汇率的变动受哪些因素的影响。尽管汇率的波动具有很强的随机性，影响汇率变动的因素也非常复杂，但是汇率波动的主要原因或者决定因素仍然是可以确认的。根据历史和经济环境的变化，经济学家对汇率的决定因素给予了不同的解释，由此形成了不同的汇率决定理论。同样，随着世界经济的发展和国际货币制度的变迁，汇率决定理论也在不断地发展。对汇率决定理论的研究是国际经济学中最为活跃的领域之一。

汇率决定理论是对决定汇率水平和影响汇率波动的因素进行分析的理论，大致可分为传统汇率理论和现代汇率理论。传统汇率理论是金本位制度和固定汇率制度盛行时期发展起来的汇率决定理论，主要有购买力平价理论、利率平价理论和国际收支说。现代汇率理论是 20 世纪 70 年代以来针对浮动汇率制度所提出的各种汇率决定理论。

第一节　汇率概述

一、汇率的概念

汇率（foreign exchange rate）是指一种货币折算为另一种货币的比率，即以一种货币来表示另一种货币的价格。由于汇率是经常变动的，外币市场上进行外汇买卖的折算标准也随之变动，因此，汇率又称外汇行市。在我国，人民币兑外币的汇率通常在外汇银行挂牌对外公布，所以汇率又称牌价。由此可知，汇价、汇率、兑换率、外汇行市、牌价指的都是同一个意思。

相关资料　人民币汇率制度演变

二、汇率标价法

由于汇率是两种货币价值的对比，在标示这一对比关系时，实际上就是对两个国家的货币进行折算，所以首先要确定以哪个国家的货币为标准。确定的标准不同，则标价方法也不同。

直接标价法（direct quotation），又称“付出报价”或“应付报价法”，是指以一定单位的外国货币为标准，折算成一定数额的本国货币。目前世界上绝大多数国家采用这种标价方法。例如，在香港外汇市场，美元与港币的汇率表示为：1 美元 = 7.752 8 港币。在这里，美元为外币，港币为本币。直接标价法的特点是：一定单位的外币金额不变，其折合成本币的数额则随着本币同外币的相对价值变动而变动。应付汇率的升降同本币对外币价值的高低成反比关系，即如果需要更多的本币才能兑换到原定数额的外币，说明外币的价值在上升（外币升值）或外汇汇率上浮，而本币的价值在减少（本币贬值）或本币汇率下浮；反之，如果现在能以较少的本币兑换到原定数额的外币，则说明外币贬值或外币汇率下浮，从本币的角度看，则是本币升值或本币汇率上浮。

间接标价法（indirect quotation），又称“收进报价”或“应收报价法”，是指以一定单位的本国货币作为标准，折算成一定数额的外国货币。世界上采用这种标价方法的国家很少。例如，在英国外汇市场，英镑与美元的汇率表示为：1 英镑 = 1.562 5 美元。在这里，美元为外币，英镑为本币。间接标价法的特点正好同直接标价法相反，即本币金额不变，其折合成外币的数额则随着两种货币相对价值的变动而变动。如果一定数额的本币只能兑换成较少的外币，则说明本币价值下降，称为本币贬值或汇率下浮；反之则反是。

美元标价法（US dollar quotation），是指以一定单位的美元折成若干数量的各国货币来表示各国货币汇率。美元标价法的目的是简化报价并广泛地比较各种货币的汇价。按照这种标价方法，所有在外汇市场上交易的货币都对美元报价，并且除了英镑等极少数货币外，其他各种货币都以美元作为基准货币（常量），而以其他货币作为标价货币（变量）。

三、汇率的种类

（一）固定汇率和浮动汇率

按当前国际货币体系中通行的汇率制度可以将汇率划分为固定汇率和浮动汇率。固定汇率（fixed rate）是由政府当局决定的汇率。它一般只能在一个很小的幅度内变动，如汇率跌至下限或涨至上限。某种自动的调节机制或人为的干预措施会起作用，以维持既定汇率。浮动汇率（floating rate）是由市场所决定的汇率，即各国当局者不再宣布本国货币和标准货币的黄金平价，不再规定汇率波动的上下限，不再承担维持汇率波动界限的义务。一般情况下，汇率随外汇市场供求力量的变化而自由波动，中央银行不进行干预。

（二）买入汇率、卖出汇率、中间汇率和现钞价

按银行买卖外汇的价格划分可以将汇率划分为买入汇率、卖出汇率、中间汇率和现钞价。买入汇率（buying rate），又称买入价，指银行从客户（企业和居民）处买入外汇时使用的汇率，采用直接标价法时，一定量外币折合成本币数量较少的那个汇率是买入价；采用间接标价法时，一定量本币折合成外币数较多的那个汇率是买入价。卖出汇率（selling rate），又称卖出价，指银行向客户卖出外汇时所使用的汇率。采用直接标价法时，一定量外币折合成本币数较多的那个汇率是卖出价，表示银行卖出外币时，应向客户收取的本币数；采用间接标价法时，一定量本币折合成外币较少的那个汇率是卖出价，表示银行卖出外币时，应付给客户的外币数。中间汇率（medial rate or middle rate），又称中间价，指买入汇率与卖出汇率的算术平均数。它不是在外汇买卖业务中使用的实际成交价，而是为了方便计算或使报道更加简洁。联合国、国际货币基金组织所公布的各国汇率表中，均采用中间汇率。现钞价（cash price）指银行购买外币现钞的价格。银行在购入外币支付凭证后，通过航邮划账，可很快地存入国外银行，开始生息，调拨动用，而银行买进外国的钞票，要经过一定的时间，积累到一定数额以后，才能将其运送并存入外国银行调拨使用。

（三）即期汇率和远期汇率

按外汇买卖的交割时间可以将汇率划分为即期汇率和远期汇率。即期汇率（spot rate），指即期外汇交易的交割，即现款的实际交付或银行存款账户的实际转划，在契约成立的当天或在两个营业日内实行的汇率。一般来说，居民和旅游者的外币现钞、旅行支票及其他小额外汇交易，多半是在成交时收付；但银行同业间的外汇买卖，按实际商业惯例，通常是在交易后的次日或两日内收付，如遇到节假日就顺延至下一个营业日。即期汇率是由即期外汇市场上交易的货币的供求状况决定的。远期汇率（forward rate），是指外汇交易的交割在两个营业日以上的某个约定日期实行的汇率。它建立在即期汇率基础上又反映着汇率变化的趋势。远期汇率所适用的远期外汇交易是一种预约性的交易，即事先由买卖双方就成交的外汇金额以及交割日达成协议，签订合同，到了交割日期双方按预定条件进行收付。远期汇率受预期中的将来交割时货币供求状况的影响。

（四）基本汇率和套算汇率

按确定汇率的方式不同可以将其划分为基本汇率和套算汇率。基本汇率（basic rate），又称基准汇率，是指一国货币对基准货币（关键货币）的汇率。基本货币被大多数国家普遍接受，是本国货币对外价值的定值标准。基准货币（关键货币）应具备的条件是：在本国的国际收支中使用最多，在外汇储备中占比重最大，能自由兑换，在国际上能被普遍接受。套算汇率（cross rate），又称交叉汇率，是指通过基

本汇率套算出来的汇率。这种套算汇率在外汇市场上广泛使用。例如，某日人民币对美元的基本汇率为1美元=6.2097元人民币，瑞士法郎对美元的汇率为1美元=0.9655瑞士法郎，可以套算出人民币与瑞士法郎之间的汇率：

$$1\text{瑞士法郎}=\frac{6.2097}{0.9655}\approx 6.4315\text{元人民币}$$

（五）电汇汇率、信汇汇率和票汇汇率

按汇兑方式不同可以将汇率划分为电汇汇率、信汇汇率和票汇汇率。电汇汇率（telegraphic transfer rate），是指经营外汇业务的银行用电报方式通知国外付款所使用的汇率。采用电汇方式，银行在国内收进汇款与在国外付出外汇的时间间隔只有1~2日，银行不能利用汇款资金，且需付电报费用，所以电汇汇率最高。现在国际上大额汇款大部分采用电汇，因而电汇汇率成为基础汇率，其他汇率的制定均以此为基础。一般外汇市场上所公布的汇率，多为银行的电汇汇率买卖价。信汇汇率（mail transfer rate），是指经营外汇业务的银行用信函方式通知国外付款所使用的外汇汇率。采用信汇方式，银行在收到顾客交来的汇款后，须经过两国邮程所需的时间，才在国外付出外汇。在此期间，银行可以利用顾客的汇款资金，故需在信汇汇率中扣除邮程期间的利息，因此，信汇汇率比电汇汇率低，在外汇业务中，信汇量较少。在我国信汇多适用于港澳地区，其他地区很少采用。票汇汇率（demand draft rate），是指银行买卖外汇汇票、支票和其他票据时所用的汇率。票汇汇率又可分为两种：即期票汇汇率和远期票汇汇率。票汇是银行在为客户办理汇款业务时签发一纸由其在国外的分支行或代理行付款的支付命令给汇款人，由其自带或寄往国外取款。

（六）名义汇率、实际汇率和有效汇率

按外汇汇率的经济分析作用可以将其划分为名义汇率、实际汇率和有效汇率。实际汇率（real rate of exchange）是相对于名义汇率而言的，是名义汇率在考虑了两国通货膨胀影响因素后的汇率，也是基于货币实际购买力的汇率。有效汇率（effective rate of foreign exchange），是指加权平均汇率，是反映一国货币整体对外价值的汇率。一国货币对某种货币升值的同时可能对另一种货币贬值，即使对所有其他货币都升值或贬值，其程度也不一定完全一致。所以在一般情况下常用贸易比重为权数，将各名义汇率调整成有效汇率，这样才能反映一国货币在国际贸易中的总体竞争力和总体波动幅度。名义汇率（nominal rate of exchange）是指在社会经济生活中被直接公布、使用的表示两国货币之间比价关系的汇率。名义汇率不能反映两国货币的实际价值，是随外汇市场上外汇供求变动而变动的外汇买卖价格。

第二节　汇率决定理论

一、购买力平价理论

购买力平价理论（purchasing power parity，PPP）由瑞典经济学家卡塞尔（G.

Cassel）于1922年在其代表作《1914年以后的货币与外汇》中进行了系统阐述。该理论是汇率决定理论中最有影响力的理论之一。

（一）理论的假定前提

购买力平价理论暗含如下假定：市场完全竞争，商品是同质的；商品价格具有完全弹性，市场要素的变化均能及时反映到商品价格的变化上；不考虑运输成本、保险及关税等交易成本。在这些假定前提下，由于国际商品套购行为的存在，“一价定律”（law of one price）成立，即以同一种货币表示的不同国家的某种可贸易商品的价格是一致的。用公式可表示为

$$P = eP^* \tag{9.1}$$

该式即为开放经济条件下的一价定律，其中 e 为直接标价法下的汇率，P 表示本国商品物价水平，P^* 表示外国商品物价水平。

（二）理论的主要内容

购买力平价理论的基本思想是：一国居民之所以需要外国货币，是因为这种货币在其发行国具有对商品的购买力，一种货币价格的高低自然取决于它对商品购买力的强弱，因此决定汇率最基本的依据应是两国货币购买力之比。而购买力变化是由物价变动引起的，这样，汇率的变动归根到底是由两国物价水平的相对变动所引起的。购买力平价有两种形式：绝对购买力平价和相对购买力平价。前者解释某一时点上汇率决定的基础，后者解释某一时段上汇率变动的原因。

1. 绝对购买力平价

绝对购买力平价的前提是一价定律成立，同时各种可贸易商品在各国物价指数的编制中占有相等的权重。在此基础上，绝对购买力平价理论认为，两国货币之间的汇率是由两国货币在其本国所具有的购买力决定的。又由于货币的购买力主要体现在价格水平上，所以若以 P 表示本国的物价水平，以 P^* 表示外国的物价水平，e 表示直接标价法下的汇率，则有

$$e = \frac{P}{P^*} \tag{9.2}$$

该式为一价定律公式的变形，也是绝对购买力平价的一般形式，其含义是，两国货币之间的汇率取决于两国可贸易商品的价格水平之比，即取决于不同货币对可贸易商品的购买力之比。

2. 相对购买力平价

相对购买力平价又称弱购买力平价，它是在放松绝对购买力平价的有关假定后得到的。该理论认为一价定律并不能始终成立，而且各国对一般物价水平的计算方法各异，所以各国的一般物价水平以同一种货币计算时并不相等，而是存在一定的偏差。相对购买力平价的表达式为

$$\Delta e = \frac{\Delta P}{\Delta P^*} \tag{9.3}$$

该式的经济学含义：两国货币的汇率变动取决于两国物价水平的变动，即若本国物价上涨幅度超过外国物价上涨幅度，则本国汇率贬值，表现为 e 值增大；相反，

则意味着本国货币升值，表现为 e 值降低。显然，相对购买力平价对真实汇率变化的解释力更强，也更符合实际，原因是其假定与客观现实更为接近。

（三）对购买力平价理论的评价

1. 理论的贡献

首先，购买力平价理论是从货币的基本功能角度分析货币交换的问题，符合逻辑，而且易于理解。其次，购买力平价理论的表达式也较为简单，对汇率决定这样的复杂问题给出了最为简洁的描述。这一特点使得它对政府的汇率政策产生了特别的影响，被广泛运用于对汇率水平的分析。最后，购买力平价理论还开辟了从货币数量角度对汇率进行分析的先河，而对汇率的货币数量角度的分析始终是汇率理论的主流。购买力平价说作为其中的代表，被普遍视为汇率的长期均衡标准而被应用于其他汇率理论的分析之中。基于以上原因，购买力平价理论在西方汇率理论中一直占据着重要地位。

2. 理论的缺陷

购买力平价理论的主要不足在于其假设贸易完全自由，且没有交易成本。同时，购买力平价理论只是一种假说，并不是一个完整的汇率决定理论，它认为物价水平决定了汇率水平，而实际上，在汇率与物价的因果关系中，孰为自变量孰为因变量至今仍存在争议。

相关资料　巨无霸指数

巨无霸指数（big mac index）是一个非正式的经济指数，用以测量两种货币的汇率在理论上是否合理。这种测量方法假定购买力平价理论成立。巨无霸指数是由《经济学人》于1986年9月提出的，此后该报每年出版一次新的指数。两国的巨无霸指数的计算，是以一个国家的巨无霸以当地货币的价格，除以另一个国家的巨无霸以当地货币的价格。该商数用来跟实际的汇率比较；要是商数比汇率为低，就表示第一国货币的汇价被低估了（根据购买力平价理论）；相反，要是商数比汇率为高，则第一国货币的汇价被高估了。

举例而言，假设一个巨无霸在美国的售价为＄2.50，在英国的售价为￡2.00；购买力平价汇率就是2.50÷2.00=1.25。即期汇率为￡1=＄1.82，则表示以两国巨无霸的售价而言，英镑兑美元的汇价被高估了45.6%［（1.82-1.25）÷1.25×100%］。2007年美国一个巨无霸的价格是3.22美元；中国一个巨无霸的价格人民币11元（可按汇率折合为1.41美元），中国价格大约仅为美国价格的44%（43.78%）。中国的香港，一个巨无霸价格是1.54美元；在马来西亚，是1.57美元；在菲律宾，是1.74美元；在斯里兰卡，是1.75美元；在印度尼西亚，是1.75美元；在泰国，是1.78美元。

资料来源：巨无霸指数［J］. 财务与会计（理财版），2014（12）：53.

（四）对购买力平价理论的检验

在实证研究中，一般认为只有在高通胀时期购买力平价才能成立。而对20世纪70年代以来发达国家汇率分析得出的一般性结论是：首先，在短期内高于或低于购买力平价的偏差经常发生，并且偏离幅度较大。其次，从长期看没有明显的迹象表明购买力平价成立。最后，汇率变动非常剧烈，远超过相对通胀率。上述结论说明购买力平价论并不能得到实证检验的支持。

二、利率平价理论

在开放经济条件下，国与国之间不仅存在着密切的贸易联系，也存在着复杂的金融联系。在现实生活中，一国与外国的金融市场之间的联系更为紧密，国际资金流动的发展使汇率与金融市场上的价格——利率之间也存在着密切的关系。从金融市场角度分析汇率与利率所存在的关系，就是汇率的利率平价说（theory of interest rate parity，IRP）。利率平价说的基本思想可追溯到19世纪下半叶，在20世纪20年代由凯恩斯等人予以完善。

（一）理论的背景

随着生产和资本国际化的发展，资本在国家间的流动越来越大，并日益成为影响汇率决定的一个重要因素。购买力平价理论已经无法解释上述现象，于是利率平价理论应运而生。凯恩斯于1923年建立了古典利率平价理论，在《货币改革论》一书中，凯恩斯从金融市场角度分析了汇率与利率之间的关系，他认为汇率变动与两国的相对利差有关，投资者根据两国利差大小以及对未来汇率的预期进行选择，以达到获取收益或避免风险的目的。凯恩斯把汇率从实物部门转向了货币部门进行研究，具有里程碑式的重要意义。继凯恩斯之后，英国经济学家保罗·艾因齐格把外汇理论和货币理论相结合，开辟了现代利率平价理论。

（二）理论的主要内容

利率平价理论假定资本完全自由流动，而且资本流动不存在任何交易成本。在此基础上，两国之间相同期限的利率只要存在差距，投资者即可运用套利行为赚取价差。两国货币间的汇率将因为此种套利行为而产生波动，直到套利空间消失为止。利率平价理论认为，两国间的利差会影响两国货币间的远期汇率与即期汇率的差价，远期汇率的贴水或升水应与两国间的利差相等。利率平价理论包括抛补的利率平价（covered interest rate parity，CIP）和非抛补的利率平价（uncovered interest rate parity，UIP）。

1. 抛补的利率平价

抛补的利率平价是指在金融市场发达完善的情况下，投资者利用两国利率之差在即期外汇市场和远期外汇市场同时进行反向操作来套取利差的做法。其公式推导如下：

假定世界上只有两个国家：本国与外国。本国的一个投资者现持有一笔闲置资金，决定其资金投向的唯一因素是在哪一个国家投资可以获得更高的收益率。假设本国市场上一年期存款利率为 i，外国金融市场上的同期利率为 i^*，即期汇率为 e（直接标价法），远期汇率为 f。

如果投资于本国金融市场，则每单位本国货币到期时的本利和为

$$1 \times (1 + i) = 1 + i \qquad (9.4)$$

投资于外国金融市场，每单位本国货币到期时的本利和外币表示为

$$\frac{1}{e}(1+i^{*}) \tag{9.5}$$

假定一年期满时的汇率 e_f 是不确定的，具有较大的汇率风险。为了消除不确定性，投资者可以购买一年期远期合约，假设远期汇率为 f，则一年后投资于国外的本利和为

$$\frac{f}{e}(1+i^{*}) \tag{9.6}$$

显然，投资者选择哪种方式投资，取决于二者的收益率大小，如 $1+i<\frac{f}{e}(1+i^{*})$，则众多投资者将资金投入外国金融市场，导致外汇市场上即期购买外币、远期卖出外币，从而本币即期贬值（e 增大），远期升值（f 减小），投资于外国的收益率下降。只有当这两种投资方式的收益率完全相同时（套利的结果），市场处于均衡。

假设即期汇率与远期汇率之间的升贴水率为 ρ，即

$$\rho=(f-e)/e \tag{9.7}$$

则

$$\rho=\frac{f-e}{e}=\frac{1+i-(1+i^{*})}{1+i^{*}}=\frac{i-i^{*}}{1+i^{*}} \tag{9.8}$$

即

$$\rho+\rho i^{*}=i-i^{*} \tag{9.9}$$

由于 ρ 及 i^{*} 均是很小的数值，所以它们的乘积可以忽略，得到

$$\rho=i-i^{*} \tag{9.10}$$

上式即为抛补利率平价的一般形式。它的经济含义是：汇率的远期升贴水率等于两国货币利率差。若本国利率高于外国利率，则本币远期贬值；若本国利率低于外国利率，则本币远期升值。也就是说，汇率的变动会抵消两国间的利率差异，使金融市场处于平衡状态。抛补的利率平价具有很高的实践价值。事实上，抛补的利率平价公式被作为指导公式广泛用于外汇交易中，许多大银行基本上就是根据各国间的利率差异来确定远期汇率的升贴水额。除了外汇市场出现剧烈波动以外，一般来讲，抛补的利率平价基本上能较好地成立。当然，由于外汇交易成本以及风险等因素的存在，抛补的利率平价与实际汇率之间也存在着一定的偏差。

2. 非抛补的利率平价

在上面的分析中，投资者是通过远期交易来规避风险的。实际上，投资者还有另外一种选择：根据自己对汇率未来变动的预测，不进行相应的远期交易，而是在承担一定汇率风险的情况下进行投资。此时，投资者通过对未来汇率的预测来计算投资活动的收益。

假定投资者风险中立，投资者根据自己对未来汇率变动的预期而计算预期收益，在承担一定的汇率风险的情况下进行投资活动。如果预期一年后的汇率为 Ee_f，则套利活动的结果使得下式成立：

$$1 + i = \frac{Ee_f}{e}(1 + i^*) \tag{9.11}$$

假定 E_p 表示预期的远期汇率变动率，对上式进行上述类似的整理得

$$E_p = i - i^* \tag{9.12}$$

上式即非抛补的利率平价的一般形式，它的经济含义为：预期的汇率远期变动等于两国货币利率之差。在非抛补的利率平价成立时，如果本国的利率高于外国利率，意味着市场预期本币在远期将会贬值；反之，预期本币远期升值。若本国政府提高利率，当市场预期未来的即期汇率不变时，本币的即期汇率将升值。由于预期的汇率变动是一个心理变量，难以得到可行的数据进行分析，而且实际意义也不大，利用非抛补的利率平价的一般形式进行实证检验并不多见。

（三）利率平价说评价

1. 理论的贡献

首先，利率平价理论阐明了外汇市场上即期汇率、远期汇率以及相关国家利率变动之间的相互关系，把利率决定的因素扩展到资产市场领域，反映了货币资产因素在国际金融领域内日益重要的作用。其次，从资金流动的角度揭示了汇率与利率之间的密切关系以及汇率的市场形成机制。最后，利率平价理论是一种与购买力平价理论互补的汇率决定理论。

2. 理论的缺陷

第一，现代利率平价理论以发达和完善的金融市场条件的存在为前提，忽略了资本国际流动的障碍，假设资金不受限制地在国际自由移动，这在现实中是难以满足的。第二，套利活动是有交易成本的，套利资金的供给弹性并非无穷大，因而均衡汇率水平很难通过套利行为达到。第三，利率平价理论忽视了市场投机这一重要因素，金融市场可能受投机心理和投机者实际行为的影响，致使预测的升贴水额和实际不符。第四，利率平价理论不是一种独立的汇率决定理论，单纯从利率差异角度来说明汇率的决定是不够的。

三、国际收支理论

（一）理论背景——国际借贷说

在资本主义生产方式建立之初，虽然也有一些学者在其著作中注意到汇率的决定问题，但是由于历史发展的局限，尚未形成系统的汇率决定理论体系。英国经济学家葛逊（G. L Goschen）于 1861 年出版了《外汇理论》一书，书中提出了汇率决定的“国际借贷说”（theory of international indebtedness），标志着系统的汇率决定理论的形成。

葛逊的国际借贷说是第一次世界大战之前流行的汇率理论。该理论的主要观点是：一国汇率的变化，是由外汇的供给和需求决定的，而外汇的供求是由国际收支引起的，而只有进入实际支付阶段的国际收支，才会影响外汇的供求。这种进入实际支付阶段的对外债权和债务，被称为流动借贷。当一国的对外债权大于对外债务，即对外流动借贷出现顺差时，外汇供给将大于外汇需求，该国货币汇率将上涨。相

反，如果该国的对外债务大于对外债权，即对外流动借贷出现逆差时，外汇需求大于外汇供给，该国货币汇率便会下跌。如果该国对外债权与对外债务相等，外汇供求平衡，则该国汇率不发生变化。

葛逊的理论实际上就是汇率的供求决定理论，但并没有详细论述哪些因素会具体影响到外汇的供求，这就大大限制了这一理论在实践上的应用价值。国际借贷说的这一缺陷在现代国际收支中得到了弥补。后来的一些学者将凯恩斯主义国际收支均衡条件分析应用于外汇供求流量分析，由此形成了国际收支说。1981 年，美国经济学家阿尔吉（V. Argy）系统地总结了这一理论。

（二）国际收支说的主要内容

现代的国际收支理论是凯恩斯主义的汇率理论。该理论认为：外汇汇率决定于外汇的供求。由于国际收支状况决定着外汇的供求，因而汇率实际取决于国际收支。因此，影响国际收支的因素也将间接影响汇率。国际收支包括经常账户（CA）和资本与金融账户（KA），所以国际收支均衡状态为

$$CA+KA=0 \tag{9.13}$$

假定汇率完全自由浮动，政府不对外汇市场进行任何干预，同时将经常账户简单视为贸易账户，则国际收支主要由商品和劳务的进出口决定。其中，进口主要是由本国国民收入（Y）、汇率（e）、相对价格（P、P^*）决定的；出口主要是由外国国民收入（Y^*）、汇率（e）、相对价格（P、P^*）决定的。从而影响经常账户收支的主要因素为

$$CA=f(Y,\ Y^*,\ P,\ P^*,\ e) \tag{9.14}$$

为简单起见，假定资本与金融账户收支取决于本国利率、外国利率、对未来汇率水平变化的预期。即

$$KA=g(i,\ i^*,\ Ee_f) \tag{9.15}$$

综合起来，影响国际收支的主要因素及国际收支均衡条件为

$$BP=h(Y,\ Y^*,\ P,\ P^*,\ i,\ i^*,\ e,\ Ee_f)=0 \tag{9.16}$$

如果将除汇率外的其他变量均视为已给定的外生变量，则汇率将在这些因素的共同作用下达到某一水平以平衡国际收支，这一水平上的汇率为均衡汇率

$$e=k(Y,\ Y^*,\ P,\ P^*,\ i,\ i^*,\ Ee_f) \tag{9.17}$$

上式表明，影响国际收支，进而影响汇率的主要因素有：本国和外国的国民收入、价格水平、利率水平以及对未来汇率水平变化的预期。具体地说：当其他变量不变时（下同），本国国民收入的增加将带来进口的上升，在外汇市场上会出现对外汇的超额需求，本国货币趋于贬值；外国的国民收入的增加将带来本国出口的上升，外汇市场上会出现外汇的超额供给，则本币趋于升值。本国价格水平的上升将导致本国出口下降，从而本币贬值；外国价格水平上升则导致本国出口上升，经常账户得到改善，从而本币升值。本国利率水平的提高将带来更多的资本流入，外汇市场出现超额的外汇供给，本币升值；外国利率的提高将导致本国资金外流，外汇市场出现对外汇的超额需求，本币将贬值。如果预期未来本币贬值，资本将流出以避免损失，导致本币即期贬值；反之，则本币币值在即期升值。

（三）国际收支说的评价

1. 理论的贡献

首先，国际收支说指出了汇率与国际收支之间存在的密切关系，这对于全面分析汇率的决定因素，尤其是分析短期内汇率的变动是极为重要的。其次，国际收支说是关于汇率决定的流量理论，国际收支引起的外汇供求流量变化决定了短期汇率水平及其变动。

2. 理论的缺陷

第一，与购买力平价说及利率平价说一样，国际收支说也不能被视为完整的汇率决定理论，对于影响国际收支的众多变量之间以及这些变量与汇率之间的复杂关系，国际收支说并没有进行深入分析，得出具有明确因果关系的结论。第二，国际收支说的前提假定比较严格，只适用于外汇市场发达、政府干预少的国家。

第三节　汇率变动的影响

在开放经济环境下，汇率是调整和联系经济体内外均衡的核心要素，它与多种经济因素有着密切的关系。这种关系不仅表现在许多经济因素的变化导致汇率水平的变化，而且表现在汇率的变化对其他经济因素会有不同程度、不同形式的作用或影响，尤其是浮动汇率制度下汇率变化频繁，对各国经济产生的冲击日益深刻。

一、对国际收支的影响

1. 汇率变动对贸易收支的影响

货币汇率变动，会使进出口商品价格相应涨落，抑制或刺激国内外居民对进出口商品的需求，从而影响进出口规模和贸易收支。例如，一国货币对外汇率下跌，则以本币所标示的外币价格高涨，出口收入汇兑成本币后的数额较前增多。出口商为扩大销售，增加出口，有可能降低出口商品的外币售价，而获得本币的数额不会比以前减少。与此同时，一国货币汇率下跌，以本币所标示的进口商品的价格上涨，从而抑制本国居民对进口商品的需求。在一般情况下，出口的扩大，进口的减少，有利于汇率下跌国家的贸易收支的改善。

2. 汇率变动对非贸易收支的影响

一国货币汇率下跌，则外国货币兑换本国本币的数量增加，外币的购买力相对提高，本国商品和劳务相对低廉。与此同时，由于本国货币兑换外币的数量减少，则意味着本币购买力相对降低，国外商品和劳务价格也变得昂贵了。这有利于该国旅游与其他劳务收支状况的改善。当然，汇率变动的这一作用，须以货币贬值国国内物价不变或上涨相对缓慢为前提。

3. 汇率变动对单方转移收支的影响

一国货币汇率下跌，如国内价格不变或上升相对缓慢，一般对该国的单方转移收支会产生不利影响。以侨汇为例，货币贬值后，旅居国外的侨民只需汇回国内少于贬值前的外币，就可以维持国内家属的生活需要，从而使该国外汇收入减少。

4. 汇率变动对资本流出流入的影响

资本从一国流向国外，主要是追求利润和避免受损，因而汇率变动会影响资本的流出与流入。当一国货币贬值而尚未到位时，国内资本的持有者和外国投资者为避免该国货币再贬值而蒙受损失，会将资本调出该国，进行资本逃避。若该国货币贬值，并已到位，在具备投资环境的条件下，投资者不再担心贬值受损，外逃的资本就会抽回国内。当然，货币贬值过头，当投资者预期汇率将会反弹，就会纷纷将资本调到该国，带来汇率将会上升的好处。需要说明的是，汇率变动对资本流动的上述影响，是以利率、通货膨胀等因素不变或相对缓慢变动为前提的。

5. 汇率变动对官方储备的影响

官方储备是国际收支平衡表的项目之一。汇率变动直接影响着一国储备项目中的外汇储备，主要表现在：本国货币汇率变动通过资本转移和进出口贸易额的增减，直接影响到本国外汇储备的增加或减少。一般来说，一国货币汇率稳定，有利于该国吸收外资，从而促进该国外汇储备增加；反之，则会引起资本外流，使得外汇储备减少。由于一国汇率变动，当其出口额大于进口额时，则其外汇收入增加，储备状况也会改善；反之，则储备状况恶化；储备货币的汇率下跌，使保持储备货币国家的外汇储备的实际价值遭受损失；而储备货币国家则因该货币的贬值而减少了债务负担，从中获利。

二、对国内经济的影响

1. 汇率变动对国内物价的影响

货币汇率下跌，一方面有利于出口，从而使国内商品供应相对减少，货币供给增加，促进物价上涨；另一方面会使进口商品的本币成本上升而带动国内同类商品价格上升。例如，1994 年我国货币供应量超常增长，其主要原因是 1994 年年初人民币汇率并轨，外汇收入剧增，进而外汇储备高速增长。

2. 汇率变动对国民收入与就业的影响

货币汇率下跌，由于有利于出口而不利于进口，将会使闲置资源向出口商品生产部门转移，并促使进口替代品生产部门的发展。这将使生产扩大、国民收入和就业增加。但是，汇率扩大国民收入，增加就业是有条件的：一是汇率下跌前，国内有闲置资源；二是该国不能严重依赖进口，否则贬值不会促进经济增长，反而会阻碍经济增长。

三、对国际经济的影响

汇率变动影响国际贸易的正常发展。某些发达国家汇率不稳，利用汇率下跌，扩大出口，争夺市场，引起其他国家采用报复性措施，或实行货币对外贬值，或采取保护性贸易措施，从而引发贸易战和货币战，破坏了国际贸易的正常发展，对世界经济秩序产生不利影响。

四、对储备货币的影响

汇率变动会影响储备货币的地位和作用，促进国际储备货币多元化的形成。由于某些储备货币国家的国际收支恶化，通货不断贬值，汇率不断下跌，它在储备货币的地位和作用也会受影响，如英镑、美元；而有些国家的情况则相反，其货币在国际结算领域中的地位和作用日益加强，如日元和欧元流通前的德国马克，因此，汇率变化对储备货币的影响促进了国际储备货币多元化的形成。

核心知识小结

购买力平价说由瑞典经济学家卡塞尔于 1922 年在其代表作《1914 年以后的货币与外汇》中进行了系统阐述。基本思想是：一国居民之所以需要外国货币，是因为这种货币在其发行国具有对商品的购买力，一种货币价格的高低自然取决于它对商品购买力的强弱，因此决定汇率最基本的依据应是两国货币购买力之比。而购买力变化是由物价变动引起的，这样，汇率的变动归根到底是由两国物价水平的相对变动所引起的。

绝对购买力平价的前提是“一价定律”成立，同时各种可贸易商品在各国物价指数的编制中占有相等的权重。在此基础上，绝对购买力平价理论认为，两国货币之间的汇率是由两国货币在其本国所具有的购买力所决定的。相对购买力平价又称弱购买力平价，它是在放松绝对购买力平价的有关假定后得到的。该理论认为一价定律并不能始终成立，而且各国对一般物价水平的计算方法各异，所以各国的一般物价水平以同一种货币计算时并不相等，而是存在一定的偏差。

利率平价说的基本思想可追溯到 19 世纪下半叶，在 20 世纪 20 年代由凯恩斯等人予以完善。利率平价认为，两国间的利差会影响两国货币间的远期汇率与即期汇率的差价，远期汇率的贴水或升水应与两国间的利差相等。利率平价理论包括抛补的利率平价和非抛补的利率平价。

抛补的利率平价是指在金融市场发达完善的情况下，投资者利用两国利率之差在即期外汇市场和远期外汇市场同时进行反向操作来套取利差的做法。非抛补的利率平价则是根据自己对汇率未来变动的预测，不进行相应的远期交易，而是在承担一定汇率风险的情况下进行投资。此时，投资者通过对未来汇率的预测来计算投资活动的收益。

英国经济学家葛逊于 1861 年出版了《外汇理论》一书，书中提出了汇率决定的“国际借贷说”，标志着系统的汇率决定理论的形成。后来的一些学者将凯恩斯主义国际收支均衡条件分析应用于外汇供求流量分析，由此形成了国际收支说。1981 年，美国经济学家阿尔吉系统地总结了这一理论。

现代的国际收支理论是凯恩斯主义的汇率理论。该理论认为：外汇汇率决定于外汇的供求。由于国际收支状况决定着外汇的供求，因而汇率实际取决于国际收支。因此，影响国际收支的因素也将间接影响汇率。

汇率变化对贸易的一般影响为：一国货币对外贬值后，有利于本国商品对外出口；而一国货币对外升值后，不利于本国商品的出口。但是这一影响要受到该国进出口商品弹性和时滞的限制。

备考准备

一、名词解释

汇率　直接标价法　间接标价法　远期汇率　名义汇率

国际借贷说　国际收支说　抛补的利率平价　非抛补的利率平价

二、选择题

1. 浙江出口商A公司与美国进口商B公司签订了一笔价值200万美元的合同，三个月后付款时，A公司发现人民币升值了，则A公司的收入与合同签订时相比（　）。（单选）

A. 减少　B. 增加

C. 不变　D. 无法判断

2. 在其他条件不变的情况下，两种货币之间利率水平较低的货币，其远期汇率为（　）。（单选）

A. 升水　B. 贴水

C. 平价　D. 无法判断

3. （　）理论的提出，标志着系统的汇率决定理论的形成。（单选）

A. 购买力平价说　B. 利率平价说

C. 国际借贷说　D. 国际收支说

4. 从国际收支的角度看，影响汇率的因素主要有（　）。（多选）

A. 国民收入的变动　B. 利率的变动

C. 对未来汇率变动的预期　D. 价格水平的变动

5. 购买力平价理论的假定前提包括（　）。（多选）

A. 一价定律　B. 完全竞争市场

C. 商品是同质的　D. 商品价格具有完全弹性

三、简答题

1. 汇率变动的影响表现在哪些方面？
2. 论述购买力平价理论的主要内容。
3. 论述利率平价说的基本内容。
4. 思考人民币汇率升值对我国外贸会产生什么样的影响。

第十章
国际货币体系

■　本章知识结构图

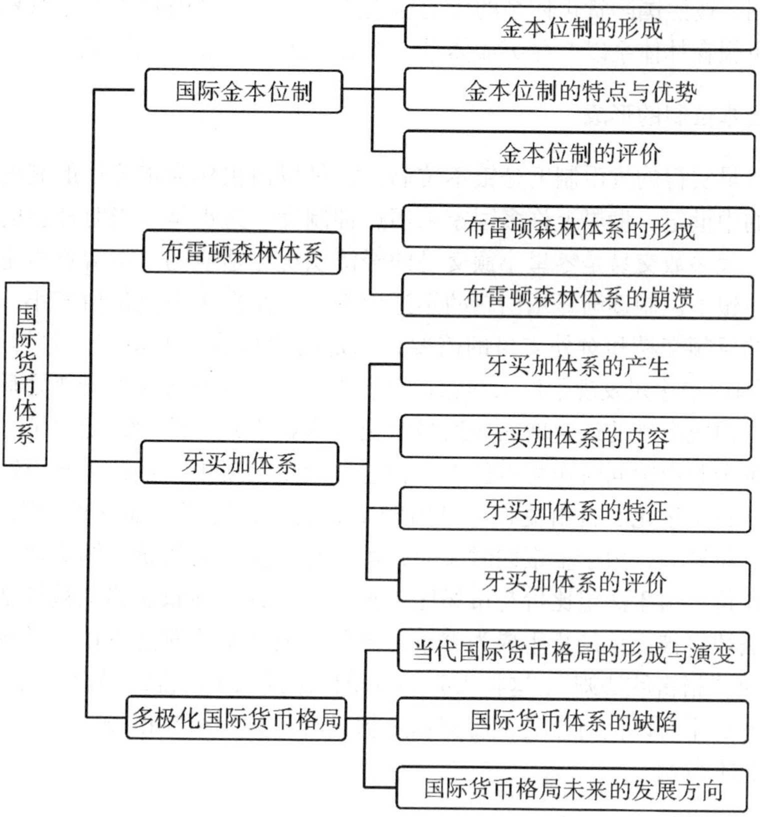

学习目标

通过对本章的学习，掌握有关国际货币体系的内容；

重点掌握金本位制、布雷顿森林体系和牙买加体系的内容、作用、特征及其局限性；

了解当前国际货币格局的形成与演变、存在的缺陷以及未来的发展方向。

第一节 国际金本位制

货币制度，是一个国家以法律形式对货币的有关要素、货币流通的组织与管理等加以规定所形成的制度。完善的货币制度，能够保证货币和货币流通的稳定，保障货币正常发挥各项职能。

国际货币体系（international monetary system）是指对国际货币金融关系进行调节的各种规则、安排、惯例和组织形式。按照不同的标准，国际货币体系可以划分为不同的类别。按汇率制度的不同，可以将国际货币体系划分为固定汇率制、浮动汇率制、有管理的浮动汇率制。按货币本位，可以将国际货币体系分为金本位制和信用本位制。按照国际货币体系的历史演进过程，可以将国际货币体系划分为金本位制、布雷顿森林体系以及牙买加体系，本书以此分类标准进行阐述。

一、金本位制的形成

近代最早实行的货币制度是银本位制，它是以白银作为本位币的制度。在货币制度萌芽的中世纪，世界上许多国家采用这种制度。这也是与当时社会的商品经济不够发达，大多数交易是零星小额交易的经济状况相适应的。随着资本主义商品经济的发展，银本位制逐渐显示出它的不适应性：一是白银单位价值较小，无法适应日益扩大的巨额交易和对外支付的需要；二是白银价值不够稳定，尤其是 18 世纪 50 年代美国内华达州发现了巨大白银矿藏，以及相关开发技术的升级之后，白银产量的剧增，白银产量的迅速增加导致当时银价大幅下跌。此后，诞生了金银复本位制，其以黄金和白银同时作为本位币。在这种货币制度下，金铸币和银铸币都可以自由铸造、自由熔化、自由兑换、自由输出和输入国境等，都具备无限法偿能力。在金银复本位制下，由于金银同时流通，需要建立金银的比价，国家通过法律来规定金银的比价，由于法定比价与市场比价经常不一致，导致法律上被低估的货币成为良币，法律上被高估的货币成为劣币，由此造成“劣币驱逐良币”的现象，历史上也称之为“格雷欣法则”，这将当时的货币机制推入了混乱的局面。由此，虽然法律规定两种货币可以同时流通，而实际上却只有一种货币在市场上流通，其最终必然过渡到金本位制。

二、金本位制的特点与优势

金本位制国际货币体系是以一定成色和重量的黄金作为其本位货币，实行金币直接流通的货币制度，整个货币体系的基础是黄金。此时黄金充分发挥了整个国际货币的职能，充当着国际价值尺度、国际支付手段、国际储备货币和社会财富标准，频繁地由一个国家向另外一个国家转移。历史上的金本位制有三种类型，分别是“金币本位制”“金块本位制”和“金汇兑本位制”。

“金币本位制”是最典型的金本位制度，是一种相对稳定的货币制度。这种制度有以下几个特点：一是金本位制国家的法定货币必须要有固定比例的含金量，并且随时可以兑换黄金，各国货币按照含金量的大小规定相应的比价；二是金本位制国家的货币储备是黄金，而且其发行货币的数量直接受黄金储备的制约；三是金币可以自由铸造，是无限法偿的货币，具有无限支付手段的权利；四是黄金充当国际化储备和国际结算的职能，可以在国际自由流动，在各参与国自由流入与流出；五是各参与国的通货与银行券可以不受任何时间、地点、数量的限制，自由地兑换具有相同价值的金币，或者将金币兑换成黄金。

这些特点，使得金本位制具有以下优势：第一，外汇汇价相对稳定。由于各国货币按照含金量的大小规定相应的比价，因此，各国货币的汇率也是不变的，即使因为供求关系导致两国货币的汇率出现了暂时性的波动，其波动幅度也不超过两国之间的黄金运送点（gold points）。金本位制时期，英国、法国、美国、德国等资本主义大国的货币汇率一直非常稳定，没有出现升值或贬值的现象，所以金本位国际货币体系实行的是十分严格的固定汇率制度。第二，具备国际收支的自动调节机制。在该体系下，某参与国出现国际收支逆差时，其储备的黄金就会外流，直接引发本国货币供应量的缩减、物价和成本同时下跌。本国商品在境外市场的竞争力就会提升，但是境外商品在本国市场的竞争力就会下降，这就引发本国出口增加、进口减少，国际收支转为顺差，黄金流入。英国经济学家休谟（D. Hume）将这种国际收支的自动调节机制称为“物价-金币流通机制”（price specie-flow mechanism）。这种调节机制保证了任何一个参与国的黄金储备不会因为国际收支的逆差而枯竭，自动调节国际物价水平。由于生产黄金技术的不断创新导致黄金的生产成本不断降低，各国的黄金储备随之增加，引发货币供应量的增加，从而物价水平被提高，自然也就提高了黄金的开发成本和生产成本，于是黄金产量下降，各国的黄金储备也随之下降，这些国家的货币供应量也相应下降，本国的物价下降恢复。

三、金本位制的评价

在资本主义初期，“金币本位制”较好促进了各国商品经济的发展，也促进了世界贸易的发展。但是，由于黄金产量的有限性，随着商品经济的繁荣发展，有限的黄金数量远远不能满足流通对货币的需要，而黄金又大量集中在少数发达国家，这就动摇了“金币本位制”的基础。到 1914 年第一次世界大战爆发，“金币本位制”逐渐被废除。

金本位制一直被认为是迄今为止最稳定的国际货币体系，该体系维护了稳定的汇率制度，使得经济快速增长、物价保持稳定、国际收支相对平衡，国际贸易和国际投资迅速发展。金本位国际货币体系从 1870 年形成到 1914 年崩溃的 34 年间，世界的工业化进程进入了快速发展阶段，国际关系也处在一个非常稳定的时期，经济没有受到外部的干扰，政治没有引发严重战争。

但是，金本位国际货币体系也存在着严重的弊端。以英国为首的资本主义大国对全球黄金的绝对控制，以及不对称的经济地位和支配权力，加剧了资本主义世界的矛盾。由于国际收支逆差国在实际上承担着调节国际收支的负担，其货币收缩阻碍了国内经济的发展，引发了严重的失业问题。随着世界经济的发展和资本主义矛盾的加深，金本位国际货币体系所暴露出来的矛盾和局限也越来越严重，其变革就不可避免，即使没有第一次世界大战，也会因为其他的因素导致其彻底变革。

第二节　布雷顿森林体系

一、布雷顿森林体系的形成

第二次世界大战大局已定、硝烟尚未消散之际，盟国已经开始谋划战争结束之后的重建和构建新的世界格局。为了避免悲剧再度重演，当时的要务，乃是建立新的国际合作框架，在全球范围内寻求共同合作与发展，争取持久的和平。构建全球合作框架，首先要考虑的是国际货币体系的设计，因为这是经济和贸易往来的基础。为了重新构建国际经济金融新秩序，协调国际货币关系，在英国和美国的组织下，1944 年 7 月，合计 44 个国家参加了布雷顿森林会议，会议拟解决两大难题：一是能否有一种近乎统一的全球货币；二是在不可能建立全球货币的情况下，能否保持各主要币种之间的汇率稳定，从而达到类似国际货币的效果。会议通过了以“怀特计划”为基础的《国际货币基金协定》和《国际复兴开发银行协定》，总称《布雷顿森林协定》。会议决定：成立国际货币基金组织（IMF）；美元与黄金挂钩，成员国货币与美元挂钩，实行可调整的固定汇率制度；取消经常账户交易的外汇管制。建立一种基于“双挂钩”的可调整的汇率制度，实际上是一种国际金汇兑本位制，又称美元-黄金本位制，即美元与黄金挂钩、各国货币与美元挂钩，各国货币只有通过美元才能同黄金发生关系。之所以能这么做是因为美国在 20 世纪 40 年代控制了世界黄金储备的 80%，美元当时是唯一可以替代黄金的货币。美元与黄金挂钩，按照 35 美元折合 1 盎司黄金的官价，各成员政府或其中央银行随时可将所持有的美元向美国政府按官价兑换黄金。同时，“布雷顿森林体系”建立了两大国际金融机构即国际货币基金组织（IMF）和世界银行（World Bank）。前者负责向成员提供短期资金借贷，目的是保障国际货币体系的稳定；后者提供中长期信贷来促进成员国经济复苏。至此，它确立了美元在战后国际货币体系中的中心地位，成了黄金的“等价物”，美元成了国际清算的支付手段和各国的主要储备货币，起到了世界货币的作用。以上所谓的“双挂钩”，构成了“布雷顿森林体系”的核心内容，从而使各国纸币能按一定的固定汇率兑换，就可以有货币价值稳定的预期，就可以确保经济的稳定。

二、布雷顿森林体系的崩溃

“布雷顿森林体系”的推行，在当时建立起了相对稳定的国际汇率体系和国际支付制度，对战后世界经济的稳定发展起到了极其重要的作用，但是这种以美元为中心的国际金汇兑本位制本身具有内在缺陷。由于美元是唯一的国际储备货币，当美国的国际收支处于长期顺差时，人们都愿意持有美元，却又难以得到；而在美国的国际收支出现持续逆差时，由于人们对美元的需求得到了满足，但美元却持续贬值，以致人们对美元失去信心而不愿继续持有。进入20世纪60年代后，各国经济实力对比发生了变化，美国经济实力相对减弱。1950年以后，美国除个别年度略有顺差外，其余各年度都是逆差，并且有逐年增加的趋势。至1971年，仅上半年，逆差就高达83亿美元。随着国际收支逆差的逐步增加，美国的黄金储备也日益减少。至1971年8月，尼克松宣布“新经济政策”时，美国的黄金储备只剩下102亿美元，只相当于积欠外债的1/5。美元大量流出美国，导致“美元过剩”，1973年年底，游荡在各国金融市场上的“欧洲美元”就达1 000多亿。而美元作为国际货币核心的前提是必须保持美元币值的稳定与坚挺，这又要求美国必须是一个长期贸易顺差国。这与美国国际收支逆差的情况相矛盾，因此是一个悖论，这就是著名的“特里芬难题”。由于美元的市场价格持续下跌，美元国际信用严重下降，于是各国纷纷抛售美元，于是一次又一次地引起美元危机，各国争先向美国兑换黄金，而美国的黄金储备已难于应付，这导致了“布雷顿森林体系”的彻底崩溃。1971年，时任美国总统尼克松总统宣布停止美元与黄金的兑换，布雷顿森林体系瓦解。

第三节　牙买加体系

一、牙买加体系的产生

“布雷顿森林体系”崩溃以后，国际金融形势动荡不已，国家间为了建立一个新的国际货币体系进行了长期的讨论与协商。国际货币基金组织于1972年7月成立“二十国集团”，由11个主要工业国家和9个发展中国家共同组成，专门负责有关国际货币制度改革的技术问题。1976年1月，“二十国集团”在牙买加举行第五次会议，对国际货币制度的长期性改革达成《牙买加协定》。

二、牙买加体系的内容

（一）浮动汇率合法化

《牙买加协定》认可了浮动汇率的合法性。该协定指出，国际货币基金组织同意固定汇率和浮动汇率的暂时并存，会员国可以自由选择汇率制度，可以采取自由浮动或其他形式的固定汇率制度。但会员国的汇率政策应该受到IMF的监督，并与IMF协商。IMF要求各国在物价稳定的条件下寻求持续的经济增长，稳定国内经济以促进国际金融稳定，并尽力缩小汇率波动幅度，避免通过操纵汇率来阻止国际收支调整或获取不公平的竞争利益。协议还规定，实行浮动汇率制的会员国根据经济条件，应逐步恢复固定汇率制度，在将来世界经济出现稳定局面以后，经IMF总投票权的85%多数票通过，可以恢复稳定的但可调整的汇率制度。这部分条款是将已经实施多年的有管理的浮动汇率制度予以法律上的认可，但同时又强调了IMF在稳定汇率方面的监督和协调作用。

（二）黄金非货币化

该协议明确提出黄金非货币化。废除黄金条款，取消黄金官价，各会员国中央银行可按市价自由进行黄金交易，取消会员国相互之间以及会员国与IMF之间必须用黄金清算债权债务的义务。IMF所持有的黄金应逐步加以处理，其中1/6（2 500万盎司）按市价出售，以其超过官价（每盎司42.22美元）部分作为援助发展中国家的资金。另外1/6按官价由原缴纳的各会员国买回，剩余部分约1亿盎司，根据总投票权的85%做出的决定处理，向市场出售或由各会员国购回。

（三）提高SDRs的国际储备地位

特别提款权（SDRs）是国际货币基金组织1969年为解决国际清偿能力不足而创立的一种国际储备资产和计账单位。特别提款权按照会员国在基金组织认缴份额比例进行分配，分配到的特别提款权可通过基金组织提取外汇，可同黄金、外汇一起作为会员国的储备，故又称“纸黄金”。设立时的价值相当于1美元。1974年7月1日以后改用一篮子16种货币定值。1981年1月1日以后又改用美元、马克、法郎、英镑和日元五种货币定值。该协议确定以特别提款权为主要的储备资产，将美元本位改为特别提款权本位。修订SDRs的有关条款，以使SDRs逐步取代黄金和美元而成为国际货币制度的主要储备资产。协议规定各会员国之间可以自由进行SDRs交易，而不必征得IMF的同意。IMF与会员国之间的交易以SDRs代替黄金，在IMF一般账户中所持有的资产一律以SDRs表示。在IMF一般业务交易中扩大SDRs的使用范围，并且尽量扩大SDRs的其他业务使用范围。另外，IMF应随时对SDRs制度进行监督，适时修改或增减有关规定。

（四）扩大对发展中国家的资金融通

以出售黄金所得收益设立“信托基金”，以优惠条件向最贫穷的发展中国家提供贷款或援助，以解决它们的国际收支困难。扩大IMF信贷部分贷款的额度，由占会员国份额的100%增加到145%，并放宽“出口波动补偿贷款”的额度，由占份额的50%提高到75%。

（五）增加会员国的基金份额

各会员国对IMF所缴纳的基本份额，由原来的292亿SDRs增加到390亿SDRs，增加33.6%。各会员国应缴份额所占的比重也有所改变，主要是石油输出国的比重提高，由5%增加到10%，其他发展中国家维持不变，主要西方国家除联邦德国和日本略增以外，都有所降低。

牙买加会议后，国际货币制度进入了一个新时期。它体现在国际储备走向多元化、汇率制度多元化、国际收支调节多样化三个方面。首先，尽管牙买加协议提出用特别提款权代替美元的方案，但是由于特别提款权只是一个记账单位，现实中需要有实在的货币作为国际经济交往的工具。这在客观上形成了国际储备多元化的结构。其次，各国的具体情况不同，所选择的汇率制度也有所不同，牙买加协议的接纳精神是避免会员国竞争性货币贬值的出现，因此只要各国的汇率制度是相对稳定或合理的，它就可以合法存在。这是牙买加协议能够获得广泛认可的重要因素之一。最后，从国际收支的调节看，在允许汇率调整的情况下，各国国际收支调节的政策选择增加了。各国既可动用本国储备，又可借入国外资金或货币基金组织的贷款，也可以调整汇率，所以在新的国际货币制度下，会员国具有较大的灵活性。但是整齐划一的国际货币制度消失了，代替它的是多样化的、灵活的体系。正是由于这一点，每个国家需要自我约束，自主管理的责任也日趋重要了。

三、牙买加体系的特征

（一）储备货币多元化

与布雷顿森林体系下国际储备结构单一、美元地位十分突出的情形相比，在牙买加体系下，国际储备呈现多元化局面，美元虽然仍是主导的国际货币，但美元的地位明显削弱了，由美元垄断外汇储备的情形不复存在。马克[①]、日元随着两国经济的恢复发展脱颖而出，成为重要的国际储备货币。

（二）汇率安排多样化

在牙买加体系下，浮动汇率制与固定汇率制并存。一般而言，发达工业国家多数采取单独浮动或联合浮动，但有的也采取钉住自选的货币篮子的方式。对发展中国家而言，多数是钉住某种国际货币或货币篮子，单独浮动的很少。不同汇率制度各有优劣，浮动汇率制度可以为国内经济政策提供更大的活动空间与独立性，而固定汇率制度则减少了本国企业可能面临的汇率风险，方便生产与核算。各国可根据自身的经济实力、开放程度、经济结构等相关因素去权衡得失利弊。

四、牙买加体系的评价

（一）牙买加体系的积极作用

（1）以美元为主导，马克、日元、SDRs 等为补充的国际储备，基本上摆脱了布雷顿森林体系时期基准货币国家与依附国家相互牵连的弊端。在该体系下，即使美元储备超过美国的黄金储备或者出现美元贬值预期，也不会引发抛售美元、购入黄金的狂潮，导致美元危机的发生，冲击国际货币体系。这在一定程度上解决了“特里芬难题”，维护了国际货币体系的稳定。

（2）多种汇率安排能更灵活地适应多变的世界经济形势，促进各国经济发展。首先，在牙买加体系下，主要储备货币的汇率自由浮动，可以根据市场供求状况的变化而自发调整，从而能更好地适应经济环境的变化。其次，多种汇率安排使各国的宏观经济政策更具有独立性和有效性，而不必为了维持汇率稳定而影响国内经济目标的实现。最后，在浮动汇率制下，不需要过多的外汇储备，因为各国没有维持固定汇率的义务。

（3）牙买加体系下的多种国际收支调节手段相互补充，以汇率调节为主，利率、国际金融机构、国际金融市场、国际储备等作为补充的国际收支调节机制在一定程度上解决了以前国际收支调节机制失灵的困境。在各国经济状况差异悬殊、世界经济发展不平衡的背景下，根据世界经济的大环境和自身经济的特点和发展目标，选择相应的调节方式。这些方式减少了以前单一调节方式的代价，促进了国际贸易和世界经济的发展。

---

① 1990 年两德统一前的马克指西德马克，两德统一后的马克指马克。

（二）牙买加体系的缺陷

（1）在多元化国际储备格局下，缺乏统一的稳定的货币标准，这本身就可能造成国际金融的不稳定；该体系是以美元为本位，储备货币是以美元为主，马克、日元、SDRs 等为辅的信用货币。以美元为首的国际储备货币不断地对外发行换回实物资源，发展中国家因为出口大量积累了巨额外汇储备，导致全球经济长期处于失衡状态。

（2）混合汇率制度加大了汇率制度的复杂性，汇率大起大落，变动不定，汇率体系极不稳定。作为最主要的储备货币，美元和两大辅助储备马克和日元，三者之间的汇率却频频波动，其消极影响之一是加剧了国际金融市场的投机活动，增大了外汇风险，严重影响着国际贸易的发展和世界经济的失衡。对发展中国家而言，其防范金融风险的能力差，这种负面影响尤为突出。

（3）国际收支调节机制仍然存在缺陷，牙买加体系并没有解决全球性的国际收支失衡问题。国际货币基金组织无法通过政策监督来发现危机隐患，无法通过最后贷款人职能降低危机冲击。

相关案例　浮动汇率下，政府干预汇率难度加大

就民主对害怕浮动的影响而言，一方面，由于民主体制下的政府可能面临更高的贬值的政治成本，因此，它们在事前更可能宣称实行浮动汇率制度而不是固定汇率制度；另一方面，民主体制下的政府在宣称实行浮动汇率制度之后也可能会保持稳定的汇率，以避免贬值可能导致的紧缩性影响或者避免利益集团对汇率政策制定的影响。因此，越民主的经济体越可能表现出害怕浮动。就政治不稳定对害怕浮动的影响而言，由于缺乏足够的政治支持而难以捍卫固定汇率制度，因此，政治不稳定程度越高的经济体越可能宣称实行浮动汇率制度。但是，在事后，政治不稳定程度越高的经济体也越可能保持汇率稳定以提高其政策的公信力。因此，政治不稳定程度越高的经济体也越可能表现出害怕浮动的特征。

资料来源：刘晓辉，张璟. 民主、政治不稳定与害怕浮动 [J]. 经济学（季刊），2015，14（3）：1115-1144.

第四节　多极化国际货币格局

二战之后，国际货币格局经历了三个阶段。第一个阶段起始于二战后，国际货币体系处在了“双挂钩”的布雷顿森林体系时代，美元凭借美国的经济实力与政治力量获得了国际货币霸权地位。随着日本、德国经济迅速恢复和发展，世界出现了美元、日元和马克“三极通货体制”的趋势。2002 年元旦，欧元正式对外流通开始，国际货币体系开始进入第三阶段。

一、当代国际货币格局的形成与演变

（一）布雷顿森林体系时期的国际货币格局

1. 战后初期的国际货币格局

第二次世界大战彻底改变了世界政治经济格局，西方国家内部，德国、意大利

和日本遭到了毁灭性打击，英国、法国等老牌强国受到严重削弱，而美国却凭借《租借法案》为盟国提供军火而成为世界第一大国。二战前英镑地位有所回升，英镑区规模扩展到最大程度，除英联邦国家外，还包括从葡萄牙到芬兰等很多欧洲国家，以及埃及、日本、泰国和阿根廷等非英联邦国家。1945 年，英国工业生产和民用消费品生产只有 1939 年水平的一半，出口额不到战前水平的一半，国外资产损失 40 亿美元以上，黄金储备降至 100 亿美元。相比之下美国的黄金储备由战前的 145.1 亿美元增至 1945 年的 200.8 亿美元，占资本主义世界黄金储备总量的 59%，成为资本主义世界最大的债权国。大战削弱了英国的经济实力，但英国的地位仍不可低估，英镑区和帝国特惠制依然如故，国际贸易的 40%还用英镑结算，英镑仍然是主要的国际储备货币，伦敦依然是国际金融中心。情况表明，当时的国际货币格局中，英镑居于霸主地位，美元次之。美国虽然想独霸世界货币，但已经出现颓势的英镑在世界特别是英镑区仍具有相当强大的影响力。

2. 20 世纪 50 年代，美元如日中天

战后重建国际金融秩序的重任必然由美英两国共同承担。但是在美英两国 9 次专题会议和一系列磋商之后，在美国应允向英国提供巨额贷款的条件下，英国做出了重大让步，建立了充分体现美国战略意图的布雷顿森林体系、国际货币基金组织、世界银行等。再加上美国的经济实力和黄金储备，美元获取了国际货币体系的核心货币地位，一举取代英镑成为霸主货币。这一时期，欧洲各国为了重建家园、恢复经济，需要从美国进口大量的资本品和原材料，广大发展中国家刚刚摆脱殖民主义的统治，发展民族经济也需要进口资本品，世界各国因进口旺盛，对美元的需求有增无减，出现了遍及全球的“美元荒”。在“美元荒”阶段，美元是唯一可自由兑换的货币，国际货币体系名副其实是美元本位体系，美元在国际上的地位如日中天。

3. 20 世纪 60 年代，美元风雨飘摇

1949—1969 年的 21 年间，只有一国货币升值，12 个国家汇率没有任何变动，27 个国家有一次贬值，有 24 个国家各贬值过 2 次到 3 次，另有 5 个国家 1962 年前贬值超过 3 次，16 个国家贬值过多次。主要资本主义国家间的汇率尤为稳定，日元一直没有丝毫变动，英镑在 1967 年贬值一次，法郎在 1968 年贬值 2 次，马克在 1961 年、1969 年升值 2 次，美元也力求稳定。然而，美元已经陷入困境中，20 世纪 60 年代 10 年间共发生了 11 次美元危机。所谓“美元危机”主要指美元在对外价值下降的形势下，世界上出现用美元向美国兑换黄金，并在国际金融市场上大量抛售美元、抢购黄金和其他货币，造成黄金价格上涨和美元汇率下跌的现象。整个 20 世纪 60 年代美元在窘态百出中度过，西方十国经过讨价还价，达成了《史密森协定》，黄金停止兑换美元，美元自 1934 年以来第一次正式贬值，标志着战后建立的以美元为中心的资本主义世界货币体系开始瓦解，但并不意味着美元霸权终结。虽然在 20 世纪 60 年代末期，在国际货币格局中，日元、德国马克、法郎和英镑的地位有所提升，但美元仍然高居霸主的地位。

（二）20 世纪七八十年代的国际货币格局

20 世纪七八十年代，从全球看，先后形成了美国、苏联和欧共体三极经济格局

和美国、苏联、欧共体、日本四极经济格局。总体来说，国际货币格局较上一时期发生了巨大变化。二战后布雷顿森林体系下美元地位如日中天，国际货币体系其实是美元本位体系。彼时的国际货币格局是美元一极独霸。虽然国际货币具有某些自然垄断的性质，一种货币如已占据主要国际货币的地位，就拥有规模经济、网络效应及公众长期形成的货币使用习惯等优势，或称之为惯性。而此时的国际货币格局已是群雄争霸。虽然美元牢牢把着世界头号货币的交椅，但是此阶段的强势货币群体中已有三种主要国际货币。

（三）20世纪90年代之后的国际货币格局

20世纪90年代以来，伴随着日元的持续低迷，欧洲一体化进程的实质性进展，国际货币格局发生了巨大的变化。1999年1月1日欧元的正式诞生，标志着国际货币史上第一个有实力与美元竞争的货币诞生，马克、法郎等货币退出了国际舞台，历史传承，欧元延续了马克、法郎等国际货币的国际货币地位，从诞生那天起就被看作国际货币格局中的一支生力军，一支有能力向霸主叫板的新生力量。

1. 20世纪90年代——欧元诞生前的国际货币格局

国际货币格局是国际货币在一定时期内实力发展所形成的相对较稳定的格局，国际货币格局的更替、变革是一个漫长的历史过程。所以在一定时期内除非有类似欧元这样的区域性货币诞生，国际货币格局不会发生大的变动。基于此，20世纪90年代，欧元诞生前这个较短时期国际货币格局较上一时期来说没有发生大的变化，仍然是在强弱货币两极分化的前提下，强势货币群中一强两弱的局面。但从细节方面来看，国际货币格局还是稍有不同。其主要不同点在于国际货币格局的范围扩大，不再仅仅是资本主义世界的货币格局，而是全球性的货币格局。在国际货币格局中起主导作用的一强两弱三种货币各自的发展趋势明显，强者更强，弱者更弱。

2. 20世纪90年代——欧元诞生后的国际货币格局

欧元一经诞生后便成为国际货币格局中挑战力最强的货币，也是最具活力的货币。竞争力排第三位的是英镑，而日元的竞争力与瑞士法郎不相上下。欧元强劲的竞争力使欧元对美元的挑战呈上升趋势。但是美元在国际货币格局中的霸主地位并没有改变，唯一的不同是欧元取代马克成为强势货币中仅次于美元的一极。对欧元而言，虽然具备同美元一争高下的实力，作为国际货币的地位和作用，欧元同欧元区在国际经济中的地位和作用尚不对称。从国际货币的变迁看，国际货币的更替是一个极其缓慢的过程，一个主要的原因是货币的使用存在着规模经济。一般而言，使用最广泛的国际货币往往有规模最大的金融市场以及与之相应的交易规则、交易技术和交易平台。在缺少外部冲击或结构性变迁压力时，另一种货币很难从网络外部经济中获益，以取得类似于已有国际货币的地位。欧元是一种全新货币，不存在历史惯性。美元不同，它可以享受与之相关的规模经济所带来的种种好处，而且它可以利用国际货币变迁的路径依赖来延缓它的衰弱。历史习惯不是马上就可以改变的，在半个多世纪里，美元一直是国际货币体系中的霸权货币，它拥有欧元所不具有的优势，比如由于历史原因，石油和一些初级产品的国际标价一般是以美元进行的，要想改变这种做法不是短时间内就可以办到的。此外，欧元现金正式流通后，德国马克、法国法郎等欧元区成员国货币不复存在，欧元即便完全继承其历史地位和职能，也需要一个消化吸收的过程。

综上所述，罗马不是一天建成的，欧元对美元的挑战也不是短时间内就能达到的。国际货币格局在欧元诞生后没有发生根本性改变。英镑地位虽然有所上升，但英镑不可能重回霸主宝座。日元受其母国的经济实力、政治实力等各方面因素限制，始终只能是亚洲强势货币，而在国际货币格局中只能排在美元、欧元之后。国际货币格局中的强弱分极趋势仍在继续，美元霸主货币的地位仍无法被撼动。

二、国际货币体系的缺陷

布雷顿森林体系的缺陷是显而易见的。作为二战后美国主导的国际货币制度，布雷顿森林体系存在先天不足。由于美元与黄金挂钩，而其他国家的货币与美元挂钩，美元因此占据了国际核心货币的位置。然而各国为了发展国际贸易，必须用美元作为结算与储备货币，这样就会导致流出美国的货币在海外不断沉淀，对美国来说就会发生长期贸易逆差；而美元作为国际核心货币的前提是必须保持美元币值的稳定与坚挺，这又要求美国必须是一个长期贸易顺差国。这两个要求互相矛盾，因此是一个悖论。这一悖论在国际经济学界称为“特里芬难题”。

布雷顿森林体系的运转必须具备三个基本条件。一是美国国际收支必须为顺差，美元对外的价值才能稳定；二是美国的黄金储备充足；三是黄金必须维持在官价水平。这三个条件实际上不可能同时具备。二战结束后，以美元为中心的国际货币制度是在美国经济实力雄厚，其国际收支保有大量顺差，黄金外汇储备比较充足，而其他国家普遍存在“美元荒”的情况下建立的。随着其他国家经济的恢复和美元的积累以及美国国力的相对下降，布雷顿森林体系的解体成为必然。

当前美元仍是主要储备货币，国际货币体系使美国更加不受国际约束，美国在国际货币基金组织拥有绝对意义的否决权。随着东亚国家和石油输出国组织（OPEC）成员国美元盈余的积累，国际货币体系的弊端更加突显。面对次贷危机引发的世界金融危机，美国再次利用不合理的国际货币体系，向其他国家转嫁危机，引起了国际社会广泛的关注、质疑和反对。

三、国际货币格局未来的发展方向

国际经济学家断言，国际货币体系朝着多极化方向发展是不可逆转的趋势。这是因为世界经济格局朝着多元化方向发展，发达工业国经济发展不平衡，经济实力此消彼长，从而决定了货币体系的基本格局。诚然，美元在国际货币体系中仍将处于中心地位，但由于美国经济相对衰退，经济实力有所削弱，接踵而来的是美元在投资货币、国际储备以及清算等方面的地位将有所下降。

中国经济保持四十多年的快速增长。中国成为世界经济增长的“稳定器”和“发动机”。随着中国金融对外开放进程的加快和人民币完全自由兑换，它将很快成为继美元、欧元和日元之后新的全球性货币。

核心知识小结

国际货币体系是指对国际货币金融关系进行调节的各种规则、安排、惯例和组织形式。按照不同的标准，国际货币体系可以划分为不同的类别。按照国际货币体系的历史演进过程可以划分为金本位制、布雷顿森林体系以及牙买加体系，本书以此分类标准进行阐述。金本位制国际货币体系是以一定成色和重量的黄金作为其本位货币，实行金币直接流通的货币制度，整个货币体系的基础是黄金。

在英国和美国的组织下，1944 年 7 月，合计 44 个国家参加了布雷顿森林会议，会议决定：成立国际货币基金组织（IMF）；美元与黄金挂钩，成员国货币与美元挂钩，实行可调整的固定汇率制度；取消经常账户交易的外汇管制。建立一种基于“双挂钩”的可调整的钉住汇率制度，这实际上是一种国际金汇兑本位制，又称美元—黄金本位制，即美元与黄金挂钩、各国货币与美元挂钩，各国货币只有通过美元才能同黄金发生关系。

国际货币基金组织于 1972 年 7 月成立“二十国集团”，由 11 个主要工业国家和 9 个发展中国家共同组成，专门负责有关国际货币制度改革的技术问题。1976 年 1 月，“二十国集团”在牙买加举行第五次会议，对国际货币制度的长期性改革达成《牙买加协定》。牙买加体系：实行浮动汇率制度的改革、推行黄金非货币化和增强特别提款权的作用。

二战之后，国际货币格局经历了三个阶段。第一个阶段起始于二战后，国际货币体系处在了“双挂钩”的布雷顿森林体系时代，美元凭借美国的经济实力与政治力量获得了国际货币的霸权地位。二战后日本、德国经济迅速恢复和发展，世界出现了美元、日元和马克“三极通货体制”的趋势。到 2002 年元旦欧元正式对外流通开始，国际货币格局开始进入第三阶段。

备考准备

一、名词解释

国际货币体系　格雷欣法则　金本位制

布雷顿森林体系　牙买加体系　特里芬难题　特别提款权

二、选择题

1. 布雷顿森林体系中规定了美元与黄金挂钩，1 盎司黄金等于（　　）美元。（单选）

A. 25　　B. 30

C. 35　　D. 40

2. 特里芬难题所指的问题是（　　）。（单选）

A. 调整国际收支运用的货币政策和财政政策追求的目的相矛盾

B. 本币贬值以扩大出口与改善本国通货膨胀相矛盾

C. 美元信誉与国际清偿力供应相矛盾

D. 国债规模与经济发展速度相矛盾

3. 牙买加体系下，国际收支调节走向多样化，其中可以通过哪些渠道调节国际收支？（　　）。（多选）

A. 运用国内经济政策　　B. 调整汇率

C. 国际融资　　D. 加强国际协调

4. 布雷顿森林体系成立的两大国际组织是（　　）。（多选）

A. APEC　　B. WTO

C. WB　　D. IMF

5. 维持布雷顿森林体系运转的基本条件包括（　　）。（多选）

A. 美国国际收支保持顺差，美元对外价值稳定

B. 世界各国有充足平衡的黄金储备，以维持对黄金的充分兑换

C. 美国有充足的黄金储备，以保持美元对黄金的有限兑换性

D. 黄金价格维持在官价水平上

三、简答题

1. 简述国际货币体系的演进过程。
2. 简述布雷顿森林体系的内容及其最终瓦解的原因。
3. 试述欧元区建立对世界经济的影响。
4. 简述牙买加体系的特征。

第十一章
人民币国际化

■ 本章知识结构图

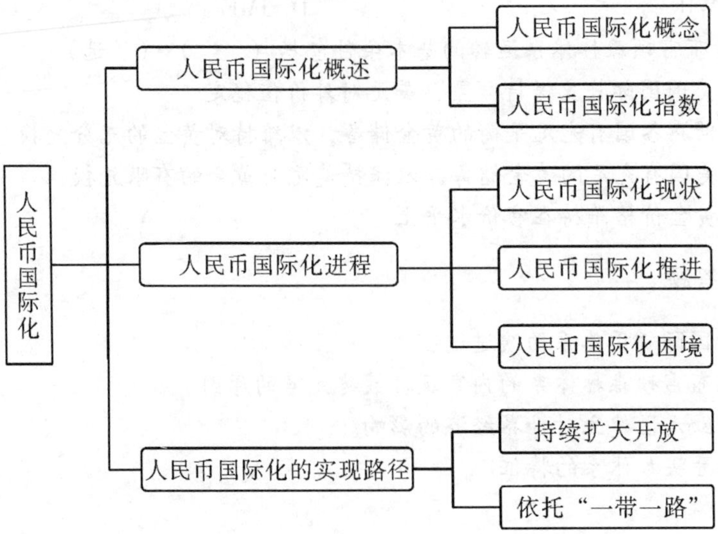

学习目标

通过本章的学习，重点掌握人民币国际化的概念、人民币国际化现状和人民币国际化的实现途径；

掌握人民币国际化指数，熟悉人民币国际化指数的构建原则与计算方法；

了解助力人民币国际化的措施以及人民币国际化与“一带一路”。

第一节　人民币国际化概述

进入21世纪，新兴经济体发展速度日益加快，各个国家在全球事务中的作用越来越突出，国际化体系正朝着有利于新兴经济体的方向发展。同时，我国社会经济发展也取得了举世瞩目的成就，人民币在全球范围内的影响力逐渐增强，人民币国际化有利于国际货币格局的多元化。因此，本章首先对人民币国际化的基本概念和发展现状进行详细的阐述，指出人民币国际化存在的问题，并探讨人民币国际化的实现路径以及其借力“一带一路”的方式。

一、人民币国际化概念

人民币国际化是指人民币可以在国际上流通和使用，即其可以在国际市场上履行其作为价值储藏、交易媒介和记账单位等货币的一般职能，并成为国际上通用的工具货币。尽管目前人民币境外的流通并不等于人民币已经国际化了，但人民币境外流通的扩大最终必然导致人民币国际化，最终使其成为世界货币。

人民币国际化的含义包括三个方面：首先，人民币现金在境外享有一定的流通度。其次，以人民币计价的金融产品成为国际各主要金融机构包括中央银行的投资工具，为此，以人民币计价的金融市场规模不断扩大。最后，国际贸易中以人民币结算的交易要达到一定的比重。这是衡量货币国际化的通用标准，其中最主要的是后两点。国家间经济竞争的最高表现形式就是货币竞争。如果人民币对其他货币的替代性增强，不仅将现实地改变储备货币的分配格局及其相关的铸币税利益，而且也会对西方国家的地缘政治格局产生深远的影响。人民币国际化的最终目标是在国际货币体系中拥有与美元及欧元并驾齐驱的地位。具体来说，一是人民币应该可以在境内和境外自由兑换成外币，可以在境外银行中开设人民币账户，在境外使用以人民币为基础的信用卡和借记卡；二是在国际贸易合同中可以以人民币为计价单位，人民币不仅可用于中国的进出口贸易，还可以在不涉及中国的国际贸易中作为买卖双方都同意使用的计价货币；三是人民币可以作为国际储备货币，其不仅可以作为各国政府或中央银行干预外汇市场的手段，而且应在特别提款权中占有一定的比例。

相关资料　中国政府致力于人民币国际化

2014 年 11 月 9 日，俄罗斯外贸银行行长安德烈·科斯京在北京接受新华社记者专访时表示，中国政府致力于把人民币变成国际储备货币和结算货币，俄罗斯对此持非常积极的态度。对于人民币国际化发展情况，伦敦金融城叶雅伦表示当前发展势头良好。一国货币的国际化发展需要高度的目的性政策导向和政策可预测性。在这两个方面，中国在推动人民币国际化过程中对政策把握得非常好。人民币跨境支付系统已经开始运作，这是人民币国际化发展进程中的又一大进步。人民币当前是全球第三大交易货币，伦敦金融城期待人民币能够在未来成为最主要的交易货币之一。伦敦金融城也将努力促成这一目标的实现，未来将在人民币进入 SDRs、推动中国碳金融发展、协助引入更多机构投资者等多领域，促进人民币国际化发展。展望未来，随着中国经济的不断发展以及金融市场改革的不断深入，人民币国际化的推进将进一步加快，市场参与者面临更多的机遇和挑战。中国政府将会把握有利的市场机遇，发挥差异化竞争优势，全力担当人民币跨境流通的主渠道、人民币国际化的重要推动者、金融产品和服务创新的引领者，谱写人民币国际化业务发展的新篇章。

资料来源：http://www.xinhuanet.com/world/2014-11/10/c-1113190593.htm。

二、人民币国际化指数

（一）人民币国际化指数简介

国际社会通常使用货币在官方外汇储备中的比重来衡量货币的国际化水平。各国政府按照国际货币基金组织的统计要求，将自己的官方外汇储备中名列前茅的货币报送 IMF，然后由 IMF 公布这一指标。由于 IMF 只单独统计并公布全球官方外汇储备中比重大于 1%的货币，符合该条件的货币目前只有美元、欧元、日元、英镑、瑞士法郎、加拿大元和澳元，也就是说，无法使用货币在官方外汇储备中的比重这一国际通用指标来衡量人民币的国际化水平。

为了满足国际社会对人民币国际化的认知需要，客观反映人民币在国际经济活动中的使用情况，中国人民大学国际货币研究所编制了人民币国际化指数（RMB Internalization Index，RII）。该指数从国际货币的基本职能出发，强调国际货币的功能应该主要体现在为实体经济交易服务，因此，人民币国际化指数强调人民币作为贸易计价结算和直接投资、国际债券交易货币的职能，并以此为指导思想选择适当的变量及指标，编制一个综合的多变量合成指数，用来衡量和反映人民币国际化的真实水平。通过观察 RII 指数的数值及其结构变化，不仅可以直观明了地评判人民币国际化的程度及其主要影响因素，还可以把握不同因素对人民币国际化的作用方向、影响大小，并对主要货币的全球使用情况进行动态比较。这就为政府决策部门和私人部门准确把握人民币国际化的动态变化，及时抓住人民币国际化中出现的来自国内外的新机遇，认清不断出现的新挑战，有针对性地调整或制定对策，提供了一个可操作的科学工具和一个高效的管理手段。

（二）人民币国际化指数的构建原则与方法

1. 人民币国际化指数编制原则

第一，立足国际货币职能，既能反映人民币国际应用实际状况，又能体现人民币国际化引导方向，突出人民币作为实体经济交易流通手段的功能。RII 的编制，其核心目标就是要能客观反映世界各国使用人民币的现状，以便政府部门制定相关决策，为私人部门使用人民币相关金融产品、制定相应金融战略提供客观、公正和可靠的依据。全球金融危机使人们认识到虚拟经济过度发达带来的危害，一旦货币脱离实体经济而内生膨胀，金融体系的稳健运行就会遭到巨大破坏。因此，人民币国际化指数绝不可过于注重虚拟经济或衍生品类金融交易功能，而应强调实体经济交易流通功能。

第二，综合考虑可比性与可操作性。RII 的编制宗旨之一是为世界各国提供国际交易与储备货币选择的依据，这就要求设计中必须考虑评价结果在不同货币之间的横向可比性和动态可比性。通过对比分析人民币与其他主要货币的国际化指数，从结构上认识推动或阻碍人民币国际化的主要因素，了解人民币国际化与其他主要货币国际化之间的差距，发现其中的主要矛盾和突出问题，为分析检讨人民币国际化目标实现情况以及推动措施的有效性提供一个便捷的评价工具，以便我国及时抓住人民币国际化中的机会，制定恰当的、有针对性的对策，扎实、高效地推进人民币国际化。同时，指标体系设计时还要充分顾及数据可得性与可操作性。对于某些特别重要而又无法直接采集数据的指标，应根据尽可能多的信息进行估计。而且所选择的指标其内容应易于理解，不能有歧义，以确保所构建的 RII 能够准确而方便地计算并应用。

第三，兼顾结构稳定性与灵活性。RII 编制所依据的指标、各指标的权重不宜频繁变化，以使评估结果的解释具有一定的持续性与动态可比性。然而，不能将指数编制依据的指标及其权重僵化对待，应保持一定的灵活性。因为人民币国际化的不同阶段有不同的战略目标，而且这些阶段性战略目标还要根据国际政治与经济形势的变化进行适当的调整。为了准确、客观反映人民币国际化进程，编制 RII 的指标及各指标的权重，应与人民币国际化实践和中国的战略目标相适应，能够在不同的阶段进行适当的调整。

第四，指数编制方法透明、简单。RII 编制的指标选择原则、权重确定原则，均在科学性与可操作性的指导下进行；同时，采用比较简单直观的计算方法，避免过于复杂、难以理解的方法。此外，指数编制的方法是公开的，以便相关研究部门的工作人员对人民币国际化问题进行协同研究，为 RII 的科学发展奠定坚实的基础。

2. 人民币国际化指数指标体系

理论上讲，货币具有三种功能——价值尺度、支付手段和价值贮藏。考虑到在国际贸易中，计价货币通常就是结算货币，编制 RII 的目的之一是要侧重反映人民币在国际经济活动中的实际使用情况，因此将价值尺度功能与支付手段功能合二为一，即为计价支付功能。由此人民币国际化指数的一级指标主要包括国际计价支付功能与国际储备功能两大类，而国际计价支付功能又可以体现在贸易与金融两大方面，因此国际化指数中，贸易计价、金融计价与官方外汇储备功能并行，所占权重均为 1/3。

根据 RII 编制的原则之一，即向实体经济交易流通功能方面加以引导，人民币在国际贸易中实现的结算功能是评价人民币国际化的重要组成部分，具体的三级指标可选择世界贸易总额中人民币的结算比重。

根据国际收支平衡表，金融账户囊括了居民与非居民之间的金融交易活动。金融交易包括直接投资、国际证券、国际信贷三大类。指标体系中分别针对人民币在这三大类金融交易中的实际功能设置了相应的指标，本书对其中关于证券交易部分的指标设置做如下说明：

国际证券交易包括债券和股票两部分，由于国际金融存在巨大的信息不对称风险，具有固定收益的债券的风险可控性优于股票，因此国际债券市场规模远远超过股票市场规模，一直在国际证券市场中占据主导地位，而且主要国家股票市场规模往往以本币标价，缺乏按照币种对非居民股票投资的统计，从金融学原理和数据可获得性两方面考虑，本书使用国际清算银行（BIS）的国际债券和票据指标来反映国际证券交易。按照 BIS 的统计分类标准，国际债券和票据包括：第一，所有由国内机构和非国内机构发行的非本国货币的债券和票据；第二，所有本国市场上由国外机构发行的本国货币的债券和票据；第三，所有非居民购买的本国市场上由本国机构发行的本国货币债券和票据。由此可见，国际债券和票据指标能够很好地反映一国货币在国际证券市场的国际化程度。为了更加全面、准确地反映人民币国际债券和票据交易情况，本书采用了两个指标：其一是存量指标，即债券和票据余额；其二是流量指标，即债券和票据发行额。存量指标可以客观地体现人民币在国际债券和票据交易中的现实地位，流量指标则能够更好地捕捉人民币国际债券和票据的动态变化。流量的累积形成存量，流量指标与存量指标之间的这种关系决定了存量指标本身含有流量指标的信息，因此，对人民币国际债券和票据交易的存量指标赋予了较大的权数。

国际储备功能是国际货币职能最典型和最集中的体现。通常，一国货币在国际储备中的比重是一个最直接、最明了的货币国际化衡量指标，该指标目前由 IMF 发布。绝大多数国家从自身利益出发，一般不公布官方外汇储备中具体的货币结构，这就给人民币国际储备功能指标的数据收集造成了极大困难。尽管人民币尚未进入 IMF 的单独统计行列，但是已有 19 个国家的中央银行与中国人民银行签订了货币互换协议，将人民币作为本国官方外汇储备中的一种货币。随着我国统计制度的不断完善以及国际合作的深入，人民币在官方外汇储备中的比重指标的数据可获得性有望得到改善。人民币国际化指标构建如表 11.1 所示。

表 11.1　人民币国际化指标构建

一级指标	二级指标	三级指标
国际计价支付功能	贸易	世界贸易总额中人民币结算比重
	金融	全球对外信贷总额中人民币信贷比重
		全球国际债券和票据发行额中人民币债券和票据比重
		全球国际债券和票据余额中人民币债券和票据比重
国际储备功能	官方外汇储备	全球外汇储备中人民币储备比重

注：

世界贸易总额中人民币结算比重 = 人民币跨境贸易金额/世界贸易进出口总额

全球对外信贷总额中人民币信贷比重 = 人民币境外信贷金额/全球对外信贷总额

全球国际债券和票据发行额中人民币债券和票据比重 = 人民币国际债券和票据发行额/全球国际债券和票据发行额

全球国际债券和票据余额中人民币债券和票据比重 = 人民币国际债券和票据余额/全球国际债券和票据余额

全球直接投资中人民币直接投资比重 = 人民币直接投资额/全球直接投资额

全球外汇储备中人民币储备比重 = 人民币官方储备余额/全球外汇储备余额

RII 的指标的主要数据来源于中国人民银行、国际货币基金组织、国际清算银行、世界银行、联合国贸易和发展组织。随着人民币国际化程度的提高，上述国际组织的指标统计将有所改进，人民币在国际贸易、国际金融中的使用情况有可能单独统计。届时 RII 的指标体系有可能随着国际组织指标统计的改进与细化，进一步纳入更多的指标，并且在指标赋权上进行适当的调整。

（三）人民币国际化指数计算方法及其经济含义

RII 的指标体系中每一个指标本身都是比重，不存在数量级差别，因此无须进行无量纲化处理，可以直接进行加权平均并编制 RII。

$$RII_t = \frac{\sum_{j=1}^{5} X_{jt} w_j}{\sum_{j=1}^{5} w_j} \times 100 \qquad (11.1)$$

其中，RII_i 表示第 i 期的人民币国际化指数，X_{jt} 表示第 j 个变量在第 t 期的数值，w_j 为第 j 个变量的权数。

RII 的经济含义应做如下解读：如果人民币是全球唯一的国际货币，则 RII 指标体系中的各项指标的数值就应该等于 100%，此时 RII 为 100。反之，如果人民币在任何国际经济交易中完全没有被使用，则其各项指标的数值就等于 0，此时 RII 为 0。如果 RII 的数值不断变大，则表明人民币在国际经济中发挥了更多的国际货币职能，其国际化水平就越来越高。例如，当 RII 为 10 时，意味着全球各国的国际贸易、资本流动、官方外汇储备资产交易活动中，十分之一的交易额使用的是人民币。

人民币国际化指数如图 11.1 所示。

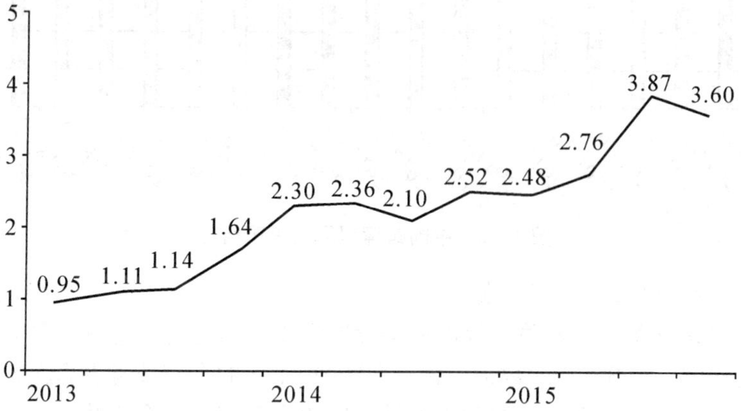

图 11.1　人民币国际化指数

第二节　人民币国际化进程

一、人民币国际化现状

国际上评估一国货币的国际化程度一般从国际货币的三大职能出发，分别考察该国货币在国际计价结算、投资交易以及价值储藏等方面的使用情况。

（一）人民币作为计价货币

在国际计价结算方面，人民币总体上已经成为全球第五大支付货币，但是所占份额依然较少。根据环球银行金融电信协会（SWIFT）的统计数据，截至 2017 年 12 月，美元仍然是贸易结算领域的第一大支付货币，以美元计价的结算份额占到全球的 39.9%；欧元所占份额近年不断增长，从 2015 年年末的 29.4%增至 2017 年年末的 35.7%；紧随其后的是英镑和日元，份额均较小，分别为 7.1% 和 2.9%；人民币则是全球第五大支付货币，所占份额仅为 1.6%。

通过分析数据可知，人民币分别作为贸易结算和外汇交易媒介货币的作用近年来出现走势分化。人民币外汇交易数量与规模逐年迅速扩大，根据环球银行金融电信协会的统计数据，2011 年人民币外汇交易数量为 180 万笔，2016 年全年人民币外汇交易笔数达到 1 300 万笔，而人民币贸易结算规模的全球份额从 2015 年起开始下滑，后有所回升。

中国跨境贸易人民币结算如图 11.2 所示。

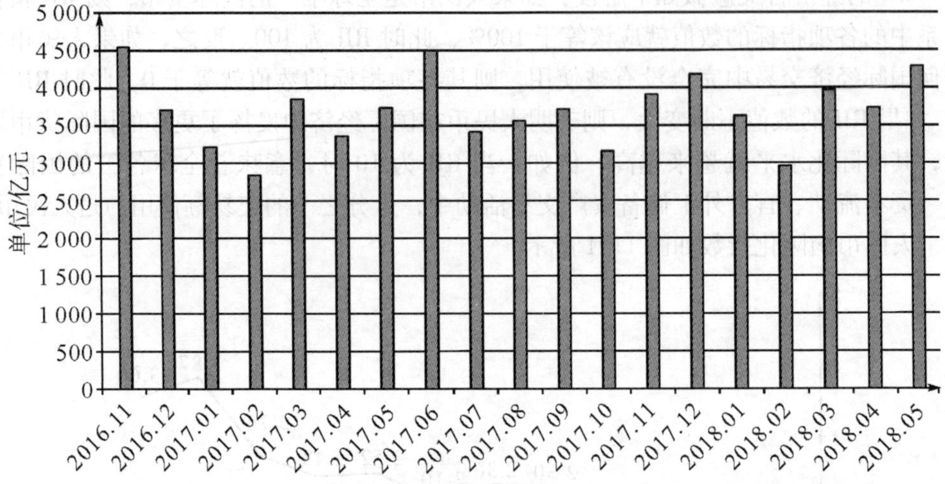

图 11.2　中国跨境贸易人民币结算

（二）人民币作为投资交易货币

在投资交易方面，主要关注货币在跨境投融资与其他衍生金融工具方面的应用。根据国际清算银行（BIS）的数据，截至 2016 年年末的全球债务融资余额超过 21 万亿美元，其中发行币种为美元的融资工具占比约为 39.5%，余额将近 8.3 万亿美元；排名第二的是欧元，所占份额约为 32.1%，其后是英镑；2016 年年末以人民币标价的国际债券余额约为 1 008.3 亿美元，全球份额约为 0.5%。从人民币国际债券的市场份额来看，其不仅较美元和欧元有较大差距，也显著低于日元、瑞士法郎、澳元和加元。

从全球衍生金融工具发行的货币构成来看，美元占据了市场的绝大部分份额。截至 2017 年 9 月，全球利率期货期权的发行本金规模达到 85.6 万亿美元，其中以美元计价的产品占比超过 70%；欧元衍生品的发行额约为 13 万亿美元，占比为 15.2%；紧随其后的是英镑、巴西雷亚尔和澳元，占比分别为 8.6%、1.7% 和 1.6%；人民币利率衍生品的发行刚刚起步，全球份额不足万分之三。

2015 年人民币的国际金融计价结算功能大幅拓展，在国际信贷、直接投资以及国际债券和票据交易中，人民币使用规模继续扩大，保持着较快的增长态势。截至 2015 年年底，从上述三个方面衡量的人民币国际金融交易计价结算综合占比达 5.9%，同比增长 107.3%。

（三）人民币作为价值储藏货币

在价值储藏方面，重点突出货币作为官方外汇储备的功能。根据国际货币基金组织定期公布的官方外汇储备货币构成（COFER）数据，截至2017年9月，美元储备约6.1万亿美元，占国际货币基金组织成员国所持外汇储备总额的63.5%；欧元储备总额约合1.9万亿美元，占比20%；以份额排序，日元、英镑、加元和澳元位列第三到第六位，分别占比4.5%、4.4%、2.0%和1.8%；人民币储备总额约合1 079.4亿美元，官方储备份额为1.1%。

2008—2015年中国人民银行与其他货币当局的货币互换余额如图11.3所示。

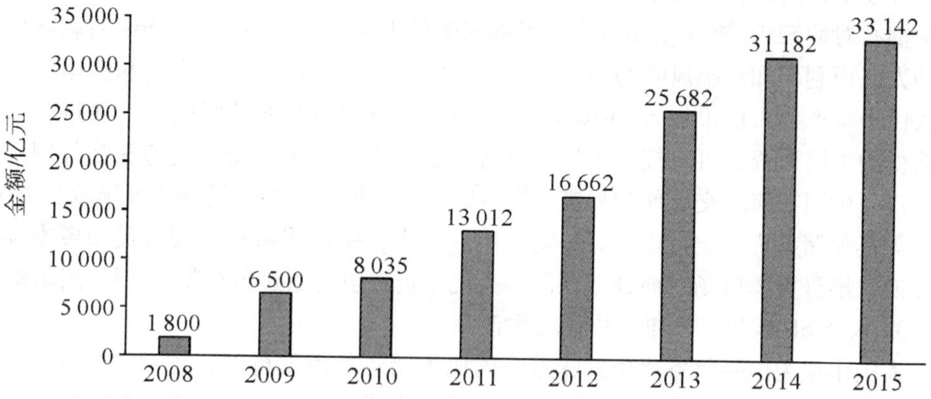

图11.3　2008—2015年中国人民银行与其他货币当局的货币互换余额

相关资料　人民币国际化状况

二、人民币国际化推进

（一）纳入特别提款权（SDRs）后的人民币国际化

1. 人民币入篮SDRs

2016年10月1日，人民币正式纳入SDRs货币篮子，与美元、欧元、英镑和日元一起，跻身全球最重要储备货币之列，成为仅次于美元和欧元的第三大权重货币。在纳入人民币之后，SDRs货币篮子中的各种货币权重均出现了变化。美元从41.9%降至41.7%，欧元从37.4%降至30.9%，日元从9.4%降至8.3%，英镑从11.3%降至8.1%。人民币进入SDRs是中国经济融入全球金融体系的重要里程碑，这也是对中国政府过去几年在货币和金融体系改革方面所取得的进步的认可。

2. 人篮 SDRs 加速海外人民币资产配置

首先，人民币加入 SDRs，将推进人民币国际化。人民币会逐渐发展成为全球主要币种之一，未来可能出现美元、欧元、人民币“三足鼎立”的局面。据中国人民银行网站消息，人民币加入 SDRs，人民币资产自动配置需求会增加。国际货币基金组织（IMF）、国际清算银行（BIS）、世界银行（WB）等国际组织管理着以 SDRs 计价的资产，它们需要根据 SDRs 篮子货币权重进行资产配置。人民币加入 SDRs 后，SDRs 篮子的币种和权重会相应调整，这些机构也会相应增加人民币资产。粗略估计，这部分流入人民币资产的资金规模就超过百亿美元；同时，许多国际金融机构和开发机构的贷款以及不少国家的负债都是以 SDRs 来计价的，这些机构和国家通常都有对冲 SDRs 篮子货币利率和汇率风险的需求，人民币加入 SDRs 后就会增加对冲人民币利率和汇率风险的需求，从而引发它们在人民币在岸市场和离岸市场配置人民币资产；人民币加入 SDRs 还可以增强双边本币互换的吸引力。通过货币互换获得的人民币资金可直接计入外汇储备，也可用于提供流动性支持和弥补国际收支缺口。中国在跨境交易便利程度、资本账户可兑换、金融市场开放等领域与美国、英国等其他储备货币发行国仍有一定差距。未来，中国将有序实现人民币资本项目可兑换，推进资本市场双向开放；海外人民币资产也将通过各种渠道流返中国国内。

3. 入篮 SDRs 进一步推动中国金融改革

人民币成为国际储备货币意味着中国成为储备货币发行国，将对中国货币政策框架和汇率制度提出更高要求。随着人民币被广泛使用，中国货币政策特别是汇率政策的制定和执行将不可避免产生“外溢效应”，对其他国家及使用人民币的企业和个人造成影响。2015 年 7 月，中国人民银行推动银行间债券市场开放，允许境外央行或货币当局、国际金融组织、主权财富基金（央行类机构）自由进入中国银行间债券市场并自由选择代理，且没有投资额度和产品限制，满足了其对冲人民币利率风险的要求。2016 年 2 月，中国人民银行进一步向境外私人机构投资者开放了银行间债券市场，不设投资额度限制，债券市场的开放程度进一步提高。截至当月，已有 43 家境外央行类机构进入银行间债券市场，27 家境外央行类机构进入银行间外汇市场，通过直接投资或代理的方式开展交易和投资。人民币成为国际储备货币，也需要中国发展包括股票市场、债券市场、期货市场、衍生品市场、大宗商品市场、外汇市场等多层次的金融市场，拓展人民币资产市场的广度和深度。开放程度越大，中国金融监管的压力也将更大。人民币储备货币功能的发挥需要我国稳健的金融体系做支撑，金融监管特别是宏观审慎管理需要更高标准。

相关资料　人民币入篮 SDR 到底意味着什么

（二）金砖国家新开发银行为人民币国际化夯实基础

金砖国家新开发银行（NDB）又名金砖银行，在2012年被提出，由当时5个新兴国家，中国、印度、巴西、俄罗斯和南非共同建立。NDB的宗旨是减少美元金融政策对金砖五国金融资金的影响。通过将五国所投入的钱集中起来放入蓄水池中，可以在出现美元、欧元等货币不稳定时，借助这个蓄水池兑换一部分外汇来应急，减少对美元、欧元的依赖；降低美元、欧元等货币出现危机时对本国国内的冲击。2015年7月21日，金砖国家新开发银行正式开业，初始资本为1 000亿美元，由5个创始成员平均出资，总部设在中国上海。该银行主要资助金砖国家以及其他发展中国家的基础设施建设。

金砖五国商定通过本币直接投资等方式开展货币合作，也就是货币互换协议。双方先借入对方国家对等的货币，约定利息，到时连本带利归还，成功绕开了用美元结算这一环节。中国在经济实力、综合国力、国际贸易、汇率稳定等方面占有绝对的优势，因此，货币互换协议大大增强了人民币的对外投资活动，提高了人民币的国际化水平。

（三）上海原油期货市场加速推动人民币国际化

1. 上海原油期货市场及其意义

2018年3月26日，中国开始用人民币结算原油期货交易，这宣示人民币正式走进石油结算市场。上海原油期货市场是世界上第三家原油期货交易所（之前还只有纽约和伦敦的交易所），是世界上第一家用人民币结算的原油期货交易场所，这是人民币正式走入世界性交易结算的标志。

过去的结算体系是美元体系，而这个美元体系的支撑是石油美元，美国正是抓住了石油美元结算这个世界命脉，才有了美元的世界结算体系。虽然英国也有伦敦交易所的英镑石油期货结算，但英镑的石油结算只是美元结算的附属品而已，因为英国根本没有自己的消费和经济实力，主导不了石油结算。现在上海的原油期货交易正式开启，是向全世界开放的人民币石油结算，是目前世界三个原油期货交易市场中，唯一用人民币结算的原油期货，因此可以说人民币正式登上了石油结算的世界舞台，迈开了自己的国际化进程。

2. 上海原油期货市场现状

原油期货自2018年3月26日上市以来，市场整体运行平稳，成交量和持仓量均稳步增长。市场普遍认为，上期原油期货与WTI（west texas intermediate）和Brent（布伦特）原油期货形成了良好互动关系。截至4月25日收盘，原油期货总成交量为66.71万手（单边）、成交金额2 835.86亿元（单边），日均成交3.18万手（单边）、日均成交金额135.04亿元（单边）、日均持仓6 035手。市场各方积极参与，投资者结构良好，境内外大型石油和化工企业、大型贸易商、各类投资公司及个人客户等均参与了原油期货交易。国内企业与境外企业也开始签订以上期原油期货价格为计价基准的现货合同。

石油输出国组织（OPEC）在月度报告中表示，中国原油期货7个可交割品种的密度和含硫量均高于Brent原油和WTI原油，这意味着中国原油期货对于该地区来说可能是“更加有用”的油价基准。其不仅弥补了国内期货市场长期缺少原油战略品种的遗憾和不足，亦为原油产业链相关企业提供了更加丰富的保值避险工具，从长远看，有利于补充完善国际原油定价环节，减缓油价频繁波动对国内经济的影响。

上期能源已完成了中国香港地区注册，取得了ATS资质，这为境外交易者和境外经纪机构直接参与原油期货交易提供了合法便捷的渠道，其在新加坡的注册工作于2018年11月15日获得新加坡金融管理局（MAS）批准。随着原油期货的稳步发展，境外投资者参与数量和程度会逐渐增加。

三、人民币国际化困境

（一）人民币国际化的内部制约

人民币国际化需要以强大的经济实力作后盾，中国的经济总量与美国相比尚有较大的差距，还需要进一步提高。人民币尚未实现在资本项目下的自由兑换，人民币成为国际货币的必要条件是实现完全可自由兑换。人民币汇率制度改革需要稳步推进。对于人民币自由兑换和汇率变动的谨慎，虽然在一定程度上能够防范金融风险，但也会延缓人民币的国际化进程。既要开放资本项目，又要尽量减少国际金融动荡可能对中国经济造成的冲击，不断扩大中国经济规模。中国经济对外贸易依存度不断提高，远高于美国、日本等国。不断融入经济全球化进程要求中国外贸不断增长，而加入世贸组织推动中国外贸进一步发展，又使经济增长的贸易依存度难以降低。近年来中国吸收外国直接投资一直保持每年数百亿美元的高水平，而对外直接投资总额有限。经常项目和资本项目的双顺差，表明中国已具备了较大规模对外投资实力，也显示中国在对外投资力度方面尚有“欠缺”。对外投资是人民币国际化的重要途径。根据投资发展周期论，随着经济的发展，人均国内生产总值的提高，对外直接投资必将大幅上升，并最终超过引进外资的数额，实现净对外投资。中国的金融市场起步较晚，虽然发展较快，但依然存在市场规模小、广度与深度不够、金融工具单一、金融法规不健全、市场监管不到位等问题。从国际经验看，英镑、美元和日元充当国际货币，与其依托伦敦、纽约和东京三大国际金融中心的地位是分不开的。而中国的金融市场无论在资产额、交易额，还是在金融工具的种类、质量，以及对交易活动的监管等方面与发达国家相比都存在差距。

（二）人民币国际化的外部挑战

随着人民币国际化的发展，中国与外部金融的一体化程度提高，有关人民币的宏观金融政策不再独立，必须要综合考虑其他国家金融经济发展的需要。中国国内的经济波动和宏观经济政策将会更明显地影响其他国家。国内的货币政策也将面临更加严重的“内外均衡的冲突”，这将会给国内的宏观经济管理带来新问题。然而货币政策方面，最大的问题还在于输出货币的方式及其相应的制度安排可能存在风险。一国货币要成为国际货币，必须大量输出国外，输出货币的途径包括贸易逆差和资本外流，但无论采取何种方式，对经济均有不利的影响。在中国市场机制发育尚不成熟的情况下，开放资本项目很有可能招致国际资本的强烈冲击。一般而言，投机性攻击可能的渠道，一是证券市场，二是外汇市场，风险产生在这两个市场对外开放的过程中。这些风险实际上是人民币国际化所要付出的成本。

相关资料　美元崛起的启示

19 世纪末 20 世纪初，美国的经济规模和对外贸易量超过英国，但美元没有发挥国际作用。经过筹划和发展，到了 20 世纪二三十年代，美元成为与英镑并驾齐驱的国际货币，并在第二次世界大战后取代英镑成为国际霸主。美元及其他相关货币的经验及教训表明，对于货币的国际化，政府的作用主要有两方面：一是创造货币国际化所需要的条件。美国为发挥美元的国际作用而建立美联储，美联储培植美元国际化所需要的金融市场，树立各国对美元的信心，均是例证。二是在波谲云诡的国际货币金融交锋中，精心谋划和实施克敌制胜的方案。“二战”后，美国为瓦解“二战”前和战时形成的英镑板块，以英国放弃对英镑的货币管制作为向英国提供贷款援助的条件，加速英镑的衰落，便是明证。当下，人民币与 100 年前美元的境况相近，故美元崛起史对人民币国际化具有重要启示。由于美国经济实力和美元领先优势的存在，成为两极或多极货币中的一极应当是人民币国际化近期的务实目标。政府转变思维和传统模式，推动人民币国际化乃为关键。改革与人民币国际化不适应的制度和做法，建立满足人民币国际化所需要的开放、流动和有深度的金融市场，则是重中之重。

参考文献：韩龙. 美元崛起历程及对人民币国际化的启示［J］. 国际金融研究，2012（10）：37-46.

第三节　人民币国际化的实现路径

1996 年 12 月，人民币实现在经常项目下的可自由兑换，标志着人民币开始向国际化迈进，但是要最终实现人民币在世界范围内成为通用货币尚有很长一段路要走。积极拓展人民币作为流通货币、结算货币、投资货币和储备货币四种职能，是实现人民币国际化的现实路径。

一、持续扩大开放助力人民币国际化

开放是国家繁荣发展的必由之路。以开放促改革、促发展，是中国现代化建设不断取得新成就的重要法宝。习近平总书记所作的党的十九大报告提出“推动形成全面开放新格局”，强调“开放带来进步，封闭必然落后”；在 2018 年博鳌亚洲论坛年会开幕式演讲中，习近平总书记向世界明确表态“中国开放的大门只会越开越大”。中国必须将对内改革和对外开放同步进行，方能构建全方位对外开放新格局。为此，中国自身将持续扩大金融开放来助力人民币国际化，有序放开资本项目管制。基于我国金融市场现状，可利用亚投行、丝路基金等金融平台，针对“一带一路”沿线国家与地区，逐步试点放开资本项目管制。同时，针对资本项目开放试点过程

中产生的风险与问题，不断完善配套机制，为资本项目开放提供有力支撑。

在服务业特别是金融业方面，放宽银行、证券和保险行业外资股比例限制的重大措施落地，同时加快保险行业开放进程，放宽外资金融机构设立限制，扩大外资金融机构在华业务范围，拓宽中外金融市场合作领域。

在放宽外资准入和业务范围的同时，依然要按照相关法规对各类所有制企业进行一视同仁的审慎监管。通过加强金融监管，做到有效防范和化解金融风险，维护金融稳定。

（一）完善金融监管体系，促进国内金融机构改革

首先，推进金融市场改革。逐步放开政府干预，充分发挥“市场”这只看不见的手对金融市场的调节作用；促进金融产品与制度创新，推进金融市场向广度与深度发展。其次，健全金融监管体系。制定金融监管相关法律制度，加强有效监管，降低金融风险。最后，完善人民币国际化相关配套机制。推进我国与国家的协同合作机制，加快货币互换协议签署；建立大宗商品定价机制，开发与创新期权期货等工具；继续发挥并优化“亚投行”“丝路基金”等金融平台的作用；完善外汇管理机制，建立风险评估机制。

（二）创造更有吸引力的投资环境

过去，中国吸引外资主要靠优惠政策，现在更多靠改善投资环境。中国将加强与国际经贸规则的对接，增强透明度，强化产权保护，坚持依法办事，鼓励竞争、反对垄断。2018 年 3 月，中国组建了国家市场监督管理总局等新的机构，对现有政府机构做出大幅度调整，坚决破除制约使市场在资源配置中起决定性作用、更好发挥政府作用的体制机制弊端。2018 年上半年，中国已完成修订外商投资负面清单工作，全面落实准入前国民待遇加负面清单管理制度。

（三）主动扩大进口

内需是中国经济发展的基本动力，也是满足人民日益增长的美好生活需要的必然要求。中国不以追求贸易顺差为目标，真诚希望扩大进口，促进经常项目收支平衡。近年，中国相当幅度降低汽车进口关税，同时降低部分其他产品进口关税，努力增加人民群众需求比较集中的特色优势产品进口，加快加入世界贸易组织《政府采购协定》进程。中国真诚希望发达国家对正常合理的高技术产品的贸易停止人为设限，放宽对华高技术产品的出口管制。2018 年 11 月，中国在上海成功举办了首届中国国际进口博览会，并且将年年办下去，这是中国主动开放市场的重大政策宣示和行动。

相关资料　大陆消费者网购台湾商品可用人民币结算

二、人民币国际化与“一带一路”

依托“一带一路”建设，在沿线各国贸易发展和金融合作的基础上推动人民币国际化，据此构建“一带一路”人民币贸易圈和人民币货币区，符合“一带一路”各国利益，也是区域经济一体化发展的必然趋势。人民币国际化，在贸易结算、投资、储备货币之外，还要形成一个有深度的人民币离岸市场体系，在境外形成人民币股市、期市、债市、汇市的市场体系，进行即期、远期、期货、期权等业务，人民币就可以成为套期保值、风险对冲、融资便利的国际货币。

（一）大宗商品使用人民币计价结算

使用人民币在“一带一路”沿线国家进行大宗商品计价结算，会成为人民币国际化一个新的突破口。利用沿线国家对华大宗商品贸易的重要地位，以及中国在金融机构和期货市场方面的优越条件，积极推动“一带一路”沿线大宗商品实现人民币计价结算，建议优先考虑铝矿石、铁矿石和煤的进口结算。“一带一路”沿线国家与中国的双边贸易额超过了 1 万亿美元，特别是食品、能源、农业原材料和金属等大宗商品的贸易占有非常重要的地位。沿线国家对华大宗商品贸易，如果使用人民币计价结算，对双边贸易和经济增长都将产生重要的推动作用。发展大宗商品人民币期货市场和其他金融产品，能为进出口商提供必要的风险管理平台和手段。

（二）促进沿线国家使用并储备人民币

借助“一带一路”倡议，我国积极通过政府援助、政策性贷款、混合贷款和基础设施债券发行等方式来解决沿线国家基础建设的资金瓶颈问题，这一过程使人民币的使用得以推广，为人民币国际化奠定了基础。2016 年 10 月 1 日起，人民币正式成为国际货币基金组织“特别提款权”（SDR）货币篮子中的第三大货币，这是人民币国际化进程中的重要里程碑。人民币在“一带一路”相关国家间的流通和使用，形成了闭环流转，低风险、低成本，必将给沿线各国带来更多的便利和优惠。但也需要加强金融监管，促进人民币的有序流动。

（三）建立区域性贸易和投资的结算支付体系

在充足的外汇储备、庞大的外贸规模、相对完善的金融机制的支持下，人民币有能力主导建立区域性贸易结算支付体系。在此过程中，商业银行应积极推进人民币与沿线国家货币的报价和直接交易，进一步扩大人民币在贸易、投资中的使用范围，降低使用第三方货币对双边贸易往来的不利影响。应积极创新人民币风险规避与资金增值产品，打消沿线国家企业使用人民币的后顾之忧，并进一步促进人民币用于沿线国家资产计价、纳入沿线国家储备货币，提升人民币的接受程度。人民币走向“一带一路”需要技术保障，强大的货币运行要依靠强大的清算系统，特别是在网络金融环境下，清算系统尤为重要。中国应加快人民币跨境支付系统和全球清算体系建设，实现人民币跨境支付、清算的高效安全；加大支持境内机构使用人民币进行对外贷款和投资。同时，利用沿线各国发展跨境电子商务的地理优势和文化优势，大力支持电子商务的人民币计价和跨境支付。

相关资料　“一带一路”倡议

当前，如火如荼的“一带一路”倡议与水到渠成的人民币国际化战略形成了中国新时代国家顶层开放战略的交集。“一带一路”倡议契合人民币国际化战略思维，为国内产业金融发展拓展了空间，为人民币国际化发展提供了风险缓冲地带。“一带一路”倡议下人民币国际化也面临着较大的障碍和风险，包括：TPP 等对“一带一路”倡议的冲击风险、“一带一路”地区政治经济法律制度冲突、人民币接受与普及程度障碍以及国内金融机构国际化组织体系层次较低等。“一带一路”建设背景下人民币国际化进展的过程中应注意人民币战略定位、金融资源布局、人民币国际化下的金融创新力度、人民币国际化的风险管理能力等问题。建议强化中国与“一带一路”沿线国家和地区的货币金融合作进程；进一步扩大人民币在“一带一路”沿线国家和地区的使用；推出离岸证券交易中心，完善区域市场机制；完善各类配套政策，提供政策保障。

资料来源：任志宏.“一带一路”战略与人民币国际化的机遇、障碍及路径 [J]. 华南师范大学学报（社会科学版），2016（3）：28-34，191.

（四）依托亚投行推动人民币走出去

建立中国人民银行与亚投行的货币互换机制，将亚投行打造成重要的人民币债券发行方。亚投行不可能只靠资本金运营，需要引入其他资金，这就需要设立投资基金作为融资方式的重要补充，以向亚投行支持的项目提供融资。该投资基金应大力支持公私合作伙伴关系模式，鼓励私营部门的参与，动员更多私人部门的资金，吸引其他商业银行投资；同时，还要发行长期债券，构建亚投行成员国区域债券市场，推动各成员国之间债券投融资方面的合作。利用中国在基础设施建设方面的经验和资金动员上的能力，促成人民币成为沿线基础设施融资的关键货币，特别是在政府援助、政策性贷款、混合贷款和基础设施债券发行中应当更多使用人民币。

核心知识小结

人民币国际化是指人民币可以在国际上流通和使用，即可以在国际市场上履行其作为价值储藏、交易媒介、记账单位等货币的一般职能，成为国际上通用的工具货币。尽管目前人民币境外的流通并不等于人民币已经国际化了，但人民币境外流通的扩大最终必然导致人民币的国际化，使其成为世界货币。

一国货币成为国际货币的一般条件可以概括为：国家的政治和军事实力、经济规模、金融实力、金融市场发展程度，以及历史因素。除了这些因素外，货币内在价值的可预测性、稳定性，以及外部交易网络的便利性将界定国际货币的功能范围。为了满足国际社会对人民币国际化的认知需要，客观反映人民币在国际经济活动中的使用情况，中国人民大学国际货币研究所编制了人民币国际化指数。

人民币正式被纳入 SDR 货币篮子，成为仅次于美元和欧元的第三大权重货币。中国提出亚投行的倡议，成立金砖国家新开发银行。开始了用人民币结算的原油期货交易，上海原油期货市场是世界上第三家原油期货交易所，这是人民币正式走入世界性交易结算的标志。

人民币国际化需要以强大的经济实力作后盾，中国的经济总量与美国相比尚有较大差距。随着人民币国际化的发展，中国与外部金融的一体化程度提高，有关人民币的宏观金融政策不再独立，必须要综合考虑其他国家金融经济发展的需要。

人民币国际化的实现需要持续扩大开放、完善金融监管体系，促进国内金融机构改革、创造更有吸引力的投资环境以及主动扩大进口。

依托"一带一路"建设，在沿线各国贸易发展和金融合作的基础上推动人民币国际化，据此构建"一带一路"人民币贸易圈和人民币货币区，符合"一带一路"各国利益，也是区域经济一体化发展的必然趋势。

备考准备

一、名词解释

人民币国际化　人民币国际化指数

二、选择题

1. 当前国际上的SDR货币篮子已经包含了（　　）种货币。(单选)
   A. 4　　B. 5
   C. 6　　D. 3
2. 人民币正式走入世界性交易结算的标志是（　　）。(单选)
   A. 亚投行的成立　　B. 金砖国家新开发银行的成立
   C. 上海原油期货市场的成立　　D. 人民币纳入SDR货币篮子
3. 当前国家间经济竞争的最高表现形式是（　　）。(单选)
   A. 价格竞争　　B. 人才竞争
   C. 货币竞争　　D. 资源竞争
4. 人民币国际化指数编制的原则包括（　　）。(多选)
   A. 立足国际货币职能　　B. 指数编制方法透明、简单
   C. 综合考虑可比性与可操作性　　D. 兼顾结构稳定性与灵活性

三、简答题

1. 简述人民币国际化的现状。
2. 简述制约人民币国际化的因素有哪些。

第四篇
国际经济协调

第十二章
国际经济组织

■　**本章知识结构图**

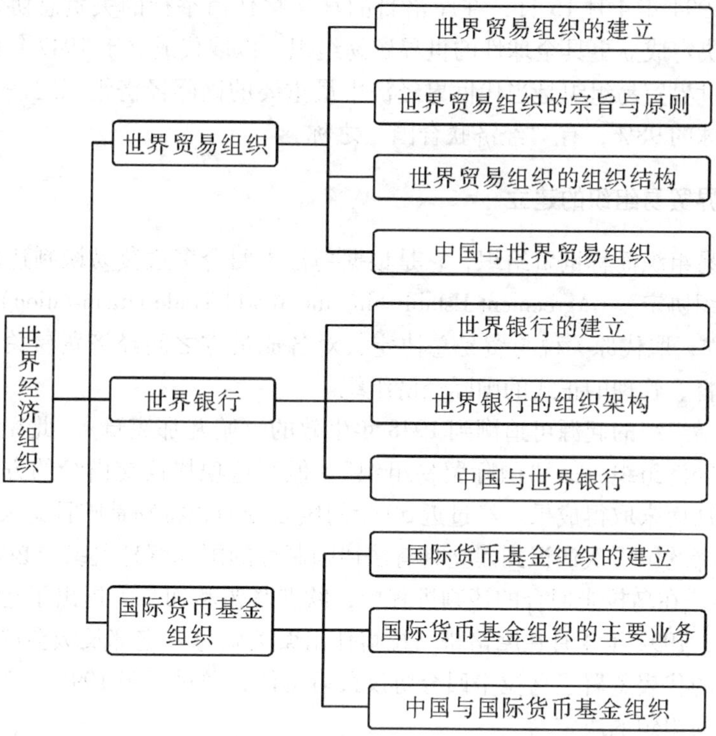

学习目标

掌握世界贸易组织的发展历程、宗旨原则以及组织结构；

了解中国加入世界贸易组织的相关知识；

掌握国际货币基金组织、世界银行集团的概念；

领会国际货币基金组织和世界银行集团的宗旨，并了解其基本业务活动和贷款条件；

了解中国与世界银行和国际货币基金组织之间的交流与合作。

引例　国际贸易投资规则发展新趋向

第一节　世界贸易组织

世界贸易组织（world trade organization，WTO）是一个独立于联合国的永久性国际组织。1994 年 4 月 15 日，在摩洛哥的马拉喀什市举行的关贸总协定乌拉圭回合部长会议决定成立更具全球性的世界贸易组织，以取代成立于 1947 年的关税与贸易总协定。世界贸易组织是当代世界经济中最重要的国际经济组织之一，成员贸易总额达到全球的 98%，有“经济联合国”之称。

一、世界贸易组织的建立

世界贸易组织简称世贸组织，它是根据乌拉圭回合多边贸易谈判达成的《建立世界贸易组织协定》（Agreement Establishing the World Trade Organization）于 1995 年 1 月 1 日建立，取代原关税与贸易总协定，对各成员方之间经济贸易关系的权利和义务进行监督、管理的正式的国际经济组织。

世界贸易组织的起源可追溯到 1948 年生效的《哈瓦那宪章》。此宪章拟成立一个全球性的经济组织——“国际贸易组织”。但当这项提议交由缔约方各国政府讨论时却受阻从而未取得成果。经过近 50 年的风云变幻，特别是旷日持久的乌拉圭回合谈判，各缔约国再次认识到建立具有法律强制性的国际贸易组织的必要性。

1990 年，在乌拉圭回合的谈判进程中，欧洲联盟和加拿大提出了建立世界贸易组织的建议，1994 年 4 月在摩洛哥马拉喀什出席关贸总协定部长级会议的 100 多个国家和地区的代表签署了乌拉圭回合协议最后文件，通过了于 1995 年 1 月 1 日正式建立世界贸易组织的决定。

二、世界贸易组织的宗旨与原则

（一）世界贸易组织的宗旨

世界贸易组织的宗旨是：提高生活水平，保证充分就业和大幅度、稳步提高实际收入和有效需求；扩大货物和服务的生产与贸易；坚持走可持续发展之路，各成员方应促进对世界资源的最优利用，保护和维护环境，并以符合不同经济发展水平下各成员需要的方式，加强采取各种相应的措施；积极努力确保发展中国家，尤其是最不发达国家在国际贸易增长中获得与其经济发展水平相适应的份额和利益；建立一体化的多边贸易体制；通过实质性削减关税等措施，建立一个完整的、更具活力的、持久的多边贸易体制；以开放、平等、互惠的原则，逐步调降各会员关税与非关税贸易障碍，并消除各会员在国际贸易上的歧视待遇。

在处理该组织成员之间的贸易和经济事业的关系方面，以提高生活水平、保证充分就业、保障实际收入和有效需求的巨大持续增长，扩大世界资源的充分利用以及发展商品生产与交换为目的，努力达成互惠互利协议，大幅度削减关税及其他贸易障碍和整治国际贸易中的歧视待遇。

（二）世界贸易组织的原则

1. 非歧视待遇原则

非歧视待遇原则也称无差别待遇原则，指一缔约方在实施某种限制或禁止措施时，不得对其他缔约方实施歧视性待遇。任何一方不得给予另一方特别的贸易优惠或加以歧视。该原则涉及关税削减、非关税壁垒的消除、进口配额限制、许可证颁发、输出入手续、原产地标记、国内税负、出口补贴、与贸易有关的投资措施等领域。

2. 最惠国待遇原则

最惠国待遇原则指 WTO 成员一方给予任何第三方的优惠和豁免，将自动地给予各成员方。该原则涉及一切与进出口有关的关税削减，与进出口有关的规则和程序、国内税费及征收办法、数量限制、销售、储运、知识产权保护等领域。

3. 国民待遇原则

国民待遇原则指缔约方之间相互保证给予另一方的自然人、法人和商船在本国境内享有与本国自然人、法人和商船同等的待遇。该原则适用于与贸易有关的关税减让、国内税费征收、营销活动、政府采购、投资措施、知识产权保护、出入境以及公民法律地位等领域。

4. 透明度原则

透明度原则指缔约方有效实施的关于影响进出口货物的销售、分配、运输、保险、仓储、检验、展览、加工、混合或使用的法令、条例，与一般援引的司法判决及行政决定，以及缔约方政府或政府机构与另一缔约方政府或政府机构之间缔结的影响国际贸易政策的现行规定，必须迅速公布。该原则适用于各成员方之间的货物贸易、技术贸易、服务贸易，与贸易有关的投资措施，知识产权保护，以及法律规范和贸易投资政策的公布程序等领域。

5. 贸易自由化原则

贸易自由化原则指通过限制和取消一切妨碍和阻止国际贸易开展与进行的所有障碍，包括法律、法规、政策和措施等，促进贸易的自由发展。该原则主要是通过关税减让、取消非关税壁垒来实现的。

6. 市场准入原则

市场准入原则指一国允许外国的货物、劳务与资本参与国内市场的程度。该原则在 WTO 现在达成的有关协议中，主要涉及关税减让、纺织品和服装、农产品贸易、热带产品和自然资源产品、服务贸易以及非关税壁垒的消除等领域。

7. 互惠原则

互惠原则指两成员方之间互相给予对方以贸易上的优惠待遇。该原则的适用随着关贸总协定的历次谈判及其向 WTO 的演变而逐步扩大，现已涉及纺织品和服装、热带产品、自然资源产品、农产品、服务贸易以及知识产权保护等领域。

8. 对发展中国家和最不发达国家优惠待遇原则

对发展中国家和最不发达国家优惠待遇原则指如果发展中国家在实施 WTO 协议时需要一定的时间和物质准备，可享受一定期限的过渡期优惠待遇。这是关贸总协定和 WTO 考虑到发展中国家经济发展水平和经济利益而给予的差别和更加优惠的待遇，是 WTO 无差别待遇原则的一种例外。

9. 公正、平等处理贸易争端原则

公正、平等处理贸易争端原则指在调解争端时，要以成员方之间在地位对等基础上的协议为前提。调解人通常由总干事来担任，普遍适用。

三、世界贸易组织的组织结构

（一）部长级会议

部长级会议是世贸组织的最高决策权力机构，由所有成员方主管外经贸的部长、副部长级官员或其全权代表组成，一般两年举行一次会议，讨论和决定涉及世贸组织职能的所有重要问题，并采取行动。

（二）总理事会

在部长级会议休会期间，其职能由总理事会行使，总理事会也由全体成员组成。总理事会可视情况需要随时开会，自行拟订议事规则及议程。同时，总理事会还必须履行其解决贸易争端和审议各成员贸易政策的职责。

总理事会下设货物贸易理事会、服务贸易理事会、知识产权理事会。这些理事会可视情况自行拟订议事规则，经总理事会批准后执行。所有成员均可参加各理事会。

（三）各专门委员会

部长会议下设专门委员会，以处理特定的贸易及其他有关事宜。现已设立贸易与发展委员会，国际收支限制委员会，预算、财务与行政委员会，贸易与环境委员会等 10 多个专门委员会。

（四）秘书处与总干事

秘书处是由部长级会议任命的总干事领导的。世界贸易组织秘书处（下称秘书处）设在瑞士日内瓦，大约有 500 人。秘书处工作人员由总干事指派，并按部长会议通过的规则决定他们的职责和服务条件。部长会议明确了总干事的权力、职责、服务条件及任期规则。世贸组织总干事主要有以下职责：他可以最大限度地向各成员施加影响，要求它们遵守世贸组织规则；总干事要考虑和预见世贸组织的最佳发展方针；帮助各成员解决它们之间所发生的争议；负责秘书处的工作，管理预算和所有成员有关的行政事务；主持协商和非正式谈判，避免争议。

四、中国与世界贸易组织

世界贸易组织成立后，中国的复关谈判转为加入世贸组织的谈判。1995 年 7 月 11 日，中国正式提出加入世贸组织的申请，自此从复关转为入世。同年 11 月，应中国政府的要求，“中国复关谈判工作组”更名为“中国入世工作组”。中国政府根据实际情况，多次重申了入世的基本立场，概括起来为以下三个基本原则：第一，根据权利与义务对等的原则承担与本国经济发展水平相适应的义务；第二，以乌拉圭回合多边协议为基础，与有关世贸组织成员方进行双边和多边谈判，公正合理地确定入世条件；第三，作为一个低收入发展中国家，中国坚持以发展中国家身份入世，享受发展中国家的待遇。

1996 年 3 月，世界贸易组织中国工作组第一次正式会议在日内瓦召开，中国代表团出席了会议。同时，为加快经济建设及国内经济与世界经济接轨的速度，1996 年 4 月 1 日和 1997 年 10 月 1 日，我国政府两次大幅度降低关税税率，逐步取消了各种名目繁多的非关税壁垒，在 1998 年 4 月中国工作组第七次会议上，中国代表团向世贸组织秘书处提交了一份近 6 000 个税号的关税减让表。但总体而言，这一阶段的工作组会议与双边磋商进展缓慢。

1999 年，中国入世进程明显加快。1999 年 4 月，时任总理朱镕基总理访美，与美国在市场准入谈判方面取得实质性进展，双方签署了中美双边协议中最重要的《中美农业合作协议》，并就中国加入世贸组织问题发表联合声明。然而 1999 年 5 月 8 日，以美国为首的北约轰炸了中国驻南斯拉夫大使馆，中国入世谈判被迫终止。1999 年 9 月 11 日，时任国家主席江泽民与时任美国总统克林顿在新西兰亚太地区经济合作组织领导人非正式会议上进行会晤，同意两国恢复谈判。1999 年 11 月 10 日，美国贸易代表团访华，与中国就中国入世问题进行双边谈判，最终在 11 月 15 日双方签署了《中美关于中国加入世界贸易组织的双边协议》，这标志着中国与美国就此正式结束双边谈判，也为中国与其他主要贸易伙伴的谈判奠定了基础。2000 年 5 月 19 日，中国与欧盟达成双边协议。2001 年 9 月 13 日中国与墨西哥签署双边协议，至此中国与要求和中国进行双边谈判的 37 个世贸组织成员方全部结束了谈判。

2001 年 9 月 17 日，世贸组织中国工作组第 18 次会议举行正式会议，通过了中国入世的所有法律文件，其中包括中国工作组报告书、入世议定书以及货物贸易减让表和服务贸易减让表等附件，同时也结束了世贸组织中国工作组的全部工作。2001 年 11 月 10 日，在多哈举行的世贸组织第四次部长级会议上审议并批准了中国加入世贸组织，我国随即递交了全国人大常委会批准中国加入世贸组织议定书的通知书。按照世贸组织的规则，一个月后，即 2001 年 12 月 1 日中国正式成为世贸组织成员。

相关资料　WTO 达成近 20 年来最大规模关税减让协议

第二节　世界银行

一、世界银行的建立

世界银行是世界银行集团的简称，由国际复兴开发银行、国际开发协会、国际金融公司、多边投资担保机构和国际投资争端解决中心五个成员机构组成。其目标最初是为西欧国家战后复兴提供资金支持，1948 年“马歇尔计划”中的欧洲复兴资金落实后，其业务转为帮助发展中国家提高生产力、促进社会进步和经济发展以及改善和提高人民生活水平。经过几十年的发展，世界银行集团致力于减少贫困，推动共同繁荣，促进可持续发展，已经成为在国际发展和减贫领域的领导者。

二、世界银行的组织架构

世界银行集团由国际复兴开发银行、国际开发协会、国际金融公司、多边投资担保机构和国际投资争端解决中心五家机构组成。

（一）国际复兴开发银行（IBRD）

国际复兴开发银行成立于 1945 年 12 月 27 日，1946 年 6 月开始营业，它是世界银行集团的核心机构。按照规定，只有国际货币基金组织的会员国才能申请加入 IBRD。我国是 IBRD 的创始国。1980 年 5 月我国的合法席位得到了恢复。自那时起，双方的业务往来频繁，合作的规模越来越大，合作的领域也越来越广。

1. 宗旨和组织机构

（1）国际复兴开发银行的宗旨。《国际复兴开发银行协定》第一条规定，IBRD 的宗旨是：①为用于生产目的的投资提供便利，协助会员国的复兴与开发，并鼓励不发达国家生产与资源的开发。②通过参与私人贷款、私人投资或提供私人担保的方式，促进私人的对外投资。③通过鼓励国际投资以开发会员国生产资源的方法，促进国际贸易的长期平衡发展，并维持国际收支的平衡。④在提供贷款保证时，应与其他方面的国际贷款配合。

（2）国际复兴开发银行的组织机构。理事会是 IBRD 的最高权力机构和决策机构，由每一会员国委派的理事和副理事各 1 人组成。理事和副理事的任期均为 5 年，可以连任。理事会的主要职责是：批准接纳新会员国及其加入的条件；增加或削减资本；取消会员国资格；决定净收入的分配以及其他重大事项等。理事会每年与国际货币基金组织的理事会一起举行一次年会，必要时可召开特别会议。

执行董事会是负责处理 IBRD 日常业务的机构，行使由理事会赋予的职权。IBRD 现有执行董事 24 人，其中 5 人来自持有股份最多的五个国家即美国、英国、德国、日本、法国；中国、俄罗斯和沙特阿拉伯各单独选派 1 名执行董事，其余 16 人由其他会员国按地区分组每 2 年选举一次。执行董事会主席由行长担任。行长无投票权，只有在执行董事会表决中出现双方票数相等时才可以投具有决定作用的一票。

IBRD 会员国投票权的大小取决于其认缴股份的多少，每一会员国均有基本投票权 250 票，每认缴一股（一股为 10 万美元）另外增加投票权一票。IBRD 决策的一般原则是除非有特殊规定，一切事项均由多数票决定。

2. 资金来源

（1）会员国缴纳的股金。任何一国加入 IBRD 均需认购该行的股金。认购数量根据该国经济实力并参照该国 IMF 的份额来确定。会员国认缴的股金分为两部分：一是实缴股金，占总股金的 20%，其中 2%以黄金或美元缴纳，18%用会员国本国货币缴纳；二是待缴股金，剩下的 80%通常是在 IBRD 向会员国催缴时才缴付。

（2）国际金融市场筹资。向国际金融市场借款是 IBRD 的主要资金来源渠道。因为会员国实际缴纳的股金只占其应认缴股金的一小部分，而且其从事的是中长期贷款业务，贷款对象又是经济急需发展的发展中国家，会员国缴纳的股金难以满足其业务需要，所以 IBRD 所需资金的大部分是通过在国际金融市场上发行 AAA 债券或其他债券筹得的。银行提供贷款的资金大部分来自债券的发行，而且随着贷款业务的迅速发展，通过发行债券筹集的资金的数量也在不断增加。

（3）债权转让。IBRD 为了扩大贷款能力，还将一部分贷款债权转让给商业银行或私人投资者，提前收回一部分资金，加快贷款资金的周转能力。

（4）净收益。由于 IBRD 信誉卓著，经营有方，每年均获得大量收益，这也是其发放贷款的一个资金来源。

3. 贷款业务

（1）贷款原则。根据《国际复兴开发银行协定》规定，IBRD 贷款遵循以下五个基本原则：①IBRD 提供贷款的对象是会员国政府以及政府担保的公私机构。如贷款对象为非会员国时，则该项贷款须由会员国政府、中央银行或 IBRD 认可的机构进行担保，以保证本金的偿还与利息及其他费用的支付。②申请贷款的国家确实不能以合理的条件从其他方面获得融资时，IBRD 才考虑发放贷款、参加贷款或提供保证。③IBRD 贷款的目的是推动会员国生产性资源的利用。④贷款一般与特定的项目相结合，发放贷款的重点工程项目为基础设施工程项目，如交通（公路、铁路、港口、航空）和公用事业（电力、电讯、供水、排水等），发展农村和农业建设项目，以及教育建设事业项目等，只有在特殊情况下才发放非项目贷款。⑤贷款必须专款专用，并接受 IBRD 的监督。IBRD 不仅在使用款项方面，而且在工程的进度、物资的保管、工程的管理等方面也进行监督。

（2）贷款特点。①贷款期限一般为 15~20 年，通常有 3~5 年的宽限期。②贷款实行浮动利率，随国际金融市场利率的变化定期调整，但一般低于市场利率，银行对贷款收取的杂费很少，一般只按年收取 0.75%的手续费。③贷款程序复杂，审批时间长。借款国从提出项目到最终获得贷款资金通常需要经过以下几个阶段：提出计划、确定项目、专家审查、审议通过、签订贷款契约、工程项目招标，这个过程一般需要一年到一年半的时间。④通常只向项目的货物和服务提供所需的外汇资金，一般为项目总额的 30%~40%，个别项目可达 50%。

（二）国际开发协会（IDA）

为广大发展中国家建立一个新的国际金融机构，帮助它们改善外债结构、减轻债务负担、发展生产和提高人民生活水平是国际社会的迫切要求。1959 年，世界银行第 14 届年会决定成立国际开发协会来解决此问题。1960 年 9 月，该协会正式成立。

国际开发协会的宗旨是为最不发达国家（按 2000 年标准，人均国民生产总值在 885 美元以下）提供比世界银行条件更为优惠的贷款，借此减轻其国际收支负担，促进它们的经济发展和居民生活水平的提高，推动世界银行拟定的开发目标的实施。

1. 组织机构

按规定，凡世界银行的会员均可加入国际开发协会。按照人均国民收入，协会的会员国分为两类：第一类为经济上较发达或人均居民收入较高的国家，是协会资金的主要提供者；第二类为发展中国家，是协会资金的接受者。参加国际开发协会的会员国，不论属于第一类或第二类，都应认缴协会股份。

2. 资金来源

国际开发协会的资金主要来源于会员国的认缴股金、会员国的捐款和世界银行的拨款。

3. 资金运用

协会的资金主要用于项目贷款，同时用于提供技术援助和进行经济调研。同世界银行的贷款一样，贷款项目都要经过严格审查，但贷款条件却相当优惠（因而被称为“软贷款”），不收取利息，每年只对已拨付的部分收取 0.75%的手续费，对未支取的部分收取 0.5%的承诺费。贷款期限一般为 35~40 年，还款宽限期为 5~10 年。

协会信贷并不是任何会员国都可以获得。长期以来，能获得协会贷款的只限于最贫穷的会员国，很多国家被排除在协会信贷资金的发放范围之外，这是因为协会的信贷具有高度的优惠性，具有援助性质。信贷的目的是既要为较贫穷的发展中国家提供发展经济所需的一部分资金，又要使这些国家有可能在偿还之前已从投资中得到收益。协会的信贷只提供给借款国政府，或由政府、中央银行担保的公私机构。投资方向以农业和农村发展、卫生保健、教育以及电力、运输等项目为主。

（三）国际金融公司（IFC）

1. 国际金融公司的成立

1954 年，联合国大会和联合国理事会讨论通过了世界银行送交的关于成立国际金融公司的报告，旨在鼓励会员国特别是不发达会员国生产性私营企业的发展，从而促进发展中国家的经济增长。1956 年 7 月，该公司正式宣告成立，成为一个具有完全法人地位的独立的国际金融机构，它既是世界银行集团扶持发展中国家私人部门的窗口，也是联合国的专门机构之一。

2. 组织机构

国际金融公司与国际开发协会在组织机构方面有所不同。它除了一些机构、人员是由世界银行相应的机构和人员兼任外，还有自己的办事部门和工作人员。与国际开发协会一样，只有世界银行会员国才能申请成为国际金融公司的会员国。

参加公司的会员国必须向公司认缴股本。公司刚成立时，只有 31 个会员国，法定股本 1 亿美元，分为 10 万股，每股面值 1 000 美元。到 2005 年年底，有会员国 178 个，实缴资本 24 亿美元。国际金融公司会员国股本应以美元或其他可自由兑换的货币全额实缴。公司实行与世界银行相似的投票权计算原则，公司事务一般采取投票的方式。在所有会员国中，美国是认缴股本最多、投票权最大的会员国。

国际金融公司的组织机构与世界银行相同，最高权力机构是理事会，下设执行董事会，负责组织日常业务。公司的正副理事、正副执行董事也就是世界银行的正副理事和正副执行董事。公司的总裁也由世界银行行长兼任，但公司除少数机构和人员由世界银行的相应部门和人员兼任外，还没有自己独立的管理机构和人员。1992 年公司机构改组后，公司的全局管理和日常业务由执行总裁主管，执行副总裁成为公司实际上的行政首脑。执行副总裁下属 6 名副总裁，其中 1 名兼任公司法律总顾问，另外 5 名分别主管地区和行业的投资和贷款业务、金融部门和资本市场业务、公司财务和规划业务、公司业务的发展等。此外，公司管理机构中大部分部门负责人和全部工作人员由公司自己任命。

3. 资金来源

国际金融公司的资金主要来源于会员国认缴的股本，它自成立以来，曾几度增资，并由会员国分期缴清。国际金融公司逐年累计的收益也是公司资金的一大来源。公司开展各项业务时，注重项目收益，自成立以来，每年盈利。除自身资本外，国际金融公司在国际金融市场上积极筹措来的资金也是公司最大的资金来源。国际金融公司主要在欧洲货币市场上发行多种债券，同时也在其他金融市场发行债券以便降低筹资成本和分散风险。此外，世界银行对国际金融公司的贷款也是它的一个较重要的资金来源。根据国际金融公司与世界银行签订的《贷款总协定》，国际金融公司每年可从世界银行以比较优惠的条件取得一定数量的贷款。

4. 业务活动

国际金融公司的主要业务是资助会员国，特别是支持发展中国家会员国私人企业的发展和帮助它们通过国际金融市场融资，从而促进发展中国家的经济开发。公司的业务方式包括：与私人投资者合作，对发展中国家私人企业的新建、改建和扩建等项目提供资金、技术援助和管理经验；帮助私人企业提高效率、促进竞争；促进外国私人资本在这些国家的投资，以及帮助这些国家国内资本市场的建立和发展等。

国际金融公司资金运用业务的基本类型是长期联合投资，它包括国际金融公司直接投资和贷款两部分。国际金融公司直接投资是指国际金融公司以股东身份，用其自有资金参与会员国私人企业的投资，分享企业利润，但它投入的股份在项目的总投资中一般不超过25%。虽然国际金融公司在投资企业的董事会中保留自己的席位，但一般不参与投资项目企业的日常管理。由于国际金融公司参与的投资项目不受东道国政府的担保，公司及其投资伙伴必须自担风险，因此，国际金融公司在做出一项投资决定前，对项目涉及的各方面都要进行全面而严格的评估。除参股外，国际金融公司还向项目企业提供贷款。它的贷款分为两种：A 种贷款，即国际金融公司自身资金提供的贷款；B 种贷款，即由国际金融公司出面组织国际商业银行的银团贷款。

（四）多边投资担保机构（MIGA）

多边投资担保机构成立于 1988 年。多边投资担保机构通过向外国投资者提供政治风险担保，使其免受非商业风险如征用和没收、强制实行国有化、货币不可兑换、转移限制以及战争和内乱等造成的损失，从而使投资者有信心投资于在没有此担保的情况下风险过大的项目。迄今为止，该机构为近百个发展中国家的投资项目提供了担保。此外，多边投资担保机构还为东道国政府提供技术援助。

（五）国际投资争端解决中心（ICSID）

国际投资争端解决中心是根据《华盛顿公约》于 1966 年设立的，是世界银行所属专门处理跨国投资纠纷的国际机构，总部设在美国的华盛顿。我国 1990 年 2 月 9 日签署该公约，1993 年 2 月 6 日正式加入该公约。国际投资争端解决中心通过对投资纠纷提供国际调节和仲裁，鼓励外国投资，以此增加与外国投资者之间的相互信任。许多国际投资协议都援引该中心的仲裁条款。该中心还在仲裁法和国际投资法领域进行研究和出版活动。

三、中国与世界银行

中国于 1980 年正式恢复了世界银行的合法席位，并同时恢复了我国在国际金融公司和国际开发协会的合法席位。1988 年，中国又签署和核准了《多边投资担保机构公约》。1993 年中国正式加入国际投资争端解决中心。

进入世界银行集团以来，中国与其进行了卓有成效的合作。合作的规模从小到大，领域也日益广泛，取得了令人瞩目的成果。截至 2003 年，世界银行共向中国提供近 391 亿美元的贷款，世界银行集团资金的注入，在很大程度上缓解了中国国内资金不足和外汇短缺的状况，既有助于实现中国的产业政策和社会发展目标，又有利于引导国内配套资金投向，从而改善中国各部门或地区的投资结构。世界银行集团在提供贷款前及过程中所进行的经济考察和调研，内容丰富、范围广泛，涉及国民经济的许多部门，为中国的现代化建设提出了很多可供参考的建议，有着重要的现实意义。

中国通过与世界银行集团的合作，从国外引进了大量技术先进的生产与施工设备、实验设备和教学仪器，也学到了不少提高投资效益和能源使用效率、提高劳动生产率等宏观、微观方面先进而有效的管理知识，培养了一大批现代技术人才和管理人才。世界银行集团作为世界上权威较高的国际金融机构，其所撰写的有关中国的宏观经济报告和专题调研报告，客观公正地反映了中国经济生活中的成就与问题，有助于国际社会了解中国和加强中国同世界各国的经济合作，也为中国开拓国外市场带来了许多机会。

相关资料　利用世行贷款，共建生态家园

——记世界银行贷款中国新农村建设生态家园富民工程项目（2009—2014）

第三节　国际货币基金组织

一、国际货币基金组织的建立

国际货币基金组织于 1945 年 12 月 27 日正式成立，1947 年 3 月 1 日开始运营，同年 11 月 15 日成为联合国的一个专门机构，总部设在华盛顿。国际货币基金组织是为协调国际货币政策、加强货币合作而建立的政府间金融机构。它是根据 1944 年 7 月 44 个国家在美国新罕布什尔州的布雷顿森林举行的国际货币金融会议通过的《国际货币基金协定》而建立的。其成立初期有 39 个成员，到 1994 年年底增加到 154 个。我国曾是国际货币基金组织的创始国之一，中国在国际货币基金组织的合法席位于 1980 年 4 月得以恢复。

（一）宗旨

《国际货币基金协定》规定，IMF 建立的宗旨主要有五个方面：

（1）建立一个永久性的国际货币机构，促进货币合作。

（2）促进国际贸易的扩大与平衡发展，借以提高和维持就业与实际所得于较高的水平之上，并开发各成员国的生产资源。

（3）促进汇率之稳定，维持成员之间的正常汇兑关系，避免竞争性的货币贬值。

（4）协助成员建立国际收支中经常业务的多边支付制度，并消除阻碍国际贸易发展的外汇管制。

（5）在适当的保障下，基金对成员提供资金，树立改善国际收支失调的信心，从而避免采取有损于本国或国际繁荣的措施。

在其五个宗旨中，主要集中于两点：向成员提供短期贷款，以平衡其国际收支的暂时不平衡；促进各国汇率稳定，消除外汇管制。为实现 IMF 的宗旨，凡属国际货币方面的事务，如货币汇率的确定与稳定，国际收支差额的弥补与调节，外汇政策与支付制度的管理与协调，都属于 IMF 的职能范围，其主要着眼点在于维持国际经济的稳定。

（二）组织机构

国际货币基金组织的管理机构由理事会、执行董事会、总裁、副总裁和业务机构组成。

理事会是国际货币基金组织的最高权力机构，由成员方各派一名理事和副理事组成。理事通常由各成员方政府的财政部部长或中央银行行长担任。理事会每年召开一次年会。理事会的主要职责是：批准接纳新成员；批准修改基金份额；批准成员国货币平价的普遍调整；决定成员国退出基金组织及讨论并决定有关基金组织和国际货币制度中的重大政策问题。

执行董事会是国际货币基金组织负责处理日常业务工作的常设机构，初期由12人组成，目前由22名执行董事组成，其中6名由占基金份额最多的6个成员（美国、英国、法国、德国、日本和沙特阿拉伯）各派1名。中国由于份额大，可以一国单独组成一个选区选举执行董事。其余15名执行董事由按地区组成的选区选举产生。执行董事会的职责是：定期处理各种行政和政策事务；向理事会提出年度报告；对成员国的重大经济问题特别是有关国际金融方面的重大问题进行全面研究。

总裁是执行董事会主席，是国际货币基金组织的最高行政领导人，下设副总裁协助工作。国际货币基金组织近2 000名工作人员来自成员方中的100多个国家（地区），主要是经济学家，也有统计学家、公共财政和税务专家以及学者和其他辅助职员。

国际货币基金组织的重大问题，都要由理事会或执行董事会通过投票表决的方式做出决定。每一个成员都有250票的基本投票权。在此基础上，按各成员国在国际货币基金组织中认缴的份额，每10万美元增加1票。成员国投票权的多少基本上取决于该国所认缴份额的多少，美国占20%的投票权。一些重大问题，在表决时要有80%以上的赞成票才能通过。

（三）资金来源

国际货币基金组织是以成员方入股的方式组成的企业性金融机构。它的资金来源主要有三个方面：

1. 成员国的基金份额

这是主要资金来源。每个成员所缴纳基金份额的多少，根据其外汇储备、对外贸易量和国民收入的多少而定。成员方所缴纳的份额，原规定其中的25%必须以黄金支付，1978年以后改为成员国新增加的份额可以全部由本国货币缴纳，也可以用本国货币缴纳75%、用特别提款权或该组织规定的货币缴纳25%。该组织成立时，成员方缴纳的份额总计为76亿美元。1969年改为以特别提款权为计算单位，到1985年时基金份额达到近900亿特别提款权。1980年中国缴纳的份额为18亿特别提款权，居第八位。

2. 向成员国借款

借款是国际货币基金组织的另一个主要的资金来源。这种借款是在国际货币基金组织与成员国协商的前提下实现的。借款的主要形式有：①借款总安排。1962年与“七国集团”签订，总额60亿美元，以应付成员国的临时性困难。②补充资金贷款借款安排。1979 年与 13 个成员国签订。③扩大资金贷款借款安排。1981 年 5 月与一些官方机构签订。此外，国际货币基金组织还与成员国签订双边借款协议，以扩大资金来源。

3. 出售黄金

国际货币基金组织于 1976 年 1 月决定将其所持有黄金的 1/6 即 2 500 万盎司分 4 年按市价出售，以获得的利润中的一部分作为建立“信托基金”的资金来源。

二、国际货币基金组织的主要业务

（一）汇率监督

为了保证有秩序的汇兑安排和汇率体系的稳定，取消不利于国际贸易的外汇管制，防止成员操纵汇率或采取歧视性的汇率政策以谋求竞争利益，国际货币基金组织对成员国的汇率政策进行监督。这种监督有两种形式：

1. 在多边基础上的监督

国际货币基金组织通过分析发达国家的国际收支和国内经济状况，评估这些国家的经济政策和汇率政策对维持世界经济稳定发展的总体影响。

2. 在个别国家基础上的监督

这主要是检查各成员国的汇率政策是否符合基金协定所规定的义务和指导原则。

近年来，随着成员经济往来中依赖性的增强、国际经济一体化和国际资本流动的加速以及国际金融市场的动荡，第一种形式显得越来越重要。

（二）磋商与协调

为了能够履行监督成员汇率政策的责任，了解成员的经济发展状况和政策措施，迅速处理成员国申请贷款的要求，国际货币基金组织按基金协定规定，每年原则上应与成员进行一次磋商，对成员的经济、金融形势和政策做出评价。这种磋商在国际货币基金组织专家小组与成员政府官员之间进行。其过程是专家小组首先了解有关的统计资料，如贸易收支、物价水平、失业率、利率、货币供应量等，然后与政府高层官员讨论经济政策的效果及欲进行的调整措施，预测国内外经济发展的前景。讨论后，专家小组写出报告，供执行董事会磋商、讨论与分析成员国经济时使用，并发表在一年两期的《世界经济展望》和年度报告《国际资本市场》上。

（三）金融贷款

金融贷款是国际货币基金组织的一个主要业务活动，其形式多种多样，条件非常严格，特点十分明显。国际货币基金最初只发放一种普通贷款，用以解决成员国国际收支的暂时困难。随着形势的发展，又陆续增加了其他类别的贷款，如出口波动补偿贷款、缓冲库存贷款、中期贷款、信托基金贷款、石油贷款、补充贷款等。其中普通贷款是最基本的贷款形式。成员国借取普通贷款的最高额度为其所缴份额的 125%，按规定将这 125%的幅度分为 5 个部分，每个部分为 25%的幅度。贷款随申请部分的增加，其审批手续也越严。

1. 贷款条件

（1）贷款对象：只限于成员方官方财政、金融当局，而不与任何私营企业进行业务往来。

（2）贷款用途：限于弥补成员方国际收支逆差或用于经常项目的国际支付。

（3）贷款期限：短期信贷，期限在 1 年至 5 年不等。

（4）贷款利率：除资金来源于借款时采取浮动利率再加一差额外，所有贷款收取年利率 6.25%的固定使用费，即利息。此外，每笔收手续费 0.5%。

（5）贷款额度：额度有限制，与借款国缴纳份额大小成正比。

（6）贷款形式：成员方向基金借款是以本币“购买”或“提存”的形式出现；成员国还款时，则以外汇购回本币，术语称“购回”。

2. IMF 几种贷款类型

（1）普通贷款（normal credit trenches）。这是 IMF 最基本的贷款，也称为基本信用设施（basic credit facility）。它是 IMF 利用各成员方认缴的份额形成的基金，对成员方提供的短期信贷，期限不超过 5 年，利率随着期限递增。成员方借取普通贷款的累计数不得超过其份额的 125%，IMF 对普通贷款采取分档政策，即将成员方的提款权划分为储备部分贷款和信用部分贷款，后者又分为 4 个不同的档次，并且对每种档次规定了宽严不同的贷款条件。

（2）补偿与应急贷款（compensatory & contingency financing facility，CCFF）。补偿与应急贷款的前身是出口波动补偿贷款（CFF），设立于 1963 年。一国出口收入下降或谷物进口支出增大而发生临时性国际收支困难时，可向 IMF 申请普通贷款以外的这项贷款。CFF 用于出口收入减少和谷物进口支出增加的贷款额各为其份额的 83%，两者同时借取不得超过份额的 105%。贷款最高额度为份额的 122%，其中应急贷款和补偿贷款各为 40%，谷物进口成本补偿贷款为 17%，其余 25%由成员方任意选择，用作以上两者的补充。贷款条件是出口收入下降或谷物进口支出增加应是暂时性的，而且是成员方本身无法控制的原因造成的，同时借款国必须同意与 IMF 合作执行国际收支的调整计划。

（3）缓冲库存贷款（buffer stock financing facility，BSFF）。缓冲库存贷款于 1969 年 5 月设立，其目的是帮助初级产品出口国建立缓冲库存以便稳定价格。IMF 认定的用于缓冲库存贷款的初级产品有锡、可可、糖、橡胶等。成员方可以使用这项贷款达其份额的 45%，贷款期限为 3~5 年。

（4）中期贷款（extended fund facility），又称为扩展贷款。中期贷款于 1974 年 9 月设立，专门用于解决成员方较长期的结构性国际收支赤字，且资金需要量比普通贷款所能借取的贷款额度要大。此项贷款的最高借款额可达借款国份额的 140%，期限为 4~10 年，备用期限为 3 年。此项贷款与普通贷款两项总额不得超过借款国份额的 165%。

（5）补充贷款（supplementary financing facility）。补充贷款设立于 1977 年 8 月，总计 100 亿美元，其中石油输出国提供 48 亿美元，有盈余的 7 个工业国家提供 52 亿美元。IMF 与这些国家签订了借款协议，以借款资金配合 IMF 原有的融资计划，加强对国际收支严重赤字的国家提供贷款。当成员方遇到严重的国际收支不平衡，借款总额已达 IMF 普通贷款的高档信用部分，且仍需要更大数额和更长期限的资金时，可以申请补充贷款。贷款期限为 3~7 年，每年偿还一次，利率前 3 年相当于 IMF 付给资金提供国的利率加 0.2%，以后则每年加 0.325%。贷款的备用期限为 1~3 年，最高借款额可达成员国份额的 14%。补充贷款提供完毕以后，1981 年 5 月又实行了扩大贷款政策（enlarged access policy），其目的和内容与补充贷款一样。1985 年规定一年的贷款额度为份额的 95%~115%，3 年累计的限额为份额的 280%~345%，累计最高限额为份额的 408%~450%。此后，贷款限额又进一步降到一年为 90%~110%，3 年累计为 270%~330%，累计最高限额为 400%~440%。

（6）“信托基金”贷款（trust fund）。该贷款由 1976 年设立的信托基金提供，国际货币基金组织废除黄金条款以后，在 1976 年 6 月至 1980 年 5 月将持有的黄金的 1/6 以市场价卖出后，用所获利润（市价超过 35 美元官价的部分）建立一笔信托基金，按优惠条件向低收入的发展中国家提供贷款。取得信托基金贷款的条件是：1973 年人均国民收入低于 300 美元的国家，共有 61 个国家具备条件，它们借用自 1976 年 7 月 1 日起两年期的第一期贷款。1975 年人均收入低于 520 美元的国家，国际货币基金组织确定了 59 个，它们可享用自 1978 年 7 月 1 日起两年期的第二期贷款。除此之外，国际货币基金组织还要审核贷款国的国际收支、外币储备以及其他发展情况，证实确有资金需要，并有调整国际收支适当计划的国家才能取得信托基金贷款。

（7）结构调整贷款（structural adjustment facility，SAF）。结构调整贷款于 1986 年 3 月设立，用于帮助低收入发展中国家制定和执行全面的宏观经济调整和结构改革计划。其资金来自信托基金贷款偿还的本息，贷款利率较低，期限一般为 10 年（包括 5 年宽限期）。1987 年年底又设立了“扩大结构调整贷款（ESAF）”，贷款最高额度为份额的 250%。

（8）制度转型贷款（systemic transformation facility）。制度转型贷款设立于 1993 年，其目的是为了帮助解决苏联和东欧国家从计划经济向市场经济转变过程中出现的国际收支困难。此贷款最高额度为份额的 50%，期限为 4~10 年。

三、中国与国际货币基金组织

中国是国际货币基金组织的创始国之一，我国在国际货币基金组织的合法席位是在 1980 年 4 月 18 日恢复的。在国际货币基金组织刚刚创立时，我国的份额为 5.3 亿美元，1980 年时增加为 12 亿特别提款权。1989 年我国在基金组织中的份额达到 23.91 亿特别提款权，1997 年我国在基金组织中的份额为 33.852 亿特别提款权，截止到 2000 年 6 月 30 日，我国在基金组织中的份额为 46.872 亿特别提款权，占总份额的比重为 2.23%，排在全部成员国的第 10 位。

我国从 1980 年第一次借用第一档信用部分贷款 4.5 亿特别提款权以来，已经累计使用国际货币基金组织的信贷 13.85 亿特别提款权，基金组织的贷款一般都带有援助性质，这些贷款对补充我国的资金短缺发挥了积极作用。除了获得国际货币基金组织的贷款以外，我国也多次获得国际货币基金组织有关金融规划、财政货币政策、银行统计等多方面的咨询和帮助。每年10月国际货币基金组织都会派专家组到我国进行经济状况考察，对我国的经济工作起到了一定的指导和促进作用。

因此，我国需要不断加强与国际货币基金组织的合作，它不仅是我国利用外资的渠道，同时，我国还可以从技术援助和经济咨询中得到帮助。

相关资料　IMF将人民币纳入SDR货币篮子

国际货币基金组织（IMF）2015年11月30日对中国及其改革努力投下信任票，将人民币纳入储备货币的精英篮子里，并给予人民币比日元和英镑更大的权重。IMF执行董事会的投票使人民币成为该篮子的第五种货币。该货币篮子用于为IMF事实上的货币估值。

“人民币被纳入全球储备货币精英俱乐部，对中国来说是一大步，对国际货币体系来说也是重要的一步，”IMF中国部前负责人、康奈尔大学经济学教授埃斯瓦尔·普拉萨德称。自2016年10月1日起，人民币将成为“特别提款权”（SDR）货币篮子中的第三大货币。此举主要是象征性的，但IMF总裁克里斯蒂娜·拉加德称之为中国经济改革及其融入全球金融体系进程中的“里程碑”。IMF每五年评估一次SDR以调整篮子中的货币权重。本次IMF将篮子货币的权重调整为：美元占41.73%，欧元占30.93%，人民币占10.92%，日元占8.33%，英镑占8.09%。

资料来源：编者根据相关资料整理。

核心知识小结

世界贸易组织是约束各成员之间贸易规范和贸易政策的国际性组织。世界贸易组织的各种协定是国际贸易制度运行和各成员贸易政策制定的法律基础。它是由关税与贸易总协定演化而来的，继承了关税与贸易总协定的主要原则，但比关税与贸易总协定约束的范围更广泛，它是一个真正意义上的国际组织。世界上主要国际经济组织如国际货币基金组织、世界银行等都是在第二次世界大战以后陆续建立和发展起来的。这些组织的建立，既有缓解西方国家货币信用制度危机和国际收支危机的目的，也有当时的美国希望借助于这些组织冲破其他国家的防御壁垒，以建立本国金融霸权的企图。但是，随着世界经济力量对比发生巨变，这些国际经济组织的性质也注入了新的内容，并在国际货币关系与世界经济中起着日益重要的作用。随着中国综合实力的不断提升，中国与世界各经济组织也在不断加强联系与合作。

备考准备

一、名词解释

最惠国待遇　国民待遇原则　非歧视待遇原则　世界银行集团

二、选择题

1. 世界贸易组织的最高决策权力机构是（　　）。（单选）
A. 总理事会　　B. 部长级会议
C. 各专门委员会　　D. 秘书处与总干事
2. 世界银行的组织架构中，处于核心位置的是（　　）。（单选）
A. 国际复兴开发银行　　B. 国际开发协会
C. 国际金融公司　　D. 多边投资担保机构
3. 在国际金融机构中，以促进国际货币领域的合作，促进国际贸易的扩大和平衡发展，促进汇率的稳定，保持成员方之间有秩序的汇率安排等为宗旨的机构是（　　）。（单选）
A. 世界贸易组织　　B. 世界银行
C. 国际货币基金组织　　D. 国际清算银行
4. 国际货币基金组织是以成员方入股的方式组成的企业性金融机构，其资金来源有（　　）。（多选）
A. 成员方的基金份额　　B. 向成员方借款
C. 国际金融市场筹资　　D. 出售黄金
5. 下面属于国际货币基金组织贷款种类的有（　　）。（多选）
A. 基本信用设施　　B. 缓冲库存贷款
C. 结构调整贷款　　D. 信托基金贷款

三、简答题

1. 简述世界贸易组织的宗旨和基本原则。
2. 简述国际货币基金组织的主要业务活动。
3. 简述世界银行的业务活动。
4. 简述国际货币基金组织成员的缴纳份额和投票权的关系。

第十三章
区域经济一体化

■ 本章知识结构图

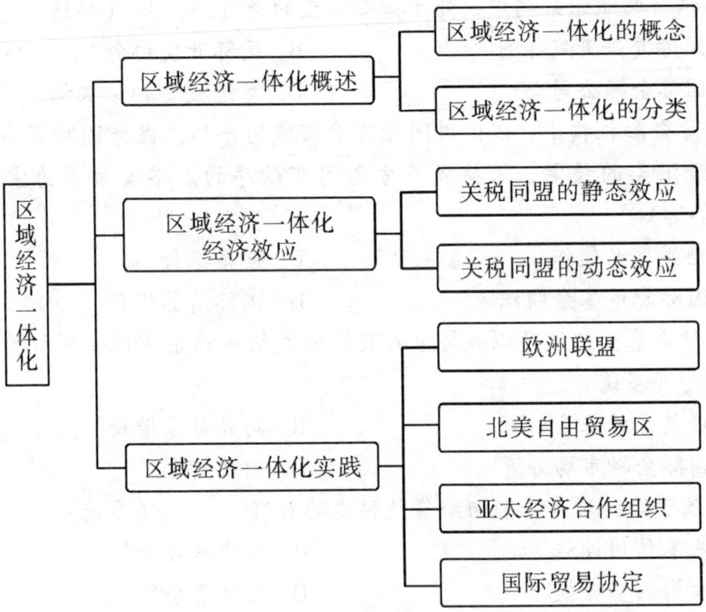

学习目标

本章要求掌握区域经济一体化的概念以及分类；

重点掌握区域经济一体化的组织形式及其各自的特点，包括优惠贸易安排、自由贸易区、关税同盟、共同市场、经济联盟和完全经济一体化；

理解并掌握区域经济一体化理论中的关税同盟所产生的静态和动态效应；

了解欧洲联盟、北美自由贸易区以及亚太经济合作组织的发展情况。

第一节　区域经济一体化概述

一、区域经济一体化的概念

在经济学中，一体化（integration）最初来源于企业之间的联合。“经济一体化”这个词语则是最近几十年才出现的，经济学家将其定义为单独的经济体整合为较大经济体的一种状态或过程。也有人将一体化描述为一种多国经济区域的形成，在这个多国经济区域内，贸易壁垒被削弱或消除，生产要素趋于自由流动。

关于“区域经济一体化”的概念，一般认为是指两个或两个以上的国家或经济体，通过谈判或磋商达成协议，建立制度性或非制度性的经济合作组织，实行共同的经济调节，谋求不同程度的经济联合，对内消除各种贸易政策壁垒，实现区域内产品或生产要素的自由流通与优化配置，通过最大化区域经济利益实现各自经济利益的最大化，最终实现区域内各国经济乃至社会政策高度协调统一的过程。

二、区域经济一体化的分类

（一）优惠贸易安排

优惠贸易安排（preferential trade arrangements）是指在成员国之间通过签署优先贸易协定或其他安排形式，对其全部贸易品或部分贸易品互相提供特别的关税优惠，对非成员国之间的贸易则设置较高的贸易壁垒的一种区域经济安排。这是最松散的一种区域经济一体化组织形式。最典型的例子是英国与其自治领域成员于 1932 年建立的英联邦特惠制。印尼、马来西亚、菲律宾、新加坡和泰国等东南亚国家联盟（ASEAN）成员从 1977 年起在成员国间实施的特惠贸易安排协议，则是另外一个案例。不过由于优惠贸易安排一体化的发展程度较低，现在许多区域经济集团大多直接以自由贸易区为起点进行经济一体化。

（二）自由贸易区

自由贸易区（free trade area，FTA）是指两个或两个以上的国家或行政上独立的经济体之间通过达成协议，相互取消进口关税和与关税具有同等效力的其他措施而形成的经济一体化组织。自由贸易区的一个重要特征是，在该一体化组织参加者之间相互取消了商品贸易的障碍，成员经济体内的商品可以自由地输出和输入，真正实现了商品的自由贸易。但是这种贸易待遇被严格地限制在参与国或成员之间。

自由贸易区的另一个重要特点是成员经济体之间没有共同对外关税。各成员经济体之间的自由贸易，并不妨碍各成员经济体针对非自由贸易区成员（或第三方）采取其他的贸易政策。随之而来的问题是，在执行自由贸易政策时很难分清某种产品是来自伙伴国，还是来自非成员国。因此容易出现以下情况，即来自非成员国的产品从对外关税较低的成员国进入自由贸易区市场后，再进入关税水平较高的成员国，从而造成高关税成员国的对外贸易政策失效。为了解决这一问题，各自由贸易区必须制定明确的“原产地规则”。这一规则的基本内容是，只有产自成员经济体内的商品才可享受优惠关税待遇。一般而言，所谓的原产地产品是指成品价值中的一定比例以上是由自由贸易区内各成员生产的产品。

（三）关税同盟

关税同盟（customs union）是指在自由贸易区的基础上，所有成员制定统一的对非成员的进口关税或其他贸易政策措施。因此关税同盟与自由贸易区的不同之处在于，成员经济体在相互取消进口关税的同时，设立共同对外关税，成员经济体之间的产品流动无须再附加原产地证明。关税同盟规定成员共同对外关税，实际上是将关税的制定权让渡给经济一体化组织。而自由贸易区只是相互之间取消关税，不做权力让渡。因此关税同盟对成员经济体的约束力大于自由贸易区。

从经济一体化的角度，关税同盟也具有某种局限性。随着成员之间相互取消关税，各成员的市场将完全暴露在其他成员厂商的竞争之下。各成员为保护本地的某些产业，需要采取更加隐蔽的措施，如非关税措施。尽管关税同盟成立之初，已经明确规定了取消非关税壁垒的问题，然而非关税壁垒措施没有一个统一的判断标准。因此关税同盟包含着鼓励成员增加非关税措施的倾向。同时，关税同盟只解决了成员之间边境上的商品流动自由化问题。当某一成员商品进入另一个成员境内后，各种境内限制措施仍然构成了自由贸易的障碍。因此有学者认为，解决这一问题的最好办法是向“共同市场”迈进。

（四）共同市场

共同市场（common market）是指各成员之间不仅实现了自由贸易，建立了共同对外关税，而且还实现了服务、资本和劳动力的自由流动。可以说，共同市场是比自由贸易区和关税同盟更高一级的经济一体化形式。共同市场的特点是，成员之间不仅实现了商品的自由流动，还实现了生产要素和服务的自由流动。服务贸易的自由化意味着，各成员之间可以相互自由地提供通信、咨询、运输、信息、金融和其他服务，没有人为的限制；资本的自由流动意味着，成员的资本可以在共同体内部自由流出和流入；劳动力的自由流动意味着，成员的公民可以在共同体内的任何成员国自由寻找工作。为实现这些自由流动，各成员之间要实施统一的技术标准、统一的间接税制度，并且协调各成员之间统一产品的税率，协调金融市场管理的法规，以及各成员相互承认学历和其他技术认证等。

共同市场的建立需要成员国让渡多方面的权力，主要包括进口关税的制定权、非关税壁垒特别是技术标准的制定权、国内间接税率的调整权、干预资本流动权等。这些权力的让渡表明各成员政府干预经济的权力在削弱，而经济一体化组织干预经济的权力在增强。然而由于各成员的经济有差别情况，统一的干预政策往往难以奏效，所以超国家的一体化组织的干预能力也是有限的。

（五）经济联盟

经济联盟（economic union）是指经济一体化组织的成员之间不仅废除贸易壁垒，统一对外贸易政策，允许生产要素的自由流动，而且在协调的基础上，各成员采取统一的经济政策。经济联盟的特点是，成员之间在形成共同市场的基础上，进一步协调它们之间的财政政策、货币政策和汇率政策。当汇率政策的协调达到这样的程度，以致各成员共同使用统一货币时，这种经济联盟又可被称为经济货币联盟。

经济联盟意味着，各成员不仅让渡了建立共同市场所需让渡的权力，更重要的是成员国还让渡了使用宏观经济政策干预本国经济运行的权力。成员不仅让渡了干预内部经济的财政和货币政策、保持内部平衡的权力，还让渡了干预外部经济的汇率政策、维持外部平衡的权力。这些政策制定权的让渡对于共同体内部形成自由的市场经济，发挥“看不见的手”的作用是非常明显的。

（六）完全经济一体化

完全经济一体化（complete economic integration）是区域经济一体化的最高层次和终极目标。它是在实现经济联盟的基础上，进一步实现经济制度、政治制度和法律制度等方面的协调乃至统一的经济一体化形式，此时的一体化已经从经济联盟扩展到了政治联盟。完全经济一体化的特点就其过程而言是逐步实现经济及其他方面制度的一体化，从结构上看，它类似于一国的经济一体化组织。完全经济一体化的形式主要有两种：一种是邦联制，其特点是各成员国的权利大于超国家的经济一体化组织的权利；二是联邦制，其特点是超国家的经济一体化权利大于各成员国的权利。联邦制的经济一体化组织类似于一个联邦制的国家。

优惠贸易安排、自由贸易区、关税同盟、共同市场、经济联盟和完全经济一体化是不同层次上的国际经济一体化组织，根据它们让渡国家主权的不同，一体化组织也从低级向高级排列，但是这里不存在低一级的经济一体化组织向高一级经济一体化组织升级的必然性。各成员国可以根据自身的情况决定经过一段时期的发展是停留在原来的形式上，还是向高一级经济一体化组织过渡，关键的问题是各成员要权衡自己的利弊得失。

第二节　区域经济一体化经济效应

关税同盟是经济一体化的典型形式，除自由贸易外，其他形式的区域经济一体化都是以关税同盟为基础逐步扩大其领域和内涵而形成的。所以，在理论上，关于区域经济一体化的经济效应分析，大多以关税同盟为研究对象。

一、关税同盟的静态效应

（一）贸易创造与贸易转移效应

贸易创造效应（trade creating effect）是指关税同盟建立后，因成员国之间相互减免关税和非关税壁垒而带来的同盟内贸易规模的扩大与生产要素重新优化配置所形成的经济福利水平提高的效果。贸易转移效应（trade diverting effect）是指关税同盟建立后，因成员国之间对内取消关税，对外实行统一关税而导致成员国的相互贸易取代了与低价非成员国的贸易，从而造成了贸易方向的转移和参加国福利的损失。下面通过图 13.1 来说明这两种效应。

如图 13.1 所示，假设世界上有 A、B、C 三个国家，都生产某一相同产品，但三国的生产成本各不相同。现以 A 国为讨论对象，在图 13.1 中，S、D 分别表示 A 国的供给和需求曲线。假设 B、C 两国的生产成本是固定的，图 13.1 中 P_A、P_B、P_C分别表示 A、B、C 三国的生产成本，其中 C 国成本低于 B 国。

在组成关税同盟以前，A 国对来自 B、C 两国的商品会征收相同的关税 t，但由于C 国的价格低于 B 国的价格，故 A 国只会从 C 国进口产品，而不从 B 国进口产品。此时，A 国国内价格为 $t+P_C=P'_C$，国内供给量为 OQ_2，国内消费为 OQ_3，从 C 国进口量为 Q_2Q_3。

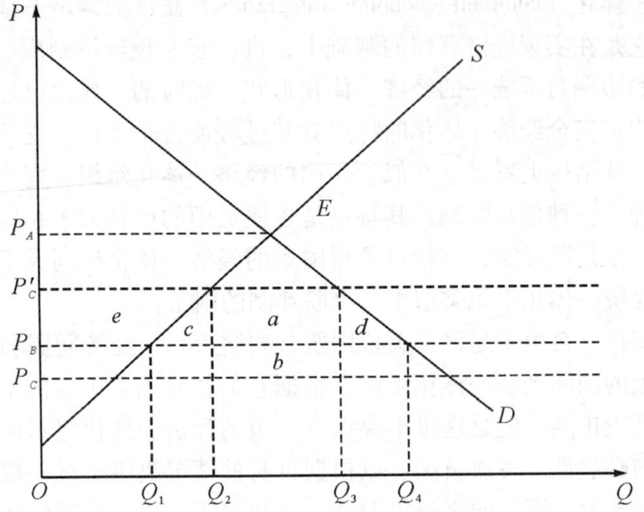

图 13.1　贸易创造和贸易转移效应

假设 A 国与 B 国结成关税同盟，A 国对来自 B 国的产品不再征收关税，但对来自 C 国的产品仍然征收关税 t。此时，B 国产品在 A 国的销售价格 P_B 低于 C 国产品在 A 国的销售价格 P'_C，所以 B 国取代 C 国成了 A 国的供给国。一方面，由于价格的下降，A 国的生产缩减至 OQ_1，Q_1Q_2是 A 国生产被 B 国替代的部分，此为生产效应。另一方面，价格的下降还带来消费的增加，消费增加至 OQ_4，Q_3Q_4则是关税同盟的消费效应。

A 国与 B 国组成关税同盟后，A 国的进口由原来的 Q_2Q_3增加到 Q_1Q_4，增加的部分即为贸易创造效应。贸易创造效应 = 生产效应 + 消费效应 = $Q_1Q_2+Q_3Q_4$。除去贸易创造部分，Q_2Q_3部分本来是 A 国从非成员方 C 国进口的，组成关税同盟后，变为从成员方 B 国进口，即贸易方向发生了转移，故贸易转移效应 = Q_2Q_3。

关税同盟的贸易创造效应及其福利效应的大小取决于以下因素：①原有的关税水平越高，关税同盟使进口商品价格下降的幅度就越大，从而它扩大贸易量的作用越大；②其他成员方的生产效率越高，即它的生产成本与该进口国的成本差距就越大，取消关税对扩大贸易量的作用也越大；③一国在参加贸易集团之前贸易自由化的程度越低，它参加关税同盟后贸易量的增加幅度就越大；④成员方的经济结构越相似，关税同盟的贸易创造效应越大，反之，如果该国与其他成员方有较大的结构差异，自己完全不生产某种进口商品，那么，取消关税只能从扩大需求量方面增加贸易量，关税同盟的贸易创造效应便会越小。

贸易转移效应及其所造成的福利损失的大小主要取决于以下因素：①原有关税水平越低，关税同盟对非成员国的贸易歧视程度越低，由此产生的贸易转移的可能性越小；②成员国在关税同盟建立前的贸易往来越密切，贸易转移的可能性越小；③关税同盟的成员国越多，贸易转移的可能性越小；④成员国与非成员国的成本差异越大，贸易转移所带来的福利损失便越大。

（二）关税同盟的福利效应分析

贸易转移型关税同盟对一国的净福利的影响是不确定的。它取决于贸易创造带来的福利效应与贸易转移带来的福利效应两者之差。一般来说，贸易创造效应是关税同盟的主要经济效应，它的积极作用明显大于其消极作用。但对于它所带来的福利效应的大小而言，不同国家是不同的。

如图 13.1 所示，A 国消费者剩余增加（$a+c+d+e$），生产者剩余减少 e。另外，原来从 C 国进口的关税收入 $a+b$，现在因为改为从同盟国进口而丧失。综合起来，关税同盟对 A 国的净福利效应=（$a+c+d+e$）$-e-$（$a+b$）=（$c+d$）$-b$，其中（$c+d$）为贸易创造的福利效应，c 表示因同盟内成本低的生产（B 国）替代了国内成本高（A 国）的生产而导致的资源配置效率的改善，d 表示同盟内废除关税后进口价格下降、国内消费扩大而导致的消费者福利的净增加；b 则表示贸易转移的福利效应，因贸易转移意味着同盟内成本高的生产替代了原来来自同盟外成本低的生产，故 b 表示这种替代所导致的资源配置扭曲，即贸易转移减少了 A 国福利。这样，关税同盟对 A 国福利的净影响可表示成贸易创造的福利效应减去贸易转移的福利效应。加入关税同盟对 A 国究竟是否有利，取决于贸易创造的福利效应是否能抵消贸易转移的福利效应。

对于进口国 A 国来说，会出现消费福利改善，而生产者福利下降的现象，但其福利是否增加还取决于以下几个因素：①进口国 A 国的供需弹性越大，贸易创造的福利效应就越明显；②组成关税同盟前，进口国 A 国的关税水平越高，则组成同盟后贸易创造的福利效应就越大，而贸易转移的福利效应就越小；③不同出口国 B、C 的成本越接近，则贸易转移的福利损失就越小。

以上讨论的是关税同盟对 A 国福利的影响。对 B 国而言，组成关税同盟后，出口增加，生产扩张，所以对 B 国有利；对 C 国来说，在 A、B 两国组成关税同盟前，C 国是 A 国的供给者，但现在因贸易转移，其出口减少，所以 C 国福利必然因其贸易规模缩减而下降。

二、关税同盟的动态效应

关税同盟不仅会给参与国带来静态效应，还会给它们带来某些动态影响。有时，这种动态效应远比其静态效应更为重要，对成员国的经济增长有重要的影响。

（一）关税同盟的建立能带来由于市场扩大而产生的规模经济效应

关税同盟建立以后，在排斥第三国产品的同时，为成员国之间产品的相互出口创造了良好条件。所以，成员方的国内市场组成了一个统一的区域性市场，这种市场范围的扩大促进了企业生产的发展，使生产者不断扩大生产规模，降低成本，享受到规模经济带来的利益，并且可以进一步增强同盟内的企业对外，特别是对非成员方同类企业的竞争能力。因此，关税同盟所创造的市场扩大效应引发了企业规模经济的实现。

（二）关税同盟的建立促进成员国之间企业的竞争而带来经济的增长

在各成员方组成关税同盟之前，许多部门已经形成了国内的垄断，几家企业长期占据国内市场，获取超额垄断利润，因而不利于各国的资源配置和技术进步。组成关税同盟后，由于各国市场的相互开放，各国企业面临来自其他成员国同类企业的竞争。谁在竞争中取胜，谁就可以享受大市场带来的规模经济的利益，否则就会被淘汰。各企业为在竞争中取得有利地位，必然会纷纷改善生产经营效率，增加研究与开发投入，增强采用新技术的意识，不断降低生产成本，从而在同盟内营造出一种浓烈的竞争氛围，提高经济效率，促进技术进步。

（三）关税同盟的建立有助于吸引外部投资

关税同盟的建立意味着对来自非成员产品的排斥，同盟外的国家为了抵消这种不利影响，可能会将生产点转移到关税同盟内的一些国家，在当地直接生产并销售，以便绕过统一的关税和非关税壁垒。这样客观上便产生了一种伴随生产转移而产生的资本流入，吸引大量的外商直接投资。

（四）关税同盟的建立可以促进要素的合理流动和优化配置，推动产业结构的调整

除了上述正面影响外，关税同盟的建立还会产生某些负面影响。首先，关税同盟的建立促成了新的垄断的形成，如果关税同盟的对外排他性很大，那么这种保护所形成的新垄断又会成为技术进步的严重障碍。除非关税同盟不断有新的成员国加入，从而不断有新的刺激，否则由此产生的技术进步缓慢现象就不容忽视。其次，关税同盟的建立还可能会拉大成员国不同地区之间经济发展水平的差距。关税同盟建立以后，资本逐渐向投资环境比较好的地区流动，如果没有促进地区平衡发展的政策，一些国家中的落后地区与先进地区间的差别将逐渐拉大。

第三节　区域经济一体化实践

现代的世界经济一体化组织是第二次世界大战后逐步兴起的。随着第二次世界大战后世界经济的迅速发展，许多国家都意识到只靠自己的力量很难在世界经济中有所作为，于是一些国家组织起来，成立了各种各样的经济一体化组织，并先后经历了两次发展高潮。

第一次发展高潮出现在20世纪五六十年代，其中有1949年成立的经济互助委员会、1951年成立的煤钢共同体、1957年建立的欧洲原子能共同体及欧洲经济共同体、1960年成立的欧洲自由贸易联盟和1968年合并的欧洲共同体等。

20世纪80年代中期到现在，出现了第二次发展高潮。其间有1989年启动的美

加自由贸易区，1994年11月发展为北美自由贸易区；1989年11月组建的亚太经合组织及1993年由欧共体发展而来的欧洲联盟。尤其是20世纪90年代以来，世界上再次兴起了区域贸易集团化的热潮，自由贸易协定（FTA）及优惠贸易安排大量涌现。据不完全统计，全球有两百多个区域贸易协定，一百多个自由贸易区，涉及WTO 97%的成员，其中双边FTA占90%左右，这表明区域经济合作已成为国际经济发展的重要趋势。

下面介绍主要区域经济一体化的发展情况。

一、欧洲经济一体化——欧洲联盟

欧盟，曾被称为欧洲共同市场，是由联邦德国、法国、意大利、比利时、荷兰、卢森堡于1957年3月签订《罗马条约》，于1958年1月1日正式成立的。它以这六国1957年的平均关税确立了共同的对外关税，1968年工业产品在成员国之间实行自由贸易并达成农产品的统一价格；1970年减少了对劳动和资本自由流动的限制。英国、丹麦、爱尔兰于1973年加入欧盟后，希腊于1981年加入，西班牙和葡萄牙于1986年加入，奥地利、芬兰和瑞典于1995年加入。1993年1月1日欧盟取消了所有成员国之间产品、服务和资源（包括劳动力）自由流动的限制，成为一个单一的统一市场。发展壮大后的欧盟代表世界上最大的贸易集团。据估计，欧盟内部的贸易比不实行一体化时增加了一倍。欧盟半数以上的贸易扩张是产业内贸易。

欧盟的建立有效地扩大了和非成员国的工业品贸易。这是因为：①欧盟的迅速发展增加了从联盟外国家进口工业产品的需要。②肯尼迪与东京回合（由美国因害怕贸易转移而引发）将进口工业品的平均关税降到了一个很低的水平。另外，欧盟的建立引起农产品的贸易转移，特别是温带农作物的贸易转移，如从美国进口的谷物。

共同农业政策的发展令欧盟尤其麻烦，相对高昂的农产品价格的制定，其结果是维护了欧盟农民，特别是法国农民的福利而牺牲了消费者的福利。共同农业政策发展的过程如下：欧盟决定统一农产品价格，然后强加关税，使进口的农产品价格总是等于欧盟制定的高价，这些就是所谓的可变进口税额。支持农产品的高价格导致欧盟内部的巨量农业剩余、高额储蓄成本和出口削减。这项农业政策是英国进入欧盟的主要障碍，因为英国农产品的价格较低，并通过支付“差额补贴”帮助农民将收入提高到希望的水平，这与其同美国在乌拉圭回合中最尖锐的贸易争端有关。

在1975年洛美大会上，欧盟取消了从非洲、加勒比海地区、太平洋地区等46个前殖民地发展中国家进口的大部分贸易壁垒。条约每5年重新修订一次，1980年、1985年和1990年进行了修订，并把相关国家增加到了66个。早在1971年，欧盟就对从发展中国家进口的制成品和半制成品给予普遍关税特惠。但是纺织品、钢铁、家用电器、鞋和其他许多对发展中国家意义重大的产品被排除在外，在1979年的东京回合中特惠扩大到产品贸易。然而，这些特惠并没有完全取消前殖民地的贸易壁垒，因贸易转移一事又引起一场更为激烈的争论。在2000年2月洛美第四次会议上，以2000年6月在贝宁的科托努签署的科托努协议取代了原有的协议，新协议的基本目标与洛美会议相同，有效期仍为20年，每5年修订一次。

据估计，因欧盟建立而产生的静态福利效应为国内生产总值的1%~2%，动态效应则大得多。欧盟建立最大的收获在政治方面，比如曾经是敌人的德国和法国，结合成了统一的经济实体。对欧盟来说，通往经济联盟之路铺满荆棘，因为一大群非常分离的国家必须达成一致性决议。美国在欧盟问题上有两种意向，即希望支持欧盟但又害怕失去影响。1986年，欧盟用单一欧洲法令修改罗马协定，扫清了所有成员国之间所有的产品、服务和资源自由流动的障碍。事实上，在1993年年初欧盟已成为一个统一市场，同时，国外直接投资也大量涌入，因为投资者害怕1992年的欧盟计划会导致反对外部世界的保护主义重新抬头。

在欧盟的运行中，其他的重要内容还有：①成员国采用同样的增值税制，在这种税制下，税金按产品在生产各个阶段的增加值征收并转嫁给消费者。②委员会（欧盟的行政执行部门，设在布鲁塞尔）负责制定法律，以条约的形式监督执行，实施统一政策，如反托拉斯政策。③部门理事会（其成员代表本国政府）仅在受委员会的委托之下做出最后决议。此外，还有欧洲议会（由518名成员组成，每5年由成员国直接选举产生，但目前并无很大权力）和法院（以权力保证委员会和理事会决议符合宪法）。④已起草包括协调货币和财政政策的全面货币联盟计划，并最终实现全面政治联盟。

2002年10月，欧盟执行委员会宣布，10个前社会主义国家和中东欧国家将在2004年被接纳为欧盟成员，它们是波兰、匈牙利、捷克共和国、斯洛伐克、斯洛文尼亚、爱沙尼亚、立陶宛、拉脱维亚、马耳他和塞浦路斯，此目标目前已实现。加上后加入的保加利亚、罗马尼亚和土耳其，欧盟的成员国数量已达25个，总人口达到4.5亿，超过了北美自由贸易区4.14亿的人口。

二、美洲经济一体化——北美自由贸易区

自由贸易区FTA（free trade area）源于WTO有关“自由贸易区”的规定，出现在1947年的《关税与贸易总协定》中。自由贸易区应理解为在两个或两个以上独立关税主体之间，就贸易自由化取消关税和其他限制性贸易法规。

虽然美国和加拿大早在1965年就有了汽车的自由贸易协议，但一个涉及广泛经济领域的自由贸易协议，已含糊地讨论了一个多世纪。1988年，这样一个自由贸易协定最终谈判成功。1989年1月条约生效时，加拿大已成为美国的最大贸易伙伴，每年两国间的贸易达1 500亿美元（75%免税）。条约呼吁在1998年时消除大部分保留的税收及非关税贸易壁垒。由于条约的签订，加拿大的经济增长速度加快了5%，美国加快了1%，在两国的边境附近，还创造了成千上万个就业机会。

美—加条约还第一次建立起一整套服务贸易的管理协定。该协定规定每一国对另一国的服务部门应和对待本国的服务部门相同，同时减少会计、建筑、工程师、其他专业人员过境的繁文缛节。条约同时规定，终止所有现存的两国之间能源运输限制，减少各自在对方国市场投资的限制。

1993年9月，美国、加拿大、墨西哥签署了北美自由贸易协定，于1994年1月

1 日正式生效。这最终导致整个北美地区产品和劳务的自由贸易。北美自由贸易协定最终打破许多贸易壁垒，例如进口配额，并且减少三国间跨国投资的限制。1993 年，墨西哥从美国的进口额达 410 亿美元，出口额为 400 亿美元，成为继加拿大、日本之后美国的第三大贸易伙伴。北美自由贸易协定的主要作用体现在美国和墨西哥之间的贸易上（加拿大加入北美自由贸易协定只是为了确保自己的福利受到保护）。通过增强产品和资源市场的竞争与降低大量美国消费商品的价格这两条途径，北美自由贸易协定的实施使美国受益。美国商会估计美国与墨西哥的贸易在 10 年内将增长 1 倍，同时美国与欧洲及亚洲的竞争力也将得到加强。因为美国的经济规模比墨西哥大 20 多倍，美国从北美自由贸易协定获得的福利占其 GDP 的份额要比墨西哥小得多。而且美国的工资比墨西哥的高 6 倍多，北美自由贸易协定期望减少 150 000 个非技术性岗位，希望增加 325 000 个技术性工作岗位，使美国净增加 175 000个就业机会。事实上，2003 年的估计是，由于北美自由贸易区的建立，美国就业的净增长在 90 000~160 000。在美国，低工资的地区会受损失（如亚拉巴马州和阿肯色州），而高工资地区将受益。但是通过一项为期 15 年，用以帮助被替代工人的阶段性计划，美国低收入地区工人的损失将被缩减到最小。

与墨西哥进行自由贸易可使美国工业从墨西哥进口劳动力密集型部件，然后在本国进行其他操作，而不致使所有低工资的州的工作岗位都丧失。实际上，在墨西哥的获利工作岗位可能不是来自美国，而是来自其他国家。例如，亚洲的新兴工业国家与地区，如韩国、中国台湾、中国香港、新加坡，这些国家和地区的工资水平与墨西哥大体相当。美国也与墨西哥签订了一系列管理工作场所及环境标准的补充协议（使得在墨西哥工作的美国公司能利用墨西哥松散得多的劳动力和环境之便），同时实施保护条例以抵制可能对美国某些产业造成威胁的进口波动，这些都是经北美自由贸易协定批准的条件。

北美自由贸易协定的实施使墨西哥从以下几个方面获利：①由于不断进入美国的巨大市场而带来更多的出口增长。②鼓励资本回流（那些离开墨西哥到国外寻求更高和更安全收益的资本大多集中在美国）。③加快国内体制改革步伐。墨西哥的农业遭受了工作岗位和收入的净损失，但在工业上的净增加可以弥补这些损失而且还有剩余。随着时间的推移，人们也期望在工业中增加就业机会并提高工资以减少墨西哥人移民到美国的压力。1997 年，墨西哥克服了 1995 年开始的严重的金融危机和衰退，回到了经济长期迅速增长的轨道上来。

三、亚太经济一体化——亚太经济合作组织

亚洲与太平洋地区经济合作组织（以下简称亚太经合组织，APEC）是一个区域性经济论坛和磋商机构。20 世纪 80 年代，国际形势因“冷战”结束而趋向缓和，世界经济全球化、贸易投资自由化和区域集团化的趋势渐成潮流。在欧洲经济一体化进程加快、北美自由贸易区已显雏形和亚洲地区在世界经济中的比重明显上升等背景下，澳大利亚前总统霍克于 1989 年 1 月提出召开亚太地区部长级会议，讨论加强相互间经济合作的倡议。这一倡议得到美国、加拿大、日本和东盟的积极响应。

1989 年 11 月 6~7 日，亚太经合组织第一届部长级会议在澳大利亚首都堪培拉举行，这标志着亚太经合组织的成立。1991 年 11 月，亚太经合组织第 3 届部长级会议在韩国首尔通过了《首尔宣言》，正式确立该组织的宗旨与目标是：相互依存、共同利益、坚持开放的多边贸易体制和减少区域贸易壁垒。

到目前为止，亚太经合组织共有 21 个成员：澳大利亚、文莱、加拿大、印度尼西亚、日本、韩国、马来西亚、新西兰、菲律宾、新加坡、泰国、美国（1989 年 11 月）以及中国、中国台北和中国香港（1991 年 11 月）等，该组织成员的总人口占世界人口的 45%，国内生产总值占世界的 55%，贸易额占 46%。这一组织在全球经济活动中具有举足轻重的地位。

经过多年的发展，亚太经合组织形成了领导人非正式会议、部长级会议、高官会议及其下属委员会和专题工作组、秘书处等多个层次的工作机制，涉及贸易投资自由化、经济技术合作、宏观经济政策对话等广泛的合作领域。其中最重要的是领导人非正式会议，会议形成的领导人宣言是指导亚太经合组织各项工作的重要纲领性文件。

亚太经合组织部长级会议在每年的领导人非正式会议前举行一次，由各成员的外交部部长（中国香港和中国台北除外）和经济部长（或外贸部长、商业部长等）出席。此外，亚太经合组织每年还举行一些专业部长级会议，主要讨论中小企业、旅游、环保、教育、科技和通信等问题。

亚太经合组织在现阶段仍是一个松散的和开放的地区经济组织，其松散性主要表现在以下几个方面：①亚太经合组织是一个政府间的协商合作组织，而不是一个谈判机构：亚太经合组织的活动建立在“互利、协商、一致”的基础上，任何方案和决议都必须经过各成员国的一致同意，并对成员国和地区不具有强制性。②亚太经合组织提出的“贸易和投资自由化”的目标，是指在该组织成员国之间逐步地减少和消除贸易障碍的过程，而不是建立一个自由贸易区，现实地看，在亚太地区实现自由贸易是一个长期目标。③尽管亚太经合组织各成员方领导人对实现亚太地区贸易和投资自由化的目标做出了承诺，但是时间表是各成员的一种义务承诺，本身不具有约束性。

亚太经合组织从一开始就提出了“开放的地区主义”的原则。亚太经合组织的目标不是要成为像欧盟和北美自由贸易协定那样的关税同盟和自由贸易区，而是要像在推动乌拉圭回合谈判达成协议时那样，对关贸总协定和世界贸易组织的自由化行动或措施的落实予以全面的支持。亚太经合组织不仅对关贸总协定未能解决的问题，而且对具有世界意义而尚待解决的问题（如南北问题），都准备以本地区协议这种框架形式来推进，对接受本地区协议和承担条约义务的所有关贸总协定成员进行开放。因此，亚太经合组织正在摸索引入一个有关地区经济合作的全新模式，即通过围绕贸易自由化，使地区性与世界性联动起来，能够真正实现的“开放性地区主义”模式。这种新模式不仅对亚太地区有利，而且还将促进世界范围的贸易自由化的实现。

四、国际贸易协定

（一）跨大西洋贸易与投资伙伴协定

1. 跨大西洋贸易与投资伙伴协定

跨大西洋贸易与投资伙伴协定（Transatlantic Trade and Investment Partnership，TTIP），是指美国和欧盟双方通过削减关税、消除双方贸易壁垒等来发展经济、应对金融危机的贸易协定。该协定的谈判于2013年6月启动。谈判一旦达成协议，就意味着欧美自贸区成形。这将一举成为世界上最发达和规模最大的自由贸易区，对欧美经济乃至全球贸易格局和规则的演变无疑都将产生重大影响。

促进经济增长、创造就业是大家公认的重要经济因素。2008年源于美国的国际金融危机，使美欧两大经济体的经济增长和就业受到严重影响；欧洲国家主权债务危机更是雪上加霜。尽管双方使出浑身解数，采取了一系列刺激经济增长的政策和措施，但收效甚微。于是便将希望寄托于“经济北约”上。因为谈判一旦成功，欧洲经济产出一年就有望增加650亿欧元，相当于欧盟国内生产总值提高0.52%。时任美国总统奥巴马在国情咨文中宣布，TTIP将“可为美国增加数百万个优质就业岗位”。这样一份宏大的协定无疑成了经济复苏乏力的欧美双方最看重的复苏“良方”。

美欧高调推进TTIP，并非仅仅因为经济因素，而是寄希望于通过TTIP重掌国际贸易，主导全球贸易“话语权”。发展中国家的崛起，特别是新兴市场国家经济力量的快速提升，打破了原有的全球经贸、财富聚集的格局。随着经济实力的提升，发展中国家在国际舞台上的影响力和话语权不断增加，使得欧美通过主导全球多边规则获得更多经贸利益的企图化为泡影，这也成为多哈回合谈判久拖不决直至搁浅的最重要原因之一。同时，发展中国家在全球自贸协定热潮中表现积极，长此以往，美欧等国在国际贸易规则制定中的领导地位会逐步丧失。

因此，形成新一轮没有新兴市场国家参加的全球规则谈判，重塑全球的新贸易规则，重新掌握国际贸易领导权，抑制发展中国家日益上升的影响力，成为欧美两大经济体的共同目标。

2. 跨大西洋贸易与投资伙伴协定与中国

近年来，全球化规则制定呈现三个趋势：一是自贸协定战略化，架空世贸组织；二是自贸协定超越贸易领域，与投资捆绑增加欧美的战略优势；三是地区一体化向全面、综合方向发展，TTIP可谓三者兼顾，除减免关税外，TTIP谈判将重点致力于解决市场准入和法规监管、非关税壁垒、市场规则三个关键问题，如果达成，TTIP就将成为国际贸易、投资规则的新基础进而影响到整个全球化规则的制定，同TPP一道大大提高中国参与全球化的成本。

相比在理论上无法排斥中国的TPP，TTIP是完全排斥中国的，中国不可能直接加入TTIP谈判，有欧洲学者曾公开宣称TPP+TTIP = EBC（即everyone but China唯独不包括中国）。由于美欧经济差距更小，TTIP比TPP更容易达成，对中国的战略挤压效应也更加突出，TTIP的谈判进程和结果，将通过引领新一轮全球化产生战略溢出效应，直接或间接影响中国的比较竞争优势、市场准入和国际话语权。

TTIP 谈判内容既有应对非西方世界崛起的防御性一面，也有引领高标准全球化的进攻性一面，这些都将直接或间接地影响中国的竞争力。过去数十年，中国在充分利用劳动密集型制造业优势和巨大国内市场的基础上，实现了长期双位数的增长。不仅如此，中国和巴西、印度等新兴经济体一起形成了针对美欧的同盟，熟练利用世贸组织争端解决机制及其上诉程序维护自身利益。但是，美欧均认定中国是多边贸易体制的最大受益者和全球化的“搭便车者”，中国没有如它们预期地被纳入西方战略轨道，反而通过“搭便车”成为全球化的最大赢家，国际比较竞争优势从市场、技术、资本不断升级。如不能在规则、标准上对中国加以遏制，美欧只能任凭“中国世纪”的出现，美欧试图通过 TTIP 改变这些“游戏”规则，敦促中国经济转型，将环境、社会成本纳入，抵消中国的国际竞争优势，促使中国出口导向型经济发展模式转型。一旦美欧在贸易投资规则上达成一致，将对全球产生重要影响，成为新的国际标准，提升中国进入欧美市场的技术壁垒。

欧盟在经贸议题上更加策应美国，对中国施加压力。对于 TTIP 谈判，欧盟比美国更心急，这是因为美国比欧盟在谈判中更有优势，一是美国经济状况、复苏势头好于欧盟；二是美国在亚太地区推进 TPP 谈判，可以通过 TPP 向欧盟施压。尽管欧盟也在与部分亚太国家谈自由贸易协定，但这只是双边层面，标准不能与 TPP 相提并论，经历过债务危机打击的欧盟视 TTIP 为走出经济与战略困境的法宝，表明其选择与美国合作共同应对新兴国家的挑战，为了增加合法性，动员欧盟内部对 TTIP 谈判的支持，欧盟领导人不约而同选择新兴国家，尤其是中国，作为强化跨大西洋同盟的借口。尽管谈判本身将引发欧盟内部不和，但担心受到美国开放市场，尤其是文化、影像市场冲击的法国并未如预期阻止谈判启动。有观点认为，欧盟在亚洲与韩国、新加坡达成自贸协定，与日本、印度等国商谈自贸协定，客观上策应了美国的“亚太再平衡”战略。总之，自由贸易与投资协定谈判，从来不是由单纯的公司行为和经济利益驱动，其战略意义与地缘政治影响正日益显现，如何应对重塑的西方和更高标准的全球化，将考验中国战略的智慧。

（二）跨太平洋伙伴关系协定

1. 跨太平洋伙伴关系协定

跨太平洋伙伴关系协定（Trans-Pacific Partnership Agreement，TPP），也被称作“经济北约”，是目前重要的国际多边经济谈判组织，前身是跨太平洋战略经济伙伴关系协定（Trans-Pacific Strategic Economic Partnership Agreement，TPSEPA）。该协定是由亚太经济合作会议成员国中的新西兰、新加坡、智利和文莱等四国发起，从 2002 年开始酝酿的一组多边关系的自由贸易协定，原名亚太自由贸易区，旨在促进亚太地区的贸易自由化。2009 年 11 月，美国正式提出扩大跨太平洋伙伴关系计划，澳大利亚和秘鲁同意加入。美国借助 TPP 的已有协议，开始推行自己的贸易议题，全方位主导 TPP 谈判。

2013 年 7 月 23 日，日本正式加入 TPP 谈判。

2015 年 10 月 5 日，跨太平洋伙伴关系协定终于取得实质性突破，美国、日本和其他 10 个泛太平洋国家就 TPP 达成一致。12 个参与国加起来所占全球经济的比重达到了 40%。2016 年 2 月 4 日，美国、日本、澳大利亚、文莱、加拿大、智利、马来西亚、墨西哥、新西兰、秘鲁、新加坡和越南 12 个国家在奥克兰正式签署了《跨太平洋伙伴关系协定》。2016 年 11 月 10 日，日本通过 TPP 协议。

2017 年 1 月 20 日，美国新任总统唐纳德·特朗普就职当天宣布退出 TPP 并于 1 月 23 日签署行政命令。

2017 年 11 月 11 日，日本经济再生担当大臣茂木敏充与越南工贸部长陈俊英在越南岘港举行新闻发布会，两人共同宣布除美国外的 11 国就继续推进 TPP 正式达成一致，11 国将签署新的自由贸易协定，新名称为“全面且先进的 TPP”（CPTPP，Comprehensive Progressive Trans-pacific Partnership）。2021 年 2 月 1 日，英国提出加入 CPTPP。

2. 跨太平洋伙伴关系协定面临的挑战

TPP 面临的挑战来自谈判内容的障碍、TPP 成员国国内的阻力、非 TPP 成员的亚太国家对 TPP 的态度。

TPP 谈判的议题广泛，包括市场准入、技术性贸易障碍、法律制度、跨境服务、竞争、投资、环境、农业、工业产品、纺织品、原产地规则、知识产权、劳动、动植物卫生检疫措施、海关合作、信息化、商业、商业人员出入境、金融服务、能力构建、政府采购和贸易救济措施等。TPP 成员国间经济社会差距很大，TPP 又是一个要求自由开放度很高的 FTA。以市场准入为例，美国打算保持现有的开放水平，并希望尚未缔结双边 FTA 的成员国自行谈判，这虽然得到了智利和越南的支持，却遭到了澳大利亚、新西兰和新加坡等国的反对。

如何协调 TPP 与现存 FTA 的关系：在 TPP 现有成员国之间已经建立了或者正在建立双边或者多边的 FTA。在 TPP 谈判中各方有三种方案来协调 TPP 与现存 FTA 的关系：一是用 TPP 取代现存的诸多 FTA；二是 TPP 与现存的诸多 FTA 并存，同等有效，各成员国企业自由选择对自己有利的协定或条款，开展自由贸易；三是 TPP 成为一个混合体，部分内容一致的条款在某些领域取代现存的双边 FTA，现存的双边 FTA 的特殊内容的条款继续有效。其中，新加坡、澳大利亚、新西兰等国主张采取第一种方案，主张在各成员间进行多边谈判，形成单一的、统一的市场准入时间表，真正建立一个 21 世纪的高水平的自由贸易协定。这些国家认为，只有这样，才有利于消除诸多 FTA 叠加所形成的“意大利面碗效应”，降低交易成本，使出口商只出具一次原产地证明，就可将货物运到多个 TPP 成员国。美国倾向于第二种方案，认为现存 FTA 都是经过讨价还价好不容易达成妥协的产物，不宜改动。这意味着美国希望继续保持其在现有 FTA 中的各项权益、权利和义务。最终美国的主张得到各成员国的认可，TPP 的初始条款和定义章节规定，TPP 和成员间业已签署的 WTO、双边和地区性的国际贸易协定一起并存。从而美国就可以继续保持在现有 FTA 中的敏感产品的特殊待遇。例如，食糖在美国—澳大利亚 FTA 中就被列为敏感产品而推迟了贸易自由化的时间。

TPP 现有成员国和后来加入成员国的关系：TPP 被定位为可以不断应对新问题

和新成员国加入的有生命的协议。除了市场准入条款外，后来加入 TPP 的成员国需要一揽子接受现有成员国制定的 TPP 规则，而不能重新谈判。这样规定的好处是避免在每个成员国加入时，都要重新谈判的复杂性。但是这个规定也给非 TPP 成员国提出一个难题：是及时加入谈判参与制定规则，还是观望 TPP 是否能成功后再加入。

（三）服务贸易协定

1. 服务贸易协定

随着国际服务贸易增长迅猛，随之出现许多新的服务贸易相关的问题与争端，原有的 WTO 服务贸易总协定（General Agreement on Trade in Services，GATS）已经不能适应新形势的需要，为建立新规则而开始的多哈回合贸易谈判却一直陷入僵局。为此，众多 WTO 成员方纷纷另寻解决办法，希望能够尽早达成新的服务贸易协定，解决服务贸易领域出现的新问题。

正是由于在 WTO 服务贸易总协定基础上进行的多哈回合服务贸易谈判进展缓慢，国际服务贸易协定（Trade in Service Agreement，TISA）应运而生。TISA 是由美国于 2011 年 12 月发起，并由美国和欧盟、澳大利亚共同主导的 WTO 的次级团体。这一次级团体也被称作“服务业挚友俱乐部（Really Good Friends of Services，RGF）”。TISA 旨在放开成员之间的服务贸易，实现成员之间服务贸易自由化，为各国的政府、工人、农民、消费者争取更多合作的机会。如果 TISA 谈判成功，成员之间的投资和服务贸易壁垒将大范围削减，形成统一的服务业市场准入标准，重塑国际服务贸易规则。

2. 服务贸易协定的谈判进程

TISA 的早期磋商始于“服务业挚友俱乐部”（RGF）的成立。多哈回合停滞后，世界银行等多个机构发布研究报告，呼吁以诸边谈判继续推进服务贸易自由化进程，这些建议得到了发达国家服务业界和政府的重视。2012 年年初，澳大利亚邀请美国、欧盟等经济体组成 RGF，各方同意共同启动诸边服务贸易协定谈判。2012 年 12 月，RGF 制定了服务贸易协定谈判框架，初步确立了 TISA 的谈判目标、议题范围、文本结构和谈判方法等。参与各方也以此为基础获得了正式谈判的国内授权。

TISA 谈判于 2013 年 3 月正式开始。自谈判之初，各成员就表示要达成一份高水平的协议。谈判开始后，各方不断完善框架文本，商讨规制纪律，制定各类附件，提交并审议减让清单等。参与 TISA 谈判的成员几经变化，截止到 2016 年 12 月共有 23 个国家和地区参与，其中既有美国、欧盟、日本这样的发达国家，也包括哥伦比亚、秘鲁、巴基斯坦这样的发展中国家。金砖国家开始对 TISA 谈判持反对态度，认为其可能损害 WTO 多边贸易体制。在中国等国的态度转变后，又因为美国的态度消极，导致没有任何一个金砖国家加入谈判。

3. 服务贸易协定与中国

TISA 成员是中国服务贸易的重要伙伴群。根据欧盟的统计，TISA 成员之间的服务贸易总额覆盖了世界服务贸易总额的 70%。中国作为世界主要的服务贸易国，2013 年对 TISA 成员的服务贸易出口约占 2013 年中国服务贸易出口的 45%。从中国与 TISA 成员的服务出口贸易伙伴来看，TISA 成员包含了欧盟、美国、韩国、加拿大、中国香港等主要的服务贸易出口贸易伙伴。中国于 2013 年申请加入谈判，至今未成为 TISA 正式成员。

虽然 TISA 谈判最终能否成功尚难以下定论，但是对于中国申请加入谈判，各方意见不一致，欧盟持欢迎态度，美国持谨慎态度，国内学界的探讨认为中国加入谈判利弊并存。国内学界主要观点认为中国加入 TISA 谈判能够为中国服务业创造更多的国际市场机会，推动国内服务业市场改革，促进国内服务业标准与国际市场标准接轨。同时，中国的服务业处于快速发展阶段，服务业出口贸易增长缓慢，逆差逐年扩大，如果协调不好服务业国内发展和国际竞争的关系，加入 TISA 谈判有可能对国内服务业改革和发展带来较大冲击，贸易逆差加速扩大。中国经济目前面临着下行压力，供给侧改革刚开始启动，如果加入 TISA 谈判，中国经济与国际市场接轨的同时，复杂的国际金融及地缘政治将给国内服务业乃至中国经济带来诸多不确定影响。

对此，中国对 TISA 谈判应采取积极应对的态度。第一，及时关注 TISA 谈判动向，跟踪 TISA 谈判热点，做好多种谈判结局的应对预案；第二，以 TISA 谈判为契机，推动国内服务业改革，既要关注服务业供给侧，也要关注服务业需求侧；第三，鼓励有竞争力的服务业企业参与国际竞争，优化我国服务业国际贸易结构。

（四）区域全面经济伙伴关系

1. 区域全面经济伙伴关系

区域全面经济伙伴关系（Regional Comprehensive Economic Partnership，RCEP），即由东盟十国发起，邀请中国、日本、韩国、澳大利亚、新西兰、印度共同参加（“10+6”），通过削减关税及非关税壁垒，建立 16 国统一市场的自由贸易协定。它是东盟国家首次提出，并以东盟为主导的区域经济一体化合作，是成员国间相互开放市场、实施区域经济一体化的组织形式。

自 20 世纪 90 年代“新区域主义”兴起以来，全球涌现出大量双边或多边区域贸易安排。在此背景下，东盟各国于 2011 年年初在第 18 次东盟经济部长会议上，提出共同达成一个区域综合性自由贸易协议的构想并形成最初草案，该提议很快得到与会各国的正式批准。2012 年 8 月，经过东盟十国的邀请，中国、日本、韩国、印度、澳大利亚和新西兰六国也一致同意组建 RCEP。同年 11 月，东盟十国与中国、日本、韩国、印度、澳大利亚、新西兰领导人共同发布了《启动区域全面经济伙伴关系协定（RCEP）谈判的联合声明》，正式启动这一覆盖 16 个国家的自贸区建设进程。这标志着东亚地区自贸区建设的进一步扩大，东亚经济一体化继续获得稳步推进。据亚洲开发银行发布的《2013 年亚洲发展展望》统计，RCEP 成员总人口为 34 亿，占全球 49%；产值为 21.4 万亿美元，占全球 30%；货物与服务贸易总量为 12 万亿美元，占全球 29%。

RCEP 有望推动东亚经贸合作进入新阶段。从大的范围来看，东亚地区迄今经历了三次合作浪潮。冷战的结束刺激东亚出现第一次合作浪潮，地区合作开始兴起，东盟实现扩容，地区合作机制逐渐成形。第二次合作浪潮出现在 1997 年亚洲金融危机之后，处于危机之中的东亚国家认识到西方并不可靠，必须通过加强地区合作，建立稳固的危机应对机制才能保障地区稳定发展，“10+3”机制、“清迈倡议”等开始创立并不断完善。2008 年国际金融危机之后东亚合作出现第三次浪潮，东亚峰会实现扩容，各类机制、倡议、合作等层出不穷。然而，在经历一番扩张之后，东亚合作再次进入减速慢行的低谷期，地区合作亟待整合、升级。而 RCEP 顺应板块整合的大趋势，从整合地区自贸协定入手，逐渐实现地区经贸合作领域的统一和升级，有望带动东亚地区合作进入新的发展阶段。

RCEP 除了具有一般自贸协议的条款外，还有其自身的特点。具体包括：①协议应符合世贸组织（WTO）规则并具有充分的透明性。在遵循 WTO 规则的前提下，协议内容将全部予以公开，确保利益相关者理解和利用经济一体化与合作，减少各国民众对市场开放和所在行业受到冲击的疑虑。②协议应强调操作的便利化。具体条款应为切实可行的措施，并通过共同努力促使贸易和投资便利化，包括降低交易成本等。③协议应突出经济技术合作的内容。其目标为支持成员国在执行协议时，可以获取最大利益。④协议的最终方向应有利于地区经济一体化及各国经济均衡发展。这样可以避免收益不均及贫富差距拉大，并加强成员国之间的经贸合作。⑤协议应包含特殊差别待遇条款和定期审议机制。鉴于各国经济发展水平存在较大差异，协议应充分考虑柬埔寨、老挝、缅甸、越南等国的产业承受能力，对其明显的弱势产业给予特殊差别待遇。同时，对已执行的协议条款，应定期予以审查，评估各条款的效益，确保协议的有效执行。

2. 区域全面经济伙伴关系与中国

从区域全面经济伙伴关系的筹建过程看，RCEP 是由东盟规划和推动的。但中国在该构想的提出、形成和谈判落实阶段均发挥了显著的作用，是 RCEP 谈判的重要参与者。2011 年 8 月，中日两国共同提出了《关于加快实现 EAFTA 和 CEPEA 构想的倡议》。在 2011 年 11 月的第 19 届东盟峰会中，东盟在吸收中日两国倡议的基础上，正式提出组建区域一体化组织 RCEP，并通过了谈判指导文件《区域全面经济伙伴关系框架文件》。

中国政府积极支持 RCEP。在 2012 年 RCEP 谈判还未开始的时候，时任中国总理温家宝就在东亚峰会上表示全力支持东盟推进 RCEP 建设。2014 年 4 月在博鳌亚洲论坛上，李克强总理表示希望 RCEP 在 2015 年达成协议。2015 年 11 月，李克强总理在东盟与中日韩领导人会议上又发出倡议，支持区域经济融合发展，并催促 RCEP 于 2016 年结束谈判。可见，中国对于 RCEP 谈判进程的支持是鲜明而重要的，是其不可或缺的政治保障。除了政治支持之外，中国作为该区域市场规模和经济体量最大的经济体，也是 RCEP 作为区域一体化倡议具备吸引力的一种保证。中国对 RCEP 的进口额在区域内的排名，2011 年为第一，2012—2015 年均为第二（其中东盟作为一个整体参与排名）。中国进口占 16 国区域内总进口的比率最高曾达 29.56%。因为中国的加入，极大地增加了 RCEP 谈判区域的市场规模和消费能力。其他国家商品和投资通过更高层次的自由化安排得以更大规模地进入中国市场，并获得中国经济迅速发展的红利，而中国制造业也能以更优惠的价格进入他国市场。

2020年11月15日，《区域全面经济伙伴关系协定》（RCEP）第四次领导人会议通过视频方式举行，中国国务院总理李克强出席会议。会上，除印度之外的15国领导人见证了15位贸易部长签署RCEP协定。

核心知识小结

区域经济一体化由低到高地分为六个层次，分别是优惠贸易安排、自由贸易区、关税同盟、共同市场、经济联盟、完全经济一体化六种形式，其具体内容主要体现在要素的自由流动、各国间经济政策的协调一致以及和各国所有政策的全面统一三个方面。关税同盟的经济效应主要有贸易创造效应和贸易转移效应，前者有利于整体社会福利的改进，后者则是一种损失。但总的来看，因为贸易创造效应大于贸易转移效应，所以区域经济一体化能提高社会福利。现存的众多区域经济一体化的组织中，三个规模最大、影响最大、也最具有代表性的区域经济一体化的组织分别是：欧洲联盟、北美自由贸易区和亚太经济合作组织。跨大西洋贸易与投资伙伴协定、跨太平洋伙伴关系协定、服务贸易协定、区域全面经济伙伴关系协定是重要的国际协定，对国际经济社会产生重要影响。

备考准备

一、名词解释

区域经济一体化　自由贸易区　关税同盟

共同市场　经济联盟　贸易创造效应　贸易转移效应

二、选择题

1. 在地区经济一体化的形式中，两个和两个以上的国家完全取消关税与数量限制，建立对非成员国的统一关税，在实现商品自由流动的同时，还实现生产要素的自由转移。这种地区经济一体化的形式叫作（　　）。（单选）

A. 优惠贸易安排　　B. 自由贸易区

C. 关税同盟　　D. 共同市场

2. 关税同盟与自由贸易区的主要区别是（　　）。（单选）

A. 成员国之间关税和配额的废除　　B. 共同关税和配额体系

C. 对生产要素流动限制政策的废除　　D. 经济政策和制度的协调和统一

3. 参加关税同盟的国家，其关境（　　）。（单选）

A. 大于国境　　B. 等于国境

C. 小于国境　　D. 关境与国境无关

4. 共同市场与完全经济一体化相比，前者未实现（　　）。(单选)

A. 生产要素在成员国之间的自由流动 B. 统一的对外关税政策

C. 货物在成员国之间的自由流动 D. 统一的对外经济社会政策

5. 成员国之间生产要素可以自由流动的经济一体化形式是（　　）。(多选)

A. 关税同盟 B. 共同市场

C. 经济联盟 D. 完全经济一体化

三、简答题

1. 什么是区域经济一体化？它有哪些形式？试比较各种形式之间的区别。
2. 什么是贸易转移效应和贸易创造效应？其福利效应主要取决于哪些因素？
3. 关税同盟会带来哪些动态效应？

第十四章
“一带一路”倡议

■ 本章知识结构图

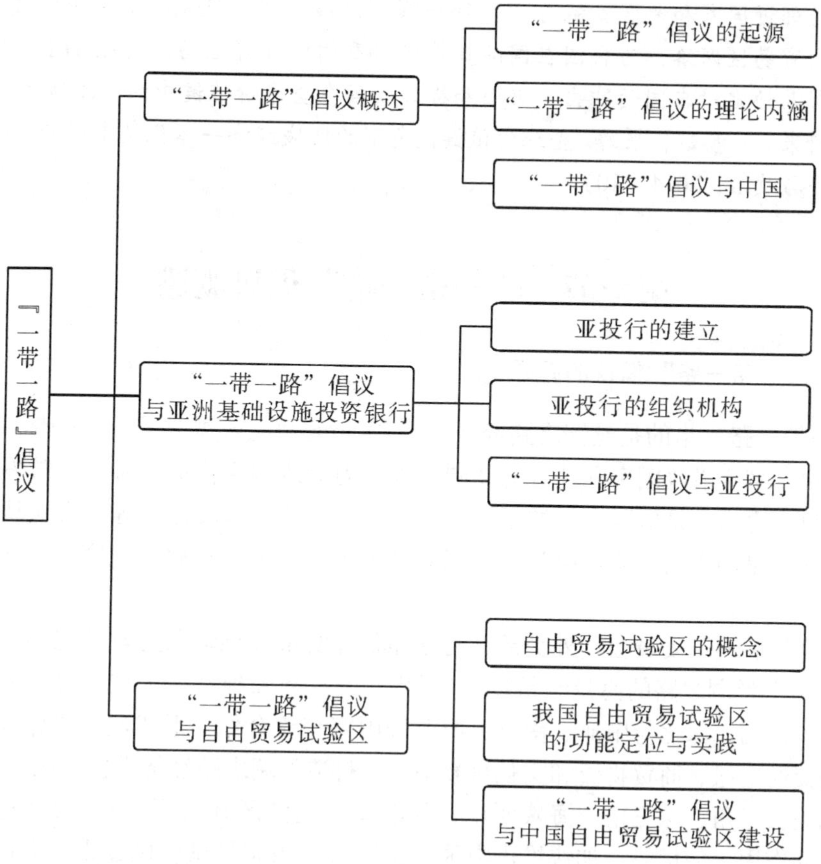

学习目标

本章掌握“一带一路”倡议及其对中国发展的意义；
了解亚洲基础设施投资银行的概况；
掌握自由贸易试验区的概念；

了解中国自贸试验区的发展情况，包括我国自贸试验区的功能定位、实践和“一带一路”倡议与中国自贸试验区的关系。

引例　全球价值链视角下的区域经济一体化及中国的策略

在全球价值链分工不断深化的大背景下，以WTO为标志的多边贸易体制正面临严峻挑战，诸如TPP、TTIP等新的区域贸易安排方兴未艾，国际贸易投资规则面临重塑，区域经济一体化发展出现新特点。如何从全球价值链分工的视角正确认识新一轮区域经济一体化发展新趋势，对于我国采取正确的区域开放战略，进一步提升开放发展的水平和层次，具有重要意义。

我们要扎实推进自由贸易区战略，积极转变在全球贸易治理中的角色定位，由国际贸易规则制定的参与者向主导者转变，努力构筑中国主导的自由贸易区网络，形成包括邻近国家和地区、涵盖“一带一路”沿线国家以及辐射五大洲重要国家的全球自由贸易区网络，为我国在国际贸易规则重构中赢得主动，缓冲TPP、TTIP等跨区域贸易协定对我国的冲击，巩固和提升我国在全球价值链中的分工地位。

资料来源：盛斌，果婷. 全球价值链视角下的区域经济一体化及中国的策略［J］. 世界经济与政治，2014（10）.

第一节　“一带一路”倡议概述

一、“一带一路”倡议的起源

“一带一路”指的是丝绸之路经济带和21世纪海上丝绸之路。“一带一路”倡议的提出，契合沿线国家和地区的共同需求，为沿线国家优势互补、开放发展打开了新的机遇之窗，是国际合作的新平台。“一带一路”倡议在平等的文化认同框架下谈合作，是国家的战略性决策，体现的是和平、交流、理解、包容、合作、共赢的精神。

国家发展改革委员会、外交部、商务部联合发布《推动共建丝绸之路经济带和21世纪海上丝绸之路的愿景与行动》，提出：发挥新疆独特的区位优势和向西开放重要窗口作用，深化与中亚、南亚、西亚等国家交流合作，形成丝绸之路经济带上重要的交通枢纽、商贸物流和文化科教中心，打造丝绸之路经济带核心区。

利用长三角、珠三角、海峡西岸、环渤海等经济区开放程度高、经济实力强、辐射带动作用大的优势，加快推进中国（上海）自由贸易试验区建设，支持福建建设21世纪海上丝绸之路核心区。充分发挥深圳前海、广州南沙、珠海横琴、福建平潭等开放合作区的作用，深化与港澳台合作，打造粤港澳大湾区。

2013年9月7日，习近平在哈萨克斯坦纳扎尔巴耶夫大学发表演讲时表示：为了使各国经济联系更加紧密、相互合作更加深入、发展空间更加广阔，我们可以用创新的合作模式，共同建设“丝绸之路经济带”，以点带面，从线到片，逐步形成区域大合作。2013年10月3日，习近平在印度尼西亚国会发表演讲时表示：中国愿同东盟国家加强海上合作，使用好中国政府设立的中国—东盟海上合作基金，发展好海洋合作伙伴关系，共同建设21世纪“海上丝绸之路”。

2014年5月21日，习近平在亚信峰会上做主旨发言时指出：中国将同各国一道，加快推进丝绸之路经济带和21世纪海上丝绸之路建设，尽早启动亚洲基础设施投资银行，更加深入参与区域合作进程，推动亚洲发展和安全相互促进、相得益彰。

2014年11月8日在加强互联互通伙伴关系对话会上，习近平指出共同建设丝绸之路经济带和21世纪海上丝绸之路与互联互通相融相近、相辅相成。如果将“一带一路”比喻为亚洲腾飞的两只翅膀，那么互联互通就是两只翅膀的血脉经络。习近平在《联通引领发展伙伴聚焦合作》讲话中指出：第一，以亚洲国家为重点方向，率先实现亚洲互联互通。“一带一路”源于亚洲、依托亚洲、造福亚洲。中国愿通过互联互通为亚洲邻国提供更多公共产品，欢迎大家搭乘中国发展的列车。第二，以经济走廊为依托，建立亚洲互联互通的基本框架。“一带一路”兼顾各国需求，统筹陆海两大方向，涵盖面宽，包容性强，辐射作用大。第三，以交通基础设施为突破，实现亚洲互联互通的早期收获，优先部署中国同邻国的铁路、公路项目。第四，以建设融资平台为抓手，打破亚洲互联互通的瓶颈。中国将出资400亿美元成立丝路基金。丝路基金是开放的，欢迎亚洲域内外的投资者积极参与。第五，以人文交流为纽带，夯实亚洲互联互通的社会根基。未来5年，中国将为周边国家提供2万个互联互通领域培训名额。

2014年11月11日，在2014年亚太经合组织（APEC）领导人非正式会议上，国家主席习近平提出亚太自由贸易区（FTAAP）发展设想，会议就《亚太经合组织推动实现亚太自贸区北京路线图》达成共识。在硬件互联互通方面，采用公私合作伙伴关系（PPP）和其他方式提高基础设施融资；发展更新包括交通、信息通信技术和能源在内的基础设施。在制度互联互通方面，应对贸易便利化、结构性和监管改革、交通物流便利化问题。2020年实现各经济体经商成本节约25%，通商效率和便利度提高25%的目标。

2014年12月29日，丝路基金有限责任公司在北京注册成立，投资覆盖俄蒙、中亚、南亚、东南亚、西亚、北非及欧洲等地区的基础设施、资源开发、产业合作、金融合作等领域，以实际行动践行“一带一路”倡议。

2015年12月25日，包括新加坡、文莱、澳大利亚、中国、英国等在内的17个意向创始成员国提交批准书，亚洲基础设施投资银行正式成立，为“一带一路”建设提供资金支持。

2017年5月14日至15日，第一届“一带一路”国际合作高峰论坛在北京举行。

2017年10月24日，“一带一路”写入中国共产党章程。

二、“一带一路”倡议的理论内涵

“一带一路”倡议自提出以来不断拓展合作区域与领域，尝试与探索新的合作模式，使之得以丰富、发展与完善，但其初衷与原则却始终如一。这是认知与理解

“一带一路”倡议的基点与关键。

“一带一路”是开放性、包容性区域合作倡议，而非排他性、封闭性的中国“小圈子”。当今世界是一个开放的世界，开放带来进步，封闭导致落后。中国认为，只有开放才能发现机遇、抓住并用好机遇，主动创造机遇，才能实现国家的奋斗目标。“一带一路”倡议就是要把世界的机遇转变为中国的机遇，把中国的机遇转变为世界的机遇。正是基于这种认知与愿景，“一带一路”以开放为导向，希望通过加强交通、能源和网络等基础设施的互联互通建设，促进经济要素有序自由流动，资源高效配置和市场深度融合，开展更大范围、更高水平、更深层次的区域合作，打造开放、包容、均衡、普惠的区域经济合作架构，以此来解决经济增长和平衡问题。这意味着“一带一路”是一个多元开放包容的合作性倡议。可以说，“一带一路”的开放包容性特征是区别于其他区域性经济倡议的一个突出特点。

“一带一路”是务实合作平台，而非中国的地缘政治工具。“和平合作、开放包容、互学互鉴、互利共赢”的丝路精神成为人类共有的历史财富，“一带一路”就是秉承这一精神与原则提出的重要倡议。通过加强相关国家间的全方位、多层面的交流合作，充分发掘与发挥各国的发展潜力与比较优势，彼此形成互利共赢的区域利益共同体、命运共同体和责任共同体。在这一机制中，各国是平等的参与者、贡献者、受益者。因此，“一带一路”从一开始就具有平等性、和平性特征。平等是中国所坚持的重要国际准则，也是“一带一路”建设的关键基础。只有建立在平等基础上的合作才能是持久的合作，也才会是互利的合作。“一带一路”平等包容的合作特征为其推进减轻了阻力，提高了共建效率，有助于国际合作真正“落地生根”。同时，“一带一路”建设离不开和平安宁的国际环境和地区环境，和平是“一带一路”建设的本质属性，也是保障其顺利推进所不可或缺的重要因素。这些就决定了“一带一路”不应该也不可能沦为大国政治较量的工具，更不会重复地缘博弈的老套路。

“一带一路”是共商共建共享的联动发展倡议，而非中国的对外援助计划。“一带一路”建设是双边或多边联动基础上通过具体项目加以推进的，是在进行充分政策沟通、战略对接以及市场运作后形成的发展倡议与规划。2017 年 5 月《“一带一路”国际合作高峰论坛圆桌峰会联合公报》中强调了建设“一带一路”的基本原则，其中就包括市场原则，即充分认识市场作用和企业主体地位，确保政府发挥适当作用，政府采购程序应开放、透明、非歧视。可见，“一带一路”建设的核心主体与支撑力量并不在政府，而是企业，其根本方法是遵循市场规律，并通过市场化运作模式来实现参与各方的利益诉求，政府在其中发挥构建平台、创立机制、政策引导等指向性、服务性功能。

“一带一路”是和现有机制的对接与互补，而非替代。参与“一带一路”建设的相关国家要素禀赋各异，比较优势差异明显，互补性很强。有的国家能源资源富集但开发力度不够，有的国家劳动力充裕但就业岗位不足，有的国家市场空间广阔但产业基础薄弱，有的国家基础设施建设需求旺盛但资金紧缺。我国经济规模居全球第二，外汇储备居全球第一，优势产业越来越多，基础设施建设经验丰富，装备制造能力强、质量好、性价比高，具备资金、技术、人才、管理等综合优势。这就为中国与其他“一带一路”参与方实现产业对接与优势互补提供了现实需要与重大机遇。因而，“一带一路”的核心内容就是要促进基础设施建设和互联互通，对接各国政策和发展战略，以便深化务实合作，促进协调联动发展，实现共同繁荣。显然，它不是对现有地区合作机制的替代，而是与现有机制互为助力、相互补充。实际上，“一带一路”建设已经与俄罗斯欧亚经济联盟建设、印尼全球海洋支点发展规划、哈萨克斯坦光明之路经济发展战略、蒙古国草原之路倡议、欧盟欧洲投资计划、埃及苏伊士运河走廊开发计划等实现了对接与合作，并形成了一批标志性项目，如中哈（连云港）物流合作基地建设。作为新亚欧大陆桥经济走廊建设成果之一，中哈（连云港）物流合作基地初步实现了深水大港、远洋干线、中欧班列、物流场站的无缝对接。该项目与哈萨克斯坦“光明之路”发展战略高度契合。哈萨克斯坦“光明道路”党主席佩鲁阿舍夫就表示，在与“光明之路”新经济政策的对接中，“一带一路”倡议有效推动了哈萨克斯坦乃至整个中亚地区的经济发展，为各国在经济、文化等领域的合作开辟了广阔空间，创造了更多机遇。

“一带一路”倡议是促进人文交流的桥梁，而非触发文明冲突的引线。“一带一路”跨越不同区域、不同文化、不同宗教信仰，但它带来的不是文明冲突，而是各文明间的交流互鉴。“一带一路”在推进基础设施建设，加强产能合作与发展战略对接的同时，也将“民心相通”作为工作重心之一。通过弘扬丝绸之路精神，开展智力丝绸之路、健康丝绸之路等建设，在科学、教育、文化、卫生、民间交往等各领域广泛开展合作，“一带一路”建设民意基础更为坚实，社会根基更加牢固。法国前总理德维尔潘认为，“一带一路”建设非常重要，“它是政治经济文化上的桥梁和纽带，让人民跨越国界更好交流”。因而，“一带一路”建设就是要以文明交流超越文明隔阂、文明互鉴超越文明冲突、文明共存超越文明优越，为相关国家民众加强交流、增进理解搭起新的桥梁，为不同文化和文明加强对话、交流互鉴织就新的纽带，推动各国相互理解、相互尊重、相互信任。

三、“一带一路”倡议与中国

我国对“丝绸之路经济带”和“21 世纪海上丝绸之路”的战略构想，在一定程度上反映了我国对外经济战略的新变化：一是从此前大力发展出口导向型对外经济继而在出口市场的直接竞争向着眼于间接创造外部需求的转变，二是对外经贸合作由单一国家合作为主逐步转向更加注重区域经济的全面合作。当前我国面临的外部经贸环境和经贸规则仍处在美国与西方主导的国际政治经济秩序之下，“一带一路”的“合作共生”“互利共赢”理念，更容易被沿线国家接受，从而提高区域内的经贸合作水平。

（一）对外战略转型的重要标志

习近平提出的以“丝绸之路经济带”和“21 世纪海上丝绸之路”为核心的“一带一路”倡议反映了新时期我国经济外交战略新思路，有利于密切我国与沿线国家及中亚、西亚、南亚、北非以及欧洲等国家的全方位关系，是全球范围内跨度最大的国家合作平台，是聚集地缘政治、能源安全、国防安全和经济共赢为一体的大战略，也是我国由此前的商品输出转向资本输出的重要战略载体。此外，“一带一路”建设在保障国家安全方面也具有重大的战略意义。

（二）重在合作共生、互利共赢

“一带一路”倡议基于合作共生、互利共赢的核心理念，强调软硬两方面的互通互联，强调区域一体化的共同发展，即在巩固与加强沿线国家关系与合作问题上，提出了政策沟通、经贸畅通、交通联通、货币流通、民心相通的地区合作共生新理念。一是加强政策沟通。各国可以就经济发展战略和对策进行充分交流，本着求同存异原则，协商制定推进区域合作的规划和措施，在政策和法律上为区域经济融合“开绿灯”。二是加强道路联通。各方积极探索完善跨境交通基础设施，逐步形成连接东亚、西亚、南亚的交通运输网络，为各国经济发展和人员往来提供便利。三是加强贸易畅通。丝绸之路经济带总人口近30亿，市场规模和潜力独一无二，各国在贸易和投资领域合作潜力巨大。各方就贸易和投资便利化问题进行探讨并做出适当安排，消除贸易壁垒，降低贸易和投资成本，提高区域经济循环速度和质量，实现互利共赢。四是加强货币流通。探讨推动各国在经常项下和资本项下实现本币兑换和结算，降低流通成本，增强抵御金融风险能力，提高本地区经济国际竞争力。五是加强民心相通。国之交在于民相亲，上述领域合作必将得到各国人民支持，加强人民友好往来，增进相互了解和传统友谊，为开展区域合作奠定坚实民意基础和社会基础。

（三）对我国对外经济发展的意义

改革开放以来，我国通过从欧美发达国家大量引进资金、技术和管理经验，形成强大的制造业生产能力，间接拉动基础设施建设和装备生产能力，积累了巨额资本。随着我国经济进入新常态，经济发展必须实现转型升级，未来经济增长的动力主要依靠高新技术产业发展和不断提升创新能力，实现由要素投入驱动向创新驱动经济高质量发展。同时，我国真正实现经济转型需要一个较为漫长的时期，需要现有优势产业持续发展为经济结构转型升级赢得空间、时间。从国际经济环境来看，发达经济体复苏态势尚弱，对新兴经济体的贸易投资保护主义不断升温，我国面临的外部需求在短期内难以恢复到国际金融危机之前的繁荣局面。在此背景下，可以将我国现有的装备制造业等优势产能和工程承包施工作业能力主动输出，通过大力支持企业“走出去”和资本“走出去”间接创造外部需求，拉动出口、带动经济发展。我国与“一带一路”沿线国家经贸合作的不断加强，既有现实意义，又有战略远见，“一带一路”沿线国家大多处于工业化初期，对外部资金的需求十分旺盛，这为我国借助优势产能实现海外“二次创业”提供了大有可为的战略机遇。

“一带一路”倡议有利于实现东中西部地区更为平衡的可持续发展。以往我国提出西部大开发战略，主要是出于国内区域经济均衡、资源能源开发和国防备战安全的考虑，而“一带一路”倡议则将我国西部大开发战略与向西开放战略整合起来。改革开放以来，我国地区间经济发展不平衡，发达地区主要集中在东部沿海地区，随着美国经济战略东移，使得我国东部沿海地区对外经贸面临来自美国及美日同盟的战略挤压。“一带一路”倡议，打开了我国西部大门，明确了向欧亚内陆开放，以更大跨度对外开放带动西部地区更高层次开放，在一定意义上也是我国东西部发展战略的“再平衡”。

我国开放型经济已进入新的历史阶段，面临着国际经济政治环境新变化，面临着国家发展战略的新要求。更加积极主动的开放战略，需要找准对外开放的抓手，需要将改革的攻坚领域与开放的重要环节紧密结合起来，切实提高开放型经济的水平和质量，加快形成开放型经济的新机制、新态势。

相关资料　全球治理与中国角色

第二节　“一带一路”倡议与亚洲基础设施投资银行

亚洲基础设施投资银行（asian infrastructure investment bank，简称亚投行，AIIB）是首个由中国倡议设立的多边金融机构，总部设在北京，法定资本 1 000 亿美元。

一、亚投行的建立

（一）亚投行筹建的背景

在全球层面上，亚投行建立的主要背景是新兴大国的异军突起。21 世纪以来，世界各国基本延续了冷战后的发展趋势，即在全球化深入发展的推动下实现了不同程度的发展，但各国的发展速度极不均衡。总体而言，发展中国家普遍实现了较快的增长，新兴国家日益成为经济新秀，而发达国家的发展速度相对缓慢。在全球金融危机的打击下，发达国家的经济长期陷入低迷，以新兴大国为代表的发展中国家则率先摆脱危机影响，不仅成为全球经济发展的新引擎，而且成为全球治理的重要主体。为了更好地发挥新兴国家在世界经济和全球金融治理中的作用，改革原有的国际金融制度顺理成章地被提上日程。

在区域层面上，亚投行建立的主要背景是亚洲基础设施落后。亚洲经济占全球经济总量的 1/3，是世界最具经济活力和增长潜力的地区，拥有全球六成人口。但因建设资金有限，一些国家铁路、公路、桥梁、港口、机场和通信等基础建设严重不足，这在一定程度上限制了该区域的经济发展。各国要想维持现有经济增长水平，基础设施投资至少需要 8 万亿美元，平均每年需投资 8 000 亿美元。8 000 亿美元中，68%用于新增基础设施的投资，32%是维护或维修现有基础设施所需资金。现有的多边机构并不能提供如此巨额的资金，亚洲开发银行和世界银行也仅有 2 230

亿美元，两家银行每年能够提供给亚洲国家的资金大概只有区区200亿美元，没有办法满足这个资金需求。由于基础设施投资的资金需求量大、实施的周期很长、收入流不确定等因素，私人部门大量投资于基础设施的项目是有难度的。

在国家层面上，亚投行建立的主要背景是中国进入“新常态”。2012年中国已成为世界第三大对外投资国，中国对外投资2012年同比增长17.6%，创下了878亿美元的新高。而且，经过改革开放40多年的发展和积累，中国在基础设施装备制造方面已经形成完整的产业链，同时在公路、桥梁、隧道、铁路等方面的工程建造能力在世界上也已经是首屈一指。中国基础设施建设的相关产业希望更快地走向国际。但亚洲经济体之间难以利用各自所具备的高额资本存量优势，缺乏有效的多边合作机制，缺乏把资本转化为基础设施建设的投资。

（二）亚投行的宗旨与职能

亚投行的宗旨是通过在基础设施及其他生产性领域的投资，促进亚洲经济可持续发展、创造财富并改善基础设施；与其他多边和双边开发机构紧密合作，推进区域合作和伙伴关系，应对发展挑战。

为履行其宗旨，亚投行应具备以下职能：①推动区域内发展领域的公共和私营资本投资，尤其是基础设施和其他生产性领域的发展；②利用其可支配资金为本区域发展事业提供融资支持，包括能最有效支持本区域整体经济和谐发展的项目和规划，并特别关注本区域欠发达成员的需求；③鼓励私营资本参与投资有利于区域经济发展，尤其是基础设施和其他生产性领域发展的项目、企业和活动，并在无法以合理条件获取私营资本融资时，对私营投资进行补充；④为强化这些职能开展其他活动和提供其他服务。

二、亚投行的组织机构

（一）理事会

银行的一切权力属于理事会。每个成员均在理事会中有自己的代表，并任命一名理事和一名副理事。每个理事和副理事均受命于其所代表的成员。除理事缺席的情况外，副理事无投票权。在银行每次年会上，理事会应选举一名理事担任主席，任期至下届主席选举为止。理事会应举行年会，并按理事会规定或董事会要求召开其他会议。当五个银行成员提出请求时，董事会即可要求召开理事会会议。当出席会议的理事超过半数，且所代表的投票权不低于总投票权三分之二时，即构成任何理事会会议的法定人数 。

（二）董事会

董事会负责指导银行的总体业务，为此，除行使本协定明确赋予的权力之外，还应行使理事会授予的一切权力。董事会应由十二名成员组成，董事会成员不得兼任理事会成员。九名应由代表域内成员的理事选出，三名应由代表域外成员的理事选出。每名董事应任命一名副董事，在董事缺席时代表董事行使全部权力。理事会应通过规则，允许一定数量以上成员选举产生的董事任命第二名副董事。董事任期为两年，可以连选连任。

（三）投票权

每个成员的投票权总数是基本投票权、股份投票权以及创始成员享有的创始成员投票权的总和。具体界定如下：①每个成员的基本投票权是全体成员基本投票权、股份投票权和创始成员投票权总和的百分之十二在全体成员中平均分配的结果。②每个成员的股份投票权与该成员持有的银行股份数相当。③每个创始成员均享有六百票创始成员投票权。

（四）高管层

1. 行长

理事会通过公开、透明、择优的程序，依照《亚洲基础设施投资银行协定》第二十八条规定，经超级多数投票通过选举银行行长。行长应是域内成员国的国民。任职期间，行长不得兼任理事、董事或副理事、副董事。行长任期为五年，可连选连任一次。理事会可依照第二十八条规定经超级多数投票通过，决定中止或解除行长职务。行长担任董事会主席，无投票权，仅在正反票数相等时拥有决定票。行长可参加理事会会议，但无投票权。行长是银行的法人代表，是银行的最高管理人员，应在董事会指导下开展银行日常业务。

2. 银行高级职员

董事会应按照公开、透明和择优的原则，根据行长推荐任命一名或多名副行长。副行长的任期、行使的权力及其在银行管理层中的职责可由董事会决定。在行长出缺或不能履行职责时，应由一名副行长行使行长的权力，履行行长的职责。

三、“一带一路”倡议与亚投行

2013 年 10 月，中国国家主席习近平提出了筹建亚洲基础设施投资银行的倡议。在历经 800 余天的筹备后，由中国倡议成立、57 个创始成员共同筹建的亚投行于 2015 年 12 月 25 日在北京宣告成立。2016 年 1 月 16 日，亚投行举行了开业仪式，习近平主席出席并致辞。截至 2020 年 7 月，亚投行共有 103 个成员，总成员数仅次于世界银行，涵盖了西方七国集团中的 5 个、20 国集团中的 16 个和联合国安理会常任理事国中的 4 个。亚投行初期投资的重点领域包括能源与电力、交通和电信、农村和农业基础设施、供水与污水处理、环境保护、城市发展以及物流等。亚投行立足于打造亚洲区域内的国际金融体系，助力亚洲区域经济的共同发展、共同繁荣。这一战略构想与“一带一路”倡议所规划的战略蓝图高度契合，只是二者在战略构建中的主体地位不同，“一带一路”是作为推进基础设施建设的战略目标，而亚投行将作为实现该战略目标重要的战略手段和金融后盾。亚投行的成立对“一带一路”倡议的顺利推进，将起到重要作用。

（一）为“一带一路”建设提供资金支持

“一带一路”倡议实施过程中面临的首要问题是沿线国家基础设施相对薄弱，需要大量资金的投入以打造集海、陆、空为一体的交通走廊，构建涵盖水电、煤电、风能、太阳能等资源的能源板块，并建立囊括电信及互联网的信息通信网络，从硬件和软件设施两个方面为“一带一路”的顺利推进给予双向保障。“一带一路”沿线基础设施建设非常薄弱，需要十分庞大的项目投入予以支持，而亚洲区域现有的金融机构亚洲开发银行所能提供的贷款额度相对有限。亚投行将通过吸纳全球资金保障基础设施建设项目的稳步推进，以弥补亚洲开发银行的这一短板，为推进亚洲区域的互通有无提供强大的金融后盾。

（二）提高我国的经济影响

“一带一路”倡议以及以此为基础提出的亚投行、丝路基金、金砖国家银行等倡议，一度引起世界各国关于互联互通、经贸合作的热议。而此倡议下所勾画的以丝绸之路为纽带，实现中亚和中东等地区的能源、欧洲和东亚地区的技术以及我国资金和产业聚合的战略构想，将成为未来世界经济新的增长点。亚投行作为“一带一路”顺利推进的强大后盾，对于实现我国与沿线国家更深层次的战略合作，增强我国在亚洲区域乃至整个世界范围内的经济影响都将产生积极的作用。

（三）促进产业转型升级

随着人口老龄化进程的推进，我国过去所依托的“人口红利”优势不复存在，劳动力短缺问题逐步显现。亚投行资金的注入和沿线设施建设的稳步推进，我国加快优势产业对外投资和发展的步伐，推进各国在环保、新型能源、信息通信等相关领域的进一步合作。通过“一带一路”这个平台，实现我国上下游产业和替代产业的共同发展，共同推动我国产业转型升级。

（四）加快人民币的国际化进程

2015 年，国际货币基金组织（IMF）年会上，人民币纳入 SDR 这一议题引发了世界各国的响应，并于 2016 年 10 月 1 日生效，这一历史性事件为人民币走向世界开启了新的征程。“一带一路”倡议的提出和实施，有效利用了我国与沿线国家的双边机制，并依托亚投行所致力于推进基础设施建设，共同推动我国与东盟、欧亚地区的经济合作，加大我国货币的使用范围和使用频率，对于提高我国货币的国际地位，加速人民币国际化进程起到了重要的推动作用。

（五）助力推进区域发展

基础设施建设是加强各国经济交流，推动区域经济一体化进程的基础和前提，是实现亚洲经济共同繁荣的纽带。亚投行作为实现沿线国家经济发展的多边投资平台，克服了基础设施建设中面临的巨额资金缺口这一难题，极大地提高了全球资金的流通速度和使用效率。它的助力终将随着基础设施项目的稳步推进，推动区域间货物贸易流转的速度，实现国与国之间经济的协同发展。此外，它将通过推进我国高铁、高速等设施网络“走出去”战略的实施，以及国与国、国与地区和地区与地区间的交流，带动包括区域间发展模式、区域间合作方式、区域间发展战略等内容的发展和创新，共同推动亚洲区域经济一体化的发展进程，实现世界范围内经济共同增长。

相关资料　“一带一路”与“中美经济博弈”

“一带一路”倡议既不可与马歇尔计划相提并论，也不会与 TPP 针锋相对。中美两国提出了不同的区域经济合作方案：美国主导的 TPP、TTIP 是“排他性的”，其目的是为了巩固其在全球的经济霸权，而中国提出的“一带一路”倡议，是共商、共建、共享，是包容、开放的方案，欢迎世界各国（包括美国）和国际组织搭乘中国发展的快车、便车，加入“一带一路”的合作中来。“中美经济博弈”围绕地缘政治、国际规则制定权的话语权、TPP与RCEP竞争等领域展开。与TPP不同，“一带一路”倡议超越了意识形态、宗教信仰、语言文化、政治制度和民族界限，中国以比美国大四倍的国内市场和经济潜力寻求全球的发展与合作。同时，“一带一路”建设存在地缘政治风险、传统安全风险、非传统安全风险、法律与道德风险、债务风险、中国公司自身管理风险等诸多方面的风险。为克服上述风险，我们提出“三两”政策建议，即“两容”“两分”“两轨”。“两容”强调“包容性”：与域内国家自身经济发展计划接轨，而不是另起炉灶；欢迎美日等域外国家参与“一带一路”建设，共同推进世界经济发展。“两分”强调“共享性”：共同分享利益，共同承担风险。“一带一路”倡议，不单单是中国单方面的事情，也是所有域内国家分工合作的事情。中国在“一带一路”建设中的收益就是域内国家的收益，中国在“一带一路”建设中的风险就是域内国家的风险，最终形成“利益共同体和风险共同体”。“两轨”强调“共存性”：安全与经济两轨；双边与多边两轨；南海与印度洋两轨；欧洲与美国两轨。

资料来源：肖炼．“一带一路”与“中美经济博弈”．［J］太平洋学报，2017(2).

第三节 “一带一路”倡议与自由贸易试验区

一、自由贸易试验区的概念

自由贸易试验区（pilot free trade zone，FTZ）实质是自由贸易园区（FTZ），是指在贸易和投资等方面比世贸组织有关规定更加优惠的贸易安排，在主权国家或地区的关境以外，划出特定的区域，准许外国商品豁免关税自由进出。自由贸易试验区实质上是采取自由港政策的关税隔离区；狭义上仅指提供区内加工出口所需原料等货物的进口豁免关税的地区，类似出口加工区；广义上还包括自由港和转口贸易区。

中国自由贸易试验区是一种新型的自由贸易园区，它不同于传统自由贸易园区的政策洼地属性，而是更加强调制度创新。“试验”二字突出了其特殊的“试验田”作用。

自由贸易区FTA与自由贸易园区FTZ各方面的差异如表14.1所示。

自由贸易区FTA与自由贸易园区FTZ都是为降低国际贸易成本，促进对外贸易和国际商务的发展而设立的。

表 14.1 自由贸易区 FTA 与自由贸易园区 FTZ 各方面的差异

不同点	FTA	FTZ
设立主体	多个主权国家（或地区）	单个主权国家（或地区）
区域范围	两个或多个关税地区	一个关税区内（小范围区域）
国际惯例依据	WTO	世界海关组织（WCO）
核心政策	贸易区成员之间贸易开放、取消关税壁垒，同时又保留各自独立的对外贸易政策	海关保税、免税政策为主，辅以所得税税费的优惠等投资政策
法律依据	双边或多边协议	国内立法

二、我国自由贸易试验区的功能定位与实践

（一）我国自由贸易试验区的功能定位

自由贸易试验区紧紧围绕并适应国内开放环境以及国际经贸规则变迁，突出制度创新功能：①适应形势变化，推进高标准投资贸易规则先行先试。自贸试验区需要先行试验国际通行的投资、服务贸易、货物贸易自由化、便利化的规则，对接国际经贸规则变迁趋势，并通过压力测试，积累防控和化解风险的经验，探索最佳开放模式，为对外谈判提供实践依据。②注重制度创新，强调自贸试验区制度创新的整体性和协同性。制度创新是自贸试验区的核心功能，加强系统集成，提高自贸试验区制度创新的整体性和协同性，从自贸试验区建设的目标出发，构建与开放型经济和市场经济相符的制度创新体系。③推进服务业和金融业的发展。完善服务业的准入制度，扩大服务业领域的对外开放程度，提高金融市场开放水平。④辐射带动自贸试验区周边经济发展。既要吸引国内外高端技术、人才流入园区，也要形成产业集聚效应，辐射带动周边经济的发展。⑤推动中国企业“走出去”。通过引入国际通行的新规则，引导中国企业加快国际化步伐，增强国内“走出去”企业的跨国经营能力和抗风险能力。

（二）我国自由贸易试验区的实践

2013 年 8 月，中国国务院正式批准设立中国（上海）自由贸易试验区。2014 年 12 月，国务院决定设立中国（广东）自由贸易试验区、中国（天津）自由贸易试验区、中国（福建）自由贸易试验区。其中广东自贸区立足面向港澳深度融合，天津自贸区与推动京津冀协同发展相契合，福建自贸区着重进一步深化两岸经济合作。2017 年 8 月，党中央、国务院决定，在辽宁省、浙江省、河南省、湖北省、重庆市、四川省、陕西省设立 7 个自贸试验区。2018 年 10 月 16 日，国务院正式批准设立中国（海南）自由贸易试验区。

新设立的 8 个自贸试验区，将继续依托现有经国务院批准的新区、园区，继续紧扣制度创新这一核心，进一步对接高标准国际经贸规则，在更广领域、更大范围形成各具特色、各有侧重的试点格局，推动全面深化改革、扩大开放。

新设立的八大自贸试验区主要覆盖三大链条：一是长江经济带链条；二是“一

带一路”链条；三是自贸协定链条。从全国现有自贸区的地理布局来看，12 个自由贸易试验区已形成东南沿海连点成线、长江流域加陕西贯穿东西，河南、湖北中部崛起的总体格局。

具体来说，原有的 4 个自贸试验区（上海、天津、广东和福建）已将中国东南沿海的核心经济区涵盖在内，新设立的 8 个自贸试验区中辽宁、浙江两省分别从东南沿海的北线和中线巩固了自贸试验区的辐射缺口；湖北、重庆、四川处于长江流域，且湖北是我国中部地区崛起的关键一环；河南地处中原，自古就是南北、东西两向的交通枢纽，其战略地位不可谓不重要；陕西则是我国西部大开发战略的核心区域之一，西通新疆边陲、南连川渝重镇，是贯穿我国西南与西北的重要发展区域。海南则紧邻粤、港、澳等发达经济区，与东盟国家“以水为边”，是我国建设 21 世纪海上丝绸之路的海上支撑腹地。各自贸试验区的发展方向与定位倚重（见表 14.2）。

表 14.2 自贸试验区的发展方向与定位

地区	自由贸易区特色、发展方向与定位倚重
上海市	进行综合性改革探索
广东省	推进粤港澳服务贸易自由化
天津市	推动京津冀协同创新发展战略
福建省	推进对台投资贸易自由化
辽宁省	落实中央关于加快市场取向体制机制改革、推动结构调整的要求，着力打造提升东北老工业基地发展整体竞争力和对外开放水平的新引擎
浙江省	落实中央关于“探索建设舟山自由贸易港区”的要求，就推动大宗商品贸易自由化，提升大宗商品全球配置能力进行探索
河南省	落实中央关于加快建设贯通南北、连接东西的现代立体交通体系和现代物流体系的要求，着力建设服务于“一带一路”倡议的现代综合交通枢纽
湖北省	落实中央关于中部地区有序承接产业转移、建设一批战略性新兴产业和高技术产业基地的要求，发挥其在实施中部崛起战略和推进长江经济带建设中的示范作用
重庆市	落实中央关于发挥重庆战略支点和连接点重要作用、加大西部地区门户城市开放力度的要求，带动西部大开发战略深入实施
四川省	落实中央关于加大西部地区门户城市开放力度以及建设内陆开放战略支撑带的要求，打造内陆开放型经济高地，实现内陆与沿海沿边沿江协同开放
陕西省	落实中央关于更好发挥“一带一路”建设对西部大开发带动作用、加大西部地区门户城市开放力度的要求，打造内陆型开放新高地，探索内陆与“一带一路”沿线国家经济合作和人文交流新模式
海南省	落实中央关于建设全面深化改革开放试验区、国家生态文明试验区、国际旅游消费中心和国家重大战略服务保障区的要求，推动形成全面开放新格局，把海南打造成为我国面向太平洋和印度洋的重要对外开放门户

伴随着中国经济结构调整、产业转型创新以及新的区域规划思路的展开，中国经济地理新的版图正在铺开，在“以陆桥通道、沿长江通道为两条横轴，以沿海、

京哈广、包昆通道为三条纵轴”的城镇化战略布局下，中西部地区将重点吸纳东部返乡和就近转移的农民工人口，加快发展产业集群。从第三、第四批自贸试验区的地理布局来看，新增自贸试验区重点强调了西部地区的开放要求和中部地区的东西贯通、产业承接能力，同时兼顾东北老工业基地转型、沿海及腹地共同开放。2019年7月，《国务院关于印发中国（上海）自由贸易试验区临港新片区总体方案的通知》发布；2019年8月，国务院同意设立山东、江苏、广西、河北、云南、黑龙江六个自由贸易试验区；2020年9月，国务院同意设立北京、湖南、安徽自由贸易试验区及浙江自由贸易试验区扩展区域方案。至此，覆盖东西南北中的自贸区格局形成。

自贸试验区诞生于改革进入攻坚期、开放进入新阶段、发展进入新常态的大背景下，为地方带来的红利已不再是政策优惠或税收优惠，而是制度创新下的发展契机和动力。各自贸试验区一定要坚持“为国家试制度、为当地谋发展”的思路。在投资贸易自由化保利化、金融服务实体经济、政府职能转变等领域进行大胆探索，以取得更大成效。

三、“一带一路”倡议与中国自由贸易试验区建设

“一带一路”倡议和自贸试验区建设都是我国形成对外开放新格局的重要载体，“一带一路”倡议是长期战略，通过向全球提供公共产品，打造全球经贸新格局；自贸试验区建设为先行战略，通过自主开放先行先试，探索国际经贸合作新路径，成为“一带一路”建设的有力支撑。近年来，“一带一路”建设取得了显著的成绩，但也面临日趋复杂的国际环境。“一带一路”建设需要自贸试验区更多的参与和推动。

自贸试验区服务“一带一路”建设有诸多优势。其一，自贸试验区是中国对外开放的重要窗口。其二，具有示范效应。其三，自贸试验区各类资源丰富，有国际重要港口，如上海港、深圳港、广州港、天津港、浙江舟山港、厦门港、大连港、营口港等；有上海国际金融中心的集聚地“陆家嘴金融片区”；有国内重要交通枢纽，如郑州、武汉、成都、西安等；有文化旅游资源，如文化古都西安；有高新技术园区和总部基地，如上海张江高科技园、成都高新技术园区等；有农业园区，如陕西杨凌农业片区。

鉴于各自贸试验区地理位置、自然禀赋和产业结构不同，各自的任务定位也有差异。例如，上海自贸试验区成为服务“一带一路”建设、推动市场主体“走出去”的桥头堡，其目标是建设国际经贸合作、金融服务和总部经济三大平台；广东和福建为“21世纪海上丝绸之路”的重要枢纽和核心区；河南和重庆成为重要枢纽等。自贸试验区服务“一带一路”建设有8种类型：Ⅰ海关通关和监管合作；Ⅱ交通枢纽和多式联运；Ⅲ金融合作交流；Ⅳ科技创新合作；Ⅴ国际产能合作（含现代农业）；Ⅵ人文合作交流；Ⅶ建立有针对性的合作机制；Ⅷ搭建开放合作服务平台（见表14.3）。

表 14.3　部分自贸试验区服务“一带一路”建设的任务

省份	发展目标	Ⅰ	Ⅱ	Ⅲ	Ⅳ	Ⅴ	Ⅵ	Ⅶ	Ⅷ
上海	创新合作发展模式，成为服务“一带一路”建设、推动市场主体“走出去”的桥头堡	√		√	√	√	√		√
广东	“21 世纪海上丝绸之路”重要枢纽	√		√	√	√			
福建	“21 世纪海上丝绸之路”核心区	√		√	√	√		√	
浙江	东部地区重要海上开放门户示范区	√		√	√	√			
辽宁	扩大和丰富东北亚区域开放合作	√		√	√	√		√	
河南	服务于“一带一路”的现代综合交通枢纽		√	√	√	√			
重庆	“一带一路”和长江经济带的重要枢纽		√	√	√	√			
湖北	国际产能和装备制造合作，融入“一带一路”		√	√	√	√			
陕西	“一带一路”经济合作和人文交流的重要支点		√	√	√	√	√		

前期试点取得了较好成效。以上海为例，2014—2016 年，其在“一带一路”沿线国家（地区）投资项目 246 个，实际投资额达 54.9 亿美元，年均增长近 1.6 倍；承接重大工程 3 019 个，累计合同额达 217 亿美元，年均增长 9.4%；贸易额突破 5 000亿元；上海进出口商会与沿线 92 家商（协）会和企业成立了贸易商联盟。在人文交流方面，2016 年上海接纳来自“一带一路”国家（地区）留学生 1.6 万余名，建立了艺术节、电影节、美术馆、博物馆、音乐创演等领域的合作机制。上海与“一带一路”沿线 24 个国家（地区）实现了直航，与 100 多个主要港口建立了密切联系。在全国，多式联运发展很快，如中欧班列，2011 年，全年开行仅 17 列、年运送货物总值不足 6 亿美元；2018 年，累计开行突破 12 000 列、年运送货物总值达 160 亿美元。

相关资料　自贸港不是自贸试验区的简单升级

核心知识小结

“一带一路”分别指的是丝绸之路经济带和 21 世纪海上丝绸之路。亚洲基础设施投资银行是一个政府间性质的亚洲区域多边开发机构，其宗旨是为了促进亚洲区域建设互联互通化和经济一体化的进程，加强中国及其他亚洲国家和地区的合作，是首个由中国倡议设立的多边金融机构。中国自由贸易试验区是一种新型的自由贸易园区，它不同于传统自由贸易园区的政策洼地属性，而是更加强调制度创新。

备考准备

一、名词解释

一带一路　自由贸易试验区　亚洲基础设施投资银行

二、选择题

1. “一带一路”的本质属性是（　　）。（单选）

A. 和平　　B. 共商共建共享

C. 发展　　D. 互联互通

2. 习近平总书记在有关“一带一路”倡议的讲话中指出，要以（　　）国家为重点方向。（单选）

A. 亚洲　　B. 非洲

C. 拉丁美洲　　D. 欧洲

3. 截至2018年底我国已设立了（　　）个自由贸易试验区。（单选）

A. 9　　B. 10

C. 11　　D. 12

4. 首个由中国倡议设立的多边金融机构——亚洲基础设施投资银行的宗旨是（　　）。（多选）

A. 支持亚洲基础设施建设

B. 促进亚洲区域的建设互联互通

C. 促进亚洲区域经济一体化

D. 加强中国及其他亚洲国家和地区的合作

三、简答题

1. 简述亚洲基础设施投资银行的宗旨与职能。

2. “一带一路”倡议是什么？它对中国的经济发展有何意义？

本书习题参考答案

参考文献

[1] LEAMER E E. Sources of international comparative advantage [M]. Cambridge: MIT Press, 1984.

[2] LEAMER E E. The leontief paradox reconsidered [J]. Journal of political economy, 1980 (6): 495-503.

[3] HECKSCHER E F, OHLIN B. Heckscher-Ohlin trade theory [M]. Cambridge: MIT Press, 1991.

[4] BOWEN H P, LEAMER E E, SVEIKAUSKAS L. Multicountry, multifactor tests of the factor abundance theory [J]. American economic review, 1987 (12): 791-809.

[5] LEONTIEF. Domestic production and foreign trade: The american capital position re-examined [J]. Proceedings of the American philosophical society, 1953, 97: 331-349.

[6] LERNER A P. Factor prices and international trade [J]. Economica, 1953, 15 (19).

[7] OHLIN B. Interregional and international trade [M]. Cambrige: Harvard University Press, 1933.

[8] STERN R M, MASKUS K E. Determinants of the structure of us foreign trade [J]. Journal of international economics, 1981, 11 (5): 207-224.

[9] RYBCZYNSKI T M. Factor endowments and relative commodity prices [J]. Economica, 1955, 22: 336-341.

[10] SAMUELSON P A. International factor-price equalization once again [J]. Economic journal, 1949, 59: 181-197.

[11] SAMUELSON P A. International trade and the equalization of factor prices [J]. Economic journal, 1948, 58: 163-184.

[12] WOLFGANG S, SAMUELSON P. Protection and real wage [J]. Review of economic studies, 1941, 9: 58-73.

[13] 爱默德·A. 穆萨. 国际金融 [M]. 澜晓红，译. 北京：中国人民大学出版社，2008.

[14] 巴曙松，杨现领. 国际货币体系中的美元与欧元之争：文献综述 [J]. 西

南金融，2009（4）：12-14.

[15] 保罗·克鲁格曼，茅瑞斯·奥伯斯法尔德. 国际经济学 [M]. 黄卫平，译. 北京：中国人民大学出版社，1998.

[16] 保罗·霍尔伍德，罗纳德·麦克唐纳. 国际货币与金融 [M]. 何璋，译. 北京：北京师范大学出版社，1996.

[17] 贝宁志. 国际经济协调与当代世界经济的发展 [J]. 中国青年政治学际学报，1995（2）：47-52.

[18] 贝思·V. 亚伯勒，罗伯特·M. 亚伯勒. 世界经济贸易与金融 [M]. 7版. 党李明，译. 北京：清华大学出版社，2009.

[19] 彼得·林德特. 国际经济学 [M]. 范国鹰，陈生军，等译. 北京：经济科学出版社，1992.

[20] 曹龙骐. 金融学 [M]. 北京：高等教育出版社，2003.

[21] 陈彪如. 国际金融概论 [M]. 武汉：华东师范大学出版社，1991.

[22] 陈红. 蒙代尔—弗莱明模型的中国适用性 [J]. 财经科学，1998（5）：40-42.

[23] 陈怀超，范建红. 制度距离构成维度的厘定和量表开发 [J]. 管理评论，2014（9）：9-10.

[24] 陈平，管清友. 大国博弈的货币层面：20世纪60年代法美货币对抗及其历史启示 [J]. 世界经济与政治，2011（4）：155-156.

[25] 陈蓉. 国际直接投资新趋势与我国企业"走出去"的策略 [J]. 国际贸易，2008（6）：65-67.

[26] 陈雨露. 国际金融学 [M]. 北京：中国人民大学出版社，2008.

[27] 陈雨露. 作为国家竞争战略的货币国际化：美元的经验证据 [J]. 经济研究，2005（2）：37-46.

[28] 陈雨松. 中国参与多哈发展议程谈判10年综述 [J]. 国际经济法学刊，2011，18（3）：23-42.

[29] 陈长民，李丽霞. 国际经济学 [M]. 北京：中国人民大学出版社，2004.

[30] 陈长民. 国际金融 [M]. 2版. 北京：中国人民大学出版社，2013.

[31] 成思危. 人民币国际化之路 [M]. 北京：中信出版社，2014.

[32] 成思危. 中国经济改革与发展研究 [M]. 北京：中国人民大学出版社，2001.

[33] 丁红卫. 安倍经济学与中国企业的对日并购 [J]. 现代日本经济，2014（6）：78-79.

[34] 丁剑平. 传统的国际贸易理论能否解释我国的经济现象 [J]. 国际商务（对外经济贸易大学学报），2001（4）：1-6.

[35] 董有德，赵星星. 自由贸易协定能够促进我国企业的对外直接投资吗：基于跨国公司知识—资本模型的经验研究 [J]. 国际经贸探索，2014（3）：278-279.

[36] 杜敏. 国际金融 [M]. 北京：对外经济贸易大学出版社，2002.

[37] 俄林. 地区间贸易和国际贸易 [M]. 北京：商务印书馆，1986.

[38] 樊会文，钱南. 费雪及托宾—马克卫兹的国际资本流动理论 [J] 世界经济，1992 (7).

[39] 范跃进. 世界经济概论 [M]. 济南：山东人民出版社，2012.

[40] 方齐云. 国际经济学 [M]. 武汉：华中科技大学出版社，2002.

[41] 方晓霞. 日本利用外资方式的新动向及对我国的启示 [J]. 中国经贸导刊，2014 (5)：18-23.

[42] 费雷里克·S. 米什金. 货币金融学 [M]. 7版. 郑艳文，译. 北京：中国人民大学出版社，2005.

[43] 高海红. 人民币国际化的含义与条件 [J]. 国际经济评论，2010 (9)：46-53.

[44] 高健侠. 国际金融 [M]. 北京：中国人民大学出版社，2014.

[45] 郭晓晶. 金融学 [M]. 北京：清华大学出版社，2007.

[46] 陈继勇，等. 国际直接投资的新发展与外商对华直接投资研究 [M]. 北京：人民出版社，2004.

[47] 韩龙. 美元崛起历程及对人民币国际化的启示 [J]. 环球金融，2012 (10)：37-46.

[48] 韩玉珍. 国际金融 [M]. 北京：北京经济学院出版社，2002.

[49] 郝红梅. 国际直接投资的特点和趋势 [J]. 中国对外贸易，2001 (9)：36-38.

[50] 何璋. 国际金融 [M]. 北京：中央广播电视大学出版社，2002.

[51] 胡俊文. 国际贸易 [M]. 北京：清华大学出版社，2011.

[52] 黄洁. TPP视野下的中国自由贸易区战略研究 [M]. 上海：上海人民出版社，2016.

[53] 黄燕君. 国际金融学 [M]. 北京：中国商务出版社，2005.

[54] 霍伟东. 国际金融学 [M]. 北京：高等教育出版社，2016.

[55] 基姆·安德森. 中国经济比较优势的变化 [M]. 北京：经济科学出版社，1992.

[56] 贾格迪什·巴格沃蒂，许平祥. 多哈回合"死亡"了吗? [J]. 国际经济评论，2014 (1)：170-173.

[57] 江山. 世界的黎明　全球经济探析 [M]. 北京：人民日报出版社，2016.

[58] 江洋，王义桅. TTIP的经济与战略效应. [J] 国际问题研究，2014 (6)：116-125.

[59] 姜波克. 国际金融新编 [M]. 上海：复旦大学出版社，2012.

[60] 金仁淑. 日本对内FDI新特点、效应及中国的对策[J]. 日本研究，2012 (3)：8-12.

[61] 景红桥，王伟. 金融体制、法律起源与我国对外直接投资的区位选择 [J]. 国际贸易问题，2013 (12)：280-288.

[62] 蓝发钦，等. 国际金融 [M]. 上海：上海远东出版社，2010.

[63] 劳埃德·B. 托马斯. 货币、银行与金融市场 [M]. 马晓萍，等译. 北京：机械工业出版社，2003.

[64] 雷仕凤. 国际金融学 [M]. 北京：经济管理出版社，2010.

[65] 李稻葵. 国际货币体系新架构：后金融危机时代的研究 [J]. 金融研究，2010 (2)：31-43.

[66] 李红梅. 国际经济组织 [M]. 北京：机械工业出版社，2007.

[67] 李杰. 人民币汇率变动对国内物价传递效应的实证分析 [J]. 国际金融研究，2007 (8)：25-29.

[68] 李俊久，姜默竹. 人民币"入篮"与国际货币体系未来走向 [J]. 现代国际关系，2016 (6)：58-65.

[69] 李善民，李昶. 跨国并购还是绿地投资？——FDI进入模式选择的影响因素研究 [J]. 经济研究，2013，48 (12)：134-147.

[70] 李晓晨. FDI的自主创新效应研究：理论与实证 [D]. 北京：中央财经大学，2015：36-38.

[71] 林欣. 北美自由贸易区二十年发展的回顾与展望 [J]. 理论月刊，2015，(9)：182-188.

[72] 刘晨阳，于晓燕. 亚太区域经济一体化问题研究 [M]. 天津：南开大学出版社，2009 (4).

[73] 刘晶，朱彩虹. 制度距离与南方国家对外直接投资区位选择——跨国实证分析 [J]. 投资研究，2012 (10)：19-21.

[74] 刘少英. 美元汇率对美国进出口商品价格传递率的实证分析 [J]. 世界经济研究，2012 (8)：22-27.

[75] 刘舒年，温晓芳. 国际金融 [M]. 北京：对外经济贸易大学出版社，2011.

[76] 刘玉操. 国际金融实务 [M]. 大连：东北财经大学出版社，2001.

[77] 卢冠锋，李磊，李荣林. RCEP与TTP及中国的应对策略. [J] 国际经济合作，2014 (1)：84-89.

[78] 卢进勇，杜奇华，杨立强. 国际投资学 [M]. 北京：北京大学出版社，2012.

[79] 卢露. 论国际货币体系新格局与日元的国际化[J]. 现代日本经济，1993 (5)：38-41.

[80] 陆磊. 纳入SDR后的人民币国际化与国际货币体系改革：基于货币功能和储备货币供求的视角 [J]. 国际经济评论，2016 (3)：41-53.

[81] 迈克尔·梅尔文. 国际货币与金融 [M]. 欧阳向军，俞志暖，译. 上海：上海三联书店，1994.

[82] 周茂荣. 跨大西洋贸易与投资伙伴关系协定（TTIP）谈判及其对全球贸易格局的影响 [J]. 国际经济评论，2014 (1)：77-93.

[83] 梅德平. 国际金融学 [M]. 北京：中国经济出版社，2004.

[84] 聂名华. 当代国际直接投资新格局及变动趋势 [J]. 投资研究，2009 (12)：78-79.

[85] 裴平. 国际金融学 [M]. 南京：南京大学出版社，1994.

[86] 彭博. 中国对日直接投资影响因素实证分析 [J]. 日本研究，2013 (1)：18-19.

[87] 乔桂明. 国际金融学 [M]. 北京：中国财政经济出版社，2005.

[88] 邱立成，马如静，唐雪松. 欧盟区域经济一体化的投资效应研究 [J]. 南开学报，2009 (1)：1-9.

[89] 冉光和，徐鲲，鲁钊阳. 金融发展、FDI 对区域创新能力的影响 [J]. 科研管理，2013 (7)：25-27

[90] 盛斌，果婷. 亚太区域经济一体化博弈与中国的战略选择 [J]. 世界经济与政治，2014 (10)：10-17.

[91] 盛伟. "一带一路" 背景下人民币国际化的发展战略与推进路径 [J]. 科学发展，2017 (9)：34-37.

[92] 施建淮. 人民币汇率变动对我国价格水平的传递 [J]. 经济研究，2008 (7)：52-64.

[93] 史自力. 国际经济学 [M]. 郑州：郑州大学出版社，2002.

[94] 宋立，郭春丽. 中国经济新常态 [M]. 北京：中国言实出版社，2015.

[95] 孙少岩. 中俄跨境人民币结算研究：基于人民币国际化和美欧制裁俄罗斯的双重背景分析 [J]. 东北亚论坛，2015 (1)：31-41.

[96] 孙元欣. 中国自由贸易试验区对 "一带一路" 建设的作用 [J]. 中国经济特区研究，2018 (00)：152-162.

[97] 谭中明. 国际金融学 [M]. 合肥：中国科学技术大学出版社，2003.

[98] 佟家栋，高乐咏. 国际经济学 [M]. 修订版. 天津：南开大学出版社，2000.

[99] 王达. 亚投行的中国考量与世界意义 [J]. 东北亚论坛，2015 (3)：48-64.

[100] 王德迅，张金杰. 列国志：国际货币基金组织 [M]. 北京：社会科学文献出版社，2004.

[101] 王红岩. 国际投资学教程 [M]. 上海：立信会计出版社，2007.

[102] 王蕾，孙婷. 中国国际贸易政策探析 [J]. 经济研究导刊，2010 (18)：164-165.

[103] 王曼怡. 国际金融学 [M]. 北京：中国经济出版社，2001.

[104] 王庆民. 浅析当前国际直接投资的特点及发展趋势 [J]. 中国外资，2011 (18)：98-102.

[105] 王仁祥. 国际金融学 [M]. 武汉：武汉理工大学出版社，2005.

[106] 王恕立，向姣姣. 创造效应还是替代效应：中国 OFDI 对进出口贸易的

影响机制研究［J］. 世界经济研究，2014（6）：256-257.

［107］王恕立，向姣姣. 对外直接投资逆向技术溢出与全要素生产率：基于不同投资动机的经验分析［J］. 国际贸易问题，2014（9）：89-90.

［108］王恕立，向姣姣. 制度质量、投资动机与中国对外直接投资的区位选择［J］. 财经研究，2015（5）：65-67.

［109］王永钦，杜巨澜，王凯. 中国对外直接投资区位选择的决定因素：制度、税负和资源禀赋［J］. 经济研究，2014（12）：23-27.

［110］王志明. 国际经济学［M］. 上海：复旦大学出版社，2009.

［111］魏浩，何晓琳，赵春明. 制度水平、制度差距与发展中国家的对外贸易发展：来自全球31个发展中国家的国际经验［J］. 南开经济研究，2010（5）：37-41.

［112］吴晓云，陈怀超. 制度距离在国际商务中的应用：研究脉络梳理与未来展望［J］. 管理评论，2013（4）：35-38.

［113］冼国明，严兵. 全球国际直接投资的发展趋势与前景［J］. 国际经济合作，2007（1）：100-104.

［114］肖炼. "一带一路"与"中美经济博弈"［J］. 太平洋学报，2017（2）：89-108.

［115］小岛清. 对外贸易论［M］. 周宝廉，译. 天津：南开大学出版社，1988.

［116］辛清，李熠，冯蕾. 国际金融学［M］. 天津：天津人民出版社，2008.

［117］信玉红. 国际金融学［M］. 北京：中国经济出版社，2005.

［118］许培源，罗琴秀. 自贸试验区功能差异化与"一带一路"建设［J］. 华侨大学学报（哲学社会科学版），2018（6）：67-79.

［119］徐奇渊. 人民币国际化：概念、争论与展望［J］. 上海金融，2015（4）：47-54.

［120］徐振东. 百年国际直接投资：演化、贡献及启示［J］. 国际金融研究，2001（5）：99-100.

［121］杨蓉. 国际财务管理［M］. 上海：立信会计出版社，2007.

［122］杨晓静，刘国亮. FDI技术溢出效应：一个文献综述［J］. 产业经济评论，2013（4）：21-22.

［123］杨雪冬，王浩. 全球治理［M］. 北京：中央编译出版社，2015.

［124］杨雪峰. 人民币汇率对我国出口影响的实证研究［J］. 世界经济研究，2003（6）：40-44.

［125］杨言洪. "一带一路"黄皮书2014［M］. 银川：宁夏人民出版社，2015.

［126］姚天冲. 国际投资法教程［M］. 北京：对外经济贸易大学出版社，2010.

［127］易纲. 人民币汇率的决定因素及走势分析［J］. 经济研究，1997（10）：26-35.

［128］尹永纯. 改革开放以来中国利用外资的历史考察（1978—2005）［D］.

北京：中共中央党校，2006：58-61.

［129］余凤翥. 小规模技术理论对中小企业国际直接投资影响综述［J］. 商业时代，2010（3）：51-52.

［130］岳昌君. 国际贸易、比较优势与技术传递［D］. 北京：北京大学，2000.

［131］詹晓宁，张少刚. 亚洲地区国际直接投资的格局及特点［J］. 国际经济合作，1998（4）：32-33.

［132］张慧，黄建忠. 我国对外直接投资区位分布的影响因素分析：基于新经济地理理论的探讨［J］. 国际商务（对外经济贸易大学学报），2014（5）：67-76.

［133］张建红，周朝鸿. 中国企业走出去的制度障碍研究：以海外收购为例［J］. 经济研究，2010（6）：45-51.

［134］张群. 全球经济一体化，中国如何趋利避害［J］. 人民论坛，2017（18）.

［135］张为付. 国际直接投资特点的历史研究［J］. 国际贸易问题，2009（5）：99-100.

［136］张振家，刘洪钟. 国际经济政策协调理论沿革与新进展［J］. 商业时代，2012（12）.

［137］赵春明. 国际经济学［M］. 北京：机械工业出版社，2006.

［138］赵大平. 国际经济学［M］. 上海：立信会计出版社，2011.

［139］赵中孚. 商法总论［M］. 北京：中国人民大学出版社，1999.

［140］中国对外经济贸易年鉴编辑委员会. 中国对外经济贸易年鉴［M］. 北京：中国对外经济贸易出版社，2015.

［141］中国商务年鉴编辑委员会. 中国商务年鉴［M］. 北京：中国商务出版社，2016.

［142］朱晓青. 国际金融［M］. 北京：华文出版社，2004.

［143］朱悠然，蔡宏波. 全球自贸区发展与中国自贸区建设.［J］. 国际经济合作，2016（1）：38-41.

［144］兹维·博迪，罗伯特·莫顿. 金融学［M］. 伊志宏，译. 北京：中国人民大学出版社，2000.

附　录

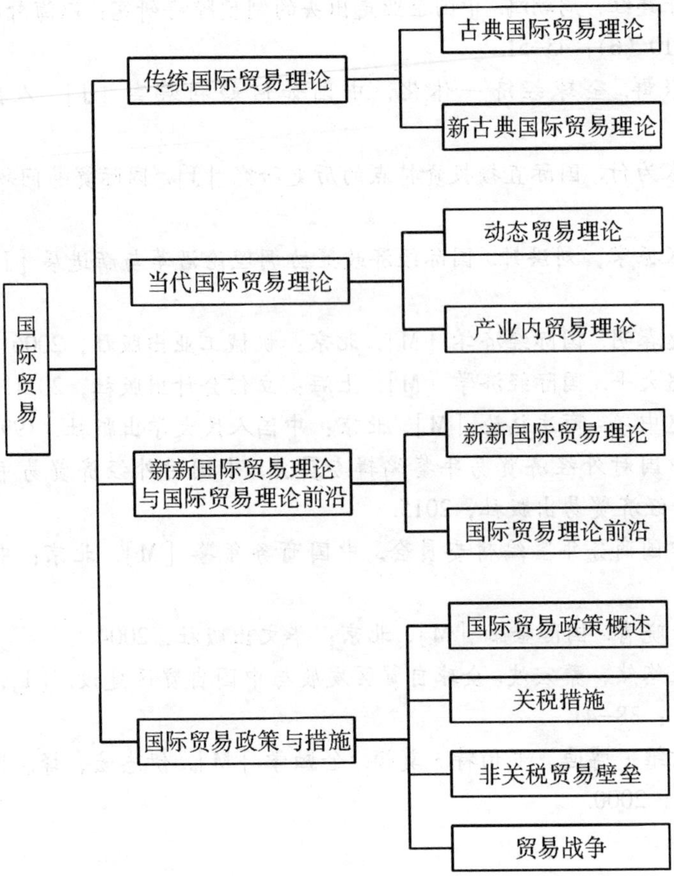
国际贸易
传统国际贸易理论
古典国际贸易理论
新古典国际贸易理论
当代国际贸易理论
动态贸易理论
产业内贸易理论
新新国际贸易理论与国际贸易理论前沿
新新国际贸易理论
国际贸易理论前沿
国际贸易政策与措施
国际贸易政策概述
关税措施
非关税贸易壁垒
贸易战争

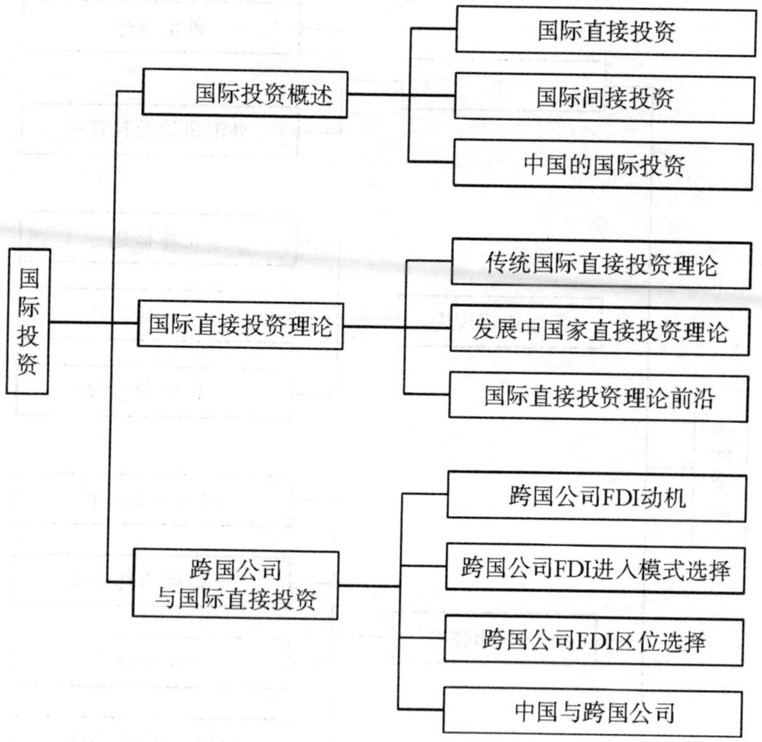
国际投资
国际投资概述
国际直接投资
国际间接投资
中国的国际投资
国际直接投资理论
传统国际直接投资理论
发展中国家直接投资理论
国际直接投资理论前沿
跨国公司与国际直接投资
跨国公司FDI动机
跨国公司FDI进入模式选择
跨国公司FDI区位选择
中国与跨国公司

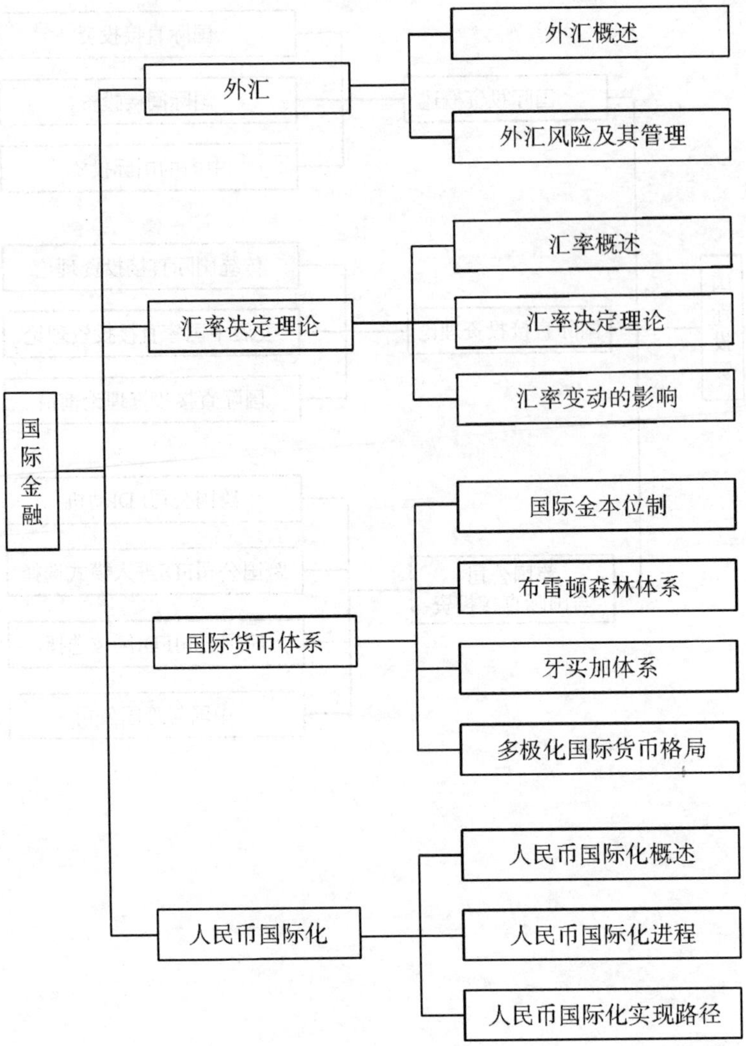
国际金融
外汇
外汇概述
外汇风险及其管理
汇率决定理论
汇率概述
汇率决定理论
汇率变动的影响
国际货币体系
国际金本位制
布雷顿森林体系
牙买加体系
多极化国际货币格局
人民币国际化
人民币国际化概述
人民币国际化进程
人民币国际化实现路径

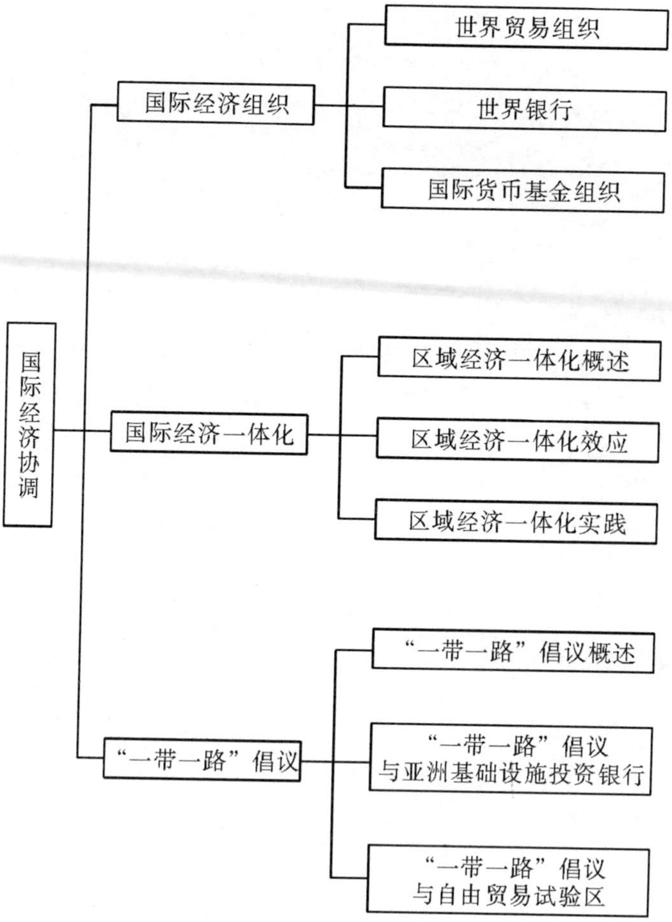
国际经济协调
国际经济组织
世界贸易组织
世界银行
国际货币基金组织
国际经济一体化
区域经济一体化概述
区域经济一体化效应
区域经济一体化实践
“一带一路”倡议
“一带一路”倡议概述
“一带一路”倡议与亚洲基础设施投资银行
“一带一路”倡议与自由贸易试验区